第五章　戦犯から在野へ……………197
1　復　員　198
2　マッカーサーへの手紙――寺西昭子、寺西春雄　205
3　戦犯と退職届　212
4　中村紘子のハイ・フィンガー奏法　219
5　メカニズムは芸術のために　226
6　三男の死　233
7　連続演奏会「古典より現代へ」　239
8　第一回毎日音楽賞　246
9　毎日出版文化賞・春秋社『世界音楽全集・ピアノ篇』　254

第六章　教育の革命児たち……………263
1　「子供のための音楽教室」創立　264
2　吉田秀和の「私たちの立場」と名古屋音楽学校創立　271
3　誰だ、この子の先生は！――小林とし、松岡貞子、江戸弘子、有賀和子　280
4　鳶が鷹を生む　288
5　女子校だから共学は非公式に――河野俊達、江戸英雄、千葉馨の回想　295
6　生江義男との酒宴　302

第七章　音楽界結集に動く……………311

1　貴婦人という名の教師　井口秋子――小林仁の決心　312
2　チェルニーの輝き――林秀光、岩崎淑、岡谷和子、田村宏の驚き　320
3　ヤマハの接近と協同――金原善徳の訪問　326
4　ヤマハ音楽教室　333
5　サンデー毎日事件――同志・吉田貴寿　340
6　退職金十八万円と日本演奏連盟設立――吉田雅夫の共同　348
7　政治家と芸術家の狭間　354
8　繁忙と饗宴――次女啓子と徳末省三、悦子の証言　361

第八章　引き裂かれる家族……………369

1　エリザベート王妃国際音楽コンクール――賀集裕子の入賞　370
2　欧州からの手紙　376
3　パリでの演奏会――遠山一行、基成を殴る　384
4　実力だけではダメ　391
5　欠点ばかりの人間――石井宏、井口博雅、西塚俊一の証言　398
6　五十歳からの波乱――ヤマハの黒川乃武夫と工藤清　406
7　家を出た父へ――渡辺康子、福本啓子、井口家成　413

鍵盤の天皇

井口基成とその血族

中丸美繪
Nakamaru Yoshie

中央公論新社

目次

プロローグ　巨星墜つ　9

第一章　怖しい生徒……17

1　大きな赤子　18
2　大人しい子供　23
3　晩学　29
4　関東大震災　35
5　東京音楽学校のバイエル　42
6　吐いては飲んで酒豪となる　49

第二章　パリの基成、ベルリンの秋子……57

1　生徒が望むなら教えてやればいい　58
2　女王・井口秋子　64
3　沢崎秋子の御前演奏　73
4　ドテラ姿のシベリア鉄道　81
5　酒と美食と芸術と——鈴木聡と高木東六の出迎え　85

6　そのままでいい　94
7　指が動かない　102

第三章　巨匠《ヴィルトゥオーゾ》誕生……………109
1　兄を凌いで――井口愛子のデビュー　110
2　指から炎が燃えている　116
3　沢崎秋子との結婚　123
4　ローゼンシュトックの抜擢――横井和子の追想　129
5　東奔西走の出稽古――小林福子、名古屋の吉田家　136

第四章　国策と肥桶……………145
1　帝国芸術院賞　146
2　音楽文化協会常務理事　154
3　外国人演奏家排斥　161
4　情報局　168
5　船舶情報聯隊へ　174
6　応　召――徳末悦子の師事　182
7　肥　桶　189

第五章　戦犯から在野へ …………197
1　復　員　198
2　マッカーサーへの手紙――寺西昭子、寺西春雄　205
3　戦犯と退職届　212
4　中村紘子のハイ・フィンガー奏法　219
5　メカニズムは芸術のために　226
6　三男の死　233
7　連続演奏会「古典より現代へ」　239
8　第一回毎日音楽賞　246
9　毎日出版文化賞・春秋社『世界音楽全集・ピアノ篇』　254
第六章　教育の革命児たち …………263
1　「子供のための音楽教室」創立　264
2　吉田秀和の「私たちの立場」と名古屋音楽学校創立　271
3　誰だ、この子の先生は！――小林とし、松岡貞子、江戸弘子、有賀和子　280
4　鳶が鷹を生む　288
5　女子校だから共学は非公式に――河野俊達、江戸英雄、千葉馨の回想　295
6　生江義男との酒宴　302

第七章　音楽界結集に動く…………311
1　貴婦人という名の教師　井口秋子――小林仁の決心　312
2　チェルニーの輝き――林秀光、岩崎淑、岡谷和子、田村宏の驚き　320
3　ヤマハの接近と協同――金原善徳の訪問　326
4　ヤマハ音楽教室　333
5　サンデー毎日事件――同志・吉田貴寿　340
6　退職金十八万円と日本演奏連盟設立――吉田雅夫の共同　348
7　政治家と芸術家の狭間　354
8　繁忙と饗宴――次女啓子と徳末省三、悦子の証言　361
第八章　引き裂かれる家族…………369
1　エリザベート王妃国際音楽コンクール――賀集裕子の入賞　370
2　欧州からの手紙　376
3　パリでの演奏会――遠山一行、基成を殴る　384
4　実力だけではダメ　391
5　欠点ばかりの人間――石井宏、井口博雅、西塚俊一の証言　398
6　五十歳からの波乱――ヤマハの黒川乃武夫と工藤清　406
7　家を出た父へ――渡辺康子、福本啓子、井口家成　413

8 荒れた生活 422

第九章　熟年の恋…………429

1 吉田秀和問題――別宮貞雄 430
2 ピアニスト賀集裕子との別離――北村陽子の思い出 438
3 国際コンクールの審査員――弘中孝の入賞 446
4 高級クラブ「エスポワール」の女性 451
5 若い妻 462
6 難曲挑戦と九人の子供 472
7 秋子との離婚――関晴子の感動 479

第十章　現役演奏家と学園紛争の間で…………489

1 ピアノ人口と国力のリンク 490
2 二度目のヴァン・クライバーン・コンクールへ――野島稔の言葉 498
3 ロサンゼルス・リサイタル――元スタインウェイ・ジャパン社長鈴木達也の話 507
4 関根有子から見た「基成先生」と「母・愛子」 515
5 桐朋の国際コンクール制覇 522
6 別宮貞雄の桐朋争議アジビラ 530

7 革命の旗手たち 537
8 学生たちの連判状 543
9 井口愛子の「お土産つき」レッスン――野島稔の場合 552

第十一章 次世代に託す……561

1 カルテの病歴――関晴子の涙、小森谷泉の心中 562
2 ロン＝ティボーに負けられない 573
3 教えるってことは難しいよ――藤村佑子のビンタ 578
4 地方は五十年遅れている――福岡音楽学院・末永博子 582
5 みんな僕の責任なんだから――田崎悦子の椅子 594
6 葬儀 609

エピローグ 墓参 611

取材協力 619
主要参考文献 620
あとがき 625

＊本文中の登場人物の敬称は略しました。

鍵盤の天皇

——井口基成とその血族

井口家系図

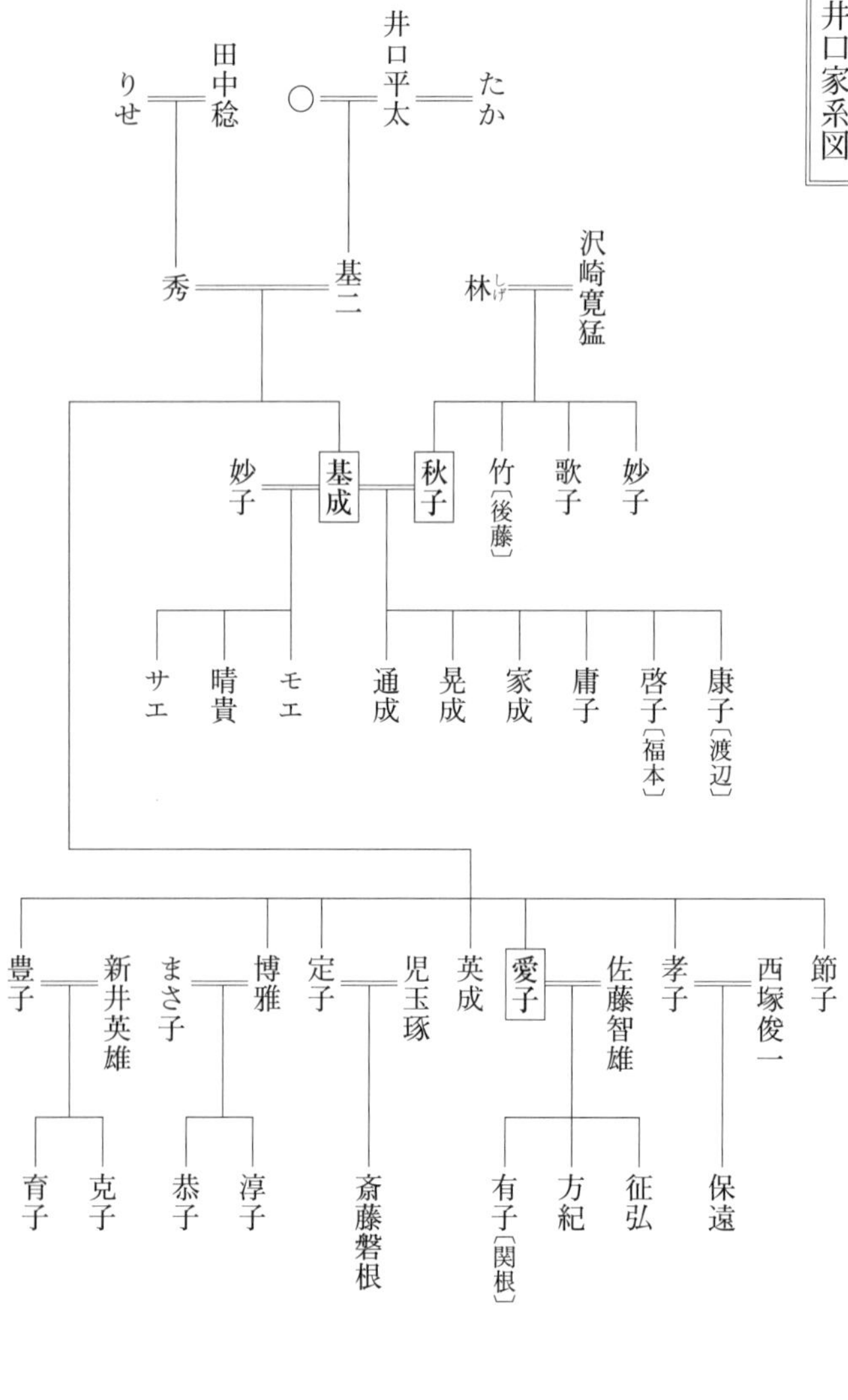
井口平太
たか
田中稔
りせ
秀
基二
沢崎寛猛
林《しげ》
妙子
基成
秋子
竹〔後藤〕
歌子
妙子
サエ
晴貴
モエ
通成
晃成
家成
庸子
啓子〔福本〕
康子〔渡辺〕
豊子
新井英雄
まさ子
博雅
定子
児玉琢
英成
愛子
佐藤智雄
孝子
西塚俊一
節子
育子
克子
恭子
淳子
斎藤磐根
有子〔関根〕
方紀
征弘
保遠

プロローグ　巨星墜つ

一九八三年九月二十九日午後四時すぎ、一人の男が入院中の東京信濃町の慶應義塾大学病院で没した。行年七十五だった。

ピアニストだったこの男は百八十センチあまりの上背があり、中年をむかえるころには脂肪も十分にたくわえ、百キロをこえる巨漢となっていた。普段から大酒を飲み、ドジョウを生のまま食べて精力をつけていた。男が舞台に登場すると、コンサート用のグランドピアノでさえ小さく見えた。

ピアノの前で静かに座ると、一心不乱に弾きまくった。演奏の激しさのために椅子のバネが壊れることもあった。振動のために、ピアノの上につり下げられた照明が落ちてきたこともあった。しかし、男の集中力は全く途切れず、最終楽章まで突き進む。聴衆のほうが呆然《ぼうぜん》とした。

彼の演奏会の楽屋は、まるで相撲部屋の体をなした。汗にまみれてひきあげてきた男はタキシードを放り投げ、蝶ネクタイを外し、シャツを脱ぎ、大胆にその肉付きのいい背中を丸出しにした。広い背中から溢《あふ》れてくる汗をマネージャーが拭う。ときには彼の弟子の父母たちもかけつけ、皆で男の裸の背中をふくのだ。

男は日本では初めての本格的ヴィルトゥオーゾのピアニストだった。NHK交響楽団の基礎をつくった常任指揮者ヨーゼフ・ローゼンシュトックは、この男とでなければブラームスを演奏したくないといった。多くのオーケストラが彼と共演したがり、ベートーヴェンの〈皇帝〉の依頼が圧倒的に多かった。演奏の出来映えはもちろん、その曲のタイトルは男そのもののように映った。彼はいつしか「天皇」と呼ばれるようになった。

大家族を愛した男だったが、直截な魂をもつ男は家庭に留まってばかりはいられなかった。病を得てからは痩《や》せ衰え、もともと尖《とが》っていた特徴ある顎《あご》はますます細くなった。男は青年時代のように青白くなり、まるですべてを悟ったかのような穏やかな雰囲気の老人となった。もっというならば天上の人になったかのようにして、没した。

ピアニストとして新境地を切り開き、教育者として多くの俊才・逸材を育て、また日本のピアノ界の最隆盛をつくった豪快な人物の死だった。彼の名を井口基成という。


各新聞は井口基成の死去をいっせいに報じた。「読売新聞」の第一面コラム「編集手帳」は、桐朋学園初代学長もつとめた彼のユニークな言動をユーモアをこめて紹介した。

「この学校も毎年こうやって、ベンチが次々と生徒で埋ってゆく。私のところでも五年間毎年次ぎ次ぎと子供が生れて、あっという間にまわりが子供だらけになってしまい」などと大まじめに言い出し、教師や生徒はふき出すし、ピアノ界の女王といわれた夫人の秋子は真っ赤になってしまうという入学式の一コマを描く。ほかの新聞雑誌にも井口と親交のあった文化人や評論家や、第一線で活躍する門弟たちの追悼の言葉がつづいた。

そのなかで、音楽評論家遠山一行の文章「創造的な魂もった芸術家」は、井口のピアノの魅力と功績、人物を詳しく伝えてくる。

わたしの取材でも遠山は、井口と同時期にパリに学び、カフェで恋愛談議までした懐かしい思い出を語ってくれた。「毎日新聞」から引用する。

〈井口さんは、我が国の音楽界では稀に見る大きなスケールをもったひとだった。演奏もそうだったし、人物もその社会的行動もそうだった。日本の西洋音楽の歴史のなかで最も大きな影響力をもった演奏家であったといって差し支えないだろう。

井口さんの演奏をきいたひとはもう少なくなっているはずだが、それは一見豪放そうに見えて、しかも当時としては並はずれて知的な意識に裏うちされたものだった。氏は我が国の最初のピアノのヴィルトゥオーソといってよいが、ただ単にスタンダードな名曲をひきまくる職人ではなく、古典から現代までの広い音楽に通じ、積極的に新分野の開拓に向かう精神の持ち主だった。氏によって我が国に紹介され、初演された作品がどれだけあるか、見当もつかない〉（十月一日）

この記事はまだ続く。遠山は長文を書いて井口の死を悔やんだ。

音楽評論家吉田秀和は、「朝日新聞」の「音楽展望」で井口に言及している。

〈この秋は井口基成氏の死もあった。彼も日本音楽界にとって巨人的存在だった。一九〇八年五

月の生まれだから、七十五歳四ヵ月の寿命だった。（略）
井口さんは芸大《ママ》を卒業すると、すぐパリに修業にいった。一九三〇年から二年間。（略）彼は帰朝そうそう第一線に踊り出る。芸術院賞を受けたのも三十七歳の時である。斗酒《としゅ》なお辞せず、清濁合わせのむといった豪放な生活態度、超人的な精力と記憶力、これらが相まって、当時の彼には当たるべからざる勢いがあった〉（十月二十一日）

　吉田もまた、井口と個人的な関係をもっていた。吉田にとって井口はある意味、恩人にもあたった。戦時中、仕事もなくぶらぶらとしていた時である。

「吉田君、情報局で音楽担当が欠員になり、後任を探しているけど君、どうだ」

井口の斡旋《あっせん》を受けて、吉田は情報局の嘱託になって糊口《ここう》をしのいだのである。

　戦後になると、井口や斎藤秀雄らがはじめようとしていた「子供のための音楽教室」の創設に加わった。この時代の吉田は、まだ文筆一本で立てるほどのものにはなっておらず、この教室の室長をつとめて生計をたてていた。その教室が桐朋学園大学に発展し、吉田は事務局長の仕事についた。しかし、やがて周りの教授たちから非難される行動を繰り返し、追われるような形で桐朋を去ることになった。学長であった井口は吉田を留め置きたいと思ったが、どうにもかばいようがなかったらしい。それについて、吉田のなかには生涯、忸怩《じくじ》たる思いがあった。自分と桐朋の関係にはまったく触れずに吉田は筆を進める。

〈（井口さんは）母校で教育活動のほかに、全国にわたる演奏活動、その合間をぬって行われた個人レッスン。弟子のまた弟子まで数えたら、彼の教え子は、何千というおびただしさだろう。

井口基成

戦後の彼は、斎藤秀雄の提唱する音楽早教育に共鳴し、いっしょに桐朋学園を築き上げ、学長になった。教育には本当に熱心な人だった。自分が晩学で、常に眼高にして低手、思ったように動かぬ指のための苦しみを味わい続けていたので、何かというと「あなた方のいう音楽とは何ですか？　ピアノはどこまでもメカニズム。ひけるかひけないか、ただそれだけが勝負」と言い立てていた。しかし、やることとは違っていた。桐朋の生徒だった小澤征爾が「世界の小澤」になってずっとあとのある日、私に向かって「久しぶりで井口さんのレッスンをきいたけど、あんなに音楽がわかり、素晴らしいことを教える人なんて、どこにもいやしない」と述懐していたものだ。（略）

後年何度か脳卒中か何かで倒れ、しまいには四肢の不自由な痛々しい姿を公衆の前にさらしながら、コンクールや何かに出ていたらしいが、それをきくたび、私は「本人はそれが本望のはず」と、考えていた。

彼はデーモンにつかれた、稀有の人だった〉

「男の子が音楽なんてやるものじゃない」という時代に逆らい、子供のころ妹の愛子が習いはじめたピアノの音に魅せられた基成は、密《ひそ》かに家にあるピアノに触れるようになった。基成にとって最初の師は愛子だった。愛子は、基成より早く才能を開花させ、教師としても四百人の弟子を育てることになる。

基成は楽譜をにらんでもわからず、愛子がピアノに向かうのを見て覚えようとした。そのうちに楽譜と鍵盤の関係を理解し、高音部記号が読めるようになった。さらに低音部を覚えて楽譜を見て両手で弾くことができるようになった。すべて独学である。

しかし、ピアノを弾いているのを父が見とがめ、激怒した。それでも諦めきれず、ピアノを先生について習うのを許されたのが十六歳のときである。現在の風潮からすると晩学きわまりない。

さらに基成は、父に内緒で東京音楽学校を受験、その合格を知り、父は諦めざるをえなかった。

それからが基成の本当の意味でのスタートとなった。

やり始めると十時間でも十二時間でも連続して、いくらでも練習できた。

仲間や先輩たちとの交流から、さらに音楽の虜《とりこ》となった基成が、上野の東京音楽学校を首席で卒業したのは当然のことと思われた。

当時、日本の音楽界はドイツ流が中心だったが、基成は未知のフランス音楽に惹《ひ》かれていった。留学するならフランスにしようと心に決めた。


井口は後年、校訂出版にも関わっている。

太平洋戦争中、日本には楽譜が一切輸入されなくなった。戦後になっていざ音楽を始めようというときになって、日本には楽譜がほとんど残っていないことがわかった。戦災で消失してしまったのである。そのため、井口のもとに老舗の春秋社の編集者が現れ、ピアノの楽譜校訂を懇願した。

これが版を重ねつづけた井口基成校訂の『世界音楽全集・ピアノ篇』全四十九巻であり、一九五三年に毎日出版文化賞を受賞した。

わたしはこれまで音楽家では斎藤秀雄、朝比奈隆の評伝を書いてきた。執筆時はさまざまな資料にあたり、取材をしながら進めるが、東奔西走する先々で、井口基成の名前が必ず登場するのである。

それのみならず、井口について言及するとき、人はかならず愛情を込めてこの人物を表現した。これは、わたしが対象としてきた音楽家たちのなかでは珍しいことだった。

なぜ井口はこうも慕われるのか。井口だからこそ、日本のオーケストラ楽員をふくむ音楽家たちすべてを連携させ、「日本演奏連盟」を発足させることもできたのだろう。当然のように井口は理事長に選ばれ、連盟は現在もつづく。

井口基成が話題にあがるとき、必ず妻の井口秋子、妹の井口愛子についての話題も飛び出す。「井口一門にあらざれば、ピアニストにあらず」といわれた時代があったのだ。

三人はそれぞれ際立つ音楽性と個性をもっていた。彼ら三人が、現在ある日本のピアノ界を築いたといってもいい。井口一門の血脈を受け継ぐピアニストや直接、交流した人々を取材し、膨大な資料から基成、秋子、愛子の生涯を明らかにしようという試みは日本ピアノ界そのものの歴史を描くことにもなりそうだった。わたしは井口一族に取り憑《つ》かれた。

わたしの旅は、まず大家族だった井口家の人々を訪ねることから始まった。さらに東京はもちろんのこと、名古屋、大阪、神戸、福岡などにひろがる弟子たちに及んだ。その弟子たちは、演奏の世界や音楽大学の重鎮となり、さらに孫弟子もつづき、その血脈は今も受け継がれている。

第一章　怖しい生徒

1　大きな赤子

一九〇八（明治四十一）年春、異常気象にみまわれた東京では、桜の花が咲いているというのに大雪が降り、路面電車すら止まってしまった。

隅田川の新大橋に近い東京市日本橋区浜町二丁目一四番地の井口家では、二十六歳の嫁の秀《ひで》が臨月の大きな腹をかかえ、いつ陣痛が始まるのかと待ちあぐねていた。

活発な胎動の送り主は、日本ピアノ界の先駆者として、また数々のエピソードの持ち主として音楽界を華麗に彩った将来の巨匠、井口基成だった。

のちに弟子や関係者が「日本人離れした大きな人物」と讃えることになるその児は、家族の待ちわびる気持ちも理解せず、胎内で最後のゆったりとした時を過ごしていた。

対外的な顔とまったく違って、成人しても母への思い入れが強かった息子の甘えからなのか、この児は出産予定日をほぼ一ヵ月遅れて五月十七日、大きな産声をやっと発した。当時としては並外れて大きく一貫もあった。

祖父井口平太は、初めて男子の孫ができたことをたいそう喜び、抱き上げてはまるまると太った赤ん坊の尻をぴしゃりと叩《たた》いて、笑い顔を覗きこんだ。

「もとしげ、もとしげ」

平太の長男基二がつけた名は「基成」で、「もとしげ」と読んだ。

井口基成が「もとなり」と呼ばれるようになったのは、彼がフランス留学から戻り、「帰朝コンサート」を開くことになったときだった。


井口家はもともと鳥取の士族で、江戸時代には、因幡鳥取藩に勘定方として仕えていたという。伝承では、その祖先は、織田信長に属し、茶の湯や歌道に秀でた戦国武将・筒井順慶にさかのぼるとされ、基成は二十四代目にあたるという。

ただ、わたしが井口家のアルバムと戸籍で確認できるのは、基成の祖父平太の時代からである。徳川末期に鳥取に生まれた平太は、戊辰《ぼしん》戦争では官軍側について出兵し、家にはそのときの陣笠や刀が残されていた。平太は基成に、この戦争で官軍側が窮地に陥って食べ物がなくなったときには、戦死者の人肉を食べたという話までした。

さて、明治新政府は廃藩置県を断行、旧藩主は華族として東京居住を命じられ、平太は殿様だった池田慶徳について上京し、日本橋区に居をかまえる。

日本橋には大名屋敷や蔵屋敷などが立ち並び、大店が軒をつらねていた。書物問屋があり、版元も多く集まり出版文化の中心地でもあった。また芝居見物の街としても発展してきた。

明治になると、西郷隆盛、井上馨らの屋敷もできた。民間に払い下げられた大名屋敷跡地には格式ある料亭も建てられた。華族と士族に農工商営業許可がおりると、平太は砂糖きび問屋を開いた。店舗と住居、それに貸家が十軒ほどある敷地を所有していた。

平太は仏教から改宗してキリスト教徒となり、日本基督教団両国教会に所属した。伝道活動や禁酒運動にも身を挺する熱心な信者だった。

このとき以来、井口家の宗旨はキリスト教となった。基成も日曜日になると姉たちに連れられ日曜学校に行き、洗礼も受けた。一番上の姉節子は両国教会のオルガン奏者だった。初めて触れた西洋音楽は賛美歌であり、楽器は鍵盤楽器である。その音色は基成を強く魅了した。

ところで、平太の開業した砂糖きび問屋はうまくいったわけではなかった。

基成の弟である井口博雅が語ってくれた。

「私は祖父の没後に生まれたので、平太の話はもっぱら母秀から聞いておりました。平太はきわめて人が善く、知人が借金をしたときに保証人となってしまって、債務保証の判を捺《お》したらしい。ある日、突然執達吏が来て、家のなかをぐるりと見回して、タンスなどめぼしいものをつぎつぎと差し押さえていったらしい」

田中家から井口家に嫁いできた秀も、やはり鳥取の生まれである。田中家もまた鳥取藩の士族だった。

秀が同郷の井口基二と結婚するのは十六歳のときである。

見合いの相手である基二は二十三歳で、早稲田大学の前身である東京専門学校に通学していた。

夢は文士になることだった。文芸誌を好んで購読し、尾崎紅葉門下の泉鏡花や徳田秋聲《しゅうせい》とも面識があったという。

しかし、夢は思うように果たせず、基二はアメリカに渡ることを決心してしまう。

それを引き止めるための見合いだったのだろうか。井口博雅がユーモアを交えながら語る。

「見合いをするというので、平太夫妻に連れられた基二だったのですが、途中で行方不明になってしまい、見合いの席に出てこなかったというのです。こういうとき結婚に不安を感じるのが普通だと思うけれど、母は落胆するわけでもなく、基二を面白い人だと思ったというのですね」

のちに「井口家のゴッドマザー」と呼ばれることになる秀には、このころから大きな器量が備わっていたようである。

基二がいなくても、平太と基二が六歳のときに後妻に入ったたかが、愛嬌もある秀を気に入り、この結婚は推し進められた。

一方、基二の渡米の決心は変わらなかった。そのとき秀のお腹には、節子と名付けられることになる七カ月の胎児がいたというのに、基二はかまわず太平洋の船客となって出国し、やがてシカゴ大学に入学したという国際郵便をよこした。当時、シカゴは鉄鋼の街として繁栄する一方、アメリカの「文芸復興期の首都」と呼ばれるほど文学活動が盛んな街だった。

基二が不在の間、秀は舅《しゅうと》姑《しゅうとめ》らと共に、両国教会に通ったものだった。秀は二人の娘であるかのように見えた。

父基二と母秀との写真。父の前が基成（4歳）、その右が節子、孝子。左端の母に抱かれているのが愛子（2歳）

というのも、髪型が未婚婦人のしるしの桃割れのままだったからである。放浪を続ける基二はいつ戻るのかわからず、舅姑らが秀の将来を憂いてそうさせていた。

一九〇三年、基二は一時帰国した。長女節子は三歳になっていた。

サンフランシスコの日系の新聞社に入社したから、妻子を迎えにきたと言うのだが、平太が、頑として了解しないと判ると、基二は妻子を残して、一人またサンフランシスコに戻っていってしまった。

調べてみると、この一九〇三年には同市で活版刷日刊紙「太平新聞」が創刊されている。基二は主筆を務めていたというが、この新聞だったのだろうか。

しかし、一九〇四年、日本がロシアに宣戦布告すると基二は最終的に帰国し、やっと落ち着いた。

一九〇五年に次女孝子、〇八年に長男基成が誕生した。

その後、基二は印刷所を興すが、その社名を「太平舎印刷所」としたのは、新聞の名前からとったものなのか。カリフォルニアでの見果てぬ夢を想い起こさせる。

井口基成もまた父同様に真剣に夢を追い続け、放浪をいとわない男となる。しかし、子供時代の基成は体格こそは立派なものの、男性的な気性の持ち主というわけではなかった。

2　大人しい子供

基成は日本橋区の、のちには病院が建つ広大な敷地で育った。隅田川にかかる新大橋からすぐの場所である。

歌川広重が描いた「名所江戸百景」の浮世絵には、この新大橋を描いた「大はしあたけの夕立」がある。画家ゴッホが模写をして強い影響を受けたとされる一枚である。

すぐ上流では神田川、隅田川、竪《たて》川が合流し、中州部分は月見、花見、夕涼み、花火見物の名所であり、また魚市場もあり、浜町河岸は賑わいをみせていた。ただ三河川の合流地点であったため橋は破損や流出が多く、明治になってから西洋式の木橋に架け替えられ、さらに基成が四歳のときに美しいアールヌーボー風の鉄橋となった。花火が上がるなかを祭り半纏《ばんてん》に身をつつむ人々が渡り初めをする賑やかな落成式が、彼の最初の記憶の一つでもある。基成の原風景は隅田川周辺であり、基成の長女渡辺康子は「父には最期まで下町への思いが残っていました」と懐かしむ。

現在では、両岸は護岸工事がなされ、かつての趣は微塵も感じさせない。この護岸は一九五九年の伊勢湾台風の被害を受けてのことで、それまではしだれ柳のすぐ下に水面があった。

隅田川は悠然と流れ、春には芽をふきはじめた柳並木が風に揺れ、土堤から水際にかけては蘆《あし》が煙るように生い茂っていた。基成はこの蘆の水際を跳びながら行くのが好きだった。

ある日、基成は隅田川べりを二、三人の友達と歩いていた。手にはつかまえたトンボがいた。そのときどうしたはずみか足を踏み外して、基成は隅田川に落ちてしまった。子供たちが騒いで助けを呼ぶと、近所のおばさんが飛んできて手を差し伸べて救い上げてくれた。ずぶ濡れだったが、手にはトンボを握りしめたままだった。

その夕、母にはこっぴどく叱られ、父は基成には水難の相があると言い始めた。それでも川で遊ぶときには安全な土堤でなく、落ちるかもしれない川べりを歩かずにはいられなかった。それが基成の生涯を通しての流儀となった。

しかし、子供のころの基成は、けっして気の強い腕白少年ではない。耳鼻咽喉科にしょっちゅう通い、扁桃腺やアデノイドの手術をたびたび受けるような腺病質である。

六歳からは習字をはじめ、小学校に入るなり、作文で一人だけ漢字を書いて教師を驚かせた。わたしは取材で基成直筆の手紙類も入手したが、達筆である。演奏会後などに色紙に揮毫《きごう》を頼まれて気楽に応じられたのは、運筆に自信もあったからだろう。大好きな『論語』から行書で「興詩立礼成楽」と書き、署名したものである。いわく、詩を学んで人としての心を奮い起こし、礼を学んで人としての行いを確立し、音楽を学んで人間を完成させる——。

唯一、子供時代の男の子らしい好みといえば、隅田川を行くポンポンと音をたてる赤い船体の一区間一銭の蒸気船、通称〈一銭蒸気〉が、大好きな乗り物だったことだ。父は休みになると、この船で浅草に遊びに連れていってくれた。

舳先《へさき》にはペンキで船番号が書かれ、基成は、いつしか蒸気船の発着順をすっかり覚えてしまった。つぎは何番が来るよ、と言っては得意になっていた。

取材を進めるなかで、基成の記憶力について言及する人々は多かった。吉田秀和のみならず音楽評論家の寺西春雄の話もそこからだった。「超人的な精力と記憶力」と賞賛している。

「井口さんは関西や九州など全国に広がる弟子がいたから、よく列車で出かけていったものですが、その間に東海道本線や山陽本線のすべての駅を覚えてしまった。いつも乗るから当然だよ、と本人は別にどうということはないように言うのですが」

その尋常ならざる記憶力が音楽のみならず、あらゆる場面で基成の存在感を高めた。

子供のころ、基成は一銭蒸気の船員たちともいつのまにか仲良くなってしまって菓子類を買ってもらったりもした。基成には人なつこさもあり、その性格から壮年になっても周りから慕われたのである。


さて井口家では、基二と秀との間に、ほぼ二年おきに子供が誕生するようになった。

基成の二歳下には、やはりピアニストとなった妹の愛子が生まれた。さらに英成、つづいて定子。基成が七歳のとき博雅が生まれ、その二年後には豊子が誕生した。結婚当初こそ基二の渡米で寂しい思いをした秀だったが、結果として二人は八人の子宝に恵まれた。

そのなかで定子だけが子供のいない秀の妹夫婦の養女となった。定子の息子で、東京大学医学

右から基成（8歳）、英成（5歳）、節子（16歳）、孝子（10歳）、愛子（6歳）、手前が定子（3歳）。大正4年撮影

部解剖学教室出身で養老孟司との共著もある斎藤磐根は、母が養女に出された顚末《てんまつ》を聞いている。

「川上音二郎の本郷座に戯曲を提供するほど基二は芝居好きだったので、僕の母にサダコという名前をつけたのです。それは当時売れっ子女優だった貞奴《さだやっこ》からとったもので、それに焼きもちを焼いた秀が母を養女に出すことにした、名前がいけなかったと、母は話していましたね」

基二は小野小町についての本も著している。酒はあまり飲まなかったが、小唄、常磐津、端唄が得意で芸者屋にもよく通った。金がなくなるとつけ馬をつけて家に取りにこさせるくらいで、よく秀と言い合いになった。

基成の末妹の豊子が語る。

「母と喧嘩《けんか》になると父はクリスチャンだからなのか、いつも奥の部屋の椅子に座ってお祈りをしていた姿を覚えています」

基二は秀に頭があがらなくなっていた。秀は強い女性へと変わり、井口家の支柱となっていった。

一方、文学かぶれの基二は持ち前の想像力で、子供たちにファンタジーに満ちた話を聞かせてもいる。シカゴ大学を卒業した証拠だといって、基成と次姉の孝子には「マスター・オヴ・アーツ」の文字の入った免状まで見せている。これはシカゴ大学に問い合わせても確認できなかったから、基二は証書までつくって虚構を完璧にしたと思われる。また、記者の特権のバッジを出してきて「これがあるとどこにでも入れたんだ」とも言った。

三男の博雅も、まるで子供時代に戻ったかのように生き生きとした表情で父の冒険譚《たん》を語った。

「マスター・オヴ・アーツの免状については、兄たちは信じていてこれを関東大震災のときに持ち出すべきだったなどと言っていた。ただ卒業はともかく、シカゴに行ったというのは聞いています。それがサンフランシスコから歩いていったというのですよ。野原を歩いていて狼に襲われ、そのときは長い草に火をつけて追い払い、たまたま同じような外国人の風来坊もいて、などという話がさらに続いて、小説のように聞かせてくれた。そんなことを話しているときの父は楽しそうでした」

滞米は基二にとって忘れられない体験だった。のちに基成が音楽の道へ行きたいと言いだしたとき、基二の胸に音楽なら海外留学をすべきとの思いが最初からあったのは、海外で受ける刺激の量と質を知っていたからである。

さて、井口基成のピアノ教師としての怖さは、音楽界では伝説ともなっているが、それを姉孝子は生涯信じられなかった。というのも、

「基成はとっても大人しい子だったのです。世間では怖い先生だったといわれているようですが、

子供のころのモトさんを知っている私には信じられないの。音楽も好きだったけれど本も大好きな子でした。私がドストエフスキーを読んでいたりするとそれを貸してといったり、倉田百三なども持っていって夢中になって読んでいた。そういう静かな穏やかな男の子だったのです」

基成は水難の相があるからと水に入ることは禁止され、ついに泳ぎはできなかった。

運動神経はきわめて悪く鉄棒はぶら下がったきり、徒競走はいつもビリ。キャッチボールは胸でばかり受けて問題外だった。

このような基成が、微妙な運動神経を演奏に必要とするピアノをやることになったのはどういうことだろうか。

〈外面的な運動神経がなかったことが、逆に内面的なものへ向かっていくことを培養したのではあるまいか。その内面的な運動神経が持ち前の慎重さにもなり、また強いものへの対抗にもなったような気がする〉(『わがピアノ、わが人生』)

かなり観念的だが、基成の演奏が絶賛された背景には独特な思考回路があったのだろう。NHK交響楽団首席フルート奏者で日本フルート協会会長、東京藝術大学教授を務めた吉田雅夫は井口とともに演奏した経験をもっていた。

「井口さんのピアノ演奏は、ミスタッチもあるし、何拍か飛ばすこともあったが、ふつうのピアニストとはちがう大きさを感じたんですよ。N響にエッシュバッハーが来ていた時、井口さんの伴奏をやって、彼が飛ばしても面白がって振ってついていった。我々もね。井口さんは桁外れの大物。今、皆正確に弾けるようになったけど、きちんと間違いなしに弾くのがいいのか、間違えても人を感動させる方がいいのか。ノーミスでやらないとコンクールが通らないし、技術的な進歩は凄い。しかし、内面的なものを入れようとするとミスはするものなんです。無理に小さい音を出そうとか、あるいは大きくしようとかするから。今、井口ほどの解釈、ない。

N響の海外公演で、実に上手いが演奏から国籍が感じられない、と書かれて困ったことがあったが、彼には彼にしか成し得ない音楽があった。音楽は一つの音でなくて、二つ以上でないと成り立たないとか、まじめになって議論してくい下がるのが井口ですよ。議論するというのがどの分野であろうと世界的だが、日本ではなかなかできない。井口の演奏には精神的深まり、文化を感じましたよ」

3　晩学

基成が最初に聴いた西洋音楽は教会音楽である。日本のクラシック草創期の音楽家たちが初めて接した西洋音楽が賛美歌だったという話は多い。キリスト教会は宗教にとどまらず、西洋音楽もまたともに伝道したわけである。

基成が二歳のときに祖父平太は亡くなったが、母秀は子供たちが増えても教会通いを続けた。

基成の八歳上の長女節子がまず熱心な信者となった。節子は賢明な美少女で、詩を書き少女雑誌に投稿もし、銀時計を贈られたりもした。琴や書道を習い、そのうちに家でオルガンを弾くようになった。

日本橋区では、江戸情緒が満ちていたはずだが、幼い基成は江戸情緒とは対極の、祈りと賛美歌が響く教会の雰囲気に強く惹かれていった。

さて、基成が小学校二年生になる春、井口家は神田猿楽町二丁目七番地（現・一丁目九番）に引っ越した。錦華公園の横を入ったところである。

浜町の広大な敷地の工場と貸家は処分した。基成の弟博雅が当時の井口家の事情を語ってくれた。

「親類が、印刷所をやりたい、新しい機械を入れたいので金を出してくれ、といわれて平太が助けたらしい。また、平太が保証人になってできた借金も残っていて、家計はだんだんと火の車になってきたようです。印刷所をはじめた親類は借金のカタに印刷所を置いて行ってしまった。それで結局、浜町を売り払って印刷所のある猿楽町に移ったという話でした。

それまで父の基二は逃げの一手で、母は赤ん坊しょって探しに行って、寒風のなかで基二を待っていると、背中で子供は泣くし、基二が出てきたら頰をぶって……、なんて聞いています。母が家のことはすべて仕切っていて、博徒的というのか、相場などにも手を出して家計を切り盛りしていたらしい」

引き継いだ印刷所は「太平舎印刷所」と名を改めて再出発をした。博雅がつづける。

「早稲田大学を卒業した父は大日本インキ（現・DIC）の創業家の四代目と付き合いがあり、幸いなことに、三越百貨店の商品券の箱をつくるようになった。浮き彫りになって盛り上がっている表箱は、湯浅という番頭がデザインを考えたもので、うちで意匠登録をとりました」

大口の仕事がたくさんとれ、太平舎印刷所は「大名印刷屋」といわれるほどになった、と語ったのは孝子である。

「猿楽町の家の敷地は七百坪あった浜町ほどではなかったけれど、住居《すまい》土蔵といわれていたものでした。上は住まい、下には地下室がある造りです。母秀は子供には教育だけはつけておかなくては、という考えで、女の子は皆それなりの学校に行かせてもらいました。

姉の節子は一番町の女子学院に通い語学も達者で、オルガンの腕も上達して、教会のオルガニストになりました。姉は基成を大変に可愛がっていて、基成がピアニストになったのは、その影響もあったかもしれません」

孝子は猿楽町にあった仏英和高等女学校（白百合学園）に行きながら、東京音楽学校の分教場で声楽を習いはじめた。場所は一ツ橋だったから、やはり徒歩圏である。

印刷所のいちばんの得意先の三越百貨店へは、あとは商品券だけを入れればいい形で納品した。箱につける熨斗紙《のしがみ》や中の薄紙も製作した。年の暮れともなると、材料が山のように土蔵造りの家に積まれていった。

日本橋三越までは駿河台下から市電に乗っていける。集金のときには、父が子供たちを連れていってくれることもあった。父が事務所に詰めている間、子供たちは百貨店のなかで遊ぶことができた。

さて、基成は近所の錦華小学校へ転校した。この小学校は夏目漱石が卒業した小学校である。当時、成績は甲乙丙でつけられたが、基成の成績は最上位で全甲を誇った。五年生のときに一回だけ、乙がつけられたことがあった。それは教師の勘違いだったが、得意としていた地理だけに、このときは教師に喰《く》ってかかってしまった。大人しいと言われていた基成だったが、好い加減なことには我慢がならない性質が芽生えてきた。

教会の日曜学校は三崎町教会にかわり、基成は洗礼も受けた。しかし、井口家の姉弟の興味の中心は教会音楽だった。

長女節子はオルガニストになり、牧師と婚約する。次女孝子は声楽を、さらに妹愛子までが音楽をはじめた。

孝子は東京音楽学校の分教場で習い、そこで愛子もピアノの稽古をはじめたのである。

このときに井口家ではピアノを購入した。それはマホガニー製で、譜面台の両側に金色の燭《しょく》台《だい》がついている優雅な造りだった。

このピアノは、渡邉暁雄の母シーリ（声楽家）が故郷フィンランドからはるばる持参してきたものだった。暁雄は五歳でピアノを、十歳でヴァイオリンをはじめ、戦後になると指揮者として一世を風靡《ふうび》した。門下からは大町陽一郎、山本直純、岩城宏之らを輩出している。

暁雄の父は宣教師としてヘルシンキで布教活動を行っていたときにシーリと知り合って結婚しており、その優雅なアップライトピアノを譲りたいという話は、教会を通じてもたらされた。

愛子は十歳、基成は十二歳になっていた。

基成は姉妹のピアノを聴きながら、音楽への興味を自然に募らせていった。ピアノがあれば、だれしもその前に座ってみたくなる。基成が座ると、その前には楽譜が置いてあった。もちろん基成にはなんのことかわからない。

父が通りすがりに基成を叱りつけた。

「うちは武士の出だ。お前はピアノを触るな」

男子が音楽をやるというのは、現在でいえば勉強をそっちのけにして、ロックやパンクにでも夢中になる少年のようなものだっただろう。

井口基成と同時代の指揮者朝比奈隆は、「男が音楽をやるなんていうのはとんでもない時代で、腹でも切らなならんぐらいのときです」と語っているし、指揮者尾高忠明は、父尚忠《ひさただ》が音楽を志したときのエピソードを明かしてくれた。尾高尚忠は作曲家でありNHK交響楽団常任指揮者で、尾高賞は彼の功績を記念して一九五二年に創設された日本でいちばん古い作曲賞である。

「父は、譜面を見るのに部屋で見ていると殺されかねないというので、トイレのなかで勉強していたそうです。音楽をやるといったときは勘当されそうになり、理解ある兄のおかげでなんとかウィーンへの音楽留学を許されたらしい」

そんな時代だったが、基成にとっていったん萌かれた興味を断念するのは難しいことだった。

基成は姉の孝子に楽譜の読み方を教えて欲しいと頼んだが、

「おまえはピアノなんて弾けなくていいの」と、ピアノに近づけさせもしない。

（女の姉妹《きょうだい》はいじわるなものだ）

基成は心のなかで一人ごちた。

それでも諦められず、基成は愛子が練習しているのをこっそり後ろから覗いた。

（あ、あの音符があのキイか。それであれがあそこ。左手はあれか）

こうしてト音記号だけでなくへ音記号まで、盗み見て覚えてしまったのである。

まもなく楽譜を見て両手で練習できるようになった。

しかし、また父に見とがめられる。父は基成に諭した。

「おまえはうちの事業の後継者だぞ。家業を継がなくても、勉強ができるのだから、帝大とか商大とか一流大学に行ってもいい。将来は実業家か、そうだ、銀行家になれ」

父はそういうが、基成はどうしてもピアノに吸い寄せられる。

基成が隠れるようにして弾いていると、まもなく父がやってきて怒りはじめる。

「ピアノはやめろ。勉強しろ」

いったい何十回、父から叱責されただろうか。


錦華小学校からは毎年名門の府立一中に進学する児童がいる。六年のとき基成はクラスで一番だったからもちろん受験したのだが、なんと落ちてしまった。東海道を流れている川の名前が並び、その流れが注ぐ湾や海の名前を記せという問題で、基成はすべて太平洋としてしまったのだ。

こうして基成は母方の祖父の紹介で、鳥取の同郷人が校長をしている本郷の京華中学に縁故入学させてもらった。

しかし、男子校で気風が荒く、基成は学校では消極的な生徒になっていった。致命的なのが体操の時間だった。鉄棒はなにもできず、跳び箱も真ん中で座っているだけで、業を煮やした教師は基成を殴った。だんだんと基成は学校に馴染《なじ》めなくなり、内向的になった。それに反比例するかのように音楽を愛する気持ちが昂《たか》ぶっていった。

しかし、父からは許されない。そんなときに一九二三年、関東大震災が起こり、その結果、基成はピアノを弾くことを許される。十六歳になっていた。

4　関東大震災

大正十二年九月一日十一時五十八分、関東地方を震度六の大地震が襲った。

このとき神田猿楽町の井口家には、十五歳の基成と母方の祖母だけがいた。印刷工場のほうには職人や番頭などがいたが、父は仕事で外出中、ほかの家族は、千葉の寒川海岸に避暑用に毎夏借りていた家に滞在していた。基成は中学の学期始まりだったため、祖母と残っていた。

早めの昼食をとったあと、基成が廊下に出たとたんに家全体がぐらりと大揺れに見舞われた。左右に揺れ始め、天井に近い梁が口を大きく開けて、またくっつくのを見た。商品券の箱のボール紙の山が崩れ落ち、部屋いっぱいに散乱した。

最初の揺れがおさまり、いくぶんほっとして祖母といっしょにちぢこまって外を見ると、隣の家が横に傾きそのまま倒壊してしまった。

井口家の建物も古かったが、前年に土蔵の壁を落として檜《ひのき》に替えたために倒れることはなく、二人は命を長らえたのだ。

しかし、隣家から火災が発生、水道の蛇口をひねったが水は出ず、火はどんどん燃え広がっていった。工場のほうから職人たちが駆けつけて、荷車にのるだけの荷物を運び出してくれたものの、ついに井口家の住居土蔵も灰になってしまった。

この日は能登半島に位置していた台風により、関東地方全体に強風が吹いていた。さらに火災により強風はつむじ風となって頭上を襲い、荷物や人の着物にまで火が燃え移った。

どこに逃げたらいいのだろうか。神田方面からは大混雑で抜けられそうもないといわれた。駿河台の名物ニコライ堂の円形の屋根も崩壊した。地割れで舗道には亀裂が生じていた。お茶の水付近は東京市内で崖崩れがもっとも激しく、省線線路は埋没し、神田川を挟んでいた崖の土壌は対岸に達した。

基成はこれとは反対側の竹橋方面に避難するつもりで、焼けた家の前に避難場所を書いた立て札をさした。

東京中が火の海になり空は真っ赤に染まっていた。深川方面の空には火の粉と煙が舞い上がり渦を巻いていた。宮城の二重橋前の石垣も堀のなかに崩れ落ちた。崩壊したビルも多く、丸の内では圧死した人々も出た。

基成は原っぱのようなところで眠れない夜を過ごした。ときどきガラーン、ガラーンという凄《すさ》まじい音をともなって、鉄筋の建物が崩れる音がした。

翌日には戒厳令が布《し》かれ、軍隊も出動した。かつて父と訪れた浅草六区は全滅、名物の「十二階」は九階で折れ、危険を増したため工兵隊の爆破作業によって姿を消した。

東京市の四三パーセントが猛火によって消失、鎮火は四十時間以上経過した二日後となった。交通機関は自動車以外すべて麻痺《まひ》し、にわか造りの乗合馬車が唯一の交通機関だった。

震源断層のある神奈川県では山崩れ、崖崩れや、土石流による家屋の流失や十メートルの津波も発生した。

百九十万人が被災、死者・行方不明者は十万五千人余り、全壊家屋は十万九千余棟、全焼が二十一万二千余棟。東日本大震災以前において、日本災害史上最大の被害である。

二晩ほどたって立て札を頼りに、基成たちのもとへ父がやってきた。無事を喜び合うのもつかの間、基成は「なにか起こったら持ち出すように」といわれていた、家紋のついた背負い箱をもってくるのを忘れていたことを指摘された。そこには重要な書類と現在の一千万円ほどに相当する金がはいっていたという。

千葉の家族と連絡をとるために、基成は職人の一人と千葉の寒川に向かって歩き出した。途中浅草橋付近では市電が焼け落ち、屍体が転がり、くすぶっている焼け跡からは異臭がただよっていた。両国橋も焼け落ちていたが、それでも残された鉄の橋げたの上を人が渡っているので、基成もこわごわとついていくと、その下を浮いた屍体が流れていった。いくつもの橋をそうやって渡り、一日がかりで寒川まで歩いていって、家族の無事を確認した。この震災は基成の価値観を変えた。

それまでの数年間も、井口家では悲しいことが続いてきた。

はじめに祖母が亡くなった。そのあと長姉の節子が流行性感冒で逝った。婚約者の若い牧師は人目もはばからず、葬式のときには棺《ひつぎ》にすがって泣いていた。

その翌年には、基成のすぐ下の関節炎を患っていた弟英成が他界した。基成とは全く性格が違ったわんぱく坊主で、兄の基成のほうがいじめられるくらい元気な子供だった。すっかり変わり果てて、毛糸の帽子をかぶせられた英成と対面したとき、基成は泣き叫んだ。

「死というものはどうしようもないものだ」と、子供心に基成は悟ったという。

そして不幸の最後が関東大震災だった。

姉も弟も亡くなり、猿楽町の家も、燭台つきのピアノも一瞬にして焼けてしまった。基成の通う京華中学の校舎も焼け落ち、他校の校舎を借りて授業を受けた。落ち着かない学校生活がつづいた。

変わりないのは、愛子と基成のピアノへの愛着だった。

愛子はこのころはできたばかりの文化学院に通っていた。これは建築家で文化生活研究家であった西村伊作が、自分の娘のために真の学校教育を模索して一九二一（大正十）年に創立し、国の学校令によらない、自由で独創的な学校を目指していたために各種学校として登録されたものである。私費を投じ、自身の設計で校舎も建てられ、英国コテージ風の校舎は話題を呼んだ。しかし、この校舎も関東大震災で全焼した。

東京には何千何百という孤児が生まれ、靖国神社には避難者収容のためのバラックができた一方、東京市の復旧は予想外に早かった。三越本店のある日本橋付近では早々とバラック屋根の商店が立ち並び、街の体裁が整ってきた。

井口家も三越の復興にともなって、たちまち家を新築した。新しいアップライトピアノも届いた。一台しかないから愛子と基成はピアノの取り合いを展開した。学校の帰りが早いほうが先にピアノを弾けるからと、基成は必死になって帰宅した。基成にとって希望の道標は音楽となった。

関東大震災は父基二の考えにも影響を及ぼしたようだった。基成がピアノを弾く姿を見ても、「やめろ」ということがなくなったのだ。もっとも父が愛子の訴えを聞いて、「まだやっているのか、もう愛子に譲れ」と言ってくるときを除いて。

ビクターの手回しの蓄音機を買ってもらい、レコードも輸入盤まで手に入れた。基成が一番魅力を感じたのは、パデレフスキの弾くリスト〈ハンガリー狂詩曲第2番〉だった。

また、姉の孝子と妹の愛子が来日したピアノのレオポルド・ゴドフスキーの演奏会を聴きにいって興奮して話してくれたことは、基成の心を揺さぶった。

孝子にとっても、その演奏会は忘れがたい。

「ステージは中央から幕が左右に開くようになっていて、臙脂《えんじ》色《いろ》のビロードの幕の両側に大男の黒人が一人ずつ燕尾服《えんびふく》で立っていた。幕が開くと舞台の真ん中のグランドピアノの前に、ゴドフスキーがすまして姿勢正しく立っていて、片手をピアノの上にのせていました。パデレフスキと並び称されるだけあって、端正でテクニックがはっきりしていてとても素晴らしかったのです。基成にくどいくらい、どうだったかと訊《き》かれましたねえ」

「死ぬほど好きなピアノ」と言ってはばからなくなっていた基成にとって、巨匠のステージを見なかった後悔は長く胸に残った。のちに上野の音楽学校で同窓となったバッハの専門家となる豊増昇からも、この演奏会からすっかり傾倒してしまった、と聞かされて、口惜しさでいっぱいになったものである。

基成の音楽への傾倒を、母秀はしっかりと見ていた。あるとき孝子は母から相談された。

「母が、基成にピアノを習わせたらどうだろう、というのです。そりゃ、お母さん、やりたいんだから習わせたらどうって、返した。それで最初は愛子の先生である宇佐美ため先生のところにつれていきました」

一ツ橋にある東京音楽学校分教場の宇佐美のもとへ、愛子は選科生として十一歳から通っていた。この分教場は実習のみで、午後と夜間に開講された。そのころの思い出を、宇佐美ためが「井口愛子先生の楽壇生活50周年をお祝いする会」のプログラムに寄せている。前島園子、高橋裕希子、賀集《かしゅう》裕子《ひろこ》、花房晴美、神谷郁代、弘中孝、中村紘子や野島稔ら、愛子の弟子が名をつらねるこの演奏会は、一九八一年一月に東京文化会館大ホールで行われた。

〈愛子さんは確か小学5年生で、小さく、弱々しく姉上に連れられて授業を受けに来たおとなしい子で、バイエルから始めた時は、手も小さく、弱々しい音で音階を弾いたのを覚えている。然し日がたつにつれ非常に熱心になり、正確に譜面を読み、手も段々大きく、指も伸びて実に頭脳のよい弾き方をするので、私は大変楽しみに稽古日を待った。或る日、私は学校の帰途、神田神保町のとある額縁屋の前を通ると、中からとても美しいピアノがきこえるのでレコードかと思い店内に入ると奥の部屋でピアノを誰か弾いているのだ。曲はモーツァルトのソナタ1巻の8番だった（K309）。あまり美しいのでそっとのぞいて見たら子供が1人出て来た。私の顔を見ると急いで中に入ったとたん、4〜5人の子供が出て来た、その中に愛子さんもいるので驚ろいて「今弾いたのは愛子さん?」ときいたら急いで中に逃げ込んでしまった。私はその時のピアノの音と美しい音楽が今も耳に残って忘れられない〉

愛子は子供のころからめざましい才能を発揮していく。

さて、宇佐美のもとに孝子が基成を連れて行くと、「男の子だから男の先生がいいでしょう」と、東京音楽学校ピアノ科教授である田中規矩士《きくし》を紹介された。

こうして基成は、愛子の後を追う形で十六歳でピアノの稽古を始めることになった。しかし、稽古に通うことは父には内緒だったから、レッスン料は母がへそくりから出した。

バイエルの教則本から始まるのが普通だったが、基成の場合はツェルニー〈30番〉の1番から始められた。基成は何時間でもピアノに向かうことができた。

ところが、これが一週間たっても二週間たっても三週間たっても曲が仕上がらない。業を煮やした基成は、「こんなものが二、三回であがらないようでは、僕はのぞみがないと思いますので、やめます」と言ってしまった。

驚いたのは田中のほうである。紹介してきた宇佐美にこぼした。

「あんな怖《おそろ》しい生徒では私には手に負えない、ひきとってくれ」

母からたしなめられ、母がお詫びに出かけて、基成のレッスンは継続するようになった。このあとは田中のほうが考え直したのか、曲は順調に上がるようになった。基成自身、おとなしい性格だと自分では思っていたが、想像外の一面があることを認識したのはこのときだった。

5 東京音楽学校のバイエル

震災の翌年から、レッスンを始めた基成は、一日に十二時間ぶっ続けて練習しても、まったく疲れを知らなかった。もっともそれも妹愛子とのピアノの取り合いに勝てば、という条件つきである。

田中のもとには、豊増昇がいた。年齢は井口より四歳も歳下だったが、教則本など基成よりだいぶ先に進んでいた。

基成は猛然と張り切って、先生に与えられた曲のみならず、ドイツ版やフランス版の楽譜を山と買ってきた。そして愛子とともに、十分に弾けもしないのに、つぎつぎと曲を試し続けた。これによって基成は、だれよりも曲については知っているという自負を持つようになったし、また初見がきくようにもなった。愛子との家庭内での競争は、ときに共闘となり、二人の大音楽家を育てることになる。

基成は中学四年になった。ピアノのレッスンを始めてまだ一年だというのに、東京音楽学校の受験を視野に入れだした。このころ中学は五年制で、それより上の専門学校や高等学校を受けるのは四年のときでもよかった。

師である田中も基成の意思を尊重した。「怖しい生徒」で、どうせ言っても聞く耳をもつ子どもではない、と思ったのかもしれない。

本科器楽部ピアノ科の試験は一次、二次、口頭試問とあった。

基成は一次ではモーツァルトのピアノ・ソナタをとりあげた。モーツァルト自身が「初心者のための小ソナタ」としているハ長調K５４５である。

このころは二次試験でも一次と同じ曲を弾いたものだが、ちょっと易しすぎたのではないか、と疑問をもった基成は、二次では、ベートーヴェンの初期の作品であるピアノ・ソナタ第２番イ長調作品２―２の第四楽章を弾いた。

試験会場にはいると、基成は審査員の教師たちに一礼をして、楽譜を譜面台の上に置いた。これにはベートーヴェンの像の写真をはさんでいた。いつものように、この写真を取り出してうやうやしく楽譜の横に並べた。家ではいつもそうして練習していたからである。

ところが、基成のうしろに並んでいる審査員の教授たちが、声をあげて笑いだした。曲を弾きはじめていた基成は、うしろからの笑い声に心を乱して急に頭に血がのぼってしまった。最初の音階の動きからつまずき、何回もやり直してしまった。動揺はおさまらず、どうやって弾いたかもわからないうちに最後まできてしまった。入試は失敗に終わった。しかし、まだ四年である。

翌年には、再度挑戦し、曲はモーツァルトの〈トルコ行進曲〉とした。それなりのテンポで弾くには指の訓練を要する曲だったが、基成は盤石の備えをした。

ドイツから帰朝したばかりの高折宮次《みやじ》が、基成の演奏を聴いて、「あの子は将来のびるだろう」と言ったという。高折は美智子上皇后にピアノの手ほどきをした人物でもある。

一九二六（大正十五）年、基成は東京音楽学校に合格した。本科三十名弱のうち、声楽が八名、ピアノは十名余で、ほかはヴァイオリン、チェロで、まだ作曲科はなかった。

さて、基成が東京音楽学校、通称「上野」を受けたことは、父には内緒だった。もともと東京商科大学（現・一橋大学）をめざせ、と言いつづけてきた父である。商家の長男として、基成を商科・商業大学の最高学府にいれたいと父は熱望していたのだ。

しかし父の期待には応えられず、東京商大は不合格となってしまった。基成は東京音楽学校には合格している、と告白した。

仰天したのは父である。ピアノを弾くのは認めても、そこまで基成が本気だったという認識はなかった。

しかしもはや選択肢はなく、妻秀は認めていたということも知り、とうとう父も諦めるしかなかった。

「どうせその道を進むなら、将来外国へ行って勉強しなければ駄目だからそのつもりでやるんだぞ」

これが父からのはなむけの言葉だった。

こうしてやっと本当の意味で、音楽家になる道が拓けた。

「でも」と、基成の姉西塚孝子は、妹の愛子の受験について口を開いた。

「本当は愛子も一緒に東京音楽学校を受けたいと思っていたのです。でも愛子が合格して、モトさんが落ちたらと考えた母は、愛子に上野を受けさせなかった」

結局、愛子のほうは文化学院に通いながら、以前どおり一ッ橋の東京音楽学校の分教場の生徒のまま、練習をつみかさねていく。

そもそも東京音楽学校に分教場が設置されたのは一八九八（明治三十一）年で、実技のみの選科と小学唱歌講習科が、神田区一橋通町にできた。

明治末年になると、選科には三百名以上の生徒が在籍するようになっており、ヴァイオリン、ピアノがそれぞれ九十名余、オルガン五十名、琴三十名、唱歌七十名弱の登録があった。

選科生は年齢も職業もさまざまで、年少組、受験準備組、既卒組、教養組、箏曲組に分けられた。

高折宮次は十歳のときからこの選科年少組に九年間在籍し、東京音楽学校本科器楽部に入学、卒業するとドイツに留学し、ちょうど基成が入学した年に帰国第一回演奏会を催して母校の教授となった。

分教場での講師陣は本校の教授や、母校の卒業生らがつとめていた。外国人講師もいて、指揮者のクローンやピアノのショルツもいた。

クローンは一九二四（大正十三）年、東京音楽学校の奏楽堂で、日本人によるベートーヴェンの交響曲第9番初演を指揮した。このときは冒頭の出だしが合わず、クローンはヒステリックになって指揮棒を折ってしまったという話を、この初演を聴いた小説家の埴谷雄高《はにやゆたか》から聞いた。埴谷の姉は東京音楽学校声楽科の出身であり、のちに井口の妻となるピアニスト沢崎秋子と同学年だったため取材したのである。

分教場の授業は午後から夜間にかけてで、当時は「男女七歳にして席を同じうせず」の規律から、女子は午後一時から五時、男子は五時半から七時半までだった。ちなみに本校の東京音楽学校のほうは、当時としては珍しい男女共学校であった。もっとも演奏会などで登場するとき、男女は下手と上手から別々に登場したのだが。

東京音楽学校は、明治初年に設置された音楽取調掛が拡張されて、一八八九（明治二十二）年に開校した官立唯一の音楽専門学校である。本邦初の西洋音楽教育の場であり、音楽教員、音楽家、音楽評論家を養成することが目的だった。

取調掛の設置とともにピアノ奏法などについての研究はなされたようで、記録では、一八八〇（明治十三）年に音楽取調掛の教師として、アメリカからメーソンが日本に赴任したときにもたらしたのが嚆矢《こうし》となるという。

このとき彼は自身のために一台のピアノを、そのほか取調掛からの委嘱を受けて十台のピアノを持ち込んだ。同時に教則本としてバイエル二十冊、チェルニー二冊そのほか数種を持参したという。つまり十台のピアノと二十冊のバイエルが、その後の日本ピアノ界の原動力になったというわけだ。学生たちはバイエルによって基礎訓練を受け、そのメトーデ（楽器奏法）で平易な曲を学習して演奏したに過ぎなかった。

一八八五（明治十八）年には音楽取調掛から初めて卒業生三人が出た。このなかで幸田露伴の妹である幸田延《のぶ》が初めて海外留学を命じられて旅立った。その後つづいて数人の卒業生が留学し、帰国後、母校を中心に教育をおこない、ピアノ奏法と演奏の基盤をつくり徐々に発展をみる。

井口が入学したころは、もうバイエルを東京音楽学校で練習する時代は終わっていたはずである。

「しかし」というのは、井口のマネージャーだった石塚寛である。

「井口さんはピアノを始めたのが遅かったから、なんと東京音楽学校でバイエルを弾いていた、と言うんですよ。豊増昇と同級生だったピアニストの永井進が、それを窓から見ていて、なんだバイエルか、と言ったらしい。そのことから、あいつはなんだ、ということになり、仲が悪くなりましたね。

しかし、遅い出発だったけど、井口さんの演奏というのは際立っていた。いつだったか、駒込の聖学院で演奏会があり、たいへんな盛会だった。アンコールとなりトロイメライをやりだすと、満場の聴衆が声ひとつたてない。チェロかなにか弦楽器で弾いているような音だった。夫人となった秋子さんが、こんなの聴いたの初めてよ、と興奮していた。そして終わっても拍手もない、シーンとして。そういう演奏ができたのは日本のピアノ界で井口基成しかいなかった」

この音楽性を井口はどのようにその後、獲得していったのか。

基成よりも先にまず才能が認められたのは、妹の愛子のほうだった。愛子は一九二五年に来日して三一年まで東京音楽学校教授をつとめていたレオニード・コハンスキに師事するようになっていた。

評論家野村光一はつぎのように書いている。

〈コハンスキー氏は、氏の東京音楽学校の生徒と、民間のプライベート生徒すべてを含めた門弟中で、ピアニストとして将来を最も有望視される一人としてどうも井口愛子さんを考えの中に入れられていたらしいのである。そのためなのだろう、まだ17〜8才にしかならない彼女に、独奏会を催すことを勧められたようだ。そこで彼女は意を決してリサイタルを行うことになったのである。だが、その結果は、当時のわが国のピアノ演奏の一般水準をはるかに抜いた見事な弾き振りになったのであり、わたしなどはこれを聴いて感激措《お》くあたわざるものがあったのだ。

なにしろ、彼女の弾き振りの打鍵の確実と強靭《きょうじん》さ、指先の運動の俊敏と平衡さ、それに依っ

て楽曲を極めて明快確乎たる形式感に纏《まと》めあげてゆく燦然たる手腕には、まったく敬服のほかなかったからである〉

6　吐いては飲んで酒豪となる

基成が東京音楽学校に入学すると、井口家は豊多摩郡杉並町阿佐ヶ谷村に一軒家を借りた。工場が隣で密集した神田の家では、基成が思い切りピアノを練習できないと、母・秀は思ったのだ。再建のなった神田の家は、使用人が寝泊まりできるように作り替えられていた。両親は神田との行き来となり母方の祖母が、阿佐ヶ谷の家事をになうようになった。基成は妹たちとともに借家に移り住み、学生生活を謳歌《おうか》しはじめる。

中央線の阿佐ヶ谷駅が建設されたのは一九二二年である。そのころの阿佐ヶ谷は狸や狐も住む農村地帯だった。この前年には新宿から荻窪まで、青梅街道に路面電車が走るようになり、阿佐ヶ谷にも停留所が設けられた。これは現在の地下鉄丸ノ内線にその機能を引き継いでいる。

昭和の初め、関東大震災の被害の甚大だった都心や下町からは、井伏鱒二をはじめ与謝野晶子、太宰治や徳川夢声ら文人たちが杉並に移り住んだ。基成の末妹・新井豊子は、この阿佐ヶ谷時代についての記憶も鮮やかである。

「立教大学の総長が三年間ヨーロッパに行き空き家になるというので、その期間だけの約束で、母がどこかからか話をきいてきて借りた家でした。現在もある河北病院のちょっと先で、右へ曲がって歩いて十分ほどのところです。途中お稲荷さんがあったり、田んぼの中を通って行ったり、隣の角の家は東京帝大の教授の家で、うちの前は文化学院の西村伊作さんの家でした。母は人が来るのが好きな人でしたが、神田の家にも行かなくてはならず、留守のときが多かったのです。

一階に応接間と書斎、和室が三間、女中部屋があり、応接間の真ん中にはグランドピアノ、その向かい側にアップライトピアノを置きました。二階も三間と納戸があり、庭は芝生が敷き詰められたモダンな家でした。

兄の友達もよく訪ねてきて、東京音楽学校のお友達の橋本國彦さん、岡田二郎さんの印象が強いですね。美術学校の学生で画家となる樋口加六さんも年中いらしてました。そうそう声楽の伊藤武雄さんも。私が兄に音楽の道を進められてヴァイオリンを習いはじめたのもこのころです。皆でよく、林芙美子や吉屋信子も来る東中野にあった鮨屋で気焔を上げていた。吉野末吉さんの握る鮨が好きで、兄はずっと贔屓にしていました」

作曲家橋本國彦は基成より四歳年上の一九〇四年生まれである。このころ東京音楽学校にはまだ作曲科がなく、彼はヴァイオリン科に在籍しながらほとんど独学で作曲の勉強をはじめ、同研究科に進み、歌曲〈お菓子と娘〉〈黴《かび》〉で名声を獲得した。のちにウィーン留学を果たして日本洋楽界きってのモダニストとして活躍、母校の教授ともなって門下からは矢代秋雄、芥川也寸志、團伊玖磨、黛敏郎らが輩出した。

指揮者朝比奈隆は、この橋本のヴァイオリンの弟子である。東京高校一期生の朝比奈は同級生たちとカルテットを組み、橋本を師とあおいで、昼はサッカーに、夜は寮で「ギコギコと」ヴァイオリンの練習に明け暮れていたものだった。

　さて、井口基成は初見がきいたということもあり、この橋本から伴奏を頼まれ、合奏をするようになった。

　親友の岡田二郎もヴァイオリン科に属しながら作曲を志していた。橋本はこのころは常套《じょうとう》的な作曲法をとろうとしていたが、岡田のほうはシェーンベルクに心酔し、みずから無調の手法に挑むなどし、新しい音楽の知識が豊富だった。基成はこの二人との交流がなによりの楽しみであり、これが基成の音楽的滋養となった。三人はモーツァルトから歴史的に曲を辿《たど》り、芸術論議に花を咲かせた。

　基成が酒の味を覚えたのもこのころである。

　入学直後のクラス会で初めて酒を口にしたときにはすぐに気分が悪くなり、基成は早々に帰宅してしまった。それまで酒の臭いもかいだことがなかったどころか、クリスチャンの父親が盃《さかずき》を手にすることすら許せなかった。

「クリスチャンなのに酒を飲むのか」

　と盃を奪って床に投げつけるほど潔癖だったのだ。

　ところが、友人たちと付き合ううちに一口、二口と飲めるようになり、吐いては飲みを繰り返すうちに酒豪となり、すっかり酒の虜となってしまった。

酒は友となり、酒によって友を作った。失敗を招くこともあったが、基成の生涯を語るとき切り離すことができないものになる。

親交が深まるにつれ、橋本と基成はよく衝突した。橋本には何回も絶交状をたたきつけたが、こういうとき橋本のほうはさらりと受け流した。一方、岡田はもの静かな男で、基成と言い争いになることはなかった。

基成の妹豊子は、岡田からヴァイオリンの手ほどきを受けた。

「先生としてはまったく怒らない方でした。兄は音楽学校に入るならいい先生につかないとぜったい駄目だ、と言って、私は安藤幸先生にもつき、聴音や楽典なども習ったほうがいい、と声楽の第一人者ともなる兄の友人の伊藤武雄先生のところにも行ったことがあるのです。でも伊藤先生は怖かった。コールユーブンゲンの楽譜をいきなり見て歌え！　それで、あんたみたいにできない子はいない、と言われてしまいました。

対照的なのは岡田先生でした。常日頃から穏やかな方だった。忘れられないのは、のちに兄が東京音楽学校の助教授になったとき、卒業演奏会で学生のあとに模範演奏をやると言い出し、岡田さんのヴァイオリンでエルネスト・ショーソン作曲の〈ポエム（詩曲）〉を演奏することになりました。そのための練習を阿佐ヶ谷の家でよくしていて、私は隣で聞いていたのですが、岡田先生が可哀想でならなかった」

この曲はヴァイオリンと管弦楽のための曲で、管弦楽の役目をピアノが負うこともある。基成はヴァイオリンに合わせて弾こうとするが、途中でヴァイオリンがつまずいてしまう。

「うまく弾けてない！」

「出が悪いね、あんた！」

「ピアノがパンとなったら、パンと入らなくちゃだめじゃないか！」

豊子は耳を塞《ふさ》がんばかりだった。

岡田もその練習の過程で自信をなくしたのだろう。演奏会の朝、電話がかかってきた。どうもうまく弾けそうもないから、止めたいということを訴えているようである。するとすると基成は電話口で怒鳴った。

「一度決めたことなんだ！　止めるなんて絶対駄目だ！　やらなくちゃ駄目だ。ちゃんとヴァイオリンもってこい！」

豊子は証言する。

「奏楽堂で開かれたその演奏会には私も連れていってもらいました。どうなることかと危ぶんだのですが、結果としてはもの凄く見事な演奏だったのです。それで終わると、兄はニコニコ顔で岡田さんに『ほらみなさい。だから言わんこっちゃない。途中であんた止めるなんて言ってたけど』なんて笑っていました。

岡田さんは兄にとっては一番の親友でした。でも広島で原爆に遭い亡くなられました。兄はひどく悲しんだ。戦争は兄自身の運命も変えることになるのですが」

豊子が怖がっていたバリトン歌手の伊藤武雄は、在学中兵役に服し、一年後に学校に復帰、ところが、一九三七年には日中戦争に動員され、上海の戦闘で右腕を失ってしまった。

関東大震災の忌わしい体験によって、基成は将来についての決心を固めたわけだが、明治から昭和という時代においては、戦争もまた、命と生涯を転覆させる最大の要素となる。

考えてみると、今もその二つは人生の大転換を余儀なくする要素であることに変わりはないが、明治人たちは夢を描いていても戦争によって人生が思い通りには運ばなかった。基成の後半生は、また大転換を余儀なくされるのである。

当時は二十歳になるとすべての男子が徴兵検査を受けることが義務づけられていた。豊子が証言する。

「学生は延期することができましたが、兄は痩せているし、眼も悪いから、早くに受けてしまったほうがいいのではないか、となったようでした」

それは、できるなら兵役にとられないでいてほしい、という母の願いだった。徴兵検査から戻った基成は、元気に玄関先で叫んだ。

「合格しました！」

母秀と豊子が驚いて玄関に駆けつけると、基成は満面の笑みだった。ふたりは呆然とした。

「何言ってんだい、おまえ？」

母がそれだけをなんとか言葉にした。

「第二乙種合格！」

甲種合格なら即入営となる可能性が高く、丙種は現役には不適、その間には乙種第一、第二があり、第一乙種は現役を志願する者、ならびに抽籤《ちゅうせん》であたった者、第二は抽籤ではずれた者となり、基成は第二乙種というわけだった。

「合格」と聞いて二人は一瞬頭のなかが真っ白になったのだが、基成は喜びを交えてその言葉を口にしたというわけだった。

こうして、基成の学生生活は、中断されることなく続いた。

基成は先輩たちに可愛がられ、伴奏への起用はつづいた。

バリトンの徳山璉《たまき》も、いつも基成に頼んだ一人である。徳山は流行歌手として活躍するとともに、ビゼーのオペラ〈カルメン〉のエスカミーリョを当たり役とし、コメディアンの古川緑波《ロッパ》一座にも所属した異色の声楽家だった。

また十年先輩の声楽家の荻野綾子も、基成でなければと常に伴奏を求めた一人である。基成は新潟、京都、北海道など地方公演にも同行し、初めて演奏旅行を経験した。

声楽のピアノ伴奏というのは、ピアニストにとっては別次元の芸術である。ピアノ科専攻の学生の場合、ソリストを目指すために伴奏はやりたがらない傾向にあり、また歌手のほうでも、自己の音楽を際立たせるソリスト風のピアノ奏法では、合わせて歌うことはできない。伴奏のピアノと歌の呼吸がぴたりと合わなければ、声楽曲は成立しない。

このように基成が起用されたことは、彼のピアノが歌の呼吸や流れの機微を捉えていたことを証明している。とくに荻野はフランス帰りだったため、フランスものの作品についての造詣《ぞうけい》が深く、歌唱や会話から多くの知識を授けられた。それまでの東京音楽学校の音楽はドイツ流の音楽が中心だったが、未知のフランス音楽への興味を増幅させるきっかけともなった。

基成はあらゆる刺激を求めた。演奏会のみならず、築地小劇場の芝居やフランス映画も好きで、豊子を誘って新宿武蔵野館に出向いたものだった。

フランス語だけしか話せない女の子に基成が教えることになったときには、覚えたばかりのフランス語で〝répétez encore〟と反復を促したりした。

基成は留学するなら、フランスへと心密かに考えはじめるようになった。

フランスのピアニスト、ロベール・シュミットが来日したときのことである。荻野は彼と面識があり、基成は連れられてシュミットの宿舎を訪ねた。

このとき基成は、剛胆にも自己流で練習したセザール・フランクの〈プレリュード、コラールとフーガ〉を弾いた。どうだ、という思いもあったのである。しかし、間違いが多かったとみえ多くの指摘を受けたが、基成の熱意は伝わったらしく、シュミットからは、もしフランスへ留学するならいろいろ斡旋するから訪ねるように、との言葉をもらうことができたのである。

第二章　パリの基成、ベルリンの秋子

1　生徒が望むなら教えてやればいい

海原の青いうねりと白波が幾層にも重なって流れ、その先には後にした日本の陸地がぼうっと霞んでいた。緑色がかった佇まいがしだいに消えていく。

船尾には痩せてはいるが、上背のある男が立ち尽くしていた。

髪は真ん中からきちんと分け、身なりも整ったこの男の瞼《まぶた》に、いつしか涙が溢れてきた。男はそれをぬぐおうともせず、涙が流れるままに遠くを見つめていた。

胸には熱いものが突き上げてきているのだ。

一九三〇年（昭和五）年、十一月三日、この日送ってくれる家族とともに東京駅へ向かう自動車の窓から見上げた冬空は、一枚の紺青《こんじょう》の布を貼ったかのように明るく澄み渡っていた。

汽車は静かに東京駅のプラットフォームを発車した。

二十二歳となった井口基成の旅立ちだった。

見送りにきた家族の心配そうな顔が車窓に消えた。

夜行の急行列車は、東京の明るい夜景を通過し、まもなく田園地帯に入った。遠くに民家の灯火がぽつりぽつりと見えた。

浜松では兵隊にとられていた従弟が見送りにきていた。カーキ色の軍服を身につけ、肩章に上等兵をあらわす星三つの彼が、右手をあげて敬礼する姿が見られた。あまりにも違う境遇の二人だった。申し訳ないような気持ちと、さらに身の引き締まる思いが交錯し、基成は手を振った。

東京を発ち、下関まで揺られてきた男は関釜連絡船上の人となった。基成は一九〇四年に全線開通した、日本とヨーロッパを最速で結ぶシベリア鉄道で遠い異国をめざそうというのだ。

白い波間に、東京音楽学校に入学してからの数年間が蘇《よみがえ》ってきていた。

基成がショパンのバラードを二曲一度に仕上げていったときの、指導教官の高折宮次の喜びよう。しかし、基成はじつは高折には物足りなさを感じていた。

パリ時代の基成

翌年春に卒業をひかえた最終年度は、ピアノ科全員が外国人教師に変わることになっていた。基成は高折から言われて、レオニード・コハンスキに師事することになった。

しかし、実際のところ、基成は来日したばかりのレオ・シロタに惹かれていた。シロタは技巧的に難曲といわれたブラームスの〈パガニーニの主題による変奏曲〉やストラヴィンスキーの〈ペトルーシュカ〉、リストの

〈ドン・ジョヴァンニ幻想曲〉を奏楽堂で弾き、その演奏に魅了されたのだ。

ロシア革命で排斥されたウクライナ出身のユダヤ人であるシロタは、ペテルブルク音楽院などで学んだ後、大ピアニストのフェルッチョ・ブゾーニに師事、驚異的な超絶技巧から「リストの再来」と言われていた。ショパンを全曲録音し、〈子犬のワルツ〉演奏の際には、右手の連続三度のパッセージにアルトゥール・ルービンシュタインが愕然《がくぜん》としたという。演奏旅行に明け暮れるなか、ハルビン公演を聴いた山田耕筰がホテルに訪ね、日本公演を依頼、訪日してこの年十六回の公演をおこなった。シロタは反ユダヤ主義が台頭してきたヨーロッパに戻ることも難しかった。奏楽堂での公演は教授になるためのデモンストレーションでもあり、翌年からシロタは東京音楽学校教授に迎えられる。この時期の東京音楽学校は、欧米の一流大学に比べても遜色ない世界最高水準の教授陣を擁していたといってもいい。

こうしてレオ・シロタは日本に十五年間留まったあと渡米するが、娘のベアテ・シロタ・ゴードンは戦後GHQ民政局の一員として来日し、日本国憲法の人権条項作成にたずさわり、女性の権利を明記することに尽力した人物として知られている。

さて、井口はシロタのテクニックに惹かれ、門を叩いたのだが、たちまちそのことは学校側に知られて厳重注意を受けることになってしまった。コハンスキについているときは、ほかの教師には習ってはいけない、というものだった。

シロタの教え方は、自分がよく弾けるためか、弾いてみせてくれて、同じように弾いてごらん、という指導方法である。コハンスキが細かく教えるのとは対照的だった。

リストの曲では、クレッシェンドのときにはピアノが揺れるほどに、フォルテッシモでは顔が真っ赤になるくらい集中して、ピアニッシモでは鍵盤を撫《な》でるようにして歌わせた。リストの曲はそのように弾くべきだと先生の姿から学ぶわけである。

そんなレッスンを望んだが、基成は諦めざるを得なかった。それにしても学生が教師を自由に選べないとは、学校は何のためにあるのか。

後年、基成が斎藤秀雄や吉田秀和らとともに桐朋学園に音楽科を開いたときには、このときの教訓を生かした教育を授けることにするのである。

「生徒が望むなら、先生は教えてやればいいじゃないか」

きわめて単純明快である。こうして桐朋では、生徒が自由に先生を選ぶことができるようになった。

そしてもう一本の柱を、メカニズム重視とした。晩学の基成は、レオ・シロタの超絶技巧を喉から手が出るほどに獲得したかったはずだ。

すなわちいくら脳裏に「音楽」を描こうとしても、指にそなわるメカニズムがなければそれは結実されることがない。

〈メカニズムがもたらしたところの否定できない多くの功績と利益についても考えなければならない〉とするヨーゼフ・ホフマン著『大ピアニストは語る』やアルフレッド・コルトーの出版物にも基成は眼を通す。そこには指を酷使した練習を徹底してやらせる指示があった。

そこから基成が導きだした結論は次のようなものである。

ピアニストはメカニズムの克服を第一義として訓練すべきではないか。そのメカニズムを技術の揺るぎない母体として、そこから「音楽」への階段を一歩一歩のぼって、自分を築いていかなければならない。メカニズムは音楽を形成する重要な要素であることを忘れてはならないのだ。

メカニズムは、基成にとっては至上命題となるのである。

さて、奏楽堂で開かれていた「土曜演奏会」で、基成はドビュッシーの〈映像〉から「金色の魚」、〈版画〉から「雨の庭」の二曲を弾いた。印象主義音楽のピアノ曲の手法が確立された作品である。ドイツ系を主流としてきた東京音楽学校では異色の選曲であり、基成のこの演奏は強い印象を残した。

また卒業演奏会では、スクリャービンの〈第3ピアノ・ソナタ〉を演奏しようと決心した。新しい動向に鋭敏な岡田二郎との会話から、基成はスクリャービンの虜になっていたのだ。

卒業試験まではたった一カ月しかない。しかし、どんな苦労が待ち受けようと、一度決心したら基成は意志を変えない。演奏の苦労というものをそれまでしたことがなかったが、スクリャービンからそれは始まった。

それにしても入学当初から比べると、恐ろしい成長ぶりではないか。

基成は首席で卒業し、成績優秀者だけが出演を許される読売新聞社主催の「新人演奏会」にも出ることになった。

ほとんどの演奏者は卒業演奏でとりあげた曲を弾くのが常だったが、貪欲な基成はここでも挑戦をした。

ブラームスの〈ヘンデルの主題による変奏曲〉を選んだのだ。

その前年まで「新人演奏会」といえば、上野の卒業生に限られていた。ところが、数年前に開校した私立の国立音楽学校の卒業生が初めて参加することになり、両校の学生が交互にステージに登場して対抗演奏会のような形になった。負けられない、と基成は闘争心をかきたてられた。

ところが、新聞評には〈ハンガリー幻想曲〉を弾いた国立出身の朝鮮の女性のテクニックがよく、基成はテクニックは劣るが解釈はよかったという批評が書かれた。基成はますますテクニックやメカニックに執着するようになった。

デビュー・リサイタルは卒業後すぐの五月、日本青年館での「ソナタ合奏の夕」となった。橋本國彦のヴァイオリンである。プログラムは、ブラームス〈第1番〉、ドビュッシー〈ソナタ〉、ベートーヴェン〈クロイツェル・ソナタ〉だった。

基成は荻野綾子から勧められていたフランス留学のために外国の事情に詳しい評論家の野村光一にも直に話を聞いてみた。愛子の紹介で自宅を訪ね、酒のもてなしを受けると、基成は緊張もどこへやら、ウィスキーを一びん完全に空にして大いに気焔《きえん》をあげてしまった。その勢いで野村家のピアノで、ベートーヴェンの〈熱情《アパッショナータ》〉を壊れんばかりの迫力で弾きのけた。さらにドビュッシーの〈金色の魚〉を、こんどは豊かな音色で弾き終えた。

野村光一によると、それまでにも井口のピアノを聴いてきたし、またフランスから帰国後もすべての演奏を聴いたのだが、どういうわけか、このときほど強い、消し難い印象を残したものはなかった、という。

まだ若かった井口は、〈表現の節度や風格もまだなく、巨人のごとき幅と力は持ってはいるものの、荒っ削りで、乱暴の誹《そし》りを免れなかったところもあった〉のだという。

しかし、〈人を威圧する度合いも強く、あれほど日本人離れのしたピアニストもいなかったと思う。井口のようなピアニストは、敗戦後の世知辛《せちがら》い世の中からは現れそうにない。やはり彼のごとき巨人型人物は、一国が平和で、好調で、進取的な段階を辿っている時でなければ生まれてこないのかもしれない〉と、『ピアニスト』で回想するのである。

2　女王・井口秋子

さて、基成が「天皇」と呼ばれた時代は、「ピアノ界の女王」もいて、井口秋子、井口愛子、彼女たちより一世代近く遅れて登場した安川加壽子に対して使われたようだ。

そのなかで、実力はもちろん風格と貫禄にくわえて容姿からも、まさに女王の名にふさわしいとされたのが、井口基成の妻となった秋子である。

東京音楽学校卒業直後から演奏家として活躍し、戦後は東京藝術大学教授として、また桐朋学園大学では非常勤講師として生涯、教鞭をとり、門下から多くの俊秀を輩出した。日独音楽協会会長、クロイツァー記念会でも会長となり、海外から来日するピアニストはほとんど面識があった。

錚々《そうそう》たるピアニストを網羅した門下生たちは、師である秋子を囲む会をつくった。「秋玲会」と名付けられたその会のメンバーは四百名を超え、その孫弟子たちを加えればどのような数になるのだろう。秋玲会の若い世代のピアニストには、林秀光、本荘玲子、原田吉雄、森安芳樹、伊藤京子、岩崎淑《しゅく》、小林仁、関晴子《せいこ》、田崎悦子、遠藤郁子……らが連なっている。

秋子は東京音楽学校では基成の三年先輩にあたり、基成が彼女の存在を強烈に認識したのは卒業式だった。

一年生の基成は後ろの方の席に座っており、卒業生代表として沢崎秋子の名前が呼ばれたとき、すらりと容姿端麗な彼女が登壇して答辞をのべたのである。卒業演奏会でピアノを聴き、その後の派手な活躍を知るに及んで、ピアニストとしての秋子は基成にとって大きな存在となった。

一九五一年十月十四日号の「週刊朝日」のコラム「妻を語る」で、基成はつぎのように秋子を語っている。

〈よい処は、人の噂をいったり、聞いたりしたがらないで、ものにこだわらないこと……。

とりも直さず、彼女は偉い。初めは、うちのやつと呼んでいたが、そのうち、女房になり、今ではうちの奥さん、または秋子先生に変わった〉

母として六人もの子供を育てることになる秋子だが、「ママ」と呼ばれることよりもなにより も、生涯にわたって「先生」と呼ばれたことが最も多かったはずである。

そんな沢崎秋子は、そもそもどのようにピアノとともに生きることになったのだろうか。


わたしは秋子の四歳年下の妹・後藤竹を神奈川県港北区に訪ねることができた。

竹は、写真だけで知る秋子に似た爽やかな老婦人だった。通された部屋には三十号ほどもある大きな油絵の作品があった。油絵は趣味で始めたというが、人物画や反戦思想を抽象化した作品は横浜の「浜展」で入賞するほどである。

「姉は私が油絵の真似事をしはじめたとき、『絵でも音楽でも生活でも同じことよ。人は誰でもきらりと光るものを必ずもっている。それを見つけて育てることができれば、その人全体が輝くようになるわ』と言っていました」

また、もう一方の壁には、指揮者朝比奈隆のポスターが飾られていた。というのも、朝比奈とは、秋子も通った青山師範学校附属小学校（現・東京学芸大学附属世田谷小学校）で同級だったのだという。

朝比奈とは葉書のやりとりがあり、その年の六月に送られてきたものを見せてくれた。

〈小生来月九日を以て満九十歳に成りますが至って健康、変わりなくコンサートの舞台をつとめております。どこまで行ける事か。〝雪見に転ぶところまで〟〉

朝比奈は井口基成とも五回ほど共演している。後日、朝比奈に会ったとき、後藤竹のことを口にすると、井口秋子の妹ということはまったく認識しておらず、驚きを隠さなかった。
「井口秋子さんの妹さん？　それは知らなかった。秋子さんは上野の教授でしょう、恐ろしくて近寄りたくないですよ。そんな人の妹だったのか。それにしても井口さんも、ずいぶん怖い女性と結婚したんだな、と思ったものですよ」

沢崎家の家族写真。後列左から2人目が秋子。その前が父寛猛、右が母林

朝比奈は京都大学を卒業して音楽家になったため、長い間、音楽界ではアマチュア扱いされた。そんな朝比奈にとって、上野の音楽学校を首席で卒業した秋子は、アカデミズムの象徴以外のなにものでもなく、卒業直後から活躍し始めた沢崎秋子の存在は恐るべきものだったのだろう。

父方の沢崎家は金沢藩主前田家の家老として、また漢学者として仕えた家柄である。一方母・林《しげ》は金沢尾山神社の宮司の家系に生まれ、金沢師範学校を卒業後、沢崎寛猛《ひろたけ》に嫁いだ。

沢崎寛猛は海軍省の軍人であり、一九〇五（明治三十八）年に秋子が生まれたときには、広島県呉に勤務し海軍大佐となっていた。

父は「妙なる調べ、歌が歌い、秋が弾き、竹が舞う」と、妙子、歌子、秋子、竹子の四人姉妹を歌に詠み込んで可愛がった。沢崎家の教育方針について、竹は次のように語っている。

「質素、健康、自立、そして姉妹仲良く力を合わせてということでした。母は毛利元就の三本の矢のたとえ話をよくしてくれました」

数年後、沢崎家は東京・小石川に転居する。このころ母はよくオルガンを弾いていて、秋子も音楽好きな女の子になっていく。

幼稚園時代は、通りで広告宣伝をするジンタの音が聞こえると飛び出してついていってしまい、帰宅するとすぐにベビー・オルガンで、そのメロディーを弾いたという。また園で行進するときも、秋子は得意になってオルガンを弾いたり、友達の遊戯に伴奏をつけたりした。

幸福な家庭に暗い影が差しはじめたのが一九一四年、海軍大将山本権兵衛内閣を揺るがした海軍収賄事件、いわゆるシーメンス事件である。後年になってこの事件は、陸軍の山県有朋とヴィルヘルム二世との利害関係一致による陰謀説が有力となったが、当時は、ロッキード事件のごとき、ドイツ発の海軍大疑獄事件となったのである。

そもそも海軍は明治以来、ドイツやイギリスから艦船などを購入しており、外国造船会社間の競争は熾烈《しれつ》をきわめてきた。日本の代理店との交渉や手数料については、海軍の高級将校が関わって問題となったこともあった。

シーメンス事件についての取り調べが進むと、汚職はいっそう広がりをみせ、商社関係者が起訴されることになった。民衆は憤慨して内閣弾劾国民大会を開き、国会議事堂をとりまいた。

しかし、第一次世界大戦の勃発《ぼっぱつ》もあり、産業界と軍部の癒着《ゆちゃく》構造を根源まで追及することはならず、結局、海軍軍人三名を有罪としただけで終結をみた。その三名のなかに秋子の父、沢崎寛猛大佐がいた。

寛猛はこの事件を契機に海軍を退き、その後は赤坂でペンキを取り扱う「日東商会」に籍をおいた。一方、海軍との関係がまったくなくなったわけでなく、寛猛はかねて長じていた指圧療法を海軍大学で指導するなどした。秋子が基成や子供、弟子たちに指圧を施したのも、父の影響だろう。

「父は字画なども気にするようになり、妙子を益代、歌子は智恵子、秋子は澄子、私を恵美などと呼び、その後も家のなかではそう呼び合ったのです。そんな別名をつけたのもあの事件後のことでした」

沢崎家の追いつめられた様子がわかるエピソードである。豪壮な小石川の住居を去ることになり、渋谷にある粗末な借家に移った。娘たちにとっても、世の中の不確実さや冷酷さを目のあたりにする事件となった。

「家では母が、お父様は本来、海軍大将にもなられるような立派な方だと言って、娘たちにしこりを残さないように心配りをしてくれましたが、学校の同級生たちからは、ヤーイ、ヤーイ、シーメンスなどと囃《はや》されていました。担任の先生だけがよくしてくださり、かばってくださったのです」

子供たちは「いつかは汚名を返上する」と誓い合った。そのなかでも「頑固なところのあった」秋子が、シーメンス事件をもっとも痛烈に感じていた、と竹は想像している。

「私たちがちゃんとしていればいいの。本当なら大将の娘よ」

秋子はそう皆を元気づけたものである。冬でもストーブはなく、綿入れ羽織を重ねた姉妹たちは、両親を助けて台所仕事、庭仕事、靴磨きを済ませてから登校した。

小学校では、秋子の図画や習字が毎回教室のうしろに張り出され、学芸会のときには選ばれて唱歌や朗読を披露した。秋子は運動神経もよかった。姉妹全員が卒業するときには必ず総代となって、卒業証書を受領した。


さて、姉の妙子が近所の小学校で教鞭をとっていた高折宮次につき、歌子がヴァイオリンを始めると、まもなく秋子も高折の手ほどきを受けるようになった。

小学三年のときにはピアニストになりたいと明確に夢を語り、六年のときに出会ったオルガ・サアロフ（一八八二〜一九四六、アメリカ生まれのピアニスト、教育家。レオポルド・ストコフスキー元夫人。後年はジュリアード音楽院で指導）のレコードはすり切れるまで聴いた。

秋子が音楽学校に進みたいと言い出したとき両親は喜んで、燭台のついたドイツ製のピアノを購入した。受験のために秋子は神田一ツ橋にある東京音楽学校の分教場に通い出した。しかし、張りつめた心構えで練習を継続することは、並大抵の努力ではかなわないことだった。

ある日、寛猛から見て、秋子が練習を怠っているように見えたことがあった。幼いころから娘たちが父に叱られたことはなかったが、そのときだけは寛猛は荒々しい怒りを示した。日本刀を取り出してピアノの燭台を叩き壊したのである。娘たちは震え上がり、秋子だけでなく、姉妹全員が畳に頭をつけて謝った。

秋子の真剣さは増した。府立第三高等女学校（現・都立駒場高校）から東京音楽学校に進み、小倉末子とレオニード・コハンスキについた。

この当時の東京音楽学校時代の同級生に木村初代がいる。作家埴谷雄高の姉である。生前、埴谷宅で木村初代に話を聞くことができた。

「沢崎さんは学生時代から堅実な演奏をされる方でね。目が細く背は高く、髪を丸髷《まるまげ》に結った姿は浮世絵から抜け出たような美人を思い起こさせました。当時、父上がシーメンス事件に関わったということもあったせいでしょうか。内向的で、情の細やかな人でした。なんでも話をするような人でないので、ツンツンするように見られていて、音楽学校の廊下を彼女が背筋を伸ばしてさっさと歩くと、同級生は、ツン子さんなどと呼んで冷やかしたものですが、そう呼んでもハイ、と返事をするような人でした。私は声楽科でしたが、演奏会をするときには、優秀な彼女がピアノの伴奏をしてくれたのです」

沢崎秋子のポートレート

秋子は音楽学校を首席で卒業すると研究科にすすみ、同時に非常勤講師に任ぜられた。東京音楽学校の分教場で午後三時から五時まで教え、飛んで家に帰って着替え、七時からの演奏会に駆けつけた。ブラームスの〈ラプソディー変ホ長調〉、シューマンの〈交響的練習曲〉、ラフマニノフなどをよく弾いたものだった。

この時期から秋子に師事し、秋子を尊敬してやまない寺島喜久子からは、多くの貴重な資料を手渡された。寺島自身も東京音楽学校を一九四一（昭和十六）年に卒業している。

「このころの音楽会といえばピアノや声楽、弦楽器を組み合わせたものが多く、先生は歌手の四家文子さんともよく一緒に音楽会を開きました。そんなときには、独奏もなさるし伴奏もなさるで、まるで一人舞台のようでした。先生の伴奏で、徳山璉さんの〈蚤《のみ》の歌〉のレコードも出ました。私はさっそく買って、毎日聴いていたものです」

四家は卒業するとすぐに山田耕筰の楽劇〈墜ちたる天女〉でデビュー、歌謡曲で〈銀座の柳〉をヒットさせる一方、『日本歌曲のすべて』を著すなどした。

秋子が彼女の演奏会で伴奏をつとめていたのは、四家が「沢崎さんの演奏でなければ歌わない」と言っていたからである。後年、四家が録音したシューベルトの〈魔王〉も、秋子の伴奏によるものだった。

一九二九年には、東京音楽学校に皇太后たち皇族方が「来臨」するので演奏を披露することになり、秋子にソリストとして白羽の矢が立てられた。

3　沢崎秋子の御前演奏

天皇家の方々が東京音楽学校に「来臨」したのは一九三〇（昭和五）年のことである。秋子が演奏する曲目はベートーヴェンのピアノ協奏曲第5番〈皇帝〉だった。ラウルトップ教授指揮で共演するのは、安藤幸など「お偉い」教授たちで組織された音楽学校のオーケストラである。教授陣がオーケストラを編成するのも前代未聞だった。

奏楽堂のある上野の森はすっかり掃き清められ、一般の人々は前日から歩きまわることは禁じられた。天皇皇后両陛下は神に等しく、文部省通達で学校には奉安殿がつくられて両陛下の写真と教育勅語が納められ、登下校時には殿の前で拝礼しなければならない時代である。

秋子には、午後二時の開演のために、午前九時から登校して待つようにとのお達しがあった。関係者には異様な緊張が高まってきていた。失敗は許されなかった。

そのような神経に巻き込まれたら、演奏がおぼつかない。

秋子はそう感じて、御前演奏会の前夜に思い切ってルービンシュタインの映画を見に行った。ラフマニノフの協奏曲第2番を演奏する場面は、強烈な感動で秋子を包んだ。音楽はすべての不安を吹き飛ばした。

翌日、皇太后ならびに皇后陛下、内親王の御前とはいえ、秋子は演奏に集中することができた。

寺島喜久子の表情は涼やかである。それは秋子の雰囲気を連想させた。

「奏楽堂の御前演奏で、お袴《はかま》をはかれて演奏していらっしゃった先生の端正なお姿は忘れられませんの」

また、秋子より一年遅れて東京音楽学校に入学した日高智子は、このときのことを『秋玲の記』で次のように回想している。

「在学中の秋子さんの演奏は、当時の白眉で、すっきりとした音色確実なタッチに気品ある響きはいまだ耳底に残っています。ベートーヴェンの第5コンチェルトの御前演奏は上野始まって以来の抜群の演奏だったのではないでしょうか」

これ以降、秋子の活躍は目覚ましいものとなり、翌年には母校から助教授に任じられることになった。

音楽学校では教師も学生も和服と決められており、うら若い教官である秋子の和服姿は女学生の憧れの的だった。

「ご一緒に勉強いたしましょうね」

厳しい教師が多いという評判があったが、秋子が最初の授業でそう口にすると、学生たちはほっとしたものである。

教え方は極めて熱心で、わからない学生には何回でも説明した。

ペダルの踏み方が習得できない学生には、

「ちょっとごめんなさい」

と突然、草履を脱いで、教え子の足の上に真っ白い足袋をはいた自分の足をのせて一緒に踏むのだった。学生は恐縮した。

寺島喜久子はその後も秋子の演奏会を追いつづけている。

「日本青年館では、紫の裾模様のある訪問着をお召しになって、颯爽《さっそう》とステージに登場なさいました」

これは一九三〇年三月十六日の新交響楽団の第六六回定期演奏会である。

新交響楽団の創立は、ラジオ放送の開始と深い結びつきがある。

一九二五（大正十四）年に約五千人の聴取者で出発したばかりの東京放送局から初めて流れた番組は、山田耕筰が作曲し指揮を担当する〈ＪＯＡＫ行進曲〉だった。これは基成が初めて「上野」を受験した年である。

この日を締めくくったのもやはり音楽番組で、近衛秀麿が率いた十名ほどの小編成のオーケストラの演奏である。こののち山田と近衛の二つのオーケストラは合流し、ここから日本の「オーケストラ運動」がはじまった。

しかし、ほどなく経営上のトラブルから袂《たもと》をわかち、近衛が四十数名の楽員たちとともに結成したのが新交響楽団である。それは一九二六年十月五日のことで、ＮＨＫ交響楽団の前身となる。この創立は大いに基成の音楽熱をあおったはずだ。日本の西洋音楽が新しい段階を踏み出したまさにその時期に、基成は出現することになるのである。当時、東京帝国大学や京都帝国大学の学生オーケストラは存在したものの、新交響楽団は日本で唯一無二のプロの交響楽団として高い志をかかげ、西洋音楽を渇望する人々に「新響」と呼ばれ親しまれた。

この楽団にソリストとして登場することは音楽家の夢であり、一流との太鼓判を押されたことにもなる。沢崎秋子は早くも新進の、日本を代表する演奏家として認められたのだった。

近衛秀麿が指揮をつとめたこの日、秋子はバッハのブランデンブルク協奏曲に加わった。

一方、基成は秋子の新響出演の六日後、三月二十二日に東京音楽学校の卒業演奏会の奏者に選ばれ、スクリャービンの〈第3ピアノ・ソナタ〉を弾いた。ニーチェの超人思想や神智学に傾倒したスクリャービンの作風は神秘主義的で、ときには非倫理的と否定的に解されてきたが、前衛的作曲家として国際的な評価が高まってきていた時期である。

基成はこのスクリャービンを敬慕し、晩年まで傾倒する。その嚆矢が卒業演奏会とは、文学において「処女作にはその作家のすべてがある」といわれるように、まさにその第一歩が井口基成というピアニストの有り様を決定したといえる。

秋子が登場した次の新響第六七回定期演奏会には、斎藤秀雄が出演している。斎藤のほうはドイツ留学を終え、近衛率いる新響の首席チェリストに任じられていた。この定期演奏会では、ヴァイオリニストとしても知られたシフェルブラットとブラームスの〈二重協奏曲〉を日本初演した。そして、この定期の三日後には、秋子と斎藤秀雄が仁寿講堂で「ソナタの夕」と銘打った音楽会をもっている。

斎藤と沢崎秋子が恋愛関係にあるのか、と噂された時期である。完璧主義者の斎藤は、秋子との練習にも念には念を入れた。千鳥ヶ淵にあった大名屋敷跡の斎藤邸では、練習の音が鳴り止まなかった。

それを斎藤秀雄の妹、渋沢敦子は証言している。

「兄はやかましい人でした。私が結婚後、素人ながらピアノを教えていた時期があったのですが、『あっちゃん、音楽は趣味で教えちゃ駄目だよ』と言うんですの。母校の聖心女学院のお嬢さん方が花嫁修業程度に習いたいから、というのだったんですけれどもね。兄にそう言われて、わたくし嫌になって教えるのはやめてしまったんです。

兄は沢崎さんとの練習も徹底していました。延々と練習が続くんですの。音が家中にずっと聞こえていました」

ふたりは仙台や大阪にも演奏旅行に行き、奏でる音楽はそのまま地方局のラジオ電波に流されたものだった。

斎藤が、女子学生に騒がれる存在だったと証言したのは木村初代である。

当時、新響の機関誌だった「フィルハーモニー」には、男性会員からの「楽員の職業見立」というファンレターが掲載されている。呉服屋の番頭、新内流し、巡査、判事、哲学者などと楽員はさまざまに見立てられているが、そのなかで斎藤は映画撮影技師とされている。痩せて神経質そうな斎藤は男性ファンにとっては技師風に見えたようだが、女性の眼にはまた別に映ったようである。

木村初代は「斎藤さんは肌が透き通るように白く、笑い顔がかわいらしく、綺麗な男性でした」と微笑《ほほえ》んだ。

「当時、音楽を志す男性は社会的にも認められにくかったけれど、音楽をする男性としては知性もあり、あまりに女性に人気があるので、ほかの男性から嫉妬され、悪い噂をたてられていました」

新響の演奏会ではチェリストとして真ん中に陣取り、ステージの斎藤が額にかかる髪をさっとかきあげる風情は颯爽たるものだったというのである。

そんな二人の噂を知っていた井口基成は、いざ秋子と結婚しようと思った時に、直截な質問をぶつけることになる。秋子は言下に否定したが、基成はわずかな嫉妬心をかかえていくことになる。

多忙な間をぬって、秋子は新しく移った目白の上り屋敷の自宅でもレッスンをするようになった。音楽学校卒業後すぐに分教場で教えはじめた秋子のクラスに入れることは、生徒にとっても誇りだった。

秋子の弟子でのちに東京藝術大学の教授となった谷康子は、当時の秋子を次のように回想している。

「御卒業後すぐに分教場でお教えになるということは非常に優秀な成績だった証で、また演奏方面でもお忙しく御活躍なさっていらっしゃいました。その頃、歌とピアノ等のジョイント形式の会が多かったので、ソロと伴奏を受け持たれ、リストの〈泉のほとりにて〉、ショパンの〈子守唄〉〈幻想即興曲〉等、よくお弾きになったのを覚えております」

分教場ではひとりが一週間に二回のレッスンをつけることができた。しかし、二時間に十人ほどが割り当てられていた。

多忙な秋子はレッスン開始時間に遅れて教室に駆け込んできたり、ときには時間が繰り下がって夕方暗くなるまでずれ込んだりすることもあった。ハノン、スケールアルペジオなど、基礎となる指の練習を怠らないように導いた。生徒たちにとって、順番待ちをしながらのレッスンは、ひとりだけのレッスンより何倍もの勉強になった。

そのなかから東京音楽学校を受験したいと思う生徒たちが、秋子の自宅に通い始めるようになった。

レッスンに行くと、上品で美しい秋子の母が玄関に現れた。

日本間にはピアノが二台並んで置かれていた。左側が縁側となっていて、秋子はそこに立って踏み鳴らして拍子をとったり、右側のピアノで一緒に弾いたりして熱心に教えた。

「どうして？」

そんな質問が秋子の口から出ることがあった。

生徒はそれが「どうしてそんな弾き方をするの？」という意味だとわかっていた。決めつけないで自分で考え、研究する余裕を秋子は与えた。優しく丁寧で、生真面目な教師だった。

生徒たちは、ときには約束の時間になっても帰ってこない先生を待つことがあった。そんなときには秋子の母が慌ててあちこちに電話をしたり、お茶を出したりして生徒たちをもてなした。

新響への初出演から半年後の一九三〇年十一月二十三日、秋子は新響に今度はソリストとして登場し、シフェルブラットの指揮でショパンのピアノ協奏曲第2番を見事に演奏した。

東京駅からドイツに旅立つ秋子。送別の花束を抱えている

秋子が文部省派遣留学生として、ベルリン・ホッホシューレにてレオニード・クロイツァーに師事すべく東京を発つのは、その二カ月余りあとの翌年二月初めである。

東京駅では秋子を送る輪ができていた。綺麗な振袖姿で、ひとり汽車のデッキに立ち尽くしていた。

汽笛が鳴り、走り出しても、秋子の姿はそこにあった。

下関から連絡船に乗って海を渡り、朝鮮半島を縦断、中国東北地方の奉天で国際列車に乗り換える。秋子はたった一人で遥かヨーロッパを目指すのである。

4　ドテラ姿のシベリア鉄道

秋子の出立より三カ月前の一九三〇年十一月、井口基成は、広大なユーラシア大陸を横断するシベリア鉄道の旅客となっていた。

赤胴色の中国の民家の連なりが終わると、高粱畑《コーリャン》が地平線まで続いた。

奉天では国際列車の乗継ぎで二時間ほどの発車待ちがあった。駅を出て街中を歩きまわり、初めて高粱酒を小さいグラスで四、五杯飲んだ。ところが酒が思ったより効いて、基成はふらふらになり、やっとのことで駅に着いたのは発車の二、三分前のことだった。

さらに、列車は荒地を走りつづけ、ハルビンを経由し北満の国境である満州里《まんしゅうり》まで来た。東京を発ってから一週間がたっていた。ここでワゴンリという寝台車に乗り換えるために、荷物をもって車外に出た。刺すような、切られるような寒気に覆われた酷寒の地だった。基成はカバンからドテラを引っ張り出して着込んだ。

あと一週間でモスクワにたどり着くはずだ。ソ連内にはいると、小さな駅であっても、長々と停車することがあった。発車するときにはベルもない。

シベリア鉄道のある小さな駅でのことである。基成はここでも長く停車するのだろうとタカをくくった。食堂車で連日出される黒パンとカラスの肉のような塊の入ったスープにうんざりしていたので、売店でもないかと歩きだした。しかし、店らしいものはなにもない。

そのとき「おーい！」と叫ぶ声が聞こえた。

振り向くと、列車の後ろのデッキに立っている車掌が叫んでいる。ベルも鳴らさず、基成の国際列車は静かに動きはじめているのだ。

基成は驚いて駆け出した。しかし、着込んだドテラの裾がからんで転んだ。乗り遅れるわけにはいかない。すぐに起きあがりドテラ姿で懸命に駆け出した。走って走り続けて、基成はようやく列車に追いついて引き上げられた。こんなところで、手荷物もなくドテラ姿でおいていかれたら、泣くに泣けない。基成は安堵して座席に座りこんだ。

車窓にはシベリアの見渡す限りの白樺林が映し出されるようになった。やっと単調な景色が終わった。夕日が落ち、空が白み、海のように広いバイカル湖があらわれた。

モスクワをすぎるといよいよヨーロッパである。ポーランドでは牧歌的な自然の眺めに、ショパンの作品のイメージが重なった。

そしてとうとうベルリンに着いた。ベルリンは文学、哲学、芸術の最先端を誇るヴァイマル文化の牙城であった。紹介されていた同窓生が迎えに来てくれ、小さなホテルに荷をおろすと、基成はすぐに劇場に行きたいと申し出た。初めて聴くベルリン・フィルハーモニーの、とくに弦楽器群のきらめくような素晴らしさに、「これが本当の弦の音だ」と感激した。

連夜、演奏会に通い続けた。フルトヴェングラー指揮のベルリン・フィル、この翌年に来日することになるピアニストのレオニード・クロイツァーのリサイタルにも出かけた。ピアニストとしていちばん充実した、脂ののった絶頂の時代だった。

後日、クロイツァーが「自分が教えたコハンスキや高折宮次に習った者が、なぜ私のところに来ないでフランスなんかに行くのだね」と不満顔で言っていたということを聞いた。

しかし、基成は、日本ではドイツ流ばかりが占めるので、あえてフランスを選んだのである。

さて、沢崎秋子は、ベルリンでこのクロイツァーの弟子となり、一大系譜を築く。

そういえば、クロイツァーがピアノを弾きながら、ベートーヴェンの〈皇帝〉の指揮もする、当時の楽隊言葉でいえば「弾きがたり」を見た小澤征爾は、それ以来、指揮者になりたいと切望するようになったわけで、クロイツァーは日本の西洋音楽発展の歴史に欠かせない音楽家である。

わたしの手元には、LPレコード「レオニード・クロイツァーの遺産　第二集」がある。曲はラフマニノフのピアノ協奏曲第2番で、クルト・ヴェス指揮、NHK交響楽団との共演、一九五二年のN響第三三六回定期演奏会の録音である。これは、東京音楽学校で彼に師事した伊達純を取材したときに贈られた。

このジャケットで、共演した日本フルート界の第一人者・吉田雅夫が思い出を綴っている。ブラームスの交響曲を指揮したときのことである。

「あなた方はブラームスのゆっくりした楽章を理解していない。特にシンコペーションがわかっていない。ちょっと聞いていなさい」

クロイツァーはピアノの前にすわり、交響曲をピアノで見事に弾いた。バッハのフルート・ソナタまで暗譜で弾いてしまい、クロイツァーの頭には常に千曲が入っているようだったと吉田は回想している。

このユダヤ系ドイツ人の両親をもつサンクトペテルブルク生まれのピアニストは、ニューヨーク・フィル、シカゴ交響楽団などと共演して世界的名声を確立したが、ナチズムの嵐のなか一九三七年より日本に定住することになる。そもそも彼はラフマニノフのピアノ協奏曲第2番において、作曲者の指揮のもとにピアノ演奏をして絶賛を博した。ロシア革命でドイツに逃れ、ライプチッヒでアルトゥール・ニキシュに指揮を学んだあと、フルトヴェングラーの勧めでベルリン音楽大学のピアノ科教授に就任していた。


当時、ベルリンには日本の文化界をリードする日本人が集まっていた。斎藤秀雄も前年夏より二度目の留学をしている。これについて、夏目漱石の長男である夏目純一に取材した。夏目は十年にわたるドイツ留学ののち、帰国して中央交響楽団（現・東京フィルハーモニー交響楽団）にヴァイオリニストとして入団した。

「ベルリンには日本人クラブがあって日本料理が食べられるので、そこに皆割と集まっていた。沢崎秋子と斎藤秀雄？　つきあっていたかって？　二人が一緒にいるのを見たことはなかったね。斎藤秀雄とはよくシェーネベルクにダンスを踊りに行ったりしましたよ。シャルロッテ（斎藤の妻）を連れてね。中華料理も食べに行きました。彼女は明るい女性で感じのいい人だった。

あのころ、僕はふたり乗りの車に乗っていたんですが、その車に声楽のほうで名を上げた奥田良三や沢崎秋子なんかを乗せて、クーアフュルステンダムに食事に行ったりはしましたけどね。

奥田がトランクに乗って、運転している間に閉まってしまって慌てたこともありますよ」

秋子は、クロイツァーが『正しいピアノ・ペダル』を著したように、ピアノ奏法についての著作を残すことになる。一方で、夏目たちと留学生活も謳歌し、ドイツの友人たちとスキー旅行に出かけるなどした。秋子の徹底した気質や進歩性はドイツ女性を思わせ、この滞独で養われたと思われる。

基成のほうは、フランスへ行く途中に立ち寄ったベルリンにほぼ一カ月も滞在し、多くの演奏を目と耳に焼きつけた。その間には、当時、流行していたダンスの手ほどきも受けた。初めて踊るダンスは愉快で、これは後々まで基成を楽しませる趣味となった。

ベルリン―パリは特別の国際列車があって設備も整い、快適だった。西ヨーロッパのおだやかな田園景色や古い街々を眺めながら、交響曲や協奏曲、歌曲やピアノ曲の背景に息づいてきた伝統や形式などが思い浮かぶのだった。

国際列車がパリの北駅にとうとう着いた。基成は緊張を覚えた。

5　酒と美食と芸術と――鈴木聡と高木東六の出迎え

基成を出迎えるのは、ソルボンヌ大学の日本人留学生だけのはずだった。というのも、パリでは勉強だけに励もうと思って、音楽仲間には連絡しなかったのだ。

ところが、パリ北駅に着くと、物陰から二人の東京音楽学校時代の友人が現れた。

一人は、チェロ奏者として新交響楽団において斎藤秀雄とともに重きをなすことになる鈴木聡である。戦後は独奏者ならびに、桐朋学園大学教授として活躍、門下からは雨田光弘らを輩出する。

もう一人は、フランス留学中に山田耕筰の勧めで作曲家に転じた高木東六だった。高木はクラシック曲にとどまらず、シャンソンやポピュラー曲など多岐にわたる作曲活動を展開する。

生前の高木を一九九八年に自宅に訪ねた。この時、高木は九十四歳である。

「井口はピアノうまかったけどね、パリに来るというので、嫌なやつが来たと思ったけれど、それは口に出さないでね。仲間だったから」

お茶の間で人気を博した辛口のユーモアを混ぜた物言いは健在だった。

「〈水色のワルツ〉と軍歌〈空の神兵〉の印税はいまだに入ってくるけれど、僕は演歌や浪曲、民謡のコブシが出てくると気持ち悪くてね、嫌いなんだ。演歌なんかがあるうちは日本がヨーロッパ的な文化に到達することはないね。

もう井口も死んだし、音楽学校時代の仲間もみな死んで、僕はひとりだけ残された感じだね。

学生時代、井口と上野あたりに飲みに行くだろう。酒飲みで、いっぺん飲みだすと一升酒。それで理由なく喧嘩をふっかけられたこともある。僕が女の子と踊っていると、大きな声で怒鳴りつけたりするんだ。なんでだろうね。

でも、あれはね、ピアニストとして一つの存在だった。当時としては、目立つ、素晴らしい人間でもあったんだ。

音楽学校では高折宮次の同門で、僕のほうが一、二級上。高折先生は有名なピアノの大家だったけれど、バッハ、チェルニー、ショパン、シューマン、メンデルスゾーンと、ほぼドイツ一辺倒。

ところが、楽譜屋に行って、フランス音楽の楽譜を見て感動したんだね。たとえばドビュッシーをみると、ハーモニーの中になんともいえない感動があるのよ。学校卒業半年前に中退したのも、音楽学校を軽蔑しきっていたから、いても仕方ないと思ってやめちゃって、フランスに行ったんだよ。鈴木は一年先に行っていたかな」

基成もまた、ドイツ音楽でなく、リストやドビュッシー、スクリャービンにとらわれ弾きまくっていたのだ。

「当時の上野では、先生が弾いて聴かせることもなかった。僕は二年から高折先生についたけど、褒められたこともないし、ね。高折先生自身もピアノは達者じゃなかったし。フランスでは、こっちがおかしなことを弾くと、先生が弾いてくれる。それが素晴らしかった」

高木は国立音楽院、スコラ・カントルム音楽院で学び、ヴァンサン・ダンディに作曲を学んでいた。

さて、高木と違って、チェロの鈴木聡のほうは、基成が渡仏するのに知らせなかったのはけしからん、と憤慨していた。パリの小さな日本人社会だったから分かった次第だった。

セーヌ河北に位置する十七区デュロン通りにある鈴木の下宿に、基成は連れて行かれた。しばらくそこに落ち着くことになり、荷をほどく間もなく、その晩さっそく高木東六ともども皆でモンマルトルに繰り出した。

基成は一夜にしてパリの虜《とりこ》になった。シベリアの長旅でのまずい食事、ドイツではケンピンスキー・ホテルでビフテキを食べたものの、ほかにこれといった料理はなかった。

ところがパリにはデリケートな味わいの料理とスピリッツ、ワイン、リキュールと多様な酒類がある。

基成は一九六七年十二月号の「文藝春秋」巻頭エッセイに「紫色のアブサン」というタイトルの一文を寄稿している。

〈ドガの絵にある紫のアブサンは、一九三〇年、若い留学生であった僕の行ったパリには、もうすでに姿を消していた。だいたいフランスは酒の国で、みんな国民は酒を愛したのだが、それがだんだん爛熟《らんじゅく》して、ボードレール、ベルレーヌなどの酒に溺《おぼ》れた退廃的な時代からの風習に対して、政府が政策的に強い酒の製造を禁止したためであろう。

そのころは紫色のアブサンに変わって、ペルノーの六十八度が大衆的な酒としてあった。ところが、僕はパリ留学する以前、たまたま大阪の赤玉というカフェーに行った時、紫色のアブサンを味わった経験があったのである。その八十三度のアブサンは、フランスが、国外用の酒として出したものかも知れない。僕の味わったのは、後にも先にもそれ一回こっきりである。しかし、

いま世界には何人、その紫色のアブサンを飲んだ人がいるだろうかと思うと、なんとも誇らしいのである。〈略〉

酒と美食は基成にとって生涯にわたる友となり、また危険な誘いともなっていく。

基成には秋子との間に六人、後妻とは三人の子をもうけるがその末の息子晴貴が、基成のこの酒への愛着を受け継いだようでバーを開いた。

その店が究極の嗜好《しこう》をもっていたことは、バブル真っ盛りの時代にブランドブームを起こした「Hanako」初代編集長、椎根和《やまと》から偶然に聞くことになった。椎根は著書『銀座Hanako物語』のなかで、このバーに言及してもいる。

椎根が編集作業を終えて深夜訪ねる井口晴貴の店「幻の桜」は、三軒茶屋にあった。

「置いてある酒類がともかく凄かったね。彼の父親がそんな有名なピアニストだとは知らなかったなあ。初めて飲みに入ったとき、誰もいないカウンターの端にかかった黒いカーテンの下に、分厚く肉のついた男の脚の太腿から下だけが見えたんだ。マスターはまだ若く、太りすぎたムーミンみたいな印象で、相撲力士が着るような大きなTシャツと下着姿なんだね。最初から優しい気分になっちゃって僕は常連になった」

晴貴は風貌も基成譲りだった。

「置いてある酒は、ワインブームの世の中に背を向けて稀少なウィスキーやスピリッツ、リキュールだけ。サザビーで落札したような酒もあった。ウィスキーはグラスで決まるといわれていたが、バカラより高価なアンティークのゴブレットで出てきたね」

この店には、著名なウィスキー評論家がサントリーの広報部社員に連れられて勉強にくるほどだった。

椎根がこれはさすがに置いてないだろうと、「シャルトリューズ」と告げると、妖しい緑色の背の高い瓶が取り出された。なんでもフランスのシャルトリューズという名の修道院だけでつくられているリキュールで、ブランデーをベースに百三十種類のハーブを混ぜているという解説がついた。椎根はこれほどのバーをほかに知らない。

その後の晴貴については、わたしが銀座のバー「OZAWA」でカウンターに座ったときに耳にした。オーナーの小澤は、「以前、井口晴貴さんはソニービル裏に店を出していたけれど、千葉のどこかに移ったと聞いています。何しろ置いている酒が、潜水艦から引き上げた酒とか、ちょっと見ないような凄い酒を出していました」

この凝りかたは、幼少から基成の酒の嗜好をみてきたためか、そのDNAを継いだとしか言いようがない。


さて、パリ一夜目を満喫した基成は、留学期間をとおして演奏会に足繁《あししげ》く通った。

高木とは、リスト直系最後のピアニストであるエミール・フォン・ザウアーの演奏会をシャンゼリゼ劇場で聴いている。ベートーヴェンのソナタ〈熱情〉では、第一楽章の再現部が全部終わってコーダに入る第二主題が出てくるところで、基成は思わず涙が溢れて止まらなくなった。

「あれが音楽の真髄というのか、人間の高揚する感情の極致というか、簡単に言葉ではいいつくせない感動だ」と、井口は表現した。

リストの〈ハンガリー狂詩曲第12番〉の、なんでもない、ただ上から下降して、また上がっていくスケールのパッサージュが終わったときには、一斉に観衆から深いため息が漏れた。音の一粒一粒が光っていて、まさに「真珠のパッサージュ」だった。

ブライロフスキーとホロヴィッツの演奏も忘れられなかった。ふたりのピアニストはまだ若く、歳下のホロヴィッツが頭角をあらわした時期である。パリの女性たちは二派に分かれ、それぞれの贔屓《ひいき》を応援して演奏会では嬌声《きょうせい》を上げていた。

基成はホロヴィッツの演奏に打たれて、パリにいる間中、あまさず聴いた。演奏は正確で、音楽性も際立っていた。ホロヴィッツがピアニストのなかで最高という信念をその時抱き、終生変わらなかった。曲目はベートーヴェンが少なく、ショパン、リストが中心だった。コンチェルトは、なんといってもブラームスの〈2番〉だった。

コルトーも聴いたが、レコードで聴いたときほどの感銘は受けなかった。もう盛りは過ぎていたのかもしれない。

高木東六にとっても、パリの演奏会は印象が強い。

「そのころ現代曲の演奏会にいくと、ハーモニーがわからないから、聴衆は立ち上がって、『そんな演奏やめろ』なんて言うんだね。むこうの聴衆は正直でね、日本人にもこんな聴衆がいたらいいな、と思ったね。

パリ・日本館で。前列左から、基成、版画家・浜口陽三、高木東六。3列目、前の男性の肩に手をかけているのが鈴木聡。後列右から、島崎鶏二、吉井淳二

井口は吸収する力も早かった。幻想的な、非常に情緒的なものはダメだったけど、スケールの速いものはよかった。かなり速いパッセージで弾いていた。え？　井口が指が回らなくて苦労した？　いや、そんなことないよ。指は長いし、体は大きいし。僕が苦労したスケールをすぐに弾いちゃった。

当時のパリには、日本人は画家が多かったけれど、音楽家はほとんどいなかったね。僕が仲良かったのは吉井淳二と、藤村《とうそん》の息子の島崎鶏二という絵描きだった」

井口もこのふたりのほかに田中忠雄、版画家の浜口陽三、海老原喜之助らと生涯つきあうことになる。「バロン薩摩」とよばれた富豪・薩摩治郎八が一時、経済的に支えた画家・藤田嗣治《つぐはる》がパリで寵児《ちょうじ》となっていたのも、この頃のことである。

モンマルトルには皆で行くカフェが二軒あり、そこで飲んだり踊ったりしたものだった。

日本食屋は一軒だけで、米が食べたくなればイタリア米と菜っ葉を買ってきて塩をかけて食べた。

パリ十四区の国際大学都市には薩摩治郎八の拠出金によって一九二九年に建設された「パリ日本館」があり、ここに集うこともあった。

さて、基成が、声楽家、荻野綾子から紹介されたロベール・シュミットに師事すべく電話をすると、シュミットは日本で話していたスケジュールとは違って、もうパリには滞在せずにアメリカに帰るというのだ。アメリカに来るか、とシュミットは告げた。

基成は愕然とした。

「文部省から在外研究員とされていて、フランスが指名国だ、アメリカには行けない」

と説明した。しかし、これは口から出た方便だったと弟の博雅は言う。

「秋子（沢崎）義姉の留学のほうは官費留学だったと思います。でも兄の場合は、音楽学校から補助はあったとしてもごく少なかった。だからパリで音楽学校にも入学しなかった。滞在が長くなるにつれて、経済的には非常につらくなった」

当初、一フランは八銭だったが、翌年九月に満州事変が勃発すると円は半分以下に下がっていく。高木も一杯のコーヒーを節約して、「しょぼくれたこともあった」という。

シュミットは「それでは、よい先生を世話してあげよう。だれにしようか」

しばらく沈黙が支配した。

「そうだ、イーヴ・ナットがいいだろう」

6　そのままでいい

イーヴ・ナットについては、二十世紀を代表するフランスの作家マルセル・プルーストが、つぎのような記述を残している。

〈彼の演奏スタイルは、きわめて偉大なピアニストだけが持ちうるものである。彼自身、もはや楽器を奏でるピアニストであるとの意識がない。

つまり、彼は、われわれを傑作芸術へ導く伝道師であり、われわれは彼という個の存在を意識しないのだ。彼の演奏スタイルは、それほど作品に忠実であり、それを明解に透明に解釈している〉

一八九〇年にフランス南部ベジエで生まれたナットは、七歳ごろから天才児の異名を轟《とどろ》かせた。十歳でオーケストラのための曲を書くと、それをみずから指揮した。聴いていたフォーレとサン＝サーンスは絶賛し、ナットは彼らの勧めでパリ国立音楽院に進学する。

音楽院では、フランス・ピアノ界の大御所ディエメールのクラスに入った。同時代に活躍し、とかく比較されたアルフレッド・コルトーは兄弟子にあたる。

コルトーは音楽院のなかでの評価は芳しくなく、サン＝サーンスから酷評されたりしていたが、ナットは彼とは対照的にプルミエ・プリ（一等賞）を獲得して卒業した。さらにドビュッシーが彼を庇護して、一九〇九年のイギリス旅行に同行させ、素晴らしいデビューを飾らせた。これを機にナットは国際的な演奏活動を開始し、イザイ、ティボーなど当代一流のヴァイオリニストとの室内楽活動も展開した。一九一一年と一四年にはアメリカ・ツアーもおこなう。

彼は著作にも手を染め、『カルネ（手帳）』のなかには、〈バッハこれすなわち聖書、ベートーヴェンこれすなわち福音書。シューマンとは、あたかも隣家のご主人とおしゃべりしているような気分に、私はなる〉と記している。

フランスにおけるドイツ・ロマン派の秀逸な解釈者とみなされたナットは、一九五一年から五五年にかけて、フランス人としては初めてベートーヴェンのピアノ・ソナタ全曲を録音することにもなる。

しかし、作曲から音楽の道にはいった彼は、やがて演奏活動に苦痛を覚えるようになった。聴衆が大勢集まっている会場の舞台に上がり、拍手を浴び、ほかの演奏家と比較されたり、あるいは客の入りを心配したりすることなどが、本来の性格に合わなかった。演奏家としての生活はナットを疲弊させていく。

イーヴ・ナット
（1890～1956）

基成がナットに師事したのは、そのような時期だった。基成と十八歳ちがいで、ナットは四十歳となっていた。自宅はパリ西部の十六区で、ブローニュの森が近くにあった。

邸宅は青い屋根瓦に白壁の建物で、家のまわりには手入れされた季節の花が咲き乱れ、基成はいつも見惚《みほ》れた。石畳を歩いて玄関につくと、白と茶色の子牛ほどの大きさの犬がいつも寝そべっていた。

初めて訪ねたとき、基成はナットの前で、ブゾーニ編曲のバッハの〈シャコンヌ〉を弾いた。

「それはそのままでいい」

とナットは基成の演奏を認めた。ふつう海外で師につくと全否定されると聞いていた。

そして、新しくベートーヴェンの〈110番〉のソナタと、ショパンの〈第1番〉のバラードを勉強するようにと言った。

それからほぼ二年間、基成は一週間に一度、ときには五日に一度ほどの間隔でレッスンを受けるようになる。晩学に対する負い目がつねに基成を急かし、レッスンへと突き動かした。ナットの時間が許すかぎり、経済が許すかぎり、レッスンをつけてもらったのだ。

レッスン代は一回三百フランということだったが、遠い東洋から来た学生にとっては大金だろうと、二百フランにしてくれた。それでも換算すると二十四円ほどである。基成が帰国して母校で教職についたときには、初任給が五十円だったから、百フラン安くしてくれたのは大きかった。

ナットは、ときに演奏会をもったが、教えることは限っていた。教育について、音楽について、考えを深めていた時代といえた。著作のなかでナットは強調している。

〈初心者の気持ちをくじいて本質的に嫌気を起こさせるなんて、問題にならない。練習は、音楽的思考にもとづいた技術的訓練が必要だ。だが、それはまずは作品を理解、分析することになる。つぎに構成。つまり結局のところは、その作品を調べるということだ。そして、最後にその作品を語るための言葉である、指使いを選択することになる〉

〈ああ、それにしてもなんとありがたいことか！　技術的演奏解釈の分野には憲兵隊も検査官もいない。音楽は自分の意のままだ。一言で言うなら、音楽に対しては全て、ピアノに対しては無、つまり全てか無だ〉

〈演奏解釈で重要なことは、人を納得させることだけであって、衝撃を与えることでは決してない。あるピアニストはコンサートを戦いの場として、サーカスの曲芸のように演奏をするけれど、コンサート会場は闘技場であってはならない。それなのに、悲しいかな、コンサート会場はいまや、まさに闘技場と化してしまった〉

〈私はよく自問したものである。音楽が実際、飛躍発展したのは、キリスト降誕にまでさかのぼらなくてはならないのではないかと〉

ナットにとって音楽とは信仰の表現でもあった。

そのような日本人の発想を超えたピアノへの向き合い方を、基成も鋭敏に嗅《か》ぎ取《と》って吸収していく。

日本から外国に勉強に行くと、全否定をされて基本からやり直しさせられるものだが、基成の場合そうではなかった。

ナットの教え方は、ドイツ式の流れをくむ日本式とでもいうか、厳格でおさえつけるようなやり方とは、まったく異なっていた。

強制的に一つの型に押し込むのではなく、なにか大きな抱擁力でつつみこんでしまうような、できないところは自然にわからせるように仕向けていくとでもいうようなやり方で、重要なところはいつの間にか自覚するようになるのだ。

そのためテクニックに劣等感があった基成でも、初めからそればかりにこだわらないようになっていった。硬くなっていた気持ちもいつの間にか解きほぐされて、どこか成長を自覚するような感じを受けた。

これまでは少しでも間違うと痛烈に説教され、ときには手を叩かれたりするのに慣れていた基成には、想像できない教育法だった。

「ピアノを弾くうえで、いちばん大事なことは指の先だ。指先の神経がちょうど人間の眼と同じように働いて鍵盤を捉えなければいけない」

「手首、腕、肩、すべての関節が楽になっているのはもちろんのこと、いつでもおおらかな気持ちで、無理なく弾けるようにならなければいけない」

ナットの言葉は抵抗なく基成に染み込んでいく。

気心がしれるようになると、ナットは個人的な思い出も話してくれるのだ。音楽院の卒業試験で、リストの〈メフィスト・ワルツ〉を弾いたこと、アメリカ・ツアーでは自分よりも数歳若いスペイン人ピアニストに大衆的な人気を奪われて、ツアーは成功しなかったという話。またカナダ人の妻は、十二歳と九歳の男の子を残して出奔《しゅっぽん》してしまったこと。

ナットは失意のうちにあった。師弟関係は上下関係ではなく、きわめて親密になっていった。

そんな師弟の間柄を、基成自身も弟子との間に築くようになっていくのである。


基成はグランドピアノがおける下宿を探しはじめた。チェロの鈴木聡の下宿のあったモンソー公園の近くに、ちょうどいい家が見つかった。

その家の息子は基成がピアノを弾いている姿をモデルにして、粘土で素晴らしい肖像を作った。美術の専門でもない学生がこんな作品をつくるとは、フランスは芸術の国だ、と基成は驚いた。

画家の仲間たちはルーブル美術館にいって模写をしたりしている。何フランか支払うと、美術館でイーゼルを用意してくれ、一日中模写に励むことができると言っていた。芸術を志す者に対する体制が、フランスではできていた。日本の文化の後進性を、このとき基成は痛感した。

大家がパーティーを開くときにはいつも招待されブリッジやポーカー、ダンスに興じ、基成もベルリン仕込みのステップを踏んだものである。基成は日常会話に困らない程度にフランス語を話せるようになっていった。

ナットが演奏会を開くと、会場には必ずドビュッシー未亡人の姿があった。ナットが演奏してドビュッシーが講演する演奏会が何回も開かれたという。

ナットはドビュッシーから演奏上の教えも受けていたから、解釈には強い自信ももっていた。ドビュッシーを語るとき、ナットは常に敬愛と親しみをこめた。こうして基成にもドビュッシーの教えが浸透していった。

日本では、当時ドビュッシーといえばギーゼキングとされていた。彼の演奏をパリで聴くと、ピアニッシモが〈湯気がさーっと立ちのぼってくるような繊細な美しさ〉だったが、ナットの教えのあとでは、それは本来のドビュッシーの肌合いとは違うように感じるのだった。

ナットの演奏は親身な、魂の奥底から出てきたような感じがあり、ギーゼキングのものはそれらしく作られた印象を受けた。生き方からして隔たりがあるように思われた。

基成のいちばん印象に残ったナットの演奏は、シューマンのコンチェルトを演奏したときのものだ。

〈決して聴衆を煽《あお》るようなことはなく、オーソドックスな格調の高さや瀟洒《しょうしゃ》さの内側に秘めた豊かな音楽性とエスプリの香りがある〉

これはマルセル・プルーストのナット評にも通ずる。同行した鈴木聡も感動して興奮していた。基成にとって一生消えない記憶である。

ナットはレジオン・ドヌール章を授与されることになった。そのとき、かつてカルテットを組んだジャック・ティボーが電話をかけてきたことを、喜んで基成に話すのだった。

しばらくして基成は鈴木とともに、パリ郊外のサンジェルマン゠アン゠レに近いベジネに引っ越した。一緒に暮らせば節約もできるというものだった。基成は初めてする炊事にとまどい、もっぱら買い出し役を引き受けた。マルシェで豊富な食料を選び、魚屋と親しくなって好きなものを安く仕入れられるようになっていった。贅沢《ぜいたく》はせずともこんなパリの生活は解放感にあふれていた。この年、夏になっても、ナットはバカンスに出かけず、基成はレッスンに通いつづけることができた。この部屋にはドイツ留学中の斎藤秀雄も訪ねてきて、パリの夜を共に満喫した。この時はお互いがどんな音楽家になるかは想像もできなかった。

一年後、鈴木は帰国し基成はまた転居した。今度はエッフェル塔近くのアパルトマンだった。隣は白系ロシア人家族で、娘はパリ国立音楽院のヴァイオリン科を出ていた。親たちはその娘と基成を結びつけたい様子だった。しかし、基成は先輩女性から「女除《よ》け」のために、映画女優の夏川静江のブロマイドをもたされていた。この写真を見たとき、ナットは「日本では俳優は芝居のなかで本当にはキスしないそうだからいいな」と呟《つぶや》いた。西洋人でもそういうことを感じるのか、男は日本人も西洋人も同じだと基成は思った。

ロシア人家族の友人には、当時、日本に住んでいたヴァイオリニストのモギレフスキーの妻と息子がいた。紹介されて判明したのは、モギレフスキーは貴族出の夫人と、駆け落ちして日本に向かったということである。

パリでは恋もありふれた日常のようだった。ウォッカとアンチョビの塩漬けを初めて食べて、その強烈さも思い知った。音楽会と練習にあけくれ、美食と酒に酔うパリでの充実した時間が過ぎていった。

基成に試練が訪れたのは二年目の夏である。

7　指が動かない

一九三二年晩夏のことである。

その夏、ナットは、イギリス海峡に面したフランス北西部のブルターニュ半島に避暑に行くことになった。カランテックという小さな海辺の町だという。

「君も遊びに来ないか」

ナットに誘われ、基成はその日を楽しみに待った。

パリを午前中に出発する汽車に乗った。まもなく車窓には、フランスの田園風景がひろがってきた。ナットの自邸のあるブローニュの森とは違う風景である。レッスンを終えてほっとした気持ちで帰宅の途につくとき、ブローニュの森の四季の移ろいに心を奪われてきた。たまたまドビュッシーを練習していたりすると、その曲の真髄をつかんだような気にもなった。フランス的な気分に引きこまれて、近くのカフェに立ち寄ってはアペリティフをかたむけた。

列車はなだらかな丘陵を走っていく。カランテックまでは六、七時間かかる。窓から隙間風が入ってくるのが気になったが、基成は久しぶりの列車の旅に心が躍った。

長旅はシベリア鉄道で渡欧して以来である。

日本にいる家族はどうしているだろうか。母の手紙が届き、基成はつぎのような手紙を返している。

〈お母さんのお手紙拝見しました。
僕の誕生日の日は、深尾須磨子さん（詩人）の家で小沢弘くん（チェリスト）も集まってお祝いしてくれました。丁度その二三日前に荻野綾子さんの所には日本から色々と食物が送ってきてあったので御馳走を頂きました。（お寿司の）
日本から食料品を送って下さい。三越に頼めば何でもちゃんとやってくれます。（お茶や鰹節や海苔、その他を。今すぐでなくていいですよ。）
自炊しなければならないのは如何ともしようがありませんがそれは追々皆に教えて貰います〉
このころ妹の愛子は病を得て、東京を離れて療養していた。基成はそのことを気にかけている。
〈愛子の胸もよくなりそうでよいですね。
葉山から東京へ時々教えに通うのは大変なことだ。あまり疲れんようにね。学校へ行くのは気も随分に使う事だし余程気の向いた時にでもしなければいかん。それにオヤジさん少し元気のないのはいかんですな。もう少ししっかりしていてもらわないと困ります。ふとっているなら松の葉でもせっせとたべて元気を出してください。（略）
でも早いもので（略）そうこうするうちに帰るときがくる。勉強も出来るだけしておかないと。イーヴ・ナットは相変わらずいい先生です。愈々《いよいよ》明日からノーエル・ギャロンに理論（和声・対位法その他）を習います。送金の通知がまだきませんが、どうも有難うございました。

なるべく倹約しておきます。近々連絡があるでしょう。

また先日ここの家の主人の友人にいい写真屋がいるのを紹介されたものですから二枚とりました。今に必要な事もあるだろうと思ってしたので道楽にやったのではありませんから、ご安心ください。

今植民地博覧会が開かれています。

又この二三日天気悪し。

皆元気でいるように〉

五月十九日付のこの手紙は、船便で何十日もかかって日本に着いたはずだ。それに対する返事はまだ来ない。

ひとり旅ではさまざまな思いがよぎっていく。

ナットの演奏会のことも脳裏をかすめた。ナットの音はどのようなフォルテの和音であっても決して濁らなかった。一つの和音から次の和音に移るときのペダルの使いかたも巧みである。明澄な響きはそれ以来、忘れられなくなった。列車は走り続けた。

全国に何千人という弟子をもつようになる基成は、生涯にわたって西へ東へと旅をつづけていくことになる。人生それ自体もまた、波乱に満ちた旅路となるのである。

やがて列車はカランテックに着いた。

ナットはすでに妻に去られていたから、避暑用に借りた家には二人の息子と、基成といっしょに習っていたもう一人の弟子エリーズがすでにきていた。そこに基成も加わり、賑やかで家庭的な雰囲気のなかで数日を過ごすことになった。

翌朝のことである。基成は右手が固まって麻痺しているかのように感じた。いったいどうしたのだろうか。右手の三と四、つまり中指と薬指に弱点があると思っている基成は、晩学の自覚もあって、それらの運指に特に力を入れている時期だった。たとえばショパンの半音階の練習曲や、リストの超絶技巧がもとめられる「鬼火」を重点的にさらっていた。

酷使したのがいけなかったのだろうか。そこに汽車の隙間風が当たって悪化させることになったのだろうか。でも、そのうちに治るだろうと、基成はこのときは気に留めなかった。

ナットもバカンスで心身ともにリラックスしていた。鉛筆をとりあげて、基成のカリカチュアを線画で描いたりする。

海辺のランチでは、美味《おい》しそうな貝類があると、ナットは何十個もたべてしまった。食事とワインの組み合わせを解説し、ボトルをやすやすと二本もあけてしまう。基成はナットからピアノだけでなく、食の指南も受けたようなものだった。

避暑から戻ると、右手の具合はますます悪くなってきた。感覚がなくなり、腕から手首、指にいたるまで思うように動かなくなった。

とうとう基成はナットに訴えた。

名医だと紹介された医師からは、煙草も酒もコーヒーも禁止され、強い薬が処方された。しかし飲み続けても、一向によくはならない。

ピアノを禁止された基成は治療を続けながら、それまでに増して劇場に通うようになった。

そのなかで忘れられないのが、ラヴェルが発表した初めてのピアノ協奏曲の初演である。この曲はフランスを代表する女流ピアニストで、パリ国立音楽院教授マルグリット・ロン夫人に捧げられていた。基成が聴いた初演は、作曲者自身の指揮で、ピアノはマルグリットだった。

舞台に登場したラヴェルは小柄で、対するマルグリットは大柄だったが、デリケートな陰影の濃い演奏を見せた。いみじくもこの曲は、基成が日本初演をすることになる。

一九一四年から一七年にかけてラヴェルが作曲した〈クープランの墓〉のトッカータはマルグリットの亡き夫に捧げられていた。この初演もまた戦争未亡人となったマルグリットだった。

彼女はパリ社交界でも華やかな存在で、女としての魅力のためにさまざまなスキャンダルもあった。しかしそれを押しのけるだけの女丈夫でもあった。頭角を現す女流ピアニストは、ロン夫人に妨害されるともいわれていた。彼女とヴァイオリンのジャック・ティボーによって、ロン＝ティボー国際コンクールは創設されることになる。

ベートーヴェンの協奏曲を、ヴァイオリニストのヤッシャ・ハイフェッツとヨーゼフ・シゲティが弾くのを聴き比べるチャンスにも恵まれた。バックハウスとホロヴィッツのブラームスのピアノ協奏曲第2番の聴き比べもできた。

ピアニストでは老大家のザウアー、二十世紀ではホロヴィッツが頂点だ、と基成はこの留学中に結論づけた。そして自分はどうなっていくのだろうか——。

結局、治療の効果は表れなかった。ピアノの弾けない基成がパリにいる意味はない。

もとより前年に勃発した満州事変で円は安くなり、留学生は減る一方となっていた。日本では冷害が凶作と不況を招き、株式や商品相場が暴落した。上海でも日本軍は中国軍と交戦を始め、さらに関東軍によって満州国の建国が宣言された。国内は、血盟団事件、五・一五事件が起き、日本は軍国主義へと突き進んでいく。

金融が逼迫《ひっぱく》すると、音楽界はたちどころにその影響を受けた。明治以降、日本の西洋音楽は順調に発展し、さまざまな音楽的事業が制限も秩序もなく、やたら発生したといっても過言ではなかった。十年前には一年に百回ほどしかなかった音楽会が、そのころにはその十倍にも達していたのである。

ところが不景気のあおりで、膨張した音楽界の諸事業はたちどころに萎《しぼ》んだ。来日音楽家の演奏会もどれくらいが実現可能か測れず、激減が確実な世相となってきていた。

新交響楽団が活発な活動をくりひろげてはいるものの、贅沢な、金のかかる歌劇はまったく見込みがなくなった。山田耕筰が演出した歌劇も大きな損失を出した。そんななかで、新しい人材は育ってこなかった。基成が帰国することになったのは、そんな状況においてだった。

基成の弟である井口博雅は、そのころの記憶も鮮明である。

「兄は手の病気のため帰国することになりましたが、当時円の価値が下がっていて、帰国の船賃や経費などが二倍か三倍になってしまい、我が家からは送金ができなかった。兄はそうとう困って、窮状を上野の音楽学校の乗杉嘉壽《のりすぎよしひさ》校長に訴えたらしい。校長は千円という大金をすぐに送金してくれたようでした」

これで基成は安心して帰国の準備を整えることになった。

また、上野の教授であるヴァイオリンの安藤幸が、たまたまパリに来ていて、基成に一緒に帰国しようと言ってきた。安藤は幸田露伴、幸田延の妹である。

このとき安藤は、のちに一門をなす草間（安川）加壽子宅に寄宿していた。基成はパリ見物の案内役として毎朝、安藤を迎えに行った。

外交官を父に持つ草間加壽子は一歳で渡仏、当時はまだ十歳の少女である。母親は、パリ国立音楽院予備科の入学試験のために勉強させようとしているのに、マリつきばかりして遊んでいる、と基成にこぼした。庭を見ると、ピンクの洋服を着て遊んでいる加壽子の姿があった。その後、草間は音楽院に入学、ラザール・レヴィに師事したが、国際情勢の悪化にともなって帰国した。戦後、安川に東京藝術大学教授の職を斡旋したのは、同学を辞任することになった基成である。


一九三二年十一月初旬、基成は日本郵船香取丸の旅客となった。三等客室の切符を買ったが、乗杉校長が大金を送金してくれたために、基成は気が大きくなっていた。

港に着くごとに同船していた客を何人か引き連れて飲み食いした。本来なら病気で帰国するのだから憂鬱なはずなのに、シベリア鉄道の一人旅とは大違いであった。

マルセイユ、ナポリ、アレクサンドリア、コロンボ、シンガポール、香港、上海——見物しては美食を繰り返した。四十日の船旅は瞬く間に愉快に終わった。

しかし、基成の指の動かなくなったその腕は、見る影もなく痩せ細っていた。

第三章　巨匠誕生<ruby>ヴィルトゥオーゾ<rt></rt></ruby>

1　兄を凌いで——井口愛子のデビュー

一九三二（昭和七）年の師走、神戸港で基成を出迎えた母は、病んだ手をしきりにさすりながら、「いとおしい、いとおしい」と、二年ぶりに会う息子を鳥取弁で懐かしんだ。

マッサージ、カイロプラクティック、鍼灸《しんきゅう》など、ありとあらゆることが試みられた。しかし、症状は変わらなかった。

母は、馴染みのある栃木県那須温泉に基成を療養に出すことを思いついた。東京を離れていたほうが、基成の心身の安定にも良いと思ったのかもしれない。

というのも、このころ妹の愛子の活躍がめざましいものとなってきたのである。そもそも一九三〇年、基成がフランスにむけて出立した二十数日後の十一月二十九日、愛子は日本青年館において第一回独奏会を開催している。兄に聴かせるために日程を調整することは不可能だったのだろうか。いや、基成とてフランス入国以前に、ドイツでひと月も遊んでいたのだから出発を遅らせることもできたはずだ。

かつて基成のために、愛子に東京音楽学校受験を断念させた母である。つまり基成が落ちて、愛子が合格するのを危惧《きぐ》した、気の回る母だった。愛子のこの演奏会の開催日設定には、母の強い思惑を感じざるを得ないのである。

この時愛子は二十歳である。演奏会は音楽評論家の第一人者である野村光一の絶賛にはじまり、それからひと月余り、新聞には「輝やかな天才ピアニスト」の見出しで、〈井口愛子嬢にめぐる春　うら若い女性の身で音楽学校ピアノ教師に　伝統のからを破って校外から招く〉との大きな記事が、上野の校長乗杉の談話とともに掲載された。愛子のような天才には門戸を開放して、ぜひとも教鞭をとってもらい、天才の出現に貢献してほしいというものである。ところが、愛子は、結核の症状が出て寝つくのである。

二十歳の愛子に、弟子入りを望む紹介は絶えなかった。基成の手紙にもあるように、二年余りが経過し、基成が帰国するころ、愛子は復調した。

井口愛子の第1回リサイタル（日本青年館）で、恩師コハンスキと

基成が東京を不在にして那須で長期療養するなか、愛子は、翌年五月十八日に「協奏曲の夕べ」を、日本青年館で催した。モーツァルト、フランク、リストの三つの協奏曲であり、指揮は近衛秀麿、オーケストラは新交響楽団だった。

半年後の十一月八日には、日比谷公会堂における新交響楽団の第一三一回定期演奏会にデビュー、指揮はロベルト・ポラックで、フランクの〈交響的変奏曲〉と、日本初演と思われるコルンゴルトの〈空騒ぎ〉組曲を披露した。

コルンゴルトは、オペラ〈死の都〉によって二十三歳にして世界的評価を確立していた。シェーンベルクと並んで「存命する最高の作曲家」といわれる絶頂期をむかえていて、愛子は新響の定期演奏会で取り上げたわけである。基成同様、世界の動向にも敏感な愛子だった。

しかし、これほど華々しいデビューを飾ったにもかかわらず、その後も愛子は病気がちで、演奏活動は時に行うものの、名伯楽としての稀有な足跡だけが強調されることになる。

それを身を持って知ったのは、トランプがアメリカ大統領だった頃、国立公文書館長加藤文夫の主宰する「新・風訊会」の定例会で、TPPについての講演があったときである。演者は政府対策本部首席交渉官代理をつとめている大江博だった。

雑談のなかで、大江がピアノを得意としていることがわかった。そしてなんと井口愛子の孫弟子にあたるというではないか。一九五五年生まれの大江は、高校時代に音楽大学に進むかどうかを相談するために、東京に井口愛子を訪ねた。そのとき、愛子から告げられた言葉で、進路は決定された。

「あと三年早くきたら、うちに住まわせて内弟子として教えてあげたけど、と言われました。音楽の世界でトップになるのが、いかに厳しいかということを愛子先生には教えられましたね。『あんた、どのくらい勉強できるかしらないけれど、東大行けるなら、そっちに行ったほうがいい。そうでなかったら、桐朋にきてもいいけど』とおっしゃって。やはりコンクールで一位になって国際的にならないと、ピアニストになっても意味がないということなのでしょう」

一撃で将来を決意する強烈な言葉である。それで大江は東大に入学し、外務省に入った。十年ほど前よりピアノを再開、二〇一一年のショパン国際ピアノコンクール・イン・アジアでは、アマチュアコンチェルト部門で金賞を受賞した。前年には同部門で銅賞をとっていたが、一位でなければピアノ弾きとして意味がなかったのだろう。さすが愛子の孫弟子である。

さて、愛子の活躍とは無縁に、基成のほうは那須で療養していても、いっこうに手の症状が回復しなかった。やっと光が見えたのは、愛子の弟子筋にあたる浅野長武侯爵家から紹介された医師によってである。愛子は演奏活動は控えていたが、その華麗なデビュー以降、教えを乞う者がふえつづけていたのである。

「この腫れはひかないだろうけれど、麻痺のほうは使っていれば、あるところまでは必ず回復する」

基成は少しずつ指を鍵盤に置くようになった。すると医師の診断通り、麻痺はとれて指が動くようになった。こうして気の遠くなるように長い一年半がたった。一九三四年四月三十日、やっと基成の帰国第一回のリサイタルが開催される。

このころ日本に、師であるイーヴ・ナットのシューマンの〈イ短調協奏曲〉と、〈子供の情景〉のSPレコードが紹介され、コルトーと肌合いの違った演奏が話題を呼んでもいた。新進の基成の帰朝演奏会は、彼に師事したことでも注目されるのである。

一方で、そのころパリのナットは体調をこわし、基成が去った翌年以降、コンサート活動からまったく遠ざかった。音楽と食の趣味で合う可愛い弟子をつれ、美食を繰り返した結果、肉体に異変をきたしたのだろうか。ナットは、一九三七年には母校のパリ国立音楽院の教授となり、戦後、基成は愛弟子をナットのもとへ留学させる。

その後、一九五二年にリサイタルを開いている。技巧は失ってはいたものの、ブラームスにおいてドイツ的な論理性とフランス的な感性の「幸福な合一の証」の名演として、録音が残されている。

基成の弟子で、さらにナットの弟子ともなったのが、江戸京子、賀集裕子、九州で福岡音楽学院を立ち上げた末永博子らである。

江戸京子は桐朋女子高等学校音楽科で基成に師事、渡仏してパリ国立音楽院でナットのクラスに在籍した。一九五五年から一年半にわたる。

「日本人で、井口基成先生以上のピアニストはもう出てこないでしょう。日本の音楽界の歴史そのもので、巨大な天才ではないでしょうか。いまでもあの先生が残された〈皇帝《エンペラー》〉の最初のところを聞くと、凄いと思う。あそこを、ハメが外れているように弾くのです。

初めてお目にかかったのは小学六年のとき。『まだ指がダメだ』と弟子にはしていただけなかったけれど、時折レッスンをして下さった。先生の巨体がぬっと現われただけでドキッとしたものです。毎回レッスンはプレッシャーを感じて出かけて行きました。『あんたは頭でわかっていて、自分だけ理解しているつもりになっている、他人《ひと》がわからなければダメなんだ』といわれました。練習が十分でなかったり、技術的な破綻があったりしたときは叱られました。幾分サディスト的なところもあるのでしょう。とくに男子生徒には厳しかったですね。ピアノの前に座った瞬間、『態度が悪い』と殴られ、ピアノの椅子をふりあげられた生徒もいた。的を射た罵倒というのが、よくありました。でも先生は、教師というより芸術家でしたから。それを補ってあまりある魅力を備えた方でした」

江戸京子が至言としている基成の言葉がある。

「人前で演奏するのは容易なことではない。たとえ恐怖で身がすくんでも立派に弾けなければいけない。日常生活の全てがその為の準備である」

井口は音楽だけでなく、人生などについても、口にしたようである。

「『男なんて虎の張り子のようなもんだよ』と言ってらしたのも忘れられない。懐の深い人だったし、体の大きさもそうでしたけど、日本人離れした偉丈夫な方。母も尊敬しきっていましたし、先生のとらわれない自由な考え方というのに、いちばん影響されました」

江戸がフランスに留学したとき、ナットは六十三歳になっていた。

「ナット先生は半分スペイン人の血がはいっているとのことで、握手しただけで先生の感性がわかる感じでした。握り方が違うんですね。私が師事する一年前に最後のリサイタルが開かれたとのことですが、なにしろ各国に招かれても飛行機に乗るのが嫌だったようです。

音楽院のナット先生のクラスには、十三人ほどの学生がいました。冗談もお好きだったし、『ワインに酔ったように弾いたらダメだ』『頭と心と指とのバランスが大切』と教えられました。とりあげた曲はシューマン、ショパンの〈バラードの4番〉、ドビュッシーの〈映像〉、ベートーヴェン、フランク、フォーレなど多岐にわたります。基成先生も、そういったものを見ていただいたのだと思います。

コンクール前には、学生皆の前で一人一人弾かされ、先生のアドヴァイスを皆が聞けるというものでした。同じクラスには、カトリーヌ・シリーもいました」

カトリーヌ・シリーは、ジュネーブ国際音楽コンクールのピアノ部門において二位を獲得している。歴史あるこのコンクールは、一九三九年から始まり、ミケランジェリやゲオルク・ショルティ、マルタ・アルゲリッチらが第一位受賞者として知られている。

「ナット先生のレッスンは自宅のこともあり、週に一回か二回ぐらいみていただきました。午後の二時から六時くらいまで、ずっといなくてはいけませんでした。このころナット先生は太り気味になっていて、奥さまは若い方でエリーズというお名前でした」

エリーズは、井口と同時期に弟子だった女性である。基成とエリーズは、避暑にも家族のように同伴し、出奔したナットの妻が残した二人の息子は、あまり歳も変わらないエリーズになつき、その後ナットはエリーズと結婚したというわけである。

2　指から炎が燃えている

井口基成の帰国第一回のリサイタルは、当時、唯一の大ホールで、クラシックの殿堂だった二千席あまりの日比谷公会堂で、一九三四（昭和九）年四月三十日に開催されることになった。

　基成の姉・孝子は、このとき出た広告について、忘れられない。

「基成の名前がローマ字で出たんです。MOTONARIと。じつは基成の名前は、楠木正成のようにモトシゲと読むんです。でも、このとき以来、モトナリと呼ばれるようになってしまいました。でも、本人もそういうことは全然気にしないタチなので、そのままになったのですよ」

　孝子はこのときすでに結婚していた。夫は西塚俊一という文学青年で、音楽にも造詣が深かった。西塚は、のちに日本ショパン協会の副会長になり、一九八一年には日本シマノフスキ協会を立ち上げた。ポーランドを代表する作曲家カロル・シマノフスキの〈協奏交響曲〉などを、一九三九年に日本初演したのは井口基成である。

「僕が初めて会った基成くんは、弾けない基成くんだった。でも、手が悪いからと帰国した基成くんは、もう何回か分の演奏会ができるだけのレッスンはしてある、と語っていた。パリで猛烈に練習していたのでしょう。

　そのとき、愛子さんが、あの指使いでは指は悪くなるわよ、って。まあ信念をもっていったかどうかはわかりませんよ。でも、そう口走ったことはある。

　デビュー・リサイタルのときのポスターは、作曲家で指揮者だったピエール・サンカンの知り合いのフランス人が描いた基成くんの顔のクロッキーだったね。サンカンとは、基成くんが音楽理論を習ったパリ国立音楽院のノエル・ギャロンの下で同門だったらしい」

　二人は懐かしく昭和一桁の時代に思いをはせていた。

さて、演奏会前夜、基成は数年先輩の帰朝演奏会に出かけて行った。そこで音楽評論家の野村光一に会う。

「あなたは、自分の演奏会を明日に控えて、よく来られたもんだね」

野村はあきれたような顔をした。しかし、基成にすれば、招かれた演奏会に行くのは、当然のことだった。

翌日、日比谷公会堂は四割ほどの入りだった。劇場で四割というと、客席はガラガラに見える。それでもデビュー・コンサートとしては大成功だと、客席をのぞきながら基成は自分に言い聞かせた。

問題は演奏である。

フォーレ、ドビュッシー、ラヴェルなどのフランスもの、ショパンの〈二十四の前奏曲〉、リスト〈パガニーニ練習曲より第2番〉〈メフィスト・ワルツ第1番〉などだった。

演奏会が済んで数日がたったある日、詩人・丸山薫からの手紙が届いた。丸山は堀辰雄の文学仲間で、この年に賞を受けていた。

封書には、基成の演奏を聴いて感激したままの詩が書きつけてあった。

〈火が燃えている、指から炎が燃えている〉

また、評論家の野村光一が、東京最初の日刊紙である「東京日日新聞」（現・毎日新聞）に、きわめて長い演奏会評を寄せている。

〈フランスより帰朝以後、手の病を得て休養すること一年に及んだ井口基成氏は今回遂に病癒えて楽壇に打って出た。氏のデビューは吾人の期待以上に驚愕すべき燦然《さんぜん》たるものとなった。是《これ》は昨年度における原智恵子嬢の出陣と共に邦人洋琴家間における近来の演奏中最高峰に達した双璧である。然も、それは男性によって行われたものであっただけ、かつて日本人洋琴家の誰もが実現し得ず久しく吾が洋琴演奏界に待望されていたところを初めて成就した有意義な演奏であったといわねばなるまい〉

明治時代に国産ピアノが開発され、それからはじまったピアノ界の歴史である。大正時代になって、やっと久野久や小倉末子というピアニストが生まれた。その後も演奏家はほぼ女性に限られていたし、男性がいたとしても、女性たちに匹敵する演奏家にはならなかった。

野村はつづけている。

〈今回氏が披瀝した腕前は真に凄まじいものであった。驚嘆すべき指の強さ、延《ひ》いては、そこから起る音量、指の速度、その他何から何まで海外における堂々たるコンサート・ピアニストと同種度にある力量である。

しかも、それに加うるに、氏の音楽が感情の豊穣なることは賛嘆するに余りある。狂奔する雄大な男性的熱情をもって楽曲を洋琴上にぶちまける。それは徒《いたずら》な平成《ママ》に過ぎた解釈で無く、己の知力と感情をもって楽曲を意の儘《まま》に喰い尽くしたものである。従って氏の弾奏は、所謂《いわゆる》デビュー楽人の多くに見られるが如き、教授されたままの硬直せる温習会的弾奏で無く、その公式初陣に拘らず、既に楽曲を自家薬籠《やくろう》中の物と化したところがあった。その意味に於て今回のベートー

ヴェン「アッパショナータ」は快演である〉

このあとには基成の演奏の特徴がちりばめられている。実際の演奏が録音としてほとんど残っていないピアニストなので、あえて引用をつづけたい。

〈但《ただ》し、時に井口氏は勢い余ってコントロールを失い、その為に、楽曲の解釈が強調され、又形態が整わず明確を欠き、却《かえ》って、氏の意企するところが聴者に不可解に響く場合を起こさぬでも無かった。それはショパンの前奏曲中に屢々《しばしば》見出された。氏は茲《ここ》では往々熱情の俘囚《ふしゅう》となったことが明白であって、その為の表現手段の一例として、私はペダルとフォルテの乱用を指摘したい〉

当時の演奏会評が、昨今のものと違い、印象批評でないことも注目に値するのではないだろうか。

〈けれども、斯洋《かよう》な僅少の弱点があったにしても、かつて、邦人洋琴家中、氏の如く雄々しく、大胆に、また意識的に楽曲に働らき掛けて行った人があったろうか？　然も、氏は、粗暴という多少の欠点を暴露しながらも、他方そこに無数の成功を納めたのである。全く氏の如く音楽的に、技術的に器の雄大な優秀な男性的洋琴家はかつて吾が楽界から生まれたことは無かったろう〉

前年に演奏会を開いた女流ピアニスト原智恵子について、この大御所音楽評論家は、「すばらしきかな原智恵子」と書いた。基成については、「恐るべきピアニスト」としたのだった。ここから基成の演奏家としての生涯が始まった。

演奏会が開かれた同月、基成は母校の東京音楽学校の助教授についた。また同時に、妹・愛子も、要請されつづけていた上野の音楽学校の講師就任を受けた。やはり、基成を気づかってのことだったのだ。井口家では二人が同時に権威のある、安定した地位についた月となった。

同時に基成の嫁探しがはじまった。

初恋は音楽学校入学の夏だった。信州出身の同級生の実家に招かれたとき、彼から友達と紹介された田舎娘に心惹かれたのだった。

基成は、清純そうで素朴、あどけない女性が好みだったようである。パリ時代、持たされた女優の夏川静江の写真がまさにそうだった。しかし、帰国して大女優となっていた夏川に初めて引き合わされたとき、大人っぽい感じの美人となっていて、基成は興ざめしてしまうのだ。

信州で出会った女の子は、紺絣《こんがすり》の着物を短く着て赤い帯をしめたひっつめ髪だった。純真さばかりが目立つ田舎娘である。その晩、基成は眠れず、胸がしめつけられるような苦悩を味わった。その責められたような感情が、あとで思うと、恋心というものだった。

その後、基成はつぎつぎに女性の幻影を求めるようになったが、強く惹きつけられることはなかった。ただ女性に出会うと、基成はすぐに露骨な態度とニヤけた表情をする、と友人から指摘された。女性は退散していくばかりで、そのたびに頭を坊主刈りにしてきた。

親族郎党らが総掛かりで、女性を紹介してきた。自分でも、この人はと思う上級生や下級生の女性たちを家に呼んだ。しかし、そんなやり方で、運命の女性と出会うはずはなかった。

一九三五年の夏のある日、基成がお茶の水の分教場でピアノ指導をした暑い日のことである。レッスンを終えて廊下を歩いていると、だれもいないと思ってふと見た教室の窓際に、一人の女性がたたずんでいた。強い夏の光を半身に受けて、すらりと痩せ、水色の服を着たその人の横顔は、憂鬱に沈んでいる印象だった。

その女性が沢崎秋子だった。基成より三歳年上、基成が入学したときに最上級生で、御前演奏もおこなった女流ピアニストの第一人者である。基成は話しかけた。秋子はそれに応じ、それから密やかな交際がはじまったのである。

秋子の時をすこしさかのぼろう。

基成より三カ月遅れでドイツに文部省の派遣留学生として留学した秋子は、ベルリン音楽大学入学までの半年間、シュテルン音楽院に籍を置いた。自然法の大家のブライトハウプトに師事、年老いていたがレッスンでは大声をはりあげ、一緒に歌ってくれたものだった。ショパンのエチュードを数多く学び、手の使い方など、きわめて納得がいく方法を丁寧に指導してくれた。

ベルリン音楽大学では、シュナーベル、エドヴィン・フィッシャー、クロイツァーと三大巨匠が教鞭をとっていた。その年の入学試験では、聴音のあとにバッハ、ベートーヴェン、シューマンを弾くようにうながされた。秋子の入学は許可され、作曲で留学していた諸井三郎といっしょによく講義を聴いたものだった。

師事したクロイツァーのクラスでは十人くらいが一緒にレッスン室に入り、一人ずつ弾かされ、ほかは聴講するやり方だった。あるドイツ人は、ペダルだけで二小節を一時間くらいかけてできるまでやらされ、ついに泣いてしまったこともあった。

クロイツァーは公開レッスンをすることもあった。ピアノの構造からはじまり、打鍵、音の倍音などについてだった。クロイツァーの愛弟子たちは、秋子をふくめ、のちには世界各地の大コンクールの審査員をつとめるようになる。

秋子は学校だけでは満足できなかった。ベルリン国立歌劇場の首席奏者と知り合うと、ヴァイオリン・ソナタをいっしょにほとんど勉強してしまった。勉学だけでなく、スキーも覚えるなど充実した留学生活だったが、三年目になると、ナチスが台頭し、ユダヤ人追放のため国内が騒然としてきて、秋子は帰国せざるを得なくなった。基成との出会いまで一年あまり、それまで秋子は注目されるピアニストとして、教師として活躍するのである。

レオニード・クロイツァー
(1884～1953)

3　沢崎秋子との結婚

沢崎秋子が、筥崎《はこざき》丸の客となり帰国したのは、一九三三（昭和八）年、基成がパリから帰国した数カ月後のことである。

秋子の帰京については、弟子である谷康子（東京藝術大学名誉教授）が『秋玲の記』で振り返っている。

〈待ちに待ったご帰国の日が参りました。その日は授業をさぼって、東京駅までお迎えに行き、ピンクのワンピース姿の先生におめにかかることができ、また学校でいつでもお目にかかれるという喜びでいっぱいでした〉

秋子は、東京音楽学校の助教授の立場で留学を果たし、帰国後、再び母校で教鞭をとった。奏楽堂では帰朝披露演奏として、バッハ＝ブゾーニの〈シャコンヌ〉を弾いた。秋子は「ヴァイオリンの原曲を考えて弾いた」と谷に語っている。

校内のオーケストラとは〈皇帝〉で共演し、東京放送局にも出演した。曲目は、この年に生誕百年をむかえたブラームスの〈ワルツ作品39〉だった。リサイタルを望む声は高まっていたが、秋子がそれを開催することはなかったから、ラジオ出演はひときわ注目された。それに先立ったインタビューで、秋子は父に言及した。海軍への贈賄事件は国政を揺るがし、このシーメンス事件にからんだとされて海軍高官の職を辞した父は、秋子には変わらず誇らしい父であった。父の思いをはらすのは、四姉妹のなかでは自分しかないとの信念をもっていた。

〈青い若葉の萌え始める頃から一入《ひとしお》に力強い朝の喜びが感じられます。

父の感化を受けてかわたしは幼い頃から朝がとても好きでした。誰もが起き出ぬ中に綺麗に庭を掃いて廻って、後で誰かが一寸でも足跡でもつけようものなら大騒ぎして怒ったことを覚えています。すがすがしい新鮮さをいつまでもそっととっておきたい気持ちからでした。

自然ピアノの勉強もわたしにとっては朝が一番能率の上がる時です。清らかな空気の中で朝の光を一様に浴びて新鮮な頭、朗かな気持でピアノに向った時は実に幸福です。喜びの中に只管《ひたすら》練習を続けて行くことが出来ます。

伯林《ベルリン》時代には練習時間をいつも午前中と定めていましたが唯今では忙しいためなかなか思うように行かず残念です。

初夏の頃の伯林の朝、私には一番思い出深いなつかしいものです〉

このラジオ放送については、谷康子は次のように書き残している。

〈本当にたっぷりした深みのある音で、滋味溢れる演奏でございました。決して派手ではないのですが、他の先生方にはない味のある演奏を、幼稚であった私にも感じ取る事が出来たように思えます〉

同様に寺島喜久子も「ラジオ放送が始まる前から家族みなでラジオを囲んで、それこそ一音も聴き漏らすまいと、一生懸命お聴きしたものです」とふりかえる。寺島にとって、沢崎秋子は憧れの教師であった。

「そのころお習いした曲を聴いたり弾いたり致しますと、いろいろの事が思い出されます。〝そんな弾き方つまらないわ〟と叱られたこと、耳元で歌ってくださる先生のお綺麗なお声にうっとりとしたこと、『この曲を弾く時はこういう景色を思い浮かべて弾くといいのよ』といろいろ説明してくださったこと、枝もたわわのお庭の柿の実が夕日に映えて美しかったこと、また時折お庭で植木の手入れを遊ばされていらした御父上様のお姿、先生の音楽会の時にはいつも後ろのお席で聴いていらっしゃったおやさしい母上様、いろいろの事が走馬灯のように浮かんできます」

当時、寺島は、秋子が卒業した府立第三高女に通っていた。運動会のときに秋子を招くと、その日、レッスンとは別人のような一面を見せた。

「留学後はすっかり洋装に変わられていた先生でしたので、臙脂色のお洋服に、黒いお帽子をかぶられていたのを覚えています。恒例のプログラムには、最後に卒業生と踊るものがあるのですが、先生はダンスもお上手で、私は高名な先生のお姿を、跳び箱の上からのびあがって夢中で拝見したのです」

また、寺島が東京音楽学校に入学し、試験で演奏に失敗したとき、秋子はこう諭した。

「私も演奏会でうまく弾けなかったときは、とてもとてもくやしいのよ。でもいつまでも悲観していないで、このつぎはうまく弾こうと思って一生懸命になるの。だからまた一生懸命勉強しましょうね」

秋には、秋子は新交響楽団の第一三一回定期演奏会でフランクの〈交響的変奏曲〉を、翌年第一四〇回では高折宮次らとバッハの〈四台のピアノのための協奏曲〉、その半年後の第一四八回定期では、近衛秀麿の指揮でベートーヴェンのピアノ協奏曲第3番を演奏している。秋子は女流ピアニストの第一人者として、演奏会に教育にと励む日々を送っていた。

さて、帰朝リサイタルを大成功させ、基成も翌一九三五年九月二十七日、新交響楽団にデビューとなった。この第一五八回定期演奏会ではクラウス・プリングスハイム指揮で、シューマンのピアノ協奏曲を演奏した。ソリストとしての大きな一歩となった。

このとき基成は、秋子とすでに交際をはじめていた。男女共学である反面、男女関係がもっとも厳しく問われた学校だったから、だれにも知られないように逢瀬《おうせ》を重ねていた。

「音楽で身を立てて親の面倒をみようと思ってきた」という秋子の話に、基成は秋子への傾斜を強めた。基成は、必死でひたむきな生き方に揺さぶられる男である。

二人の思いは高まり、基成は家族に秋子を紹介する決意をした。もし反対されれば、二人で東京を出奔するつもりである。

弟の井口博雅は、このときの家族の反応は好ましいものではなかった、と思い起こす。

「秋子さんのお父さんが、シーメンス事件にかかわったということで、犯罪人の娘だ、というのが、うちの両親にはあったようなんです」

基成の義兄である西塚俊一は、家風の違いに言及する。

「秋子さんは、基成さんにひけをとらないくらい一流の先生でもあったし、大変貴重な人です。ただ、お義母さんにすれば、当時は嫁をもらうという意識ですから、秋子さんはちょっと偉すぎた。井口家は士族だったけれど、下町に住んで商人となっていた。家の雰囲気が商家。でも秋子さんは、貴族だった」

音楽学校でも二人の交際は問題となってきていた。東京音楽学校の乗杉校長が井口家を訪ねてきたことを、姉の西塚孝子は覚えている。

「秋子さんはお宅にはどうかな、と校長先生がおっしゃっるの。なるほど先生はよく見てらっしゃる、と思ったの。暮らし方が違うのです。

でも、校長先生は、基成くんがどうしても結婚するというから仕方ない、と。ただ学校のほうは、どちらかに退いてもらわないといけない、とね」

秋子は一九三六（昭和十一）年三月、学校に辞表を提出、同三十一日、現在の世田谷区成城がまだ砧《きぬた》村喜多見と呼ばれていた時代、二人は喜多見一三五一の井口家で挙式。応接間にテーブルを出して、基成の妹・豊子が巫女《みこ》の代役をつとめ、三三九度の盃をとった。

武者小路実篤の媒酌で結婚した基成と秋子

披露宴は東京会館で、仲人は作家の武者小路実篤だった。というのも、かつて武者小路は井口家の隣人だったからである。入手した献立表には、澄スープといわれていたコンソメ、伊勢海老やトルネードステーキ、さらに七面鳥と贅をつくしたフレンチのフルコースメニューが記されている。

新婚旅行は関西方面での仕事をかねて、和歌山県白浜温泉に行った。新居は、秋子の実家である目白にある有田八郎外相の真裏の土地に建てることになった。

結婚後の心境について、秋子は音楽雑誌の取材に応じている。それは「希望の秋」と題された。

〈夏も過ぎ、空にも私の大好きな秋が訪れて来た。この夏は大いに休養し、いろいろな仕事もしたから、私たちは朗かである。

私たちの生活も、やっと半年程にしかならないが、生活のどこの隅にも喜びを感じている私である。澄みわたった秋の空、この下を新鮮な空気を思う存分胸いっぱいに吸って、ありのままの無邪気な気持で、大いに思うところに突進したい。

今秋は、井口が独奏会をする予定であるが、これは二人の秋の計画でもあり、又大きな喜びでもある。弾き度いと思う溢れ出る気持を、十分満たしてくれるような会であってくれれば、と祈っている〉

多忙なふたりの音楽家だったが、まもなくつぎつぎと子供が誕生した。秋子は冗談まじりに、「当時の国策にそったというか六人も子供ができました」（「音楽現代」）と、その幸せな時代を振り返っている。基成の母秀が目白の家を訪ねると、意外にも基成が子供たちのオシメを洗っており、感心したと周囲に語っていたらしい。

4　ローゼンシュトックの抜擢――横井和子の追想

二人の新婚生活の幸せの証のように、基成は「結婚記念演奏会」の計画をたてた。共演は新交響楽団に依頼し、常任指揮者となったばかりのヨーゼフ・ローゼンシュトックの指揮である。

ポーランドに生まれ、ウィーンに学んだローゼンシュトックは、ドイツの劇場やニューヨーク・メトロポリタン歌劇場を経て、マンハイム歌劇場の音楽監督を務めた。トスカニーニから高い評価を得た指揮者でもある。しかし、クロイツァーがナチスの迫害を受けて亡命したように、ユダヤ系のローゼンシュトックもまたマンハイム歌劇場の職を解かれ、海外に活路を見出すべき時を迎えていた。

そうしたおり、二十世紀前半を代表するチェリスト、エマヌエル・フォイアマンが来日して新響と共演した。指揮者を探している、とチェロ首席の斎藤秀雄から聞いたフォイアマンはローゼンシュトックを推薦、新響は彼の獲得に動き出し、この招聘が実現する。近衛秀磨とのゴタつきから、新響は改組し新しく生まれ変わろうとしていた。

新響がローゼンシュトックの名前を発表すると、まさかあのローゼンシュトックが新響の常任になるはずがない、同姓同名の別人ではないかとすら、音楽人は思ったものだった。

一九三六年九月からの楽季で新響に着任したローゼンシュトックは、厳格に楽員を鍛え始めた。音楽大学を出たわけでもない楽員の多くが、「歯を食いしばって」頑張り、それでも注文をつけてくるローゼンに、「これでもあなたは満足しないのですか」と問いかけながら練習にのめり込んだ。新響は見違えるような演奏をするようになってきていた。

さて、十一月十六日の演奏会の日が近づいてきた。基成があえて「結婚記念」と銘打った演奏会は、秋子との結婚を契機に、さらなる飛躍をめざそうという基成の意気軒昂《けんこう》さを示していた。

ところが、力が入りすぎたのか、新婚生活での疲労がたまっていたのか、体こそは大きかったものの、鍛えてきたわけでもない基成は、演奏会を前に高熱を発してしまった。新妻である秋子の必死の看病がつづいていた。

直前の練習もままならない状態で、ふつうの企画であれば演奏会は中止しているところである。しかし、指揮者とオーケストラをまるごと雇っての自前のコンサートだった。中止となれば大変な損失となってしまう。なんとしても挙行しなければと思っていると、最悪の容態を脱してきたので、基成は決行することにした。

プログラム・ビルディングは意欲的なものだった。名手クロイツァーのみが弾いた、邦人初演のブラームスのピアノ協奏曲第2番。もう一曲はスクリャービンの協奏曲で、これも日本初演だった。

演奏は無事に最終楽章を迎え、拍手を受けることができた。完璧に満足というわけではなかったが、一山こえた思いだった。心配そうに演奏を見守っていた秋子も安堵したが、基成のペダルを踏む足音がティンパニの強打のように響き渡ったのが気になり、それ以降、基成の靴底にはゴムを張るようにした。

箱根旅行での基成と秋子のスナップ

一九三八年四月の第一九〇回定期演奏会には、ローゼンの指揮のもとラヴェル作曲ピアノ協奏曲ト長調を本邦初演した。

これがきっかけとなって、基成はたびたび新交響楽団に招かれるようになる。ローゼンシュトックが基成でなければと指名し、ローゼンのタクトで基成はつぎつぎと日本初演の大曲を演奏することになる。

翌年五月の第二〇四回定期では、シマノフスキの難曲〈協奏交響曲〉を初演、九月の第二〇六回定期には、先の自前コンサートで披露したブラームス〈ピアノ協奏曲第2番〉を演奏するよう告げられた。

このときの新聞批評を、「東京日日新聞」に音楽評論家・山根銀二が書いている。山根は一九〇六年生まれで、東京帝国大学美学美術史科卒、三三年には箕作《みつくり》秋吉らと「音楽評論」を創刊し、毎日音楽コンクール委員でもあった。

〈曲目はモーツァルトの「後宮よりの逃走」序曲、ブラームスの第二ピアノ協奏曲、ベートーヴェンの第一交響曲で独奏者は井口基成。

モーツァルトは毎度ながら完全の域に隔りがあるが、今回はかなり綺麗に弾けていた方である。ブラームスは当夜最も良いもので、井口基成のピアノは若干の瑕《きず》を除いて称讃に価する。この人は最近ずっと技巧を整頓してきており、自分の意図を音の上に具体的に現して客観化していくことができるようになった。一大進歩である。まだ音の重量感がブラームスのこの曲にとっては足りないので、しっとりした雰囲気を醸成し得なかったのは残念だが、これは一朝にして出来ることでなく、いずれ期待される成長の暁をまつより仕方あるまい〉

この演奏会の成功のあともローゼンは井口とブラームスに挑んでいく。基成も演奏活動を本格化させた。

滞日中のユダヤ人ヴァイオリニスト、ウィリー・フライとデュエットもした。性格的には合わないと思ったが、邦人ヴァイオリニストと比べると、格段の技術の差を認めずにはいられなかったからだ。

デュエットは楽譜を見て演奏するものだったが、フライは二つのソナタを暗譜で演奏すると主張した。それは当時では考えられないことだったが、負けん気の強い基成は同調した。

本番で基成が譜面台になにも置かずに弾きはじめると、聴衆は驚きの声を漏らした。当時、日本にはそのような演奏家はまだ出現していなかったのだ。その後も基成は暗譜を常態として、シマノフスキの〈クロイツェル・ソナタ〉を弾いた。聴衆はふたたび感嘆の声をあげたが、基成は強靭な記憶力の持ち主だった。

さて、一九三一年に満州事変が勃発したとき基成はパリにいて、留学生として円が安くなって生活が苦しくなることを気にしたくらいだった。しかし、三七年に起きた盧溝橋《ろこうきょう》事件をきっかけに日中戦争は本格化した。フランスに向かうときにシベリア鉄道で初めて見た茫漠とした中国の広大な大地。あのような国で戦争をして、果たして日本がどこまでやれるのだろうか。

各地で出征兵士におくる千人針がさかんになり、内閣情報局は「愛国行進曲」の制定にのりだした。軍事一本槍できた歴代内閣が、ここにきて文化の効用に気づいた。歌詞は懸賞募集され国民一般の関心を呼びおこした。音楽は国家のために利用されていく。

楽壇では、明治期に活躍した演奏家が一斉に退き、海外で学んだ音楽家が続々と帰国して活動をはじめた。来日演奏家の賑わいは日中戦争の拡大とともに終焉《しゅうえん》し、滞日外国人と邦人が活躍する時代にはいった。

基成は大御所クロイツァーと並び称されるようになり、「ピアノ界の若き巨匠」と言われるようになってきていた。

同時に、東京音楽学校助教授をつとめており、この時代の弟子に横井和子がいる。一九二〇年生まれの横井は、四一年に安宅賞を受賞して同校を卒業、結婚して関西に移り、演奏家として教育者として活動をつづけてきた。曽祖父が幕末の思想家横井小楠で、ジャーナリスト徳富蘇峰も親族である。芦屋に在住しつづけ、九十一歳のときには、現役最高齢のピアニストとして大阪いずみホールにて音楽生活六十周年記念の演奏会を開いた。大阪教育大学名誉教授であり、日本音楽界の重鎮として日本演奏連盟常任理事を二十年以上にわたってつとめた。

横井に井口基成についての取材を申し込んだとき、横井の喜びようはひとかたならぬものがあった。師匠に対する変わらぬ思い入れを持ち続けてきたからだ。大きな足跡を残した基成の評伝がないと横井は嘆くのである。

「基成先生は晩年にお弟子さんの多くが離れてしまい、追悼記念の演奏会も開けないままきてしまいました。ご自身のお考えもはっきりおっしゃるし、人を傷つける結果になることも珍しくありませんでしたが、決して憎めないかたで、本質は芸術家なのです」

基成もそんな弟子を信頼しきっていたのだろう。横井宛てに多くの書簡を出しており、それらはすべて横井から提供された。

助教授時代の基成は、研究室で寸暇をも惜しむかのように、オーケストラのスコアを広げていたともいう。このころ基成は、ローゼンシュトックに弟子入りし、指揮の勉強も始めていたのだ。横井は奏楽堂において基成の指揮で演奏した経験があった。曲目はヘンデルの〈コンチェルト・グロッソ第6番〉で、第一ピアノは松岡貞子、第二ピアノが横井だった。

「松岡さんも井口門下で本科三年、私は本科一年でした。演奏が終わると基成先生は、『僕はすっかり上がっちゃって、あんたの音なんか、ぜんぜん聴こえなかったよ』とおっしゃった。そういう率直な方なのです。

先生の音楽は奥深く、レッスンは厳しかった。ピアノをただ小器用に弾いちゃだめだ、作曲家の真髄を楽譜から読みとって演奏しなければならない、と教えられました。ピアノのために音楽があるのではなく、音楽のためにピアノがあるのだ、と。イーヴ・ナット先生の教えもそうだったのでしょう。心のともなわない音楽はだめだ、とおっしゃいました」

横井の演奏活動では、一貫して同時代を生きている作曲家をも積極的にとりあげてきた。いわゆる現代音楽である。そういった演奏家としての姿勢は、すべて井口から学んだものだ、と横井は追想する。基成は作曲にも取り組み、それは基成の幅を広げていたはずとも、付け加える。

作曲への志は学生時代に始まっていた。友人の橋本國彦の刺激によるもので、集まると皆で気に入って歌っていたリムスキー＝コルサコフの〈インドの歌〉をピアノ編曲しようと思ったのが最初である。佐藤春夫の詩に曲をつけてみたこともある。シェーンベルクばりの無調に挑戦したこともあった。ウェーバーのある曲をテーマにして、二十曲書いたこともあった。そんなことから、パリでは理論の先生にもついたのだ。

イーヴ・ナットも作曲に夢中だったし、帰国後、手が悪くなっていた基成は、一時は本気で作曲の仕事に集中しようと思った時期があった。偉大な指揮者フルトヴェングラーは、「作曲だけしかしない作曲家や、指揮するほかに能のない指揮者はけっして自然ではない」との考えから作曲に手を染めた。彼の曲はめったに演奏されないが、作曲を試みただけでも、なんらかの形で彼の芸術に活かされていると基成は感じ、みずからも試作を繰り返した。

しかし、演奏活動が本格化すると、基成は鉛筆を置いて、鍵盤に集中することにした。すべての自筆楽譜を庭で焼くことが基成の決意の現れだった。演奏で音楽の最高の高みに到達せねばならなかった。

5　東奔西走の出稽古――小林福子、名古屋の吉田家

井口基成の本格的な教育活動は、二十六歳で東京音楽学校の助教授になってから始まった。期を同じくして、地方に出向いての「出稽古」も始められていた。音楽学校の先輩で、パリ留学へも導いてくれた声楽家・荻野綾子の紹介によって、彼女が組織していた京都の「泉の会」へは毎月教えに行っていた。

名古屋には愛知県第一師範学校教授である田村範一が主宰していた「潮の会」があった。生徒

がたった二人だけで汽車賃も出ない時期もあったが、基成は手弁当で通いつづけた。やがて基成の評判が高まるようになると、生徒は増えていった。

ここに顔を出していたのが、のちに井口基成とともに「名古屋音楽学校」を設立することになる吉田幾太郎である。長男吉田春樹や次男雅樹がその跡を継ぐ。幾太郎の死後、七四年からは春樹が理事長をつとめた。父の音楽への傾斜には苦笑いを浮かべる。

「そもそも吉田家の長男は代々吉田孫助と称して『問屋孫助』という青果問屋を営んでいました。父は学生時代よりクラシック好きで、井口先生が『潮の会』にいらしたころから参加していたのです。そのころはまだ人数は少なかったようですが、内容はハイレベルだったようです。

父は親に内緒で東京音楽学校の願書を取り寄せたほど。問屋孫助を継ぐから音楽は趣味にすると一筆書かされたようです。店は戦争中に統制会社となり、戦後は名古屋青果という株式会社になったのですが、父は結局、音楽の趣味が昂《こう》じて学校まで作ってしまった。音楽につぎ込まなかったら、今頃財産を残していたでしょうにね」

その会社は名古屋市中央卸売市場本場や三重中央卸売市場など生鮮青物流通を担う。

幾太郎の妻好子も同席し、幾太郎の考えを補ってくれた。

「名古屋には日本的芸能は発達していた。けれど、クラシックには冷たい土地柄で、それで主人はクラシックを育てようと思ったようです。学校時代から合唱団に加わって歌っていましたが、熱心な人にはヴォイス・トレーナーや個人レッスンをつけてやりたいとか、いろいろな欲が盛り上がりまして、井口先生と意気投合していったのです」

こうして、一九四三年には基成を初代校長として「名古屋音楽学校」が設立された。フランス・パリにあるエコール・ノルマル音楽院から日本で唯一、公認された機関で、ピアノ専攻のディプロム（証書）を取得することができる。この学校の設立は桐朋学園の設立とリンクしており、これについては後述することにしよう。

さて、井口が毎月レッスンをもっていた京都の会は関西一円から生徒が集まり、人数が増え、会は分かれて大阪にもできた。そのなかから何人もの生徒が上野の音楽学校に入学していく。横井和子はこの教室に通った。

「心斎橋にある『小野ピアノ』に一ヵ月に一度いらしてました。ときにはチェロの鈴木聡さんとご一緒のこともありましたね」

鈴木はパリ留学時代にも同宿していた音楽仲間である。

「使っていたピアノはアップライトで、小野ピアノの倉庫のようなところでレッスンを受けました。私は十二歳のときに両親が続けて亡くなって、後見人の叔父が、音楽好きで有名な安宅産業の安宅英一さんと知り合いだったので、東京の先生に習わないと駄目だと教えられたということでした。それで井口先生にお習いすることになったのです。寝台列車で先生が東京にお帰りになるとき、私を蔭に御呼びになって、お礼のことは心配するな、と、半分にしてもらいました。先生は、内弟子とか、月謝がタダ、というのは生徒に対して期待をかけすぎていけないという考えかたで、あんたなんかのがちょうどよかったんだよ、と言ってらした。周りからは、井口先生にそんなに可愛がられたら、親はいらないわよ、などとも言われましたよ。

　小野ピアノには受験生が多く、ここで勉強し東京で学んだ方々が、大阪の相愛大学の教授になられた。基成先生のお弟子さんがほとんどです」

　こうして横井は東京音楽学校に入学する。

「先生がプロコフィエフの〈3番〉を日本初演なさったとき、秋子夫人が、こんな曲、弾ける人いない、とおっしゃった。メソッドについては秋子夫人のアドヴァイスもあったようです。つまりはクロイツァーのメソッドということになりますね。

　ブラームスのコンチェルトを新交響楽団と初演し、素晴らしかったのも印象にのこっています。先生ご自身は晩学だったから、三と四の指の腱がつながっていて独立していない、とおっしゃっていて、つねに勉強なさってらした。

　先生のレッスンというのは、たとえばベートーヴェンを習っているときには、鍵盤を押せば音は出るんだ、そのフォルテ、そのピアノは、ベートーヴェンのフォルテじゃない、とか、それはブラームスのフォルテじゃないとか、そういう表現をなさるのです。叱られても叩かれてもその時はわからないのですが、十年たつと尊い教えだというのがわかる。〈告別〉を弾いたときには、それはなんだ、自分で弾きたいように弾いただけじゃないか、そんなにすらすら弾いて、と。ロマン派を生み出し、押さえつけられた生涯がベートーヴェンの音楽だろうとおっしゃった」

　横井同様、井口の教えを詳しく記憶しているのが、小林福子である。小林はのちに「子供のための音楽教室」設立にも参画する。

小林家にはレコードや楽譜が多く置いてあって、福子の父はクラシックを愛していた。アメリカに長く滞在していたので、日本人の演奏は個性がない、というのが口癖だったが、同じ成城に住んでいた基成の音楽は面白いと、福子の父は応援していたのだ。

妹の井口愛子がまだお下げ髪の時代、「音楽園」が成城にあり、そのレッスン室で愛子は教えていた。一九四一、四二年ごろのことである。

福子の姉が愛子に習い始め、まもなく福子もついた。もともと作曲に興味があったが、愛子からは、女の子だから作曲よりピアノにしなさい、といわれていた。東京音楽学校を受けるつもりなら、兄に見てもらったほうがいいと勧められ、教授である基成に会うことになった。

「あんた、いったいいくつよ？　作曲をやりたいんだって。書き溜めてあるって？」

福子が作曲したものは放送で流されたこともあった。

こうして基成の前でピアノを弾いた福子は作曲科に入学し、橋本國彦に師事した。

「基成先生には当時お弟子さんがたくさんいました。秋子先生がご結婚で学校を退かれ、秋子先生の生徒さんたちも基成先生がみていたからです。それで副科の人は基成先生にはつけない、ということだったのですけれど、先生が教えてくれないといやだ、と申し出て残してもらったのです。

そのころ基成先生は猛烈に勉強していらした。演奏会のためだけでなく、ローゼンシュトックについて指揮の勉強もなさっていた。朝、八時半からのレッスンのために、学校の先生の部屋をお訪ねすると、もう必死でブラームスの第2番のコンチェルトの練習をしている。ホロヴィッツは三度の連続をどうやってああ速く弾くんだ？　などとやっている。結局、本番では四楽章の出だしをはずしてしまった。そういうときには楽屋にいかないの。何言われるかわからないから。

私は作曲科の生徒だから、『へえ、作曲科になると、ピアノはそういうふうになりますか』などといわれるので、悔しくって。でもフランス物が珍しい時代にラヴェルやドビュッシー、プロコフィエフやバッハもやらせてくれました。そのなかで、ドビュッシーってこんなもんだよ、と弾いてくださったのが忘れられない。

ピアノ科の上級生のいる前で私にも同じ曲をくれて生徒を刺激しようというような、ときには意地悪に思えることもありました。

また先生は必死に教えてくださるから、どうしてもレッスン時間が延びるでしょう。次の人が入ってきていると、なにさ、猫みたいに音もたてないで、とか、何だ、ばたばた入ってきて、とどっちにしても怒られてしまう。

エチュードを一曲さらっていくと、次のページをめくられ、なんだ、一曲しかやってないのか、折り目もついてないじゃないか、と。副科でもピアノ科と同じくらい時間数があって、週二回レッスンがあるので、間が二日しかない。無我夢中でやっても、また次のページをめくられて、俺なら全部弾いちゃうよ、とおっしゃる。先生はそんなに弾いているはずがない、とこちらから言い返せないほど先生も勉強してらした。先生が一番意欲的だった時代に弟子としてつきあわせていただいたの。

また、先生のピアノには、いつもそこに基成先生がいました。ショパンの〈雨だれ〉の真ん中の音をフォルテッシモで弾くんですよ。それまでそんな風に弾く人はいなかったんだよ、とご自身でもおっしゃっていた。

私がキリスト教の洗礼をうけると、芸術の世界に反するなんてこともおっしゃる。綺麗ごとばかりじゃ、音楽はわからない、清廉潔白じゃ、音楽がわからないとも強調されていました。ノクターン（夜想曲）を弾いたとき、あんたは夜がいつも静かな夜だと思っているんじゃないか。そんなもんばかりじゃない、と。そういうものを常に要求してきて、いい人生の勉強にもなりました。

先生はお弟子さんたちをソリストにして、ご自分が演奏会で指揮をしたこともあった。いつも下の方から指揮棒をもってくる指揮で、一緒に指揮をローゼンシュトックから習った橋本先生の指揮は上の方からだったから、あいつはなんだっていつも上の方で指揮しているんだ、なんておっしゃって見てらした」

時代はきな臭い方向にむかい、日中間の長い戦争は太平洋戦争へと発展していく。さまざまな法律が発令され、制度には変更が加えられていく。単に小学校といってきたものは国民学校と改められ、従来の治安維持法は改正治安維持法として公布された。米穀の配給通帳制が定められ、米は一日に二合三勺、外食券制も導入された。家庭用食料油の切符制、肉なし日が実施され毎月二日は店頭不売とされた。アメリカは対日石油輸出を禁止し、一般家庭用ガスの使用制限が実施され、乗用自動車のガソリン使用は全面禁止となった。

中学の男子制服は国民服に戦闘帽となり、大学や高等専門学校などの修業年限短縮が決定された。文芸家協会は文芸銃後運動をはじめ、情報局の通達によって映画製作では松竹・東宝・大映が統合された。

国を挙げて戦時体制がしかれ、「敵性音楽」は控えるようにという通達がなされるようになると、政府の意向によって楽壇新体制運動が生まれることになる。

第四章　国策と肥桶

1　帝国芸術院賞

一九三六（昭和十一）年に東京音楽学校本科器楽部を卒業した江戸弘子は、井口基成の弟子であり、信奉者である。江戸は「子供のための音楽教室」創設時から教師として参加、三井不動産の江戸英雄の妻となる。娘京子は教室の一期生であり、英雄は娘たち三人全員が進むことになる桐朋学園音楽部門設立に尽力した。桐朋の発展にとってなくてはならない家族である。江戸弘子を自宅に訪ねたとき、つぎのような思い出を語ってくれた。

「井口先生みたいな方、なかった。桐朋では斎藤秀雄先生は教えるのに夢中。基成先生のほうが人望もあり、上なんですね。

基成先生がフランスより帰国してすぐは、本科の生徒を教えてらっしゃらなかったけれど、私はどうしても教えていただきたくて隠れて習っていました。そのころはぶたれたりはしなかったけど、すごいレッスンでしたよ。

音楽のつかみかたが大きうございました。斎藤先生は細かく教え、基成先生はスケールが大きいんですね。その人その人の音楽をよくおつかみになる。京子には、あんたの音楽は人が何といおうと勝手だという音楽だ、とおっしゃったらしい。まったくその通り。その人のもつ音楽を変えることはなさらない。

桐朋で京子と同じ、一期生の本荘玲子さんは私のお弟子であったけれど、基成先生にも見ていただいた。先生にいわせると、ああいう音楽はミスも許されるという。中村紘子さんも小さいのに優秀だったけれど、あの子は芸人になるかもしれない、と。動物的勘みたいなものが面白いんですよ」


日中戦争は長期化し、一九四〇年に近衛文麿内閣は日独伊三国同盟を結んだ。国内では大政翼賛会を発会させ、神武天皇の即位から二千六百年目にあたるとして、「紀元二千六百年記念式典」が開催された年でもある。

物資統制によって、銃後の国民生活は窮乏していたが、政府は祭典の開催によって、戦争を国民の眼からそらせ、長い歴史をもつ偉大な「神国日本」の国体観念を徹底させようとしていた。橿原神宮や陵墓の整備をはじめ、この年には満州国など海外にも多くの神社が建立された。

年初は橿原神宮における初詣ラジオ中継にはじまり、紀元節には全国十一万もの神社で大祭がおこなわれた。展覧会、体育大会などの記念行事も全国で目白押しとなった。

十一月には皇居前広場において、天皇・皇后臨席のもと、内閣主催の「紀元二千六百年記念式典」が盛大に開催され、東京音楽学校に依頼された〈紀元二千六百年奉祝曲〉が、同校管弦楽部と軍楽隊によって華々しく演奏された。

新響も前年より「建国二千六百年記念に因み意義ある」管弦楽曲を広く公募した。隔月のように皇紀二千六百年関連の演奏会を開き、十一月には奉祝大演奏会、十二月には四日にわたって内閣紀元二千六百年祝典事務局主催奉祝楽曲演奏会に参加した。これは戦時にかんがみた音楽界の新楽壇体制の発表の場とみられた。

演奏には新交響楽団、中央交響楽団、東京放送管弦楽団、宮内省楽部、東京音楽学校、星桜吹奏楽団などオーケストラが合同し、百六十三名の大陣容が整った。練習ものべ三十回におよび、各地の寺社から借用した梵鐘十二個も、世間の前評判をあおった。リヒャルト・シュトラウスの〈祝典音楽〉ほか、四人の外国人作曲家に依頼した新曲が、歌舞伎座において披露された。

〈大東亜建設の使命遂行に邁進しつつある皇国の臣民として、音楽文化の顕揚の職責を持つわれわれは、益々滅私奉公粉骨砕身すべき覚悟を更しく心に銘ずる次第であります〉という編集後記が、新響の機関誌「フィルハーモニー」にも見えはじめる。太平洋戦争は眼前に迫っていた。

一九四〇年四月、基成は東京音楽学校教授に昇格した。三十二歳だった。

同年十一月二十、二十一日には、日比谷公会堂で二日間にわたって新交響楽団の第二二〇回定期演奏会に出演した。近衛秀麿作曲の〈雅楽　越天楽〉で幕が開き、基成はブラームスのピアノ協奏曲第1番を邦人初演した。ピアノ界における存在は決定的なものとなった。

またその数日後には山田耕筰が長い間あたためてきた〈夜明け〉が、奉祝楽曲として日の目をみることとなり、東宝劇場において初演された。これは日本人が作曲した本格的な三幕物オペラの嚆矢である。

　年が明けて一九四一年の正月早々、山田には朝日文化賞が贈られた。しかし、社会の空気は、音楽の戦時利用へとさらに傾く。

　戦争は「音の戦争」になったという意見がまかりとおり、〈はっきり正しい音が解るということは日本国土の防空の上にも、又潜水艦を見つける上にも、潜水艦から戦艦を攻撃する上にも、非常に役立つのであります〉（平出英夫「戦争と音感について」『音楽倶楽部』第八巻、第六号）という論も出た。

　陸軍大臣東條英機が「生きて虜囚の辱《はずかし》めを受けず」の一節のある戦陣訓を示達すると、国内は戦時体制一色となり、音楽界も戦争に追随していく。

　日中戦争がはじまったころは、まだ楽壇は同調していなかった。

　作曲家本居長世が作曲家協会の会員百五十名をまとめ、日本主義音楽の確立を旗印として、ジャズや古典音楽を一切排斥しようと提唱したことがあった。

　しかし、このとき楽壇は、正統音楽さえ排するというのは、国策の趣旨をはき違えており、作曲家自身の擁護が目的だろう、銃後における音楽文化の正しい発達を阻止する暴論だと、一斉に反撃したのだった。

　ところがこの時代になると、「音楽は軍需品なり」の言葉がやたらと活字になり、楽壇は愛国主義に先導されることになる。

　東京音楽学校にも男子生徒に対する臨時徴兵検査令が下った。いよいよほかの大学や専門学校同様に東京音楽学校も戦争の渦にまきこまれ、基成の運命は大きく変わっていく。

構内には、深さ十五尺、面積十四坪、栗檜材作りの防空壕が掘られた。教室内での勉強やレッスンよりも、軍事教練に多く時間が費やされた。不足を補うために日曜日に授業をおこなうことにもなった。

そんなある日、乗杉嘉壽校長は教職員、生徒全員に集合をかけた。もう再び全員がここに集うことができないかもしれないから、今のうちに記念撮影をしておこう、というのだった。

乗杉嘉寿（1878～1947）

夏に軍部は南部仏領インドシナを占領、それに呼応するかのようにいろいろな文化団体は解散させられて、文学では文学報国会、美術も美術報国会にまとめられた。音楽界も九月、評論、演奏、作曲などの一元化団体が設立され、十一月には内務省情報局を主務官庁とし、文部省との共同管轄によって楽壇統制の新団体「社団法人日本音楽文化協会」が発足した。
基成には常務理事就任の話が持ち込まれた。だが、基成は官立学校の教授であるし、学校外の活動は制限を受けている身分だったから、校長の許可なしには協力できないと断った。しかし、校長に相談してみてくれといわれ、乗杉嘉壽校長を訪ねると予想に反して受諾を勧められた。
「そうした団体が出来るという事は聞いている。このような時代なのだから協力してやったらどうだろう。学校教職員の立場とその仕事とは、今日の時勢では矛盾しない」

基成は鈴木聡や、作曲科の深井史郎をはじめ何人かの親友達に相談したうえで、常務理事を引き受けることにした。このときにはこれが原因となって、戦後、問題が起きるとは想像できなかったのである。

当時すでにカタカナ楽名は追放、ジャズおよび敵国の音楽の禁止が情報局から通達されていたが、敵が英米であったのがせめてもの救いで、演奏レパートリーには事欠かなかった。「国民音楽の樹立」をスローガンにつくられた音楽文化協会は、音楽家を戦争に動員組織化するためのものだった。

協会主導で都下、近県の音楽家二千名からなる音楽挺身隊もつくられた。隊長は山田耕筰だった。山田は軍属でなかったが軍服を連想させる服を仕立て、勇ましく馬に乗る姿を披露した。音楽挺身隊は慰問演奏に明け暮れ、音楽雑誌も第一次統合がなされる。

十二月八日未明、日本軍は英領マレー半島に上陸を開始、海軍はハワイの真珠湾を攻撃し、大日本帝国は米英両国に宣戦を布告した。

一方、目白の井口宅では基成と秋子の間に、結婚翌年の一九三七年に長女康子が誕生、翌年には啓子《ひろこ》、四〇年には庸子、四一年には長男家成、四三年に晃成が誕生する。秋子は八年のうちに六人を出産するのである。

四二年一月二十八、二十九日の両日の新響定期演奏会は、ローゼンシュトックの指揮、基成の独奏によるベートーヴェンのピアノ協奏曲第5番で新年が寿《ことほ》がれた。

この〈皇帝《エンペラー》〉が基成を「天皇」に押し上げ、〈皇帝《エンペラー》〉といえば井口基成、と不動の名声を築くのである。NHKの音楽ディレクター増井敬二は「井口さんがそれまでのピアニストと違っていたのはタッチとリズム。明瞭度が格段に違う。それまでのピアニストは正確に弾けないし、音はモソモソしていて、コンチェルトは馴《な》れ合いの芸術だった」と井口の出現を「画期的」と振り返った。

四月、新交響楽団は団名を改め、放送局との関係を強めて日本交響楽団と改称、戦中も休むことなく、定期演奏会をつづけていく。

「オーケストラの団員たちには技芸者証が配布されて、これをもっていれば国民徴用を逃れられたんだ」と、新響創立メンバーで、NHK交響楽団幹部として所属しつづけたチェロ奏者・大熊次郎は、語っていた。

演奏時の服装はそれまでのような燕尾服ではなく、国民服にゲートルといういで立ちで続いていった。君が代をまず奏で、皇居のある方向に遥拝したあと、演奏会が始められる。

開戦から一年後の十二月九日、十日にもローゼンシュトックの指揮で、基成はレスピーギの〈ピアノと管弦楽のためのトッカータ〉を日本初演した。このときには、深井史郎の作品〈パロディー的な四楽章〉もとりあげた。基成が音楽文化協会常務理事職を引き受けるかどうか迷ったときに、相談した友人でもあった。

戦時色に関わりなく毎年のように個人リサイタルを開いてきた基成は、一九四三（昭和十八）年一月二十八日の演奏会では、当代一のピアニストとしての自負をもってプログラム・ビルディングをした。

バッハ作曲〈パッサカリア〉、諸井三郎の新作〈ソナタ〉、シューマン作曲〈ソナタ第1番〉、ラヴェルの〈夜のガスパール〉、アルベニス作曲〈トゥリアナ〉、グラナドス作曲〈エルペーレ〉だった。

この演奏会批評については、ふたたび野村光一が「毎日新聞」に書いている。

〈今般の井口氏の独奏会に接して、誰しも先ず感嘆させられることは曲目の雄大さである。バッハのパッサカリアよりラヴェルの「夜のギャスパル」に至るまでの諸曲は、洋琴家にとって最高の技巧と最高の知性が要求されているものであって、世界的に真に第一流人に非ざればなし能わざるところであり、又わが国においては此程高度の物は嘗《かつ》て邦人に拠って手掛けられたことがなかったところである。従って今回それを敢行ししかもそれを征服せる氏の行為は全く一大偉業といわねばならない。

之等諸曲の弾奏中特に称讃さる可きは、現代洋琴曲中最難曲の一つとされているラヴェルであってそれによって氏は氏の現代的知性洋琴家としての特質を遺憾なく発揮した。シューマンの奏鳴曲も優れていたが、併《しか》し、これは氏の芸術的感性が寧ろ浪漫的、感情的でないことを明示したものである。

それは兎《と》に角《かく》、この会を通じて我々が第一流の風格を持つ洋琴家を我々同胞中に持つことが出来たことを痛感させられたことは絶大なる悦びであったといわねばならぬ〉

野村のこの絶賛が、基成の音楽界における地位を確立させ、戦中戦後を通じた運命を決定づけたといっていい。

それからまもない四月、基成は第二回帝国芸術院賞を受賞した。その知らせを聞いて基成は、日本は戦争中でもこれだけの余裕があると見せるために、こうした賞をつくったのかもしれない、と毒づいた。

「そんなものをもらうのは、自分の魂を売ってしまうようなもんだ」

しかし、周囲からはたしなめられた。受賞理由が「本邦におけるピアノ演奏の水準を引きあげ、後進の育成に努力した」という主旨だったからだ。

音楽家としては初めてであり、三十五歳という若さでの受賞はひときわ目を引いた。この受賞により、それまでは批評家から評されるだけだったピアニスト基成の一挙手一投足は、さまざまに注目を浴びるようになる。

2 音楽文化協会常務理事

当時の「読売新聞」には、三十五歳の若さで帝国芸術院賞を受賞した井口基成のインタビューが、ことさら大きく載っている。内定が決まったとき、基成は賞をもらうことは堕落だとまで思った。生涯、友としてつきあう作曲家、深井史郎にも相談した。深井にも基成同様、野人的なところがあり屈託なく話せた。

「このような賞を今もらってしまうと、僕はこれから先、何を望んで生きていけばいいかわからない」

深井は基成の苦悩を受け止めたうえで、賞を受けるよう促すのだった。

母秀は大喜びだったし、音楽の道に進むことに反対した父基二も顔をほころばせていた。芸術家として日本にある最高の栄誉だと周囲は皆、受け止め、基成がまさか悩んでいるなどとは想像もしなかった。

「読売新聞」のインタビュー記事も、基成の微妙な心情をみじんも感じさせない。

見出しは〈音楽に日本人の魂——模倣を脱して新境地へ〉と題されている。

このインタビューにどのくらいの時間がさかれたかは不明であり、もし基成が長く話したとしても、談話は当然のことながらカットされたはずだ。担当記者は時局も鑑みてだろう、つぎのようにまとめた。

藝術院賞
受賞者六氏決る
音樂に日本人の魂
模倣を脱して新境地へ
標準型の木造船が
日に一隻宛進水

基成の芸術院賞受賞を伝える紙面（「読売新聞」1943年4月10日）

〈授賞理由が〝一演奏〟にあるのではなくて〝芸術の進歩に貢献した多年の精進〟にあるところからして、この人の歩んだ音楽の道は独特の輝きをもっている〉と記事は基成を讃えてはじまり、今後の抱負へとつづいていく。

〈音楽界には沢山の先輩もあり私のよう

な若いものが授賞されるのは面映ゆくて仕方ありません、少し我田引水になりますが日本の音楽界で一番進歩して来たのは演奏で、しかもその中でもピアノ部門が更に秀でているのではないかと思われます。楽壇が世界的水準から遅れていたのは今まで専ら外人に頼っていたためで、殊に演奏の部門は外人の方が技術的に優れていたからやはり外人に教えて貰《もら》う、外人に教えて貰うと曲の解釈が外人流になる、そういうわけで模倣音楽とならざるを得なかったのです。しかし戦争後外人がいなくなる、吾々の技術も決して世界的水準に劣るものでないことがはっきりと判って来た、曲目も伸び伸びと日本人独自の解釈でこなせるようになった。これは非常に急速に行われたことで今日演奏の部門が世界的水準に達してきたのは演奏家のそうした自覚と奮起があったからだ。ほんとうの日本的な音楽というものはベートーヴェンでもショパンでも日本人の魂を通じて表現されたものでなければならない。例えば戦車でも飛行機でも外国で出来たものだがそこに日本人の魂が乗りうつるとあの偉大な戦果が生れる。音楽もそれと同じことです。日本人は音楽に対して非常に鋭い理解力をもっている。これは米英などの比ではない。いままで日本へ来た外人教師が口を揃えていうことは「アメリカ人に教えるより日本人に教える方がどれだけ楽しいか知れない。日本人はさすがに芸術の国だけあって人情風俗の違う外国の音楽でもちゃんと勘どころはつかむ」いま演奏界はとにかく日本人の魂で曲を解釈するようになった。模倣を脱し新しい境地へ進んで来た純音楽といえばドイツ系のみにこだわらず広く世界各国のもの或《あ》るいは古代、近代のものも十分に嚙みこなして行けば必ず新しい日本音楽が生れます。また自信を持つべきです。新日本音楽だからといって〝和洋合奏〟という風な形式にこだわる必要は毫《ごう》もありません〉

記事は勇ましいものとなった。

大日本帝国は、戦争開始から半年の間にオランダ軍、イギリス軍、アメリカ軍などを降伏・撤退させ、前年六月のミッドウェー海戦までは敗北を知らなかった。しかし、四隻の主力空母を失い、この年二月にはガダルカナル島撤退作戦がおこなわれた。それから二カ月、日本は敗戦への道筋をたどっていくが、新聞からはそれを感じない。

基成の大きな写真が載っている新聞の同じ面には、〈標準型の木造船が日に一隻宛進水〉〈〝教場即戦場〟の誓い〉の見出しもあり、各学校は決意も新たに四月の始業式を迎えたと、紙面は戦意高揚一色である。

基成の受賞に、友人達はパーティーをやろうといってきた。しかし、時勢が時勢なので、飲食を提供するような会場はなかった。

そんなとき、基成の弟子である鳩山節子の父・鳩山一郎が家を提供すると申し出た。

鳩山一郎は衆議院議員であり、この年には東條内閣を批判、戦後には保守合同を成し遂げて初代自由民主党総裁となり、一九五四年から五六年まで内閣総理大臣をつとめる。

東京・文京区音羽にある鳩山一郎の私邸は通称音羽御殿と呼ばれ、政治史の舞台の一つに数えられる建築として、現在では記念館となって一般公開されている。

「御殿」とまでいわれるイギリス貴族の館を思わせる様式のこの邸宅で、基成の「芸術院賞受賞祝賀会」が開かれることになった。発起人には、楽壇の錚々たる名前が並んでいた。ふだんなら対立している二派の人々の名前が、その一枚の招待状に印刷されていた。一つの催しを楽壇全体がまとまって行うなど、それまではなかった。招待客は五百人におよんだ。

祝賀会当日、基成は妻の秋子と並んで正面に座らされて、鳩山をはじめとした多方面にわたる賓客の祝辞を受けた。

友人の作曲家、深井史郎は、この祝賀会についての思い出を「シンフォニー」（十六号、一九五九年）に書いている。

〈祝辞の分配は多少形式的に取り扱われ、私たちの心に通うより多くの儀礼的な言葉が用いられた。こうしたよろこびの瞬間にある井口の顔が、私には何か非常に気の毒なもののように見えはじめた。確かに彼が求めていたものがあまりに早くきすぎた。五十ないし六十代で聞くべき祝辞を彼は三十代で聞いているのである。そしてこの儀礼の時期は、彼の人生における精神の流れのエポックとは完全に一致していない。いわば、ゴールの遠いマラソン選手が途中で一杯の水を飲んだようなものかもしれない。かりにこういう儀礼に必然性があったとしても、それはミューズの神のあずかり知らぬ日本的な現象でしかあり得ない。もしも背後に政治がかくされているとすれば、彼は悲しい犠牲者だ。しかし、こんな同情は井口にはまったく不必要なことかもしれぬ。彼は生い立ちによって本能的に植えつけられたものを、ただ素直に環境の中に延長しただけだ。そしてその延長が生み出したものを率直に楽しんでいるだけだ。彼の中にピエロを見る人間は彼自身ではない。彼はやがて立ち上がって、咲きみだれた祝辞に答えた〉

そのあとにつづいた園遊会めいた酒宴では、酒や砂糖の多くが配給になっているにもかかわらず、日本酒が三十本以上も集められてふるまわれた。

基成が友人たちと行きつけている寿司屋が出張し、鳩山をうならせる寿司を握った。鳩山は、「こんなに美味しい寿司を食べさせてくれるなら、いつでも家を貸しましょう」と言ったほどだった。このとき握った職人が、のちに京橋で「与志乃」を開業した吉野末吉で、基成は学生時代から晩年までこの寿司屋に通い続けた。「すきやばし次郎」ほか幾多の寿司職人たちは、ここで修業している。

祝賀会での基成の挨拶は「こうなれたのも母のおかげです」だった。父基二は体調が悪く出席できず、それから何ヵ月もせずに脳溢血で六十七歳の命をついえた。受賞が最後の親孝行となったと基成は思った。

二次会は築地にある待合だった。日はすっかり暮れ、基成と深井史郎、鈴木聡ら親しい仲間たちは、電車を降りてから土砂降りの雨のなかを歩くことになった。

一九四一年に発足した「社団法人日本音楽文化協会」（以下、音文と略す）には、音楽界の代表として二百名余りが参加した。日本精神を養い、戦意を高揚し、健全な慰安を銃後に与えるような演奏会を奨励するのが目的である。事務所は現在もある銀座の新田ビルの四階を借りて入っていた。

山田耕筰が議長となって役員も決定された。会長に尾張徳川家第十九代当主である徳川義親侯爵をすえた。松平春嶽の子として生まれた義親は学究肌として知られ、一方ではマレー半島で虎や象を狩ったり、豊富な資金力を背景として音楽教育家の鈴木鎮一《しんいち》、ヴァイオリニストの諏訪根自子、画家、アイヌ研究、ろう教育から右翼まで、さまざまな人物・活動のパトロンとなったりしていた。この時期は二年半にわたってシンガポールに滞在し、各種工作など軍政顧問として活動していたから、会長職はかつぎ出されての肩書だけだったはずである。

副会長には山田耕筰、理事長に音楽学の権威だが学者肌の辻壮一がついた。理事には二十名が連なり、顔ぶれは音楽評論家で日本放送協会に関わる有坂愛彦、日本交響楽団幹部ティンパニ奏者の小森宗太郎、鈴木鎮一、評論家の野村光一や山根銀二、作曲からは中山晋平、大木正夫、清瀬保二、諸井三郎、声楽家の奥田良三、作曲と指揮の山本直忠（直純の父）、そして、基成ほかと楽壇あげての団体だった。

音文の内部機構は、作曲部、演奏部、評論部、教育部、国民部に分かれ、基成は演奏部門担当だった。

音文は一九四二年四月には、日本青年館において「国民士気高揚大音楽会」を、情報局の後援によって主催している。広告を切り抜いて入場券として代用し、銃後を慰安するためのものだった。

十一月には大東亜戦争一周年記念として、大政翼賛会と音文との共催で、「戦意高揚大音楽会」を日比谷公会堂で開催した。日本交響楽団、東京合唱団、日本放送合唱団など、民間の第一線の音楽団が総動員され、吹奏楽、管弦楽、合唱にわけておこなわれた。交響曲はとくに大政翼賛会に献納された新作〈神国顕現〉などで、すべての曲は日本人作曲家の手になる「名曲」が選ばれた。これは開戦一周年を迎えた国民の決意を固めるため、ラジオで全国放送もされた。

一九四三年、音文は「演奏会の決戦態勢令」を敷いた。個人的な売名や門下生のおさらい会など、不要不急な演奏会は許可されなくなった。入場無料であろうと、公衆に公開する演奏会は戦時下において有用なものに限られることになった。東京では開催の一ヵ月以上前に音文を経由し、警視総監宛てに許可願を提出しなければならない。地方では警察署に出願して許可を得ることになった。技芸者の証がない素人演奏家が出演することは不可だった。

また、一九四三年七月には、情報局より「今秋十月以降は、どの演奏会にも邦人作の交響楽が必ず演奏されるように」との通達が出された。

さらにユダヤ人音楽家の排斥論まで持ち上がり、理事会は「外国音楽家と共演せず」という申し合わせを発表した。戦争遂行上、外国人と交わることを否とする国家の意向を音文は忖度したのである。

3　外国人演奏家排斥

演奏部門担当理事の基成は、まさにそれを直接監督する立場に置かれ、外国人排斥や追放にむけて動かざるを得なくなった。頻繁に共演してきた指揮者ローゼンシュトックを、音楽界から排除しなければならなくなったのである。

このころ井口基成門下となったのが、寺西昭子である。

「私が子供のころからついていたピアノの先生は、ロシア生まれのカテリーナ・トドロヴィチ先生で、そのあと井上園子先生につきました」

カテリーナ・トドロヴィチは、ロシア人の夫とともにロシア革命前に日本に亡命した。また、一九一五年生まれの井上園子は神田駿河台にある井上眼科第七代院長の娘で、十四歳でウィーンへ留学、ウィーン国際コンクールに出場すると、本選に進んでディプロマを獲得。これは日本人として初めてのコンクール本選出場となった。

「井上先生は私に経験を積ませたかったのでしょう。先生から紹介されて、新交響楽団の指揮者ローゼンシュトックにも師事しました。ローゼン先生はとても一生懸命教えてくれ、貴重なレッスンをしてくださいました。

ところが戦争がひどくなってきて、女学生はどんどん工場などに徴用されるようになった。そんなとき井上先生から将来の話をされ、普通の学校に進んで徴用されるよりも、音楽学校に入ったらいいんじゃないか、と勧められました。

ローゼン先生も、音楽学校を受けるなら自分のところから受ければいいじゃないか、といってくださっていた。でも井上先生は、やはり先のことを考えなくてはいけない、ローゼンは指揮することも無理になるかもわからない、と。井上先生はそのころまだ二十七、八歳でしたが、独特の雰囲気と威厳も備えてらした。

先生は、上野に行くなら井口先生でないと駄目、井口先生とローゼンとの間がとても悪いからとおっしゃった。あのころは上野の学校自体が軍国主義ですから、ローゼンに師事していたということで試験をうけたら、それだけで落とされちゃうともいわれました。

それで先生は、その場で井口先生にお電話した。すると、井口先生はお正月にならないと帰ってこない、と。地方に教えに行ってらしたようなのです。そのころから大変忙しくしてらした。それでお正月に井口先生をお訪ねすることになり、基成門下となりました。二ヵ月ぐらいの間に、いろいろなことが決まりました。

もちろん井口先生には、ローゼンについていたことは言わなかった。即刻見ない、といわれちゃう可能性があったから」

一九四四年二月、枢軸国以外の外国人演奏家の出演制限が設けられたが、基成自身は積極的に外国人排斥や追放をやった意識はなかった。

寺西昭子は、基成について続けた。

「基成先生にはとても可愛がっていただきました。私は手が小さかったけれど、一度も先生から手が小さいからだめと、いわれたこともなかった。レッスンでも一度も怒られたことがない。先生との相性もよかったのかもしれませんね。教えるようになってわかったけれど、出来る子でもカチンとくる子というのもあるんですよ。

基成先生のレッスンでは皆、生徒は怒られて怒られて。ところが私の番になると、先生が急にニコニコしちゃう。友人は、レッスンの日に着ていった洋服が、次の日下がっているのを眼にしただけで震えがきちゃうと、そのくらい凄いものだったのですが、私は先生のレッスンが待ち遠しくて。でも、もし戦争がなければ、そのまま私はローゼンシュトックについたままだったでしょう」

昭子は基成の晩年までその側についた高弟である。基成が初代学長となる桐朋学園では教授をつとめた。寺西春雄と結婚し、二人の息子の一人が音楽評論家寺西基之である。

寺西春雄は、息子の命名や基成の演奏について生前語ってくれた。

「井口さんを超える巨匠は、いまだ日本に出ていないですね。演奏のガラの大きさが違う。かつては安川さんというピアニストがいたけれど、彼女の演奏は整っているけれど、巨匠でなく名ピアニストというべきでしょう。井口さんは、指が動かないからというのが最後まであって、フォルテを強く出したりするから、よくガンガン弾くといわれたけれど、ピアノやピアニッシモの素晴らしさは他になかった。また、極めて頭のいい人で、数理的な思考力、社会的な判断力、語学力もあった。

基之の命名については、昭子が井口さんをとても尊敬していたし、昭子の先生として、いろんなことを見聞きしていました。僕たちの結婚への成り行きも見守ってくれましたしね。まあ、昭子の意見のほうが強いんだが、基をもらいたいということで、私は下につける字を考えればよく、基之とつけていいと思った。関西にも、基成の〈基〉をとったお弟子さんがいたらしい」

さて、戦時下においては演奏会の形や質も変化したわけだが、ラジオ番組の内容も一変している。日米開戦から終戦にいたるまで、洋楽放送もやはり国民の戦意昂揚を目的としたものになった。情報局と軍と逓信省、この三者の強いコントロールのもとにおかれた暗黒時代といえる。

一方、国中が戦場と化す絶望のなかで国民は生きることになるが、最後まで芸術の光をもちこたえたのもラジオだった。

洋楽番組は「健全明朗なものと一流の本格的なものに限る」とされ、また地域によって異なっていた周波数は同一周波となった。

洋楽の枠は戦争前の四分の一以下となり、そのかわり「健全」の名目で、ハーモニカ、アコーディオンのような軽器楽が常時放送されるようになった。開戦以前は頻繁に登場していたクロイツァー、ウィリー・フライ、モギレフスキー、シロタなど、いわゆる非枢軸国外国人たちは、開戦となると突如として放送から姿を消した。唯一、ローゼンシュトックのみが例外だった。

一方、基成のほうは毎月のように放送に関わり、斎藤秀雄とベートーヴェン〈チェロ・ソナタ〉、〈ハンガリー狂詩曲〉や〈葬送曲〉など、全国に向けた電波にのりつづけた。

基成が教授として奉職していた東京音楽学校では一九四二年より、翌年三月の卒業が前年九月の繰り上げ卒業となった。そのなかには指揮者の森正らがいた。翌年には声楽の畑中良輔、ピアニストの田村宏らが繰り上げ卒業した。

一九四三年十一月には東京音楽学校からも男子生徒が学徒出陣、翌年一月には学内で女子挺身隊が結成された。二月には奏楽堂で戦時中としては最後となる定期演奏会が開催され、バッハの〈二重協奏曲〉などが演奏された。その後はもっぱら恤兵《じゅっぺい》音楽会となり、純益は軍に寄付するようになった。

一九四四年、情報局の斡旋と日本放送協会の出資によって改組した日本交響楽団は、二月十六日と十七日、ローゼンシュトック指揮による最後の定期演奏会を開いた。ソリストには井上園子が迎えられた。その後、ローゼンは外国人が集められていた長野県軽井沢町に軟禁状態となる。

一九四二年まで基成はローゼンシュトックのタクトのもと、毎年、ときには年二回、日響と共演してきた。しかし、ローゼンシュトックがまだ日響に在籍していたにもかかわらず、四三年からは、新しく日響の指揮者となった尾高尚忠のタクトでベートーヴェンのピアノ協奏曲第4番を弾いて放送に出演したり、同様に新指揮者となった山田和男(一雄)の指揮でブラームス〈ピアノ協奏曲第2番〉を定期演奏会で弾いたりするようになった。やはり井口としては、情報局が管轄する音文での立場上、ローゼンとの共演を避けたと思われる。

一方で、基成はリサイタル活動は続けていた。留学仲間の鈴木聡が帰還すると、すぐに二人で演奏会を開いた。岡田二郎が出征するとなると、独奏会で伴奏を務めもした。

一九四四年五月には「第九回軍用機『音楽号』献納音楽会」に出演している。軍用機を確保するための資金集めの音楽会である。アルト歌手の四家文子をむかえ、ピアノ三重奏と五重奏の室内楽演奏会だった。基成、ヴァイオリンの巌本真理、指揮者となる渡邉暁雄、ヴィオラの松浦君代、チェロの斎藤秀雄という構成で、この室内楽団は戦後へとつながっていく。

抜き差しならない戦争が深まりゆくなかで、若き血を鼓舞する〈学徒総動員の歌〉や〈女子挺身隊の歌〉が声高らかに歌われるようになった。作曲家の重要性が叫ばれるようになり、平時では報われることの少ない作曲家たちが、にわかに日の当たる場所に出ることになった。これは皮肉なことである。

交響楽団の演奏曲目には必ず邦人作品を入れることになったし、つぎつぎと軍歌や銃後の慰安の曲もつくられた。そのなかには名曲も多くある。

「高級享楽」として大劇場は封鎖され、音文は情報局と協議の上、個人の研究発表会は停止、交響楽定期演奏は会員制度をやめて一般に開放すること、戦意昂揚と生産増強のための演奏会は奨励、慰問に行く場合は日時や場所、編成などを音文へ報告することなどの措置を下した。戦時下とは、すべてにおいて制限がもうけられる世界である。

このころ情報局に在籍していたのが、音楽評論家宮沢縦一だった。宮沢は一九〇八年生まれ、京都帝国大学法学部卒業で、朝比奈隆同様エマニュエル・メッテルの薫陶を受けて音楽に取り憑かれ、オペラの解説などを書いていた。

「不景気のどん底の時代に大学を卒業して、叔父が海軍少佐だった関係で戦時体制になって情報局に行くことになった。僕が勤務した情報局第五部は、音楽や映画を管轄するところで、情報官は海軍出身が二人、陸軍が一人、そのほか音楽関係者がいた。

音楽界では皆、音楽をやりたいというのが第一義。これは後々いろいろ言い出す評論家の山根銀二にしろ、同様。イデオロギーよりも音楽をやり続けたい、ということなんだね。情報局には宮沢がいるから、大丈夫だと。

音文は全楽壇が一致してつくったということなんだ。幸いなことに音楽の主流はドイツ。戦時体制になると次第に楽器もなくなり、なんとかしたいというときには情報局が動いて、楽器も戦意昂揚のためのものだ、ということにして確保する。そうしないと楽器も手に入らない時代だったから」

宮沢同様、このころ情報局の嘱託になったのが、のちの音楽評論家吉田秀和である。

4　情報局

吉田秀和が井口基成に面会したのは、敗戦の色が国民にも明らかになってきた時期である。

吉田は基成より五歳年下、東京帝国大学文学部フランス文学科を卒業した。その後、同大仏文学研究室助手でのちに文芸評論家となった中島健蔵の紹介で、帝国美術学校に勤務し半年ばかりフランス語を教えたことがあったものの、長続きはしなかった。仕事中に音楽関係の本を出版のあてもなく翻訳しているような状態だった。その後、吉田は再び中島の紹介によってか、音楽文化協会につとめていたと、作曲家の柴田南雄が書き記している。彼もまた音文企画部嘱託となったが、そのときには吉田はすでにやめていた。

それでも吉田が生活できたのは、妻が美容師という手に職をもっていたためであり、作曲家の別宮《べっく》貞雄によると、そのころ吉田は東京・五反田に住んでいて、子供にも恵まれていた。

基成が吉田を知ったのも音文である。吉田は、基成の紹介で情報局に入ったと基成の死後、

「朝日新聞」の「音楽展望」で初めて明らかにした。

一九四四年二月、基成からの連絡を受け、吉田は目白の井口宅を訪ねた。基成は切り出した。

「情報局で音楽担当が欠員になり、後任を探しているけれど」

吉田は即答しかねた、と書く。

基成の妻の秋子が疎開の荷造りの相談に入ってきた。

「マリアナ、サイパン、南洋の島々をつぎつぎ占領した米軍は、そこに空軍基地をつくり本格的日本空襲にのりだす。暮れまでには東京もやられるらしい。私は仕事があるが、せめて家族は那須に疎開させたいと思っているんだ」

吉田は戦争が負けるに決まっているとは感じていたが、そんなに差し迫った事態になっているとは思っていなかった。そうなると、「日本という国が、急に、哀れで愛しくなった」と続ける。

「でも、情報局は思想統制の本拠……。そんなところで音楽や音楽家の役にたつ仕事ができようか」

「だから、あんたに話したんだ。大筋は動かないにしろ、何かやれるんじゃないかな」

あの人はこんなふうに相手の意表をつくことをよくいう人だった、と吉田は続ける。

基成の勧めは吉田を動かした。物書きとして立っているわけでもない三十一歳の吉田が、音楽界の若きリーダーからの誘いを断ろうはずはなかった。また、情報局は音文を監督する立場で、大きな権限も与えられていた。さらに召集があるかもしれない時期である。同局音楽担当の宮沢縦一は、四四年五月に召集となり、その欠員を満たすためだった。この後、吉田は基成を頼りとするようになる。

情報局は、戦時体制下において新設された言論統制一元化の役所であり、五部五課六百名あまりのスタッフを擁する独立した一大官庁である。陸海軍報道部および警保局図書課や、外務省情報部の所轄事務はここに統合され、国策の宣伝や対外思想戦、国内言論指導の最高機関であり、名実ともに思想・言論の参謀本部だった。局内の重要ポストに就いたのは、世論の直接指導の目的で入りこんでいた陸海軍の現役将校たちだった。


宮沢縦一は、当時の状況の詳細を語ることができる唯一の証言者だった。

「情報局と日本放送協会が戦時中に日響の改組を強く支持した大義名分は、海外向け放送における同楽団の活躍を期待したからだった。こういうことがあったから、楽員の徴用解除の特権も得られたわけなんだ。日本交響楽団の有馬大五郎さんは、日響が改組して新しく理事長に就任した早々から、楽員のもらい下げを始めましたよ。

また、音文にとっても、大切なのは音楽と音楽家。だから音楽家が徴用されると、音文や情報局が動いてもらい下げにいくわけですよ」

情報局嘱託という身分となった吉田もまた、音楽家たちの徴用猶予にたずさわった。また、ピアノの弦の金属や、弦楽器のガットが配給からはずされたと知ると、それを調達するのに全力をあげた。楽器の命の綱を断ち切るものだと訴えずにはいられなかった。

日響の有馬大五郎が駆け込んできて、「あんたの役所が紙の割当をとりあげたので機関誌が出せなくなった」と言い出したときには、「日響は日本楽壇の大黒柱だから」といって取り戻してやった。有馬は感激して、吉田に言った。

「私がこの職にいる限り、定期演奏会の招待状をいつも二枚あげる」

やがて空襲の激化にともなって、吉田は五反田から妻子をともなって八王子に疎開する。情報局への勤務は中央線で通い、終戦までつづいた。

さて、一方で、情報局の管轄下にある音文は内部関係が不安定だった。音文は作曲、評論などそれぞれの分野の大御所たちが常務理事となっていた。基成は、最年少で芸術院賞を受賞し同様のポストにあったがまだ若輩であり、内部関係を良く理解せず、与えられた職務だけを粛々と行っていた。

辻壮一初代理事長が辞任すると、代わって中山晋平が理事長となり、評論家の野村光一、山根銀二ら常務理事が実質上の運営を進めていた。

「低俗楽譜追放の出版企画審査会」がつくられ、米英楽譜の破棄を目的とする「米英音楽審査会」も設立された。

すでに大劇場は閉鎖され、演奏の機会は減っていた。そのかわりというべきか、一九四四年一月、基成はビクターからレコードを出版している。その解説は辛口でならす評論家、山根銀二によるものだった。

〈日本のピアノ界は他の演奏部門に較べると格段の成熟を示している。（略）しかしながらそのピアノ界も、演奏芸術本来の使命という根本の観点に立ち帰って容赦なく検討するならば、それは決して安心の出来る状態ではない。（略）一人前の芸術にならぬ一歩も二歩も手前のものばかりであり、あるいはお嬢さん芸であったり音楽学生の生徒芸であったり、せいぜいのところ音楽教師芸である位なものである。（略）技術的にはかなりに上達したが精神的側面がはなはだ弱体で演奏芸術としての創造性に鈍いのである。

井口基成のピアノが今日の日本の楽界及び音楽愛好家の圧倒的な人気をかち得ているゆえんは、おそらく彼の演奏がこれらの日本ピアノ界の欠陥をたとえ部分なりとはいえ埋めるものがあるのを感ぜしめるからではあるまいか。彼の演奏は完成した独立人の演奏であって生徒あるいは好事家のそれではない。（略）

井口基成はわれわれの有する最も優れたピアニストの一人である。言葉を極めていうならば彼は楽界の希望である。彼は独特の才能と努力を以《も》って今日の熟達に達したのであるが、その将来にはなお多くの可能性が残されている。（略）

彼の演奏が今日の整然としかも力に充ちた風格を獲るまでには、幾多の変遷があった。彼はそれを極めて自然に乗り切り、より一層高いものへ移って来た。その過程を知る者にとっては彼がやがて現在以上のものへ飛躍することのあるのを確信しているのであって、それは彼の精神力と体力の続くかぎり継続されるだろう。彼が今日既に確立しているところの自己の様式を精神と技巧の両面より磨きあげてゆくならば、われわれは実際今日迄《まで》われわれ自身のものとして持つことの出来なかった高度な演奏芸術を獲得することになる。そしてわれわれは真の大家を演奏の分野に有することになるだろう。井口基成が楽界の希望であるというのはそういう意味においてであ

る〉

このとき山根はまだ井口の側にいる。しかし、戦後、これが一転してしまうのである。

一九四四年五月、情報局が音文常務理事である山根に圧力をかけ、立腹した中山、野村の三役員が辞職してしまった。

宮沢は楽壇の内部状況にも、もちろん詳しい。

「山根銀二は東京帝国大学出身で、〈東大新人会〉に属していた。いわゆる共産党が華やかなりしころの細胞なんだね。評論の園部三郎もそう。山根は、情報局にいる軍人のことを、『あいつたちは』なんていっていたからね。音文は、音楽では一致するけれど、思想的には同じでない人々の集まりだったから」

その後、音文は、山田耕筰会長、評論家増沢健美理事長というラインができた。増沢応召後は、「浅田飴」オーナーの三男であり、作曲家・作詞家・評論家という肩書をもち、「音楽之友社」の前身を設立した堀内敬三が戦時中に三つの音楽雑誌を合併して「音楽之友」を創刊、音文の理事長となって、終戦をむかえる。当然のことながら、堀内も国策に沿った発言をしている。

〈日本に居るユダヤ系指揮者や演奏家には優秀な技術を持つ人々がある。しかし、たとえ其の人々が神の如き手腕を持っていたにせよ、其の人々を尊重する事が今日の国民思想に悪い影響を及ぼすならば考え直さなくてはならぬ。国家あっての芸術である〉

これが戦時下における日本国民の平均的な意識であろう。

一九四四年十月十二日、音文は軍人援護運動のひとつとして、協会所属の音楽挺身隊の声楽家伊藤武雄以下百名と武蔵野音楽学校予科五十名を動員して、靖国神社中門前で奉納演奏を行うことになった。

まず山田耕筰音楽挺身隊隊長が一同を代表して昇殿参拝し、音楽殉国を誓う宣誓を行い、山田隊長の指揮で奉納演奏に移った。

吹奏楽で〈沈勇〉〈悲壮〉〈挺身隊歌〉などの曲を奏し、文学報国会との共作で国民歌として献納した〈決戦の秋《とき》は来たれり〉も演奏された。力強い音律で英霊を慰めるのが目的だった。この奉納演奏の一部始終は、「恤兵映画」として同時録音で撮影された。

基成の妻秋子と子供たちは、秋子の姉のいる宮城県白石へと疎開していった。一方、基成は陸軍省の命令で、対潜警戒のために兵隊たちに音感訓練をすることになったのである。

5　船舶情報聯隊《れんたい》へ

一、捨てて甲斐ある　我が命
君のおんため　国のため
若いこの身を　捧げんと
集い来れる　我が身なり

我等は　特幹　候補生

二、捨てて惜しまぬ　我が命
船舶兵と　選ばれて
うなるエンジン　白い波
水漬《みづ》く屍《かばね》と　身を　捧ぐ
我等は　特幹　候補生

五、時もし来たらば　我が命
身もて砕かん　敵の舷
戦艦空母　なんのその
散りて甲斐ある　若桜
我等は　特幹　候補生

これは〈船舶特別幹部候補生の歌〉の一番、二番、五番の歌詞である。

井口基成は、この「船舶情報聯隊」に陸軍から派遣されることになった。ここでどのような訓練にのぞんだのか、またその部隊に所属した人々が、もし井口基成について記憶しているなら、当時の話を集めてみたいと思った。そんな時には、「週刊新潮掲示板」である。

その結果、かつて船舶情報聯隊に所属した人々から連絡をもらい、実際に面会し、資料を入手することができたのである。

井口が船舶情報聯隊に赴くことになったのは、日本海軍がマリアナ沖海戦で大敗し、アメリカ軍がサイパン島やマリアナ諸島にB29の基地を設け、日本本土に対する大規模な戦略爆撃を実施する体制を整えていた時期である。一九四四年十一月、大規模な東京爆撃があり、十二月には今度はB29が阪神地方に現れた。この時は偵察飛行だけだったとはいえ、上空を飛び交うB29にこの地域の人々は多大な不安を感じるようになっていた。

船舶砲兵団の編成内にできた船舶情報聯隊は、秘匿名を暁第一九七七六と称した。対潜教育、対雷教育、対空教育などを行い、基成が関係したのは、対潜教育である。

船舶特別幹部候補生の募集は、一九四四年に二度行われ、十数人に一人という競争率で一期生から四期生が選ばれた。

基成は、「暁部隊」の本部がある兵庫県西宮市甲子園にある甲陽中学校に赴いた。同市ではすでに関西学院が海軍に徴用され、神戸女学院も大半が徴用されていた。

この甲陽中学校に、一九四四年八月から船舶特別幹部候補生二百六十名が駐留していた。

これはある専門技術を身につける新しい攻撃任務であった。彼らは一様に、「自分たちは兵隊らしからぬ兵隊だった」と述懐する。というのも、その訓練は音感教育だったのである。

東久留米市在住の田中正一は、次のように述べている。

「私はじめ同僚の見習い士官は全員学徒出陣兵でした。陸軍の護送船団にあって対潜警戒のため、水中音波探知機を装備した船舶から水中音波を発信して敵の潜水艦の位置を捕捉することになった。音感教育は、その測定に必要な発振音を判別できる聴覚能力を養うためのものでした。このための手段として、ピアノによる音感教育が行われました」

音感教育のために、陸軍の側が東京音楽学校に教授や学生たちの派遣を要請し、基成が、東京音楽学校生三十名ばかりを率いて甲陽中学校に入った。

果たしてそれまで音楽とほとんど関わりない人々に、音感教育を施して対潜警戒をすることは成功したのだろうか。

もっともすでに戦局の悪化によって、手立ては限られてきていた。太平洋の制海権は完全に米軍の手に握られ、南洋方面の島々に対する補給は絶望状態にあった。補給にあたる輸送船を護衛する軍艦は、壊滅状態にあった。たとえ無傷の軍艦があっても少数で、その上燃料が枯渇していたため軍港に繋留《けいりゅう》されたままだった。海軍が輸送作戦には使えないと主張する一方で、陸軍としては、南方に展開している守備軍の補給をしなければ、せっかく占領した島々も敵の手に渡るので、戦線の維持と援護は、陸軍自身で行うという結論に達したのだ。

二期生の松尾健一は、そもそもは一期生として一九四三年に試験を受けたが、たまたま二期生にまわされ、四四年三月の入隊となった。それが松尾の命を救った。

「一期生はほとんど亡くなっていました。沖縄とフィリピンに出撃し、ベニヤ板の船でぶつかって行く特攻隊で、ほぼ全滅したのです。

沖縄から子供たちが学童疎開することになった時は、対馬丸が千人以上を乗せて出発しました。せめて護衛の軍艦をつけてくれといわれ、駆逐艦か砲艦がついたものの、結局、攻撃されて小学生がだいぶ亡くなったのです。

連合艦隊は全滅で、どうするのだ、という頃でした。それまでは輸送船が行くことになると、護衛船が両サイド、前後左右で六隻ほどの船団を組んでいましたが、その頃は一隻つけばいい方だと言われるようになっていた。ラバウル、ガダルカナルの時は、駆逐艦が二隻ついていったが、この頃にはもう全然ついていかなくなっていた。護衛船がなくなっていたのです」

そのために輸送船自身が武装するということになり、施策の一つとして潜水艦からの攻撃に無防備状態の輸送船に対して考えられたのが、「水中音波標定機」である。

通称「す号」機と呼ばれたこの電波兵器は、輸送船の船底から海中に超音波を発信し、障害物すなわち潜水艦などの見えざる物体に当たった反響を受信して映像に変え、ブラウン管上に表示させる。その映像から方位や距離、反射音から潜水艦か否かを判別して、敵の攻撃から我が身を護るというものだった。

当時としては最新の秘密兵器に属し、戦後は全方位魚群探知機（ソナー）となって、漁獲量の増大に寄与するが、それが戦争においてはどのように効力を発揮することになったのだろうか。

この「す号」の操作要員が船舶情報兵であり、科学的な判断力と、的確に音声を判別できる「耳」が必要とされた。候補生たちは、唱歌の成績が甲か乙か、と問われた。

部隊に所属した岩森栄助はこう述べている。

「当初、我々は香川県小豆島にある東洋紡績の工場改造兵舎に入隊しました。そこから甲陽中学校に来る者が、各区隊五十名から五名ずつ選ばれた。その時は、耳がいいことだとか、長男は避けて三男坊などだとかで選ばれた」

また、同隊所属の野崎一郎も、「唱歌の成績が甲か、乙かと聞かれた。最初は、その質問の意味するところが理解できなかった」という。

朝食が済んだあと、八時三十分より課業が開始となったが、その最初が音感訓練で、それは毎日定期的に行われた。近くの邸宅から徴発されたピアノを音楽学校の学生たちが弾き、音階や音色判別法が教えこまれた。

甲陽中学本館二階の南側の部屋や講堂では、カスタネットによるリズム練習、和音の判別、十一個並べた音叉《おんさ》を叩く番号当て、ベートーヴェンの〈軍隊行進曲〉などのレコード鑑賞が行われることもあった。潜水艦や駆逐艦のタービン音の判別訓練もレコードでなされ、武道場には水中音波標定機「す号」機が置かれていた。

「す号」機の操作訓練（少年銃砲兵学校）

「ドレミファソラシド」は、当時の政策によって、「ハニホヘトイロハ」と改称され、見習い士官たちは、毎日「ハホト、トホハ、ハトホ、ホトハ」という和音の訓練を、小学生のように大きな口を開いて発声練習した。

その様子は、「危急存亡の国家の要請で志願した特別幹部候補生の訓練と思われぬようなもの」だった。

ほとんどの候補生が場違いなところに連れてこられたような違和感を抱いていたようである。

「潜水艦の場合は甲高い音で、毎日それを聞かされて、今のは、ハの音かイの音か」という質問がなされた。また、潜水艦にも色々な種類があり、その音のレコードが聞かされ、艦船識別の歌として「発動機はポッポッポッポッ、ディーゼルはトロロー、クイックイッゴーゴー鳴るのは潜水艦のタービン」という歌を口にした。音感訓練では必ず歌った。

「今の音は前の音と同じかどうか」などの質問が発せられたという。岩森栄助によると、「低級なものだった。岩の音だとか、鉄の音だとかを識別できるように、というのだったが、そこまでいかなかった。その頃としては優秀だと言われた『す号』を操作する練習をやっていたけれど、日本は望みがない状態。空襲で焼夷弾《しょういだん》を受けると、屋根に落ちたのを棒か箒《ほうき》ではこうとしていたのですから」

この頃、〈蚤の歌〉で有名だった牧嗣人《つぐんど》や、大阪音楽学校からは阿部高次も軍属としてきていた。

井口自身が直接、教育を行っていたわけではない。

隊員たちが記憶しているのは、のちに著名なピアニストとなった園田高弘や田村宏である。

唯一、この時の井口を知っていたのは室井嵩である。室井は少尉であり、第一区隊二班七十名を率いる区隊長だった。

「当時、甲陽中学は三階建てで、二階まで吹き抜けの講堂があって、そこにグランドピアノがあった。井口さんの部屋は、僕の将校室の隣であり、少佐待遇だった」

陸軍の階級は、二等兵を最下級とし、一等兵、上等兵、兵長～軍曹～少尉～大尉、少佐～大佐、少将、中将、大将となるわけで、この時の井口は、室井より階級の高い少佐待遇だったというわけだ。

空襲警報が鳴ると、特幹生たちは、楽器や楽譜を手にした学生たちとともに防空壕に入る日々が続いた。

しかし、たとえ海中に潜水艦の存在を発見しても、潜水艦から攻撃を受ければ、ほとんど回避することもなく撃沈されることになった。船艙《せんそう》の上部にいるものは海に飛び込む時間もあるだろうが、船艙の最下部にあった「す号」の操作室にいる情報兵は、逃げ出す余裕もなく、船とともに水中の屍となる運命にあった。室井はつけ加える。

「学校の中には本部があって音感教育をしていたわけだが、井口さんはぶらぶらしていて酒飲んだりしていた。部隊としては丁寧に扱っていましたよ。ところが、軍の本部の方から、その音楽学校教授としての任務が解除になってしまったんだ」

井口自身、こう回想している。

〈田舎出のなんの素質もない兵隊たちに、いきなり音感教育をするというのは仲々大変なことだった。（略）何回も何回もピアノで叩きながら兵隊の耳に教え込むのだが、気の遠くなるほどの作業であり、根比べだった。

それでも最初のうちは良かったが、せっかく訓練された兵隊が出発しても、船が次々に撃沈されて辛うじて泳いで帰って来るという状況になった〉

家の中の時計や台所での物音など生活音の区別もできない兵士たちを相手にした音感訓練に、井口が抗議をしないはずがない。

6　応召――徳末悦子の師事

志願制でなく、一般国民を対象とする徴兵制を導入している国は、限られている。イスラエルの男女を問わない国民皆兵制は最たるものだろうが、明治から太平洋戦争終結までの日本では、すべての男子に対して徴兵検査がおこなわれ、戦火の広がりに応じて召集が行われてきた。

二十歳に達した男子に義務づけられたこの検査では、褌《ふんどし》一丁身につけずに、身長、体重のみならず、体をくまなく診られて、病気の有無が検査される。一九四一年に内閣情報局から出た『写真週報』には、全裸の男達が長々しい列をつくって並んでいる検査の様子が掲載されている。「身体頑健」で「健康」の印が押されれば「甲種」合格である。「健」であれば「乙種」となった。乙種のなかで抽選に当たるか、現役を志願すれば「乙種第一」、抽選に外れれば「乙種第二」である。甲種乙種ともに現役に適すると認められ、身体上欠陥が多いと認められたら「丙種」とされた。

『毛沢東の私生活』やジョージ・オーウェルの『一九八四年』などの翻訳家として活躍した新庄哲夫は、彼が受けた徴兵検査について話してくれた。アメリカで生まれ育った新庄だったが、大学は日本を選び、青山学院大学で学んだ。

「本籍のあるところで徴兵検査を受けるんだよね。僕はアメリカ生まれだったけれど、本籍は山口県岩国市にあったから、徴兵検査に行くのに東京から夜行列車に乗った。乗るまで、友達と酒を浴びるほど飲んで、列車に乗ってからは醬油を飲みっぱなし。なぜかって？　そのころ徴兵検査に落ちるには、醬油がいいっていう話が広がっていた。一気呑みすると体調が悪くなって、死んだりした奴もいた。

岩国では、ケツの穴に指突っ込んで検査された。身長も足りなかったんでしょう。おかげで丙種になって、兵隊には取られなかった」

戦争中は、理工系の旧制大学や旧制専門学校の学生は兵役免除となったため、進路を理科系にする者も多く出た。また有力者の子弟などは、軍属となることで兵役を逃れ、安全な内地にとどまる者もいた。

のちに井口基成らと桐朋学園を創立する音楽家斎藤秀雄も、そうした一人だった。斎藤は井口より六歳年上である。斎藤は戦時中、陸軍戸山学校軍楽隊の講師となっていた。軍楽隊でチェロ奏者の菅宗次が、斎藤の軍楽隊招致の火付け役となった。

「〈加藤隼戦闘隊〉の作曲者だったチェロの原田喜一さんたちが斎藤先生に習っていて、とても勉強になっているのを知っていたから、戸山学校軍楽隊長と交渉したのです。もう一人、作曲家であり、その当時最高の音楽学者と言われた諸井三郎先生が千葉の高射砲連隊に召集になったというニュースが入りました。諸井先生にも個人的にハーモニーを習っている先輩が何人かいました。それでまた隊長にお願いした。それがまたオーケーになって。諸井先生は四十代ぐらい。あの時期には甲種合格だったら五十歳近くまで召集になったのです」

斎藤の父は日本の英文学の泰斗であり、妻・秀子は男爵家の令嬢だった。軍楽隊入りについて、秀子はこう述べた。

「秀雄は年齢的にいつ兵隊に取られるかわからないという時だった。召集された時に戸山学校の軍楽隊の講師であれば、軍楽隊でそれをとるわけ。その頃、軍楽隊の生徒として東京音楽学校から團伊玖磨さんや芥川也寸志さんら十名あまりが来ていて、秀雄は彼らの先生だった」

團の祖父は三井財閥の総帥で、血盟団事件で暗殺された團琢磨であり、芥川也寸志は文豪、芥川龍之介の三男である。才能と縁故があれば、兵役を免れられる手立てがあった。

彼らと同時代を東京音楽学校で過ごしたのが、井口基成門下で相愛大学名誉教授の徳末悦子である。

「井口先生の指導で東京音楽学校に入学できました。先生にお目にかかったのは十五歳の時。横井和子先生のご紹介で、手ほどきを受けた先生と一緒に、大阪の小野ピアノに参りました。持っていったのはベートーヴェン〈ソナタ第16番〉。手ほどきの先生はお人柄が良かったけれど、初めてお目にかかった井口先生は凄まじい方だった。叩かれはしなかったけれど、天と地ほど違うから、私もびっくりしてしまって。『とにかくテクニックがない』と言わはる。それで、いっぺんで嫌気が差して。

うちは祖母と母と、女系の母子家庭で父もおりません。東京音楽学校なんて、遠い東京に無理に出さんならんということもないし、私も『あの先生怖いから嫌や』言うて。ところが十カ月たった頃、もう一度東京に出て勉強してみたくなり、普通なら許されないのでしょうけど、井口先生にお頼みしたら、教えてくれはるということになりました。私も戦争に行ったつもりで、覚悟を決めました。

音楽学校では鉄砲を担ぎましたよ。鉄砲って重い。学校には配属将校もいました。寝打ちって、寝て打つ発砲も習って、体に痣《あざ》ができました。結局、きちんと勉強したのは、予科の一年と本科の半年ぐらい。音楽学校には文部大臣のお嬢さんとか、有力者の息子さんとかが多かった。それでも動員はある。すると親からクレームがきて、学校の方も困ってね。地方から来ている人が代わりに行かされるんです」

有力者の意向が忖度されるのは、いつの時代も同じらしい。

「私はカネボウの工場に行かされ、朝六時半から長い廊下の拭き掃除。拭くそばから凍ってしまってね。そのうち東京は空襲がひどくなって、井口先生のお力で、いっぺん退学して、関西に戻ってきました。井口先生は、耳がいい学生たちを引き連れて、関西の暁部隊に行きはりました。私は関西で先生と再会することになるのです」

一九四五（昭和二十）年三月、三十七歳の基成宛てに赤紙が届く。

基成の弟井口博雅は、前年秋に基成とともに「簡閲点呼」を受けた。簡閲点呼は、短時間の試問応答によって軍人の本務を点検して教導するものだった。

「私と兄は同時に前年十月、駒沢小学校での簡閲点呼の軍事訓練に参加しました。百人くらいいましたか。私は丙種で、海軍の管理工場に徴用となりました。兄は第二乙種、第二十二の第二補充兵になった。

兄宛の召集令状が来たのは、終戦の年の東京大空襲のあった三月十日の一、二日前。すぐに西宮の暁部隊にいる兄に電報を打った。どんな任務にあろうと、召集令状がともかく優先でしたから」

基成の入隊先は、東京麻布の歩兵第一連隊となっていた。

基成の召集については、暁部隊の室井嵩少尉が疑問を投げかけていた。

「井口さんは、なにか上層部から睨まれたんだな。暁部隊として何か問題にしたわけではなく、丁寧に扱っていたんだが、上の方から任務が解除になって、そのあと召集になった」

基成は成城の本家に戻った。父基二は二年ほど前に没していて、母秀が姉孝子夫妻、弟博雅、妹豊子、愛子夫妻らと共に住んでいた。

孝子は、日本大学芸術学部の西塚俊一と白百合高等女学校時代に知り合って同棲、文学に傾倒している西塚との結婚は許されなかったが、日中戦争が始まった年に許されて結婚し、母と同居するようになっていた。

西塚俊一は、基成が入営する前日の出来事を記憶していた。

「成城の本家の応接間に炬燵がありました。秋子さんや子供たちが疎開先から上京してきて、基成さんを囲み、秋子さんが泣いていたのを憶えています。

その日、評論家の山根銀二が葱《ねぎ》を持って訪ねてきた。玄関先に現れて、『井口君、ついに君にも（召集令状が）来たか』というと、基成さんが『君から送られる筋合いは何もないよ、帰れ』と返した。そのころ山根銀二といったら飛ぶ鳥を落とす勢いの批評家。『おお、いいよ、じゃあ、帰るよ』と。すると基成さんが、『葱を置いていくことないじゃないか、持って帰れよ』、何が二人の間にあったのかわからないけれど、妙にこのことを憶えている。戦後の基成さんに関わることだったのかもしれない」

基成の召集自体が不思議である。斎藤秀雄の場合と同様に、すでに基成は暁部隊に嘱託として務めていたから、本来なら召集がかからない立場にいた。それでも赤紙が届いたということは、上官に異をとなえたための懲罰召集と想像できるのである。

基成は家族と水杯を交わし、大空襲直後で建物がまだ燃えくすぶっている市中を歩き、麻布の歩兵第一連隊に向かった。兵舎では二等兵の服に腕を通さねばならなかった。

弟博雅はその後、基成のために動いている。

「麻布の連隊では、愛子姉の夫になった佐藤智雄が任官していました。それが基成にとっては幸運だった。

そもそも智雄と愛子は、母がよく避暑に行っていた那須で出会った。まだ書生っぽの彼は湯治に来ていたらしい。雨が降ってきて、それがきっかけだったとか。智雄は七歳年下でした。孝子姉といい、愛子姉といい、当時は珍しい恋愛結婚でしょう。井口の娘たちは不良だ、と周りからは言われてましたよ。智雄は戦争が始まった直後に召集となり、それで出征直前に二人は結婚したのです。姉は数え歳で三十三、智雄は近衛師団に配属されました」

近衛師団は一般師団とは異なり、天皇と宮城を守る最精鋭で、大日本帝国全土から選抜された兵によって充足されていた。

「大変な名誉で、義兄は近衛騎兵になって馬に乗り、実に格好よかった。その義兄を通して兵備部長に聞いてもらうと、基成は北支に行くことになっているということだった」

佐藤智雄については、博雅の長女で俳優座養成所出身の女優である井口恭子も、

「終戦の日の前日、成城の井口本家にいた父のところにきて、今夜皇居で何かが起きて、たぶん玉音盤を巡っての攻防だと思いますが、今生の別れになるかもしれないからと、水杯をかわして急《せ》いて隊に戻って行った、と聞いています」

博雅は、

「一方で、秋子さんは召集解除になるように働きかけていた。基成は暁部隊という重要な任についてその教官をしていたのだから、部隊にお願いに行ったらどうかと関係筋から言われたらしく、僕が西宮に行くことになった。あちらの部隊長から電報を打ってもらおうとね。秋子さんからの親書も預かっていた」

訴えは聞き遂げられ、基成は北支ではなく、西宮に戻ることになった。しかし、以前の佐官待

遇とは雲泥の差がある二等兵での入隊だった。

7 肥桶

その頃、東京音楽学校の生徒だった田中悦子の実家に宛てて、井口基成は西宮の暁部隊から葉書を出している。消印は昭和二十年四月九日。神戸・丸山にある悦子の実家は、暁部隊が本部をおく西宮に近い。のちに大阪の相愛大学の名物教授となる悦子は、エンジニアの夫と結婚して徳末悦子となるが、夫・徳末省三ともども、基成は生涯、親交を続けていく。

その徳末悦子が保存してきた基成の葉書は、検閲を受けて黒い墨を塗られていた。

〈目下御帰省中の間、現状よりして見て当方帰京は難しいことです[redacted]が出て参りました。今は新しい気持で新兵生活をタドタドしくやって居ります。貴女も現下の情勢ではお母様のもとに居られるのがよろしいでしょう。気候は非常によい頃となりましたけれど、戦局は愈々切迫して来ました。

お互いに頑張ってやらなくてはなりません。当方出られそうもありません。

お母様、お祖母様にくれぐれもよろしく〉

基成は、暁部隊の日常にでも言及したのだろうか。徳末悦子は基成から当時の写真をもらってもいた。

「二等兵になった井口先生が、丸坊主になった時の写真です。出征したら最後の写真になるかもしれなかったものです。私は結局、八ヵ月くらい実家にいました。戦後、学校のことはどうなるかわかりませんでしたけれど、井口先生が働きかけてくださって復学できることになりました。

実家にいる間には、歌手の牧嗣人さんと井口先生お二人が連れ立っていらしたことがありました。鮭缶を開けて、クレープみたいなものこしらえて。時間がない、っておっしゃっていたけれど、お二人にはお酒も飲んでもらった。

それからしばらくしてからでしたか、秋子先生が東京から、混雑でもう大変な汽車に乗られて面会に来ましてね。普通なら面会なんか許可されないのに、牧さんのはからいで、面会が可能になったと聞きました」

戦時中の家族写真。坊主頭の基成

上官にバス歌手の牧嗣人がいたのが、基成に幸いした。

暁部隊で見習い士官だった田中正一からは、次のような話を聞いた。

「私たちは牧嗣人中尉から直接ピアノによる指導を受けました。当初、音楽学校生が多数動員されておりましたので、総括的な指導をされていたのは井口教授でした。ところが、のちにお見かけした時には、本部将校付当番兵になっていたのです」

当番兵とは、お茶汲み、掃除や使い走りをまかされる兵士である。基成は、かつて佐官待遇で奉職した暁部隊に、二等兵になり下がって戻り、日本陸軍最低階級の苦渋を十分に舐《な》めさせられることになったのである。

アーティスト・マネージャーの草分け的存在で、朝比奈隆と関西交響楽団（現・大阪フィルハーモニー交響楽団）を立ち上げて初代事務長となった野口幸助は、戦争中の井口の様子を知っていた。

「井口さんが、大阪心斎橋筋の小野ピアノの土蔵の一階で教えている頃は、その土蔵の二階で、私は日本音楽文化協会の大阪府支部事務所に勤めていました。井口さんは本部の理事で、私は除隊になって昭和十七年ころはよく音楽挺身隊で各地に出向いたものでした。井口さんのレッスンは厳しいとは聞いていたが、井口さんが怒鳴る声と、時々ピシャというビンタの音に混じって、ヒーッという若い女性の声が二階の我々の事務所まで聞こえてきたもんですわ。下へそっと降りてみると、制服を着た女学生がシクシク泣きながら帰って行った。

そんな中から、全国で活躍する指導者が出た。一番弟子が横井和子先生。魚崎の駅で楽譜持った女学生が泣いていた、きっと横井先生のレッスン帰りの子だよ、といった評判は、芦屋から神戸にかけて有名な話となりました。横井先生は井口式のスパルタ教育の成果で、プロ根性が鍛えられていたし、恩師である井口先生には自分の父親のように尽くされた。横井先生のピシッとしたとこは、名門の血、幕末の賢人横井小楠《しょうなん》が曽祖父、お祖父さんが徳富蘇峰の従兄弟というのもあるんかな。

井口先生は暁部隊では、相当ひどいことさせられたとのことでした。何しろ初年兵は、毎日敬礼や徒歩教練。その訓練よりも内務教育はさらに辛い。それは自分の経験でも知っていた」

大阪音楽大学の繰り上げ卒業で入隊した野口によると、初年兵はほかの古年兵とともに狭い部屋で起居を共にするため、新しい嫁が姑や小姑にいびられるのと同じなのだという。朝、昼、晩の食事の受領や食器洗い、掃除洗濯など休む暇なく働かねばならない。食事の受領に炊事場へ行き、炊事当番に自分の官氏名を名乗る時、明確でないと大きな柄杓《ひしゃく》で殴られたり、熱い茶をかけられたりする。盛り付けは古兵からなので、初年兵の分は少なくなり、空腹は当然、残飯でもいいから食べたくなるくらいだったらしい。味噌汁にはほとんど具もなくなっており、噛みきれないと思ったら指から抜けた包帯だったりした。

もっとも暁部隊では、「私達候補生は班長さんから、ただの一度も制裁や体罰は勿論《もちろん》のこと、大きい声でしかられたこともなかったばかりか、他の隊の班長や下士官の制裁からも親身になって庇《かば》っていただき、今でも戦友同士が集まると必ずその話が出て皆が感謝しております」と、利根川耕作は手紙で知らせてくれた。

それでも班長殿の個室に盛り付けた食器を盆の上に乗せて、眼の上に捧げて届けるのは初年兵の役目である。野口幸助は続ける。

「当時、トイレは水洗でなく、汲み上げ式でしょう。井口さんは便所掃除をさせられ、フラフラしながら肥桶の天秤棒をかついで、近くの肥溜めまで行ったらしいですな。なんとも情けなく、哀れに思いましたよ。何しろ日本一のピアニストですから。芸術院賞とって肥桶ですからな」

基成は、当時甲陽中学校の校庭北側のポプラの木の前にあった木造の洗濯場と便所、藤棚の南側の炊事場と風呂場あたりを持ち場としていたわけだった。

唯一の救いは、上官にバス歌手の牧嗣人がいたことである。

日本人離れした声量の持ち主だった牧はフランスに留学し、戦後はオペレッタなどで活躍する。小太りで大酒のみの彼は、暁部隊ではロシアやパリに行った時のエロチックな体験談や小話を披露して、兵隊たちを大いに笑わせた。

牧嗣人は、基成のピアノで、幹部将校に聴かせるための演奏会をしようと言いだした。彼の得意とする〈ヴォルガの舟歌〉の大音量が講堂に響き渡った。基成は皆が知っているシューベルトの〈軍隊行進曲〉を弾いた。将校集会所で開かれたこの演奏は好評だった。

まもなくもう一つの音楽会が計画された。見習い士官だった増田稔が、「文藝春秋」（昭和五十三年九月号）「三人の卓子《たくし》」にこの時の思い出を寄稿している。

〈この頃、空襲警報が出るたびに、私達の防空壕にチェロやバイオリンを抱えてとび込んで来る軍隊らしからぬ一群がありました。（略）学窓に未練を残して、明日の希望のない軍隊生活を送る学徒兵が、この人たちを放っておく訳がありません。「死ぬ前にひとたび……」とグリークラブ出身の連中が、陣中音楽会開催に走り回りました。かくて、私達の予備士官学校卒業を祝って、豪華な音楽会が実現したのです。しかも、田舎の軍隊の中で……〉

とき、昭和二十年五月初め。ところ、甲子園甲陽中学大講堂。芦屋など阪神間在住の上野音楽学校の卒業生が応援にかけつけてくれました。
プログラムの圧巻は井口基成一等兵《ママ》のピアノでトルコ行進曲、井口基成伴奏で牧嗣人中尉歌うノミの歌。例によって、海征かばの大合唱で感激のうちに幕を閉じました〉

天才ヴァイオリニストと言われた辻久子も出演、軍歌〈行軍〉や〈荒城の月〉を演奏した。出演者総数は八十名を数えた。この大音楽会の情景は、暁部隊の人々の脳裏にはっきりと焼きついている。

敗戦の危機感がつのってきていた。本部事務室の壁には、たくさんの輸送船の名札がかかっていたが、その名札が裏返しになって、赤い裏面を晒《さら》すのが多くなってきていた。黒い名札の数は日増しに減っていった。

六月には、三階建ての校舎が、黒の塗料でまだらに迷彩を施された。B29が来たら小銃弾でこれを撃て、と命令されていた。

八月五日夜半から未明にかけて、西宮は焼夷弾と爆撃を受け、中心部では絨毯《じゅうたん》攻撃が続いた。甲陽中学校でも、焼夷弾が一メートル間隔で落ち、校庭で燃え出した。バケツリレーや火叩きで消していると、今度は爆弾がばらまかれ、隊員は爆風で吹き飛ばされた。藤棚のところに防火用の一斗樽が並べてあったので、この水をかぶって消火活動をするが、すぐに衣服は乾いてしまう。空襲の最中、武道場付近で突撃ラッパを吹いている者がいた。中では二人が焼死していた。

基成はといえば、ある重要書類を防空壕に運ぶ任務を与えられていた。しかし、隊の兵士たちが次々に死んでいく情景を目の当たりにして、最初ただ駆けずり回っていた。

やっと我にかえって壕を掘ろうとしたが、地盤が固くて深くならず、馬小屋の脇にちょっと土をかぶせただけの平掘りの防空壕となってしまった。バリバリと落ちてくる爆弾や焼夷弾の閃光を現実離れしたもののように見上げながら、基成は呆然としていた。気づいた時には、馬の飼料の豆をボリボリと食べていた。

守衛所を除く全ての木造建物が全焼失した。唯一、講堂のあるコンクリート造りの建物だけが必死の消火活動のおかげで、内部だけ残った。即死十四名、重軽傷者三十名余を数えた。

朝になると、校庭には付近で被災した人々が続々と集まってきた。下士官たちは戸板を外し、その上で負傷者の治療を行った。頭を撃ち抜かれた子供を抱いた母親もいた。

基成は、馬の飼料のせいで下痢が連日続き、体が衰弱してきた。永くは生きられないと思い定めた。

ところが、八月十五日、日本は全面降伏し、戦争は終結した。

複雑な気持ちだった。精神も肉体も苦しい極致にあり覚悟を決めていたところでの安堵である。この経験は、基成に精神的な強靭さを与えることになる。

「別命あるまで休暇」と告げられた兵士たちよりも早く、基成は九月初め復員した。

基成と甲陽中学校との関係は戦後も続く。甲陽中学で音楽の授業をおこなったり、藪重臣作詞・井口基成作曲で、〈甲陽中学校校歌〉も作ったりした。しかし、この校歌は新制中学に移行したため使われることはなかった。

新制の甲陽学院では、学問のみならず情操教育として本物の芸術鑑賞にも力を入れるようになり、創立記念事業には音楽会を催すようになる。基成にも、一九六一年にバッハ、ベートーヴェン、ドビュッシー、ムソルグスキーなどを曲目とした本格的独奏会の企画が持ち込まれた。関西で灘中学と並び称されるこの甲陽学院からは、テノールの五十嵐喜芳《きよし》や柄谷行人などの文化人も輩出している。ちなみに村上春樹の父が長く国語教諭をつとめていた。

第五章　戦犯から在野へ

1 復員

玉音放送のあったその日、二等兵として基成が敗戦を迎えた甲陽中学の上空には、いまだB29が三百機以上来襲した。名にし負う灘五郷の酒造地帯は、すでに見る影もない焼け野原となっていた。

軍部のうたっていた「一億総玉砕」は免れたが、国民はハイパー・インフレーションと食糧難に立ち向かっていかなければならなかった。

近くにある甲子園球場のスタンドは半分焼け残っていた。しかし、残存していた角材や鉄板やロッカーなどはたちまち持ち去られた。金よりも物を持っていなくてはいけなかった。

近くの今津には、阪神間最大の闇市が立つようになった。物資は他の港から、また西宮駅からも運ばれてきた。

任務解除となった基成は、ひと月近く関西に逗留した。体調を崩していて、関西の方が物資を調達しやすかったためか、あるいは今後のリサイタルについてなど考えていたためかもしれない。

その間には、東京音楽学校の弟子である田中（徳末）悦子の神戸の実家に立ち寄っている。基成からの葉書が田中家に残されている。

〈先日はお邪魔致しその上ご馳走様になりまして恐縮に存じました。又その後は二度とも小生遅刻のため長時間お待たせの上お会いできなかったのは残念でした。申し訳ありませんでした。帰途東京に三泊程滞在してやっと十一日に帰宅しました。当方は久し振りに子供達と一緒に暮らしながら元気を恢復《かいふく》させるつもりです。学校に立寄りましたがまだ色々と方針も立ってないようでどういう具合になっていくか見当つきませんでした。何はともあれ音楽に生きる決意を持っておいでならば一生懸命に勉強をお願い致します。お母上様によろしく〉

　これは九月十四日付、宮城県白石町消印の葉書である。

　基成は東京では、目白駅すぐの淀橋区下落合一丁目の自宅が焼失しているのを目の当たりにした。疎開のときに家財道具は送ることができず、新婚の記念演奏会のために、連弾の練習をした二台のグランドピアノも焼けてしまった。秋子は、クリスマスの朝には子供たちのベッドにぶらさげた靴下に、サンタクロースからよ、と微笑んでプレゼントを入れたものである。秋子との生活を始め、幼い子どもたちとの時間を過ごした思い出の家はなくなった。

　白石は町中に水路が引かれていて独特の風情に満ちている蔵王連峰のふもとの旧城下町である。

　この町は、基成の親友で画家の樋口加六の出身地という縁で紹介されていた。樋口は林武《はやしたけし》を師として独立美術協会に所属し、彼の妻は基成と東京音楽学校ピアノ科の同級生だった。学生時代から基成は樋口のアトリエによく通い、飲み語り合ったものである。戦中に基成が史上最年少で芸術院賞を受賞し、その祝賀パーティーで美味い寿司をふるまうことができたのも、樋口が白石から米を背負ってきたからだった。

秋子たちは樋口の友人である医者の家の離れ座敷に住んだ。脇には、粗末な手洗いと風呂場を増築させてもらった。

東京での秋子は、戦中でも演奏会に引っ張り出されて伴奏をつとめることもあった。しかし、疎開によって秋子はピアノから離れた。

子供たちは、一九四五年に生まれた通成も含めて六人である。毎年のように年子で生まれたため、一人がやっと眠ったかと思うと、別の子供が泣き出した。秋子は夜寝る間もなかった。それを精神的に支えてくれたのは、実姉の歌子が同じ町に疎開してくれたことだった。歌子は、父が四人姉妹を詠んだ「妙なる調べ、歌が歌い、秋が弾き、竹が舞う」の次姉である。

秋子は、赤ん坊のために毎日山の上の百姓家まで出向き、一升瓶に牛乳を分けてもらった。それからまた戻ってリュックを背負って、米、野菜の買い出しに出かけた。六人の子供たちを飢えさせないように歩きまわった。六人が一緒にハシカにかかったのもこの疎開中である。秋子にとっては、家財道具も何もないどん底の生活だった。

そこに基成が帰還した。目白の家が空襲で焼け、ピアノもなくなったことを知った。秋子は、当分、音楽どころではないと覚悟を固めた。

一方、基成は、すぐに音楽活動を開始する決心を固めていた。

玉音放送後は歌舞音曲は停止となっていたが、八月二十日には東京都内の灯火管制が解除となり、二十二日からはラジオで演芸娯楽放送が再開された。内務省からの指示には、全国の映画館の開場もあった。

ラジオの番組表を調べてみると、クラシック音楽では、八月二十八日に尾高尚忠が日本交響楽団を指揮し、自作の曲と伊福部昭の作品を放送演奏している。

つづく九月四日には、尾高指揮の日響と巌本真理によるメンデルスゾーンのヴァイオリン協奏曲が流れた。巌本は、本来の名前は巌本メリー・エステルだったが、英語が敵性語となってから改称、十二歳で音楽コンクールに優勝し、諏訪根自子、辻久子らとともに音楽界における天才少年少女時代の象徴的存在だった。十四歳で斎藤秀雄指揮の新交響楽団にデビュー、その後、斎藤に師事して室内楽の楽しさも学んだ。

基成は、戦中、斎藤と巌本とピアノ・トリオを組んで各地を巡演していた。暁部隊に取られる以前である。新交響楽団を退団した斎藤は、戦中から室内楽に躍起となっていて、巌本やヴィオラの松浦君代らと活動を続けてきた。彼らの演奏もまた、九月中旬にラジオから流された。

九月十二日には、平岡養一が木琴リサイタルを、九月十四、十五日には日響が、中断されていた定期演奏会を三ヵ月ぶりに再開した。尾高指揮によるベートーヴェン交響曲第3番〈英雄〉である。

焦土と化した首都のひと隅に、かろうじて日比谷公会堂が燃え残っていた。そこで団員たちはその葬送行進曲をどのような思いで弾き、聴衆はどのような思いで聴いたのだろうか。

東京の主だった施設は、ほとんどアメリカ軍の管理下に置かれ、日比谷公会堂もまた例外ではなかった。日本人は一週間に三日、午後五時までしか公会堂の使用を許されていなかった。そのため一九四九年十月までの定期公演は、すべて午後三時、または三時半の開演となった。

当時の日響の仕事は、月二回の日本人向け定期演奏会、一回のアメリカ軍向けの演奏会だった。翌年からは毎週日曜日の進駐軍将兵のための演奏会、一週間に三回の放送演奏、そのほかに特別演奏会、占領軍慰問演奏旅行も頻繁におこなっている。また、数名のグループを作って楽員たちは、軍関係施設で「内職出演」（アルバイト）をした。

十月の定期公演では、一九四四年以来、楽壇を追われていたローゼンシュトックが指揮台に戻ってきた。それに引き続いて、レオ・シロタ、ウィリー・フライも復帰し、十一月、十二月の定期公演に出演した。

放送会館内には、連合軍総司令部（GHQ）の民間情報教育局（CIE）、民間検閲局（CCD）が設置され、新聞・ラジオに対する検閲に等しい指導体制が取られるようになっていた。それらは「民主化」の名の下に行われた。

講演は事前に英訳文を作って検閲を受けなくてはならなかった。また、講談浪曲に出てくる武士道や任侠道は排除すべしとされた。それは軍国主義に通じるからだが、それらを除いたら講談浪曲にはならなかった。歌謡曲は歌詞の一つ一つまでうるさく文句をつけられた。

そうなると言語のない洋楽だけが唯一の安全手軽な放送番組ということになり、九月中旬以降、がぜん洋楽番組の全体に占める比率が跳ね上がったのである。巌本真理や平岡養一、高木東六など洋楽演奏家の常連は、ほとんど毎日のように番組表に顔を出すことになった。

また、ラジオはそれまで一日中、放送されてきたわけではなかったが、CIEの指導により、十一月からは朝から晩まで休みなしに放送をする「絨毯放送」となった。元NHKの増井敬二によると、「そのために、やむを得ず大部分をレコードで取りあえず埋めた」ため、またしても洋楽番組が増えることになったのである。

CIEは民主化ということで、特に聴取者からの希望を中心に番組を作ることも要望してきた。その結果生まれたのが「希望音楽会」という番組である。

聴取者に呼びかけられて一週間、十月三日に第一回が放送されるまでに集まった投書は二千通に達した。「今夜の番組は誰さんのご希望」というアナウンスを入れることで聴取者との緊密な結びつきを得て、また聴取者を会場に無料招待して現場の雰囲気を放送に入れるという点は、今でこそ盛んに行われているが、日本ではこの時が初めての試みで、大きな反響を呼んだのである。

ラジオ番組の活況は、基成の気持ちをはやらせたと想像する。

基成は、十月七日白石町消印で、群馬県に転勤となった姉夫婦の西塚孝子・俊一に宛てて書いている。母秀が戦前から好んで行っていた那須を訪れたあと、筆をとった。

〈その後御無沙汰致しました。小生もお陰様で無事に先月復員致しました。留守中は一方ならぬ御世話様になりまして誠に有難く厚く御礼申し上げます。去る四日やっと那須に参りおかあさんにお会いしました。大分痩せられて元気がないのにお気の毒に存じます。先日孝さんが沢山お土産を持って来られたのを大変喜んでおられました。私は今日又白石へかえり二十日頃上京直ぐ関

基成が白石から、姉夫婦の西塚俊一・孝子に宛てて出した葉書

西へ参ります。来月は東京へお帰りのようですが私は日比谷で一発やるつもりで居ります。お陰様で大分元気恢復して来ました。留守中子供が皆丈夫で大きくなったので一気に安心しました。白石に思いがけない人達が沢山来たので驚きました〉

基成は体調不良を克服し、秋から十二月にかけて、リサイタルをはじめ多くの本番を精力的にこなすことになる。

敗戦を迎え大阪駅に立った時、基成は一面焼け野原が広がる中に、中之島にある黒に黄金の彩色を施した六階建ての朝日会館だけがそびえていたのを目にした。一千六百人収容のこの会場には、基成自身も、また内外の演奏家も来演し、大阪の劇場文化をリードしてきた。

この劇場で、十月、基成は戦後初の演奏会を開いた。

師走の十四日には、山田一雄の指揮で日響とベートーヴェンのピアノ協奏曲第4番を放送演奏、つづく十六日には日比谷公会堂にてベートーヴェン、シューマン、ショパン、リストを取り上げた内容の濃い独奏会に挑んだのである。

2　マッカーサーへの手紙──寺西昭子、寺西春雄

日比谷公会堂での独奏会を終えた井口基成は、その後、朝日新聞厚生事業団の主催による演奏旅行におもむいた。

この「室内楽の夕」は、チェロの斎藤秀雄、橘常定、ヴァイオリンの巌本真理と渡邉暁雄、ヴィオラの松浦君代とともに、モーツァルト〈ピアノ四重奏曲K478〉、ベートーヴェン〈弦楽三重奏曲作品8〉、シューベルト〈弦楽五重奏曲作品163〉を持って、大阪、京都、名古屋を巡演するものだった。

のちに井口とともに「子供のための音楽教室」を創立する斎藤秀雄は、敗戦直後から翌年にかけてだが、NHK専属で戦後の音楽番組でめざましい活躍をする東京放送管弦楽団の指揮者となっていた。

本番の合間に基成は、東京音楽学校にも出向いた。

学校内は、戦後の「民主的な運営」という旗の下で揺れていた。

基成の学生時代に、東京音楽学校校長となった乗杉嘉壽は、その年の九月、十七年にわたる在職の末、辞職していた。

基成の言葉によると、「普通の学校と違って東京音楽学校では皇室を招く演奏会が開かれるた

め、乗杉校長は宮様をお招きするのが得意でならなかった」。東京音楽学校六十一年半の歴史の中での最長となる在任である。

民主化運動は、乗杉時代への批判を強めた。五十余名の全教職員がしばしば集まって、まもなく基成ら教授陣は、旧態依然とした組織の象徴と見なされるようになっていく。


さて、敗戦直後から開始された検閲では、あらゆるメディアが対象となった。その検閲をつかさどるのは民間検閲局（ＣＣＤ）で、そこで働く日本人は八千人余もいたという。

郵便物は、十通に一通の割で無差別に抽出された。大東亜共栄圏、マッカーサー元帥や原爆への言及、新憲法への賛否、闇取引の企てなどの検閲事項があった。私信の一割は開封し、さらに再検閲に回された。

例えば一九四七年の六月についていえば、郵便検閲は一カ月五百九十万通となり、一万五千通が没収されている。

しかし、民主化を目指すＧＨＱがそんなことをしていたとは、当時は関係者以外、想像もしなかった。アメリカは「民主主義」の代名詞だったからである。

「みんながマッカーサーに宛てて手紙を出していたような時代です」

基成の弟子である寺西昭子は、基成に関する検閲についても口を開く。

戦後、国家総力戦で戦った日本人の価値観は、百八十度転換したのである。政治家から小学生まであらゆる立場の日本人が、民主主義の新しい時代を築く指導者としてマッカーサーを崇《あが》め、手紙を書いた。その数五十万通あまり。

「私の弟は、そのマッカーサーへの手紙の翻訳に関わっていました」

そう語る寺西は、基成を追いおとす勢力があったことを付け加える。

「弟は、井口先生について書いてあった手紙があったと言っていました。これ訳せって言われたのが、井口先生のことだったらしいの。私の師匠だとわかったから、なるべく上手く訳したと言っていたけれど。井口先生にお話ししたほうがいいかどうか、ずいぶん迷ったけれど、結局、弟と話し合って、やめておこう、となりました」

そんな中、十二月二十三日の「東京新聞」紙上で、音楽評論家、山根銀二が音楽界における戦争責任論を展開する。

戦犯問題は、マッカーサーが厚木飛行場に降り立った時からはじまっている。その晩、彼は東條英機の逮捕と戦争犯罪人容疑者のリスト作成を命じ、それに沿って第一次戦犯指名が九月に行われ、東條ほかフィリピン方面軍関係者四十名が逮捕された。

十一月半ばには軍上層部が指名され、十二月になると戦犯指名は政財界に広がっていった。指揮者近衛秀麿の兄で、元内閣総理大臣・近衛文麿も指名された。出頭を命じられた最終期限日未明に、文麿は自殺。弟・秀麿とヴァイオリニストの諏訪根自子が、戦争で足止めされていたドイツからアメリカ廻りの汽船で帰国したのが、この十日ほど前だった。

そしてこの年末には、文化人の戦犯問題が取り沙汰《ざた》されるようになっていく。極東国際軍事裁判は、翌一九四六年五月に開かれるのだが、それより先に民間において、戦争協力者への批判の火の手が上がったのである。
美術界では、十月十四日に画家・宮本重雄による「美術家の節操」（「朝日新聞」）が掲載された。
〈戦後都民の慰安を兼ね、進駐軍に日本の美術を紹介するために油絵と彫刻の会を開催するという。その企画自身はまことによろしい。がその油絵を斡旋する画家たちの名前を見て、唖然《あぜん》たるを得なかった者は私だけであろうか。曰く藤田嗣治、曰く猪熊弦一郎、曰く鶴田吾郎。これらの人たちは人も知る、率先、陸軍美術協会の牛耳を執って、戦争中ファシズムに便乗した人たちではないか。（略）
今更どの面下げて、進駐軍への日本美術紹介の労がとれるか。生きて行くために、長い者には巻かれろとばかり、軍に追従した群小画家たちは恕《ゆる》すべし。芸術至上の孤塁を守って、戦争画を描かなかった画家たちを、非国民呼ばわりした者は誰たちであったか〉
藤田嗣治は、基成がパリ留学した頃、日本画の技法を取り入れて描いた乳白色の絵肌で世界的画家となり、肩で風を切っていたものである。
戦中は陸軍美術協会理事長となり、「アッツ島玉砕の図」などを描いた。しかし、美術界における戦犯第一号として槍玉に挙げられると、嫌気がさしたか、フランスに帰化し、二度と祖国に戻ることはなかった。
美術界の動きに遅れまいとするかのように、音楽界で戦犯問題を提起したのが山根銀二である。「資格なき仲介者」と題されたその文章は、日本の楽壇を牽引してきた山田耕筰を直截に批判していた。

〈本紙十一月十七日に進駐米軍中の一青年音楽家が日本の古典音楽の伝統に触れるため山田耕筰氏の斡旋を求め、同氏はこれを機に音楽を通じて融和交歓に乗り出すことになった由《よし》を報じている。

この記事は幾分なりとも楽壇を知っており、その成行きに興味を抱いている人々に何か割り切れぬ印象を与えたことは否めない。それは一体どういう訳であろうか。

進駐軍音楽家が日本の音楽について積極的な興味を示すのは結構なことであり、また日本の音楽家がこれを機会に文化交歓に乗り出すのも誠に喜ばしいことなのだが、それを仲介する人物が人もあろうに昨日迄アメリカ人並びにアメリカ音楽の野獣性なるものを糾号し、これを不当に汚し続けて来た巨頭であり、憲兵及び内務官僚と結託して行われた楽壇の自由主義的分子並びにユダヤ系音楽家の弾圧においても軍の圧力を借り、一般音楽家を威迫しつつ行われた楽壇の軍国主義化においても、更にまたこれらの業績の陰を縫ってぬけぬけと行われた私利追及においても、いずれも典型的な戦争犯罪人と目される山田耕筰氏であることが我々を驚かせるからである。

かかる人物がその戦争犯罪を隠蔽《いんぺい》せんがためいかに文化交歓を口にするとも、それが額面通り実現されるとは誰も信じまい〉

十月には、戦中に音楽挺身隊を派遣するなどした音文が解散となり、即日、名称だけを差し替えたような「日本音楽連盟」の発起人会が開かれていた。この連盟の創立総会は十二月二十五日に開かれる予定となっていた。記事はその直前の掲載であり、山田への強い牽制《けんせい》となった。

一方で、山田耕筰には、事前にこの山根の原稿が示されたようで、同日紙面には、山田の以下のような反論も掲載されている。

〈山根君！　私は今あなたの楽壇時評を拝見して啞然としています。私は然《しか》しあなたの挙げられた個々の非難に対して細々とお答えする必要を認めません。があなたが私を戦争犯罪人と断定された所論に対しては一言せざるを得ません。成程私はお説通り戦争中、音楽文化協会の副会長として、時の会長徳川義親侯を補佐して戦力増強士気高揚の面に触れて微力をいたしてきました。それは祖国の不敗を希《ねが》う国民として当然の行動として。戦争中国家の要望に従ってなしたそうした愛国的行動があなたのいうように戦争犯罪となるとしたら日本国民は挙げて戦争犯罪者として拘束されなければなりません。

仮にあなたの所説を正しいものとすれば、あなたこそ私以上の戦争犯罪者であると云《い》う点に気づかれませんか。

抑々《そもそも》音楽文化協会は誰の手によって作られたのでしょうか。それは新体制運動の奔流に乗って、あなたのヘゲモニイによって作られたものではなかったでしょうか。そして私も徳川侯も単なる置きものとして会の代表者と云う地位に据えられたに過ぎません。

何故ならば会の定款が理事会に絶対の権限を与え吾々は理事としての資格も無く、理事会に発言する自由すらも正式には与えられないというようなふしぎな形に仕組まれていました。しかもあなたは常務理事として総務部長の要職に就き、会の実際上の主催者として音文運行の実権を掌

握された力の持主ではありませんか。（略）
一体此頃各方面で人を戦争犯罪者呼ばわりする傾向がありますが、これは誠に嘆かわしい現象ではありませんか。（略）〉

この戦犯問題について音楽評論家・寺西春雄は、当時の雰囲気を次のように語っていた。

「山田耕筰を突き上げたとき、山根銀二は井口さんのことも念頭においていたでしょうね。井口さんが音楽文化協会で常務理事となって、ユダヤ人音楽家排斥などの実務を受け持つことになったのは、組織的なものの見方をする人間が、音楽界にはいない、ということなんです。

何かあると、井口さんははっきりとモノをいう人だった。だから、そういう時に矛先になりやすい。音楽文化協会は、戦争中の日本の音楽界全体が関わったこと。敗戦直後の共産党が強い時代のことでした。新聞紙上での論争は三回で終わり。これは楽壇の論争の普通の姿です。論議が最後まで行ったことはない」

とはいえ、唯一の国立音楽学校ではその議論の収束は見えず、基成の弾劾が始まっていたのである。

3　戦犯と退職届

戦犯問題と民主化運動が渦巻く上野の東京音楽学校では、乗杉校長が退陣した。一九二八年から同校を動かしてきた校長と一部教授に主導権を握られていた組織への反駁《はんぱく》が、戦争責任問題とからんで噴出したのである。

混乱の中、一九四五年十月、新校長が決まるまでということで、文部省局長の田中耕太郎が着任した。三日後には、高折宮次首席教授を座長とする五十余名の教授が集まり、これまでになかった全体会議が開かれた。そこで、十一項目の刷新要項が即日、決議された。

――邦楽科を廃止し、別個のものにすること。

――師範科と本科を分離すること。

――音楽学校所属管弦楽団を拡充すること。

――人事の刷新明朗を図ること。

この決議の実行と、新校長の決定早期化を目指す実行委員として、五名の教授が選出された。ピアノの豊増昇、福井直俊、永井進、チェロの平井保三、作曲の平井保喜である。

実行委員たちはこの決議書を田中に持参し、新校長の人選を田中に一任した。田中を校長にと望む声は強かったが、田中は、自分よりも文化面で修練を積んだ人物がいると返答した。また、人事については新校長に任せるとした上で、決議書を受領せず、保留とした。田中は翌年五月、第一次吉田内閣に入閣、文部大臣を務めることになる。東京音楽学校の刷新を目指す全体会議は、頻繁に開かれるようになった。

さて、年が明けた一九四六年、新校長として就任したのは、夏目漱石門下で、『三四郎』のモデルとしても知られる独文学者・小宮豊隆だった。

東京音楽学校改革の十一項目にわたる決議書は、二月、小宮に手渡された。

その中の眼目は、人事であった。

〈高折宮次（ピアノ）、遠藤宏（音楽史）、木下保（声楽）、橋本國彦（作曲）、井上武雄（ヴァイオリン）、平井保三（チェロ）の六氏を、乗杉前校長の方針にあずかった責任で退職させること、ピアノ科の井口基成教授を行き過ぎた外人排斥のため退職させる〉

実は、基成のみならず、六名の教授陣も、すでに小宮の就任以前に辞表を提出していた。

基成は、音文の常務理事として外国人音楽家を排斥したことや、「生徒を引き連れて兵隊たちの音感訓練をしただろう」と執拗《しつよう》に指摘され続けた。十数名に取り巻かれ、「お前は戦犯だ」と罵《ののし》られもした。

基成は、これに反論することもなく、ただわかった、とだけ言って、退職願を出した。

井口門下の寺島喜久子や照沢惟左子ら複数の弟子たちの証言によると、「基成先生を戦犯として辞職させようと運動したのは、豊増昇先生や永井進先生たちだった」。

しかし、基成の退職願はまだ正式に受理されたわけではない。

全体会議の実行委員である豊増昇は、一九四〇（昭和十五）年にベートーヴェンのピアノ・ソナタとピアノ協奏曲全作品の演奏会を行い、戦中に東京音楽学校教授となった。一九四六年二月には、日本交響楽団第二七三回定期演奏会においてモーツァルトのピアノ協奏曲第20番K466を弾いたばかりだった。のちにはバッハのピアノ曲全作品の連続演奏会を行い、「バッハの権威」と言われるようになる。日頃は決して雄弁家でなく、慎重な物言いをする豊増である。色白で禿《は》げ上《あ》がった額に手を当て、ちょっと眉をしかめて目をつぶって、静かに「えー、それは」というのが癖らしく、それがいかにも責任感の強い慎重さを示していた。そんな豊増が、この時は全体会議を先導した。

また同様に実行委員となった永井進は、豊増と同期卒業、一九四一年にヨーゼフ・ローゼンシュトックの指揮で新交響楽団と共演してデビュー、四四年に教授となった。

彼らに水谷達夫を含む男性三人が、ピアノ界では基成の後を追う「三羽ガラス」と称されていた。水谷は卒業と同時に分教場の教師となり、敗戦前年に教授となっている。仲の良い三人だったが、水谷だけはこの内紛の際に実行委員にならず、豊増、永井と袂を分かった。

水谷はこの時代の音楽学校と内紛について、『東京藝術大学百年史』で回想している。

〈(私は) 昭和十九年には教授になっちゃった。永井、豊増の二人も一緒でした。これは変な話だけど、その一年前に席が空いていたのは一つしかなく、誰をするにしても具合が悪いということで、黒澤愛子さんがまず教授になり、次の年に男三人が一緒に教授になったという話でした。

その頃は男の生徒しかつけてくれなかったのですよ。なぜかというと独身の先生は女生徒を持ってはいけないという規則があったというのです。だから助教授になる前に結婚しろ、というわけで三人とも大急ぎで結婚させられたというようなことでした。（略）

乗杉校長はよく演奏会に宮様を呼んでこられましたね。学校のペンキがはげてきたり、庭が悪くなってくると宮様を招待されるんです。そうするとすぐきれいになったものです。（略）

当時としては男がピアノを弾くなどというのは珍しかったのでしょう。我々の上は井口基成君一人だったから。下は金子登君とか山田一雄君などがいましたが、われわれ三人もいたのでピアノではやって行けないというんで二人とも指揮者になってしまい、結果としては彼らの棒でわれわれが演奏するということになってしまいました。井口君もわれわれ三人が追いかけて行ったような状態だから、負けじと頑張ったようで、どんどん新しい曲に取り組んだり、演奏会を開いたりよくやりましたよ。だからあれだけの存在のピアニストになったのでしょう〉

基成は芸術院賞を受賞してから、教師としてもピアニストとしても先輩格として名前が出てしまうようになった。戦中の音文についても、一瞬、躊躇《ちゅうちょ》はしたものの、基成のほかにやり手がないと思われたのだ。それが自分の果たす役割だと思って頑張ってしまうという性格だった。

基成自身、次のように回想している。

〈戦争中のことは慚愧《ざんき》の思いもあるがそれが僕の宿命であると以《もっ》て瞑《めい》している〉

しかし、豊増ら実行委員が、新しく校長となった小宮に決議書を手渡したにもかかわらず、改革はすぐには行われなかった。

小宮は、人事について、「乗杉前校長の方針にあずかった責任という理由では、退職させない」と回答した。

「自分には数名のアドヴァイザーがあるから慎重にこの問題を扱っていくつもりだ、決定は一任してほしい」(「東京新聞」昭和二十一年六月十七日)

この発言に豊増らは硬化したはずだ。

新年度が始まった。入学式は行われ授業も再開されたが、新学期に集まった教授は二十名ほどで、生徒の出席も約半数にとどまった。基成は退職したつもりになっていて、すでに、学内の事情には疎《うと》くなっていた。

小宮は人事改革のため、楽壇で活躍するヴァイオリニスト巌本真理やピアニスト・指揮者のクロイツァーらを教授として迎える旨を発表、校外より清新の気風を取り入れようとしていた。楽壇で活躍する人材の登用に、新聞雑誌なども強い関心を示すようになる。

学内にみなぎっている不穏な空気を一掃し、問題を白紙に戻して再出発するため、小宮は全教員に対して辞表の提出を求めた。

これに対して急先鋒の豊増は、辞表の提出を拒否、小宮のやり方が決議を無視したとして、即時退陣を求める不信任案を田中文部大臣に提出した。

実行委員たちと小宮の見解の相違、さらに感情的なもつれが激しかったことは、次のような小宮の発言からもわかる。

〈音楽学校の先生は御殿女中の様で話をして見ても筋が通らない。筋を通そうと思っても、こっちの言うことが通じているのだか通じていないのだか分らない。（略）日本風の芸人がもし手がつけられないという言葉で軽蔑される価値があるとすると、西洋流の芸人はもっと手がつけられない〉（「音楽芸術」昭和二十一年五月号）

小宮は、現教職員の中からも再建に必要な者は残留させる方針を取ろうとしていた。ある日、基成のところにも連絡が入る。

「あなたはやめなくてもいい、学校にいなさい」

そういってきた小宮に、基成は言下に答えた。

「小宮さんの下で教えるのはありがたいと思うけれども、みんながあのような空気なのだから一たん退いた方がいいと思う」

基成は学内の雰囲気にほとほと嫌気がさしていたのである。


さて、秋になると、小宮は学内改革の大綱を発表した。そこには基成を含む十一名の教授の罷免が含まれていた。

これを知った本科学生七十余名は文部省を訪問して、教授数名の罷免反対を訴えた。

小宮は同時に、民主化運動の急先鋒と目された豊増昇、永井進の両ピアノ科教授の罷免をも決定した。喧嘩両成敗の形を取ったのである。しかし、今度は、豊増、永井らが、小宮を非民主的、独裁的としてふたたび田中大臣に陳情に出向いた。しかし、この決定は揺るがなかった。

ピアノ科の三羽ガラスでは、水谷達夫が教授として残っているだけとなった。

基成には、福井直俊からも復帰の進言があった。福井とは、戦時中に楽譜が外国から一切輸入されなくなった時に、春秋社のバッハの〈インヴェンション〉などを、ともに編纂《へんさん》した仲でもあった。

しかし、基成の答えはこうだった。

「本来のぼくの性格からいって在野的なところがありどちらかというと、官のお仕着せにそぐわないところを持っているので、三日乞食をやったらやめられないから帰れない、といって通してしまった」

どこかのダンスホールのピアニストに落ちぶれてもいい、との覚悟だった。

帰国したヴァイオリニスト諏訪根自子のリサイタルの伴奏なども引き受けた。ピアノ界の第一人者と言われる基成が、伴奏者の名前も広告に出ないリサイタルに付き合ったのである。

音楽学校改革の必要性は、世間一般の共通認識となった。それまでの東京音楽学校の系統でない巌本や、安川加壽子、作曲家池内友次郎、また、福井直俊や田中規矩士らが指導者となって、音楽学校としての新しい時代が拓かれていく。やがて、六・三・三・四の新学制への移行に伴い、東京音楽学校は四年制の東京藝術大学音楽学部へ改組されることになる。

安川加壽子の人事について、基成は、小宮から残留を求められた時、「ぼくの後釜《あとがま》に安川加壽子さんを推薦した」と振り返っている。戦中にモーツァルトの〈二台のピアノのための協奏曲〉で共演することになったとき、安川は譜面を見るつもりだったようだが、基成は「暗譜で弾くこと！」と要求した。安川は相当に慌てたらしい。

安川と基成がパリで会ったとき、加壽子はまだ十歳ほどだった。戦中に帰国して成長した姿を見た基成は、加壽子に「あんたは勉強しなかった」と言ったと、安川自身が回想している。日本で初めて演奏会を開きたいと相談されたとき、マネージャーを紹介したのも基成である。

しかし、安川は演奏会では、想像を絶する見事な演奏を披露した。いったい加壽子はどのような教育をパリで受けたのだろうか。それは基成自身がパリで学んだものとどう違うのだろうか。基成は日本とフランスとの教育の違いを痛感するようになっていた。

日本の音楽界にも、安川の受けたような音楽教育や環境を注入すべきであると確信していたのである。

4　中村紘子のハイ・フィンガー奏法

日本の音楽教育を考える座談会が、一九四二（昭和十七）年秋出版の「音楽文化」に掲載されている。海外留学経験のあるピアニストや、評論家など八名——草間加壽子（結婚前のため旧姓）、浅野千鶴子、福井直弘、野村光一、園部三郎、増沢健美、山根銀二、井口基成に司会役の記者である。

この二十二ページにわたる〈良き演奏への道〉座談会では、基成の発言がもっとも多い。

山根銀二が、「今日は井口くんが話題の筋書を考えて呉れて来た筈《はず》だよ。僕らは傍聴者で余り口を出しちゃいけないことになっているんだよ」と口火を切る。ところが記者は、「向うでどういう風に勉強なさったか、というような点からでも入って行きましょう。草間さんどうですか」と水を向けた。すると基成は、

「そういうことは一寸一口《ちょっと》では言うわけには行かないでしょう。草間さんは留学じゃないので、そこが違うんだ。僕達は日本で相当勉強して、それから向うには大分大人になってから行って勉強をしたんだが、草間さんの場合は全然そうじゃないんだ」

フランス育ちの草間が帰国してまず覚えた違和感は、演奏会やレコードへの向き合い方である。

「日本は西洋音楽がレコードから入っていますね。でも（略）本ものの演奏を聴いて、その印象を想出しながらレコードを聴くということに向うではなっていますけれど、その印象なしに直接機械的なものから入って来る音楽は違って来ると思うんです」

「それはそうですね。早い話が先生だってレコードを先生としている人がずい分ある。それはメソードというものの真意を摑《つか》んでいないからだ」と基成が応じている。草間は「外形的に大家を真似するというようになって」と続けると、記者が、まるで井口をおだてるように、

「この間、山根さんの〈ベートーヴェンソナタ研究会〉の講演のとき、井口さんが１０６番かを演奏されたそうですが、その後でシュナーベルのレコードをかけたら、来ていた人々は所謂《いわゆる》レコ

ードファンと言われる人々であったらしいのだが井口さんの実演を聴いてすっかり感銘をうけてしまって、レコード演奏になったらゾロゾロみんな帰り出したという話なんですが」

「それは嘘だ」と基成は言い放った。そこで草間が言いつなぐ。

座は笑いに包まれるが、

「それはやっぱりレコードはどうしたって機械だし、実演には機械に出ない強さがありますね」

やがて、フランスと照らして欠如しているのは何か、と基成は草間に迫り、草間はフランスの教育の実際を語りはじめる。

「分らないと思うのは音楽学校でピアノ科の生徒がほかの勉強を、外国語とか、そういった他の勉強もしなければどうして駄目かと言う、それが分らないんです。向うでは音楽理論はやりましたけれども、……ピアノを中心にして勉強してます」

一方で、日本の音楽学校ではソルフェージュ教育が行われていない。草間はそれを「知らなければコーラスができない」と主張する。

さて、日本の音楽教育について、ピアニスト・中村紘子が、井口基成、妻井口秋子、妹井口愛子の三人と彼らが育てた弟子たちを「井口派」と称して、その奏法を論じた文章がある。

中村は一九八六年にソ連で行われた国際的に権威のあるチャイコフスキー・コンクールに審査員として招かれた後、「中央公論」で「チャイコフスキー・コンクール」と題する連載を始め、第九回では〈「ハイ・フィンガー奏法」と日本のピアニズム〉と題し、「井口派」に猛烈なる批判の矢を向けた。

基成の妹・愛子に師事し、一九四九年に井口基成らが設立した「子供のための音楽教室」に入室した中村紘子の、師匠に対するこの批判は、しかし、楽壇では不評だった。六歳から中学生までの異年齢が集う教室に最年少で参加し、十六歳でNHK交響楽団と共演して世界ツアーにまで出かけた中村をそこまでに育て上げたのは一体誰なのか、という話になるからだった。さらに愛子と基成が近い奏法であっても、秋子は全く二人とは別の奏法だったという意見もあった。

華やかなデビューの後アメリカに留学し、奏法の指摘を米国で受け続けた中村は、二十一歳で受けたショパン・コンクール四位がよほど不本意だったのだろう、自分が身につけてしまった奏法を、以下のように論じていく。

〈まるで背筋をピンとのばし大きく口を開けて大声でアイウエオと発声練習をするかのような奏法は、非音楽的であったけれども他方では、特に子供たちが「しっかり」と手先の筋肉を鍛え、「バリバリ」弾けるようになるには手っとり早い、という利点があった。そして事実、昭和三十年代四十年代頃の日本の音楽コンクール及び学生コンクールでは、毎年の上位入賞は、この奏法による教育を徹底的に行った井口基成・秋子氏夫妻、基成氏令妹の愛子氏などいわゆる「井口派」の門弟たちによって占められるほどの「成果」をみせた。私もその一人である。

これは私自身の経験から言うのだが、この奏法で弾くと、音質はチマチマとしていて綺麗ではないけれども、その一方では、そこにいわば日本人好みの生真面目さやストイシズムのようなものが感じられて、弾く方はもちろんのこと恐らくは聴く方も、なんだかひどくガンバッテル気分

にさせられるのだった。（略）

しかし問題は、そうした奏法で厳格に子供時代を鍛えられてしまった者が、成長してからもなおハノンやチェルニーを「バリバリ」弾くのと同じ調子で、ロマン派以降の成熟した作品から現代作品に到るまでを弾いてしまうところにあった。奏法が単一ならば出てくる響きも単一であり、多少の個人差はあっても基本的には同じような性格の音質となる〉

つまり、中村は〈バイエルやチェルニーやハノンの、無限に続くかと思わせられる「お指の体操」に悩まされていた少女時代〉（同誌）を昭和二十年代から三十年代にかけて送ったのだった。

大家となった中村紘子自身の奏法に対する見解はどうだったのか。中村はその後、奏法を変えることができなかったか、できたのか。奏法とは、曲によって変えるべきものではないだろうか。

中村の母から「変な癖がついていなくていいわね」と言われたのは、同じ井口愛子門下でヴァン・クライバーン国際ピアノコンクール二位の野島稔である。東京音楽大学学長ともなった彼は、中村とは全く違うタイプのピアニストである。

また、同じ愛子門下の神谷郁代はエリザベート王妃国際音楽コンクール入賞だが、神谷の手が小さいために、師である井口愛子が熱心に神谷独自の奏法を研究してくれた思い出を語っている。これは後述する。

「井口派」に舌鋒《ぜっぽう》鋭い批判を浴びせる一方、中村紘子が絶賛するのは安川加壽子である。

〈これ（井口派）に全く関りのない、実に流麗で自然なメソッドを備えた演奏家もいた。例えばパリで早期教育を受けられた安川加壽子氏などはその代表的な存在で、恐らくこのようにバラン

スのとれた美しい本当に音楽と結びついた技術を持ったピアニストは、当時の日本では空前絶後であったことだろう〉

これは中村の感想であると同時に、井口が初めて草間の演奏を聴いた時の感想でもあるだろう。中村紘子がもし、この一九四二年に行われた座談会を知っていたら、彼女の文章はだいぶ違った調子になっていたはずである。中村が批判しているハノンの奏法について、座談会は次のように進んでいく。

小見出しは〈正しい勉強の仕方〉である。

ドイツ式の教育を受けた福井が「現在の日本人の勉強にはもう少し束縛というか、根本的な勉強が非常に少なすぎると思うのです」と発言すると、基成は、

「それは分るんだ。それは絶対に変えなければならない。ピアノだって何だって一つの型になる。そういうことはその先生のやり方が間違っているからだ。問題の本質は訓練の仕方ですよ。ハノンなんか、くだらない教科書だといって片附ける人があるが、それはやり方次第だ、色々の方法でもってやって見ればとにかく指を強くするという事は得られる。何かを得るためにははっきりと認識を摑まなければならない。それをそこまでつきつめてやっている人は仲々ないんですね。殊にこの頃は何か彼にか云って肝心な技術の練磨なしに一足飛びに芸術的なもののみを得ようとしているものが多い」

「根本的な基礎訓練はドイツの音楽家は非常によくやりますね」との福井の言葉に、草間も「音楽学校というのは伝統的にアカデミックなところをもっているでしょう。予備科からゆくとはっ

きり分るんです。テクニックの出来てない人が予備科でこれからテクニックをやりあげるというので、やはりスケールから叩き込んで、練習曲みたいなものばっかりやらされます。それには苦労したわ」

「それが実を結んでいるんですよ。そのやり方をしなければ駄目ですよ。そういった苦労をしてゆくことが必要なんでそれを経なければほんとうの芸術の有難味はない」

「やはり一つの土台がなければ……やはり土台から作りあげてゆかなければ駄目です」と、草間は賛同する。

基成は、「それが何かというと子供のうちにやってあるんです。そういうことばっかりやっているからいいんです」と、子供時代を重視し「ハノンはやっているけれど、表面的なやり方でしかやっていない」。

「ただやったというだけでは音が出るだけなんだ」とここで、園部三郎が割って入ってくる。

それに対して草間は「テクニックの研究がないんじゃないかと思いますね」と踏み込むと、基成が同意して、

「そうなんだ、先生がこれをやっていれば指が動くようになるだろうと言うことを考えるだけなんだ。ものごとというものをとにかく理解するだけの考えを音楽者が持たなければならない。テクニックとは何かというように自分に反問をして」

これが基成の考える音楽家、あるいは音楽教師像である。

「そうして先生も自分で弾いて見せなければ。口だけで説明しても分らない」と草間が言うと、

基成が「演奏は下手かも知れないが、しかし何か示すものがなければならない」とまるで自身が指摘されたかのように謙虚な態度を示して、座談会はさらに延々と続いていったのである。

5　メカニズムは芸術のために

妹愛子の直弟子である中村紘子は、幼少時から身につけた自身のテクニックに疑問を呈し、「井口派」すなわち、「門弟三千人」といわれた基成のテクニックを、基成、秋子、愛子の三人が没した後、猛烈に批判したが、もし基成が生存していたら、猛烈な反撃をしたであろうと思われる。それは以下の文章を読めば、理解いただけるだろう。

井口基成著『上達のためのピアノ奏法の段階』（音楽之友社刊）の序文「ピアノを学ぶ人への言葉」は、次のように始まっている。

〈イーヴ・ナットは、「全てを音楽のためにのみ考えていくべきで、ピアノのためにだけ考えてはならない」といっている。たいていの人はこの逆になっているのではないだろうか〉

音楽は、演奏家の生活・思想全体から創造されていくものだということを、基成は実感し、自身の考えを深めてきたのである。

〈それはある曲についていってみても、その表現の方法をピアニスティックにばかり捉われて考えすぎ、ややもするとピアノ以上のもの（広い意味の音楽性）を忘れてしまい易い。そのためにかえって演奏の魅力も力も無くなって、最後は行き詰まってしまう。それはすべてのピアニストにいえることだと思う。
まず演奏者自身は、自分の身体的、生理的条件を整え、楽器としてのピアノの機能を早く習得しなければならない。それは音楽以前の問題で、そうしない限り楽器や技術を駆使することはできない。そこで次にメカニズムを身につけなければならないということになる。（略）
アルフレッド・コルトーはこの人の演奏スタイルや、言葉などではあれほど詩的表現とか、魂とかを強調して音楽、芸術を語っているけれども、メカニズムを軽く見ているかといえば、逆に出版されたメソードについてのものを見ると、指を酷使してやる練習を徹底してやらせる指示が多くある。このことは僕には非常に興味があるし、かつ暗示的だと思う〉
つまり基成は、ピアノの根本として、コルトーのごとくメカニズムを考えたのであり、そのメカニズムを母体として、自身の音楽を築いていかなくてはならないと考えていた。
東京音楽学校時代の門下生たちは、基成の発言を記憶している。
「ちょっと！　あんたみたいにリストは単純な人間じゃないの」（小林福子）、「あんたが考えてることはわかるけど、それは小さい頃からやってる人じゃないとできないんだよ」（照沢惟左子）「必ず二時間は練習しなさい。そしたら立派なピアニストになるよ。それからゆっくり練習をすること。楽譜をよく見て」（寺西昭子）
これらの発言は随分と乱暴な言葉の連なりだが、そこには基成が学生相手にでも、作曲家の本質を見誤るなといった教えを感じる。

照沢は「つまりメカニックを鍛えないと思うように表現できないということを、先生はおっしゃった」とつづける。メカニズムの徹底は、音楽を形成する最初の重要な要素であり、中村紘子が尊敬と憧憬を込めて名を挙げた安川加壽子も、実は苦しいメカニックの訓練を経ていた。基成や、安川を含むこの時代のピアニスト達の主流は、メカニズムはあくまで芸術のために鍛えられるべきだとの考えだった。

しかし、頭で想像した音楽が、基成の指を通じて表現できたかどうかは別問題である。晩学の基成は、それだからこそまもなく斎藤秀雄らと「子供のための音楽教室」を創設することになるのである。

基成のこの序文は極めて長く、芸術論と見紛う持論を展開していく。

〈まず最高の到達目標として音楽（芸術）があり、この最高峰に登攀《とうはん》する方法として演奏の技術があり、更にこの技術を習得するための必須条件として、演奏者が生理的に習得すべきメカニズムの訓練ということがある。この三つの段階が画然と分離されるのではなく、芸術的に統一されていなければならないということである。ややもすればメカニズムなしで音楽を振りまわし技術を云々《うんぬん》するというやり方、またはその反対にメカニズムがある程度手に入ればそれで自他共に許してしまうという傾向は、ピアノ演奏の伝統のないわが国の落ち入り易いことであり、最も反省すべきところだと思う。

しかしここではっきりしておかなければいけない点は、メカニズム、即、技術ではないと言うことだ。これは混同し勝ちで、錯覚を起こし易いからよく区別しなければならない。エミール・

フォン・ザウアーは、

「テクニックは生れつきの天分である。」

といっている。そのように天分の方から論ずれば、あるいはそれとメカニズムは別個のように取られてしまうが、メカニズムとテクニックは本来不可分であって厳密にどこまでがどうだとはいい難いのだ。（略）

無反省の人はメカニズムはメカニズムだけに終わってしまう場合もあるだろうが、生来の天分があれば勿論、それほどでもない人もいろいろに努力することによって、本当のテクニックを体得することができるといってもいいのだ。（略）

ぼくはタッチに関連のある考えについて、レオポルド・ゴドフスキーの言葉を思い出す。彼は、

「タッチの歴史を三つの時代に区分することができる。」

といっている。

第一はツェルニーによって主張された指の力のみによるタッチ。

第二が有名なシュトゥットガルト音楽院によって唱えられた圧力によるタッチ。

第三が新しい時代の腕の重力によるタッチ。

とあげてゴドフスキー自身は、第三の方法によって演奏法を広めた一人として、その栄光を担うものであるといっている。

大きく分ければタッチについての区分はその通りであろうが、勿論それには楽器の構造上の進化もあろうし、それとともに曲の内容にも問題はある。ツェルニー時代には指の力だけでほとん

ど弾けるものが多かった。しかし次第に曲が複雑になり、音域が拡がり力の範囲も大きく長くなってくると、単に指だけではできないで、どのように持続して弾くかということも起きてくる。そこに弛緩ということも自然に考えなくてはならなくなってくる。

もう一つは、ゴドフスキーの場合はすでに指の機能はでき上がっている人について、その上で弛緩への指示がなされるのだが、しかしその前提もない人々に弛緩などばかりを教えるのは考えものだ。

一つの説だけに飛びついて集中すると思わぬ偏向をおかす場合がある。時代は次々に移りそれとともに技巧上の発見もなされるが、その瞬間の効用のみにかかずらわっていては進歩や発展はない。

現代の人は過去の業績を綜合的に把握することによって、正しい方法を見い出すことを第一義としなければならない〉

〈ピアノ演奏についての具体的な問題は、その技術の段階の区別もあるが、部分的に難しかったり、やりにくいところ、表現に迷う箇所などが結局問題になる。それもある人には難しいし、ある人には易しいこともあるし、昔の人たちには困難であったが、今では何でもなく弾けるというのもある。

それは時代の進歩もあって、ショパン、リストを弾くというのはぼくたちの幼い時代は容易ではなかったが、今の子供たちは平気で弾けるということもある。

だが、この逆に、それまで易しいと思われた中に違う角度で難しさを発見する場合もある。

それは単にメカニズムの問題ではなくて、美の表現や追求、音楽の掘り下げ方にも「難易」があることに気づいてくるのだ。

時には自分が「音楽」を捉えたと思った瞬間には、遠く飛び去ってしまい、再びそれを追うということなども多い。あたかも人生について人々が惑いや悩みの道を行き来するようなものである〉

以上、メカニズムについての基成のこの見解は、戦後の日本の教育活動に極めて大きな影響力を持つようになる。

しかし、基成自身は、その門弟の多さからは想像もつかない回想をしている。

「本当は教えることはあまり好きではない。いつもできることなら止《や》めたいと思っていた。第一教えて果たして良くなるものであるかどうか。非常に上手に教えればなるほどよくなるかも知れない。しかしどこが良くなるのだろう。人間の本質というものはどうにもならない。やっぱり日がたつとはっきり出て来る。あまりうまく教えすぎて、お膳の上にのせてしまうと、逆にその人の一人で伸びようとする意欲をなくす恐れもあるが、あるところまで導いてやらないとまた駄目だ」（『わがピアノ、わが人生』）

そう考えながら、生涯にわたって「意に反して」基成は教育に携わり続けた。

そもそも基成は、「死んでから、すぐれた教育者だったといわれたくない。すぐれたピアニストであったといわれたい」と公言していた。

一九四六年五月、映画の東宝が東宝交響楽団（現・東京交響楽団）の経営を主体に東宝音楽協会を発足させ、基成は専属契約を求められた。演奏旅行にも頻繁に出かけるようになった。

のちに新芸術家協会という音楽事務所を設立した西岡芳和からは、彼がまだ北海道大学の学生だった頃に招かれ、青函連絡船で北海道に向かった。

「新芸」は昭和のクラシック業界で、一時期頂点に君臨していた音楽事務所である。ウィーン・フィルとアバドやカール・ベーム、カラヤン率いるベルリン・フィルなど国内外の一流アーティストのマネジメントを手がけた。

NHK交響楽団の初の世界ツアーでタクトを振った岩城宏之が世界で注目された時、各国のオーケストラとの交渉窓口になったのも、この新芸である。

音楽事務所ミリオンコンサート協会社長をしていた小尾旭《あきら》は、大学卒業後まずこの新芸に入社し、その後独立した。

「西岡さんの新芸術家協会は、国際的スケールでやっていたけれど倒産してしまったのです。ミリオンコンサート協会を立ち上げてから、井口さんと仕事をさせてもらったことがある。一度きりだったけどね。日比谷公会堂は満員御礼になり、たくさん儲《もう》けさせてもらいました。今でもちは、井口さんの弟子筋のピアニストたちのマネジメントをさせてもらっています」

西岡に招かれて、基成の北海道行きは一九四六年から七年間、毎月のように続いた。基成は、まだ満足な暖房もない時代、厳寒の地で酒が切れると寒くてかなわないといって、到着すると西岡に酒を所望した。ウィスキーを求めて西岡はいつも走り回っていた。

ナットやシャリアピンなど戦前の演奏家は舞台袖に酒を用意していたものだ。基成も、酒好きのうえ、ステージ演奏という精神集中を要する仕事のため、酒量は徐々に増していった。
そのころ宮城県白石に疎開している家庭では、不幸な事故が起こっていた。

6　三男の死

井口基成と秋子の長男である井口家成は東京大学理科一類を卒業後、一九六七年から三年間をスタンフォード大学に学んだ。専門は応用物理である。東大助手を経て筑波大学助教授、わたしが面会した時には東京工業大学教授だった。

応用物理という両親とは全く違う分野での活躍だが、家族が皆、楽器を演奏するので、家成もまた「何かしないと仲間はずれになりそうだから」と、小学校五年から父の親友・鈴木聡にチェロの手ほどきを受けている。

「僕が小学生の頃から、理科をやれ、教育大に入れ、と父は盛んに言っていました。でも、自分では特に理系と思ったことはないのです、昆虫や鳥が好きだったくらいで。

父との思い出で覚えているのは、小学五年生の夏。特急つばめで、名古屋、大阪へ父が稽古をつけに行く時に、連れていってもらったことです。そのとき、表現は適切でないかもしれないけれど、僕は天皇について行った皇太子のような扱いをしていただいた。最高のもてなしをお弟子さんたちから受けたのです。徳末さん、田中正史《まさぶみ》さん、横井さん。名古屋でもそうでした。

父がレッスンの間は、お弟子さんの家族の方々が僕の面倒を見てくれました。釣りが好きというと連れて行ってもらい、大阪の箕面《みのお》に日本一の小鳥のおばさんがいるんだというと、そこを訪ねることもできた。コキンチョウとかルリハインコなど、希少価値の高い小鳥をもらってきました」

井口家はのちに家庭内に不和が生じるが、家成にとってこの小旅行は父との最高の思い出となった。

時間をさかのぼろう。太平洋戦争の始まる二カ月前に東京で生まれた家成の記憶は、疎開地である宮城県白石から始まる。

「子供だったから、細かな記憶というのはないのです。でも僕は、白石で死にそこなった。四歳ぐらいだったかな。その記憶は鮮明です。白石は水路が多く、そこに丸太橋がかかっていたりする。セリ取りによく行ったもので、ある日、足を滑らして水路に落っこちた。それで流されたのです。そのあとの記憶は欠けているのだけれど、たまたま通りかかったおばさんが、僕がぷかぷか浮いているのを見かけたらしく、救い上げてくれたらしい。その方に引き上げてもらわなければ、今頃、僕は生きていなかった。

我が家は子供が多くて、四歳上の姉・康子、三歳上の啓子《ひろこ》、一歳上には庸子がいます。昭和十八年（一九四三）には弟・晃成が生まれ、二十年に三男の通成が誕生しました。

白石では、末弟の通成が亡くなりました。通成がいないと大騒ぎになって、見つかった時には水路で溺れて亡くなっていた。他の子供たちはどうしてみていなかったんだ、と、だいぶそういう話はありました。二歳七ヵ月でした。

母は、通成のこの事故のことですごく苦しんでいたようで、その後何十年にもわたり、ミッちゃんを心に抱き続けていました」

通成の事故の時、基成は体調を崩して東京の実家にいた。その後、白石に戻ったものの肺炎を併発して床につくようになった。


さて、東京の楽壇ではすでにヨーゼフ・ローゼンシュトックが日本交響楽団に復帰していたが、外国人排斥運動を先導したとみられた基成に、もはやローゼンから声がかかることはなかった。

戦後の顚末に基成の気持ちはいかばかりだっただろうか。

三男の事故に加え、東京音楽学校での戦犯問題、伝統ある日本交響楽団からも排除される形になった。諏訪根自子と共演はしたものの、「伴奏ばかりやっていられない」との自負から、諏訪との仕事は秋子に譲っていた。

基成は『わがピアノ、わが人生』のあとがきで次のように回想している。長い一節に、真意が吐露されている。

〈亡くなった朋友の橋本鑒三郎《けんざぶろう》君がよくぼくのことを「天皇」といった。それはピアニストだから伴奏者もいらないで一人で自由に演奏できるというのが一つと、生来の性格でなんでも相当強引に推し通してしまうところからも来ているらしく、もう一つは好んでベートーヴェンの「皇帝」(エンペラー)コンチェルトを弾いたが、そのうちに演奏を申し込まれると「皇帝」をやってくれという注文が多くなって来てよく弾いたせいかとも思われる。

それでみんながアダ名のように「天皇」なんていっていたのだろうが、ぼくはそんな気はさらさらなくて、本来芸術家というものは自己との孤独な闘いであり、それ故に徹底して個人主義に生きるべきだし、そうしない限り意志の表現としての芸術は生かされないと思っていた。だから他人にかかずらわってはいられないという気持が強かったのだ。

それなのに戦争中ぼくの無知もあり日本音楽文化協会の常務理事にさせられたり、好むと好まないとにかかわらず、その後も何かというと役職や音楽家の代表に引き出された。

それで戦時中からもそうした立場にあっても絶対専制的な気持を持つまい、そしてどんなことをしてもそうした役目から早く離れたいという気が常にあった。(略)

一個の芸術家として生きたいという望みの方が多いのだが、前にも本文の中で述べているように、何かが醸成されるとそうした周囲の要求と、ぼくの音楽家としての生成と経験、年輪がどこかで合致するせいなのかいつの間にか前面に押し出されてくるので、ぼくの持って生まれた何かがそうした運命を呼ぶのかとも考えても来た。

それと先にも述べたが、あくまで芸術家というものは自己の個性と意志を大切にしなければならないという信念をもっていた。ぼくはたまたまいくつかの組織の中で仕事をして来たが、組織人としてよりも芸術家としての自由な考えが出てそれとの相剋《そうこく》に悩んだこともある。しかしそれが芸術的事業である限りぼくの意志を貫ぬき通した。

芸術家肌のやり方といわれようが、それらの事業はまた芸術的行為の一翼とも考えていたからだ。

そうした発想があるいはぼくへ期待していた人たちを裏切り、傷つけたかも知れない。

だが派閥のような人間関係は嫌いだし、飛躍かも知れないが人間は生来人間のために死ぬるものではないし、また死ぬべきではないと思うのだ。戦時中われわれがそのようなところに追い込まれて、危うく生命を失いかけたことは記憶に新らしいことだろう。（略）

今日の人々の自意識のあり方は、自己韜晦《とうかい》と妥協への詭弁《きべん》であり、そのような人間関係がこの国では大切だとするならば、それぞれの個人は暗い霧の中に埋没し、少なくともそこには真の意味の芸術家は育たないと極言してもいいのだ〉

病床にあっても、このような信念のもとに、基成は時間をやり過ごした。一方で、東京では唯一の演奏会場である日比谷公会堂が、これまでにない盛況を見せていた。敗戦の年の師走からは週に三日間、進駐軍が使用することになったが、前月の十一月には、三十日間で六十回という演奏会が開催された。

日本交響楽団はもちろんのこと、オーケストラが続々と結成され、東京都フィルハーモニー管弦楽団の第一回演奏会（上田仁《まさし》、斎藤秀雄指揮）、ビクター・サロンオーケストラ第一回演奏会、東京都吹奏楽団第一回演奏会、さらに青年日本交響楽団（服部正指揮）、松竹交響楽団（菅原明朗指揮）などが会場を使っている。

もっとも、東京都フィルハーモニー管弦楽団は、戦後の悪性インフレの中で経営難に陥り、翌

近衛秀麿指揮東宝交響楽団と共演する基成（昭和20年代半ば）

年七月には解散となる。また松竹交響楽団も、収入が三倍と言われた軽音楽への転身があいつぎ、楽員は激減して一管編成となってしまった。

戦後の芸術文化界を牛耳るのが東宝交響楽団である。もともと東宝は映画撮影所に楽員を持っており、帝劇を舞台として、一九四六年、藤原歌劇団〈椿姫〉の公演（アルフレード＝藤原義江、ヴィオレッタ＝大谷洌子《きよこ》）で正月を開けた。

この時は帝国管弦楽団として名前を出し、歌劇、演劇、バレエ公演のオーケストラとして、言い換えれば劇団付属管弦楽団としてスタートしたのだが、五月には日比谷公会堂において、上田仁指揮で交響楽団としての披露をおこなった。

その後、近衛秀麿を指揮者に迎え、一九四七年秋からは定期演奏を行うようになる。第一回の定期は、原智恵子のピアノでベートーヴェンの協奏曲第3番そのほかが演奏された。この東宝交響楽団が今日の東京交響楽団の前身である。基成がやがて活躍の場とするのが、このオーケストラとなる。

諏訪根自子の「ソナタの会」は、帝国劇場を舞台としていた。基成から伴奏を引き継いだ秋子は、白石から上京して演奏会に臨んだ。秋子にとっては、ほぼ十年間にわたる子育てによる長いブランクのあとのステージである。

音楽会が始まり、フォーレのソナタになった時だった。ふとステージの袖に視線が行く。秋子は驚きのために音を外してしまった。

青ぶくれの汚い服装をした基成の姿が見えた。もしや幽霊ではないか。秋子は病床で苦しむ基成を思い描いた。

しかし、それは亡霊ではなく、秋子の演奏を聴きたい一心で、医者とともに混雑した汽車に揺られて上京した基成だった。秋子は感謝の気持ちで胸がいっぱいになったと、このときを回想している。

ステージから遠ざかっていた基成が、春秋社の依頼で楽譜の校訂をはじめるようになったのは、この時期からである。

7　連続演奏会「古典より現代へ」

井口基成がやがて宮城県白石の疎開から引き揚げてくる先は、結婚生活を送っていた目白でなく、そのころ砧村とよばれていた実家のあった成城である。

基成の姪である井口恭子は、母からこの家での思い出を聞いている。恭子は基成の末弟博雅の次女で、桐朋学園短期大学演劇専攻卒業後、俳優座に入団し、入団三年目には「戦争と平和」のナターシャ、「怒りを込めてふり返れ」では太地喜和子に劣らぬ演技で話題を呼んだ。二〇〇二年、三十二年間在籍した俳優座を離れると、青年座に籍を置き、二〇一二年には蜷川幸雄演出のシェイクスピア劇「シンベリン」に出演しロンドン公演にも赴き、また井上ひさし作「日の浦姫物語」に出演し女優を続けている。

「昭和二十三年ごろ、両親と姉と赤ん坊の私は祖母の成城の家に暮らしていたのですが、両親は、そのころの生活を二度とゴメンだと言っていました。戦争が終わると、基成の姉である孝子伯母一家が高崎から引き揚げてきて、さらに愛子伯母一家が加わり、秋子伯母の姉が三人して大陸から引揚げてきて、そこへ基成伯父一家七人が疎開先から来ることになります」

基成の妹愛子は結婚して佐藤姓となっていたが、戦後も旧姓で活動を続ける。それは、信じられないほど多くの観客を集められる帝国劇場という舞台から始まった。

四七年五月三日、前年に制定された新憲法が施行されたこの日、東宝交響楽団は、この劇場において「新憲法施行記念演奏会」を開催した。基成の親友である橋本國彦が作曲した〈祝典交響曲〉が、作曲者自身による指揮で演奏され、また、愛子が諏訪根自子の伴奏者として登場し、シヨーソンなどの曲を披露した。

その翌四日、五日の両日にも愛子は帝劇に登場し、諏訪の第三回演奏会の伴奏をしている。この演奏会もまた評判を呼んだ。曲目は、ヴィターリ〈シャコンヌ〉、バッハ〈G線上のアリア〉

をはじめ、ストラヴィンスキー、シューマン、サン＝サーンスなど色彩に富んだものとなった。

しかし、愛子はこの演奏会で疲労したとみえ、その後の地方演奏旅行には同行していない。愛子は極度の緊張体質でもあった。

また、ほぼ十年間子育てに明け暮れ、本格的な曲の練習からは遠ざかっていた秋子にも、敗戦二年目、上田仁指揮による東宝交響楽団との共演で、ベートーヴェンのピアノ協奏曲第5番の依頼が来た。このソリストとしての再出発は、長いブランクの後の大舞台となるはずである。

しかし、秋子は逡巡した。オシメ洗いでガサガサになった手は、かつてのように動くだろうか。一方で、与えてもらったチャンスは大切にしなければならないと思う。秋子は受諾する決心をし、一カ月に及ぶ猛練習をおこなった。

どのような心境で演奏会に臨んだかについて、秋子は「音楽現代」誌上で語っている。

「自分はもう明日死ななければならない運命である。生きている間に今日だけ、今日が最後にピアノを弾けるチャンスだ」というほどの決意で、舞台に進んだというのである。

「みなさん注目し激励してくれましたので、捨て身というか覚悟を決めて演奏会に臨みました。ですから演奏中も涙が出るほどの緊張の連続でしたが、自分の音が本当に美しく聴こえたことを覚えております。皆さんも大変褒めてくれたのですが、あの時の緊張した気持ちには二度となれないと思っております」

宝響は近衛秀麿の「グランド・コンサート」と、定期演奏会の二本立てで運営されていく。

老舗の新響をしのぐ質の高いオーケストラを作ろうと、東宝の常務取締役森岩男を原動力とし、新響を退団して東宝の撮影所のオーケストラに所属していたトロンボーン奏者の橋本鑒三郎らを中心に企画は進められ、楽員集めが始められた。戦中に新響を離れて東京弦楽四重奏団を作り、室内楽の第一線で活躍していたヴァイオリンの黒柳守綱（黒柳徹子の父）、寺田豊次、ヴィオラの田中秀男、チェロの橘常定らが弦の各トップにすえられ、優秀な若手メンバーを結集させ、将来を大いに期待されていた。

自ら創設した新交響楽団を追われた形で退き、欧州滞在を経て戦後の活動を始めた近衛は、一九四七（昭和二十二）年末から、楽壇における戦後初めての「ベートーヴェン・チクルス」を企画し、音楽愛好家たちから絶賛された。交響曲のみならず、ベートーヴェンのソナタから、欧米でもなかなか演奏されない「戦争交響曲」まで、あらゆる曲を取り上げるという試みだった。

秋子に遅れること一年、基成の戦後の本格的な演奏活動も、この東宝交響楽団を軸にして始まることになる。

疎開から引き揚げてきたのは、長男家成が学齢に達する一九四八年春に合わせたもので、基成の演奏活動もまた四八年春からだった。

三月二十二日、日本劇場における第三回定期演奏会では、近衛の指揮でベートーヴェン〈エグモント〉序曲、基成がピアノ協奏曲第5番に出演し、交響曲第7番が続いた。同月には関西にも赴き、活動を開始したばかりの関西交響楽団第一〇回定期公演に出演した。指揮は朝比奈隆であり、朝比奈に思い出を聞くと、

「あちらは音楽学校出で、教授まで務めたようなソリスト。一緒にやりましたが、井口君は勝手に弾いているだけだからね、こちらも何も言わないし」という朝比奈らしからぬ歯切れの悪いものだったが、演奏会後の酒宴は大いに盛り上がったそうである。

画期的な「井口基成ピアノ名曲連続演奏会」が始まったのも、同年秋である。十月二十五日には第一回として古典ピアノ音楽、第二回はバッハ、第三回はハイドンとモーツァルト、第四回ベートーヴェンというもので、これらを第一期とした企画だった。

第一回における曲目は、リュリ、バーセル、クーナウ、クープラン、ダカン、ラモー、ヘンデル、ポルポラ、パラディ、スカルラッティなど、クラヴサン或《ある》いはクラヴィコードのようなピアノ以前に愛好された楽器で弾かれた曲だった。

音楽評論家・大田黒元雄が曲目解説を試みている。

〈今度井口基成君によって催されるピアノ名曲連続演奏会は、西洋ではさほど珍しくはないけれども、日本では殆《ほとん》ど最初ともいうべき試みである。「古典より現代まで《ママ》」と銘を打たれたこの会では、文字通り、古典から現代までの代表的なピアノ音楽が演奏されるのであるから、それは芸術的に興味が深いだけでなく、ピアノ音楽の演奏を明らかにする点で教育的

ピアノ名曲連続演奏会「第2回バッハの音楽」のプログラム

な意義にも富んでいるといえよう〉

この帝劇を舞台とした連続演奏会については、このころはまだ音楽評論活動を始めていない寺西春雄も言及していた。

「井口さんの演奏家としての一番の功績は、この〈古典より現代へ〉を網羅した連続演奏会です。これは現代のピアニストが誰一人試みない挑戦で、井口さんの面目躍如たるもの。ピアノ界に燦然と輝く巨匠であるのも、この業績によってではないかと思う」

基成は東宝音楽協会の専属ともなった。専属演奏家には、日本の「第一級のソリスト」が集い、原智恵子、井上園子、笹田和子、諏訪根自子らがいた。

基成は、日比谷公会堂で行われた第三回東宝グランド・コンサートに出演し、上田仁指揮でブラームスのピアノ協奏曲第2番を弾いた。他に伊福部昭〈交響譚詩〉、リスト〈ハンガリー狂詩曲〉などが取り上げられている。

成城の井口家には、基成、秋子、愛子の三人のピアニストが同居し、それぞれが一家をなす活躍ぶりを見せはじめることになる。

長男である井口家成は、成城での暮らしを次のように回想している。

「僕は虫取りや魚取りに明け暮れていましたね。七、八年にわたって、父の出稽古にもついていったりしたのです。父と一緒に行った千葉の海の釣りも懐かしい。船頭が漕ぐ小さな船に乗せてもらい、囲いこみ漁をした。簗《やな》を夜中に張って、潮が引くと浅くなって、膝の上ぐらいまで水に浸かってね。一メートル近いヒラメを掴んで、父と一緒に大漁で大喜びしたりしていたんです。このころの母は、常にマリアのような優しい微笑みをたたえていた。勉強も押し付けられるわけでもなく、皆姉弟も伸び伸び育っていて、父が演奏家として大活躍するのもこの時代です。我が家にとっては一番幸せな時期だったと思う。

でも、その後、みんなが極めて波乱に富んだ人生を送ることになったのです。成城に引っ越してから、一歳年上の姉・庸子が小学校にあるちょっと変形の滑り台から落ちて大怪我をしました。そのあとで、次々という表現が適切になるように、子供たちが事故にあうようになるのです」

成城の家で。前列右から、家成、庸子、晃成、啓子。後列右から、基成、母の秀、秋子

物理という絶対法則の世界に生きる学者である家成の口からは意外な言葉が漏れる。

「母は寝室に神棚と仏壇を置いていました。それは純粋な信仰というのではなく、神に対する怖れのようなものだったでしょうが、母としては、どうしてウチだけそんなことが起こるの、と考えたと思う。何か運命的というか、そうとしか思えないんです。

こんなこと信じるかどうかわからないけど、成城の家はちょっと高台にあり、その下にお不動さんがあったんです。僕ら子供の頃しょっちゅう、そこに行っていたわけだけれど、池があって鯉などが飼われているのが見える。そこに龍の口があって、そこから湧き水が流れ込んでいる。その右手の階段を上がっていくとお不動さんで、そこは崖線《がいせん》、〈はけ〉なのです。斜面には穴があけてあって祠《ほこら》があった。その上に我が家が建っていたのです。つまり神様の上にうちがドンと家を建てていた。

のちに相続の時にその家は売却し、買ったのは小銭寿司の社長。それから何年もしないうちに、小銭寿司は倒産。また一部を貸家にしていたけれど、そこの人が亡くなってしまうということも起こった。

僕が中学三年の頃から、全てがおかしくなっていくのです」

しかし、まだ井口家に波乱の時代は来ていない。

8　第一回毎日音楽賞

井口基成が、本格的な活動の場とする東宝交響楽団の演奏会場は日本劇場で、現在の有楽町マリオンの場所にあった収容人数三千人ほどの通称〈日劇〉である。

映画と日劇ダンシング・チームのレビューを見せるこの円形劇場は、有楽町のシンボル的な存在であり、戦災からほぼ免れていた。爆撃されたのは三階席の天井の一部で、そこに小さな穴が開いていた。その穴からかすかに空が見えた、とこの楽団でヴィオラを弾いていた草刈津三は回想している。

それまで日劇で音楽会が催されたことはほとんどなく、東宝交響楽団が出演することになって反響板が設置された。当時としては得難い環境が、このオーケストラへの期待を込めて準備されたわけである。

しかし、このベートーヴェン・チクルスは冬場が中心だった。劇場に暖房などあろうはずもなく、観客はカーキ色のオーバーに襟巻きと手袋で、身を固めていた。交通機関も不便で食物を得ることすらままならないのに、人々はどこからか集まって来た。こうしてこのチクルスのチケットはすべて売り切れ、毎回三千席もの大劇場が埋め尽くされた。

聴衆が寒さに耐えているとき、演奏者も指先を凍えさせながら楽器を握っていた。草刈は芸術現代社の「音楽現代」で回想している。

〈納得のいく近衛さんの音楽創りと、充分な練習の自信に支えられて、次第にベートーヴェンを大聴衆の前で演奏出来る歓びに高揚し、観客と一体となって、奏く者聴く者、涙の感動を味わった体験は忘れられない。毎回演奏が終わっても、しばし、誰一人として帰ろうとしない感動の時間が続いた〉

ヴァイオリンの寺田豊次はこう回想していた。

「近衛さんというのは、我々はフルトヴェングラーをもじって〈振ると面食らう〉と言っていた指揮者だったけど、僕は好きでしたね、その音楽創りが。黒柳や橘（常定）さんや僕らは、室内楽を始める前、新交響楽団にいたでしょう。チェロの首席で、芸術至上主義的な斎藤秀雄の音楽に共感していて、話があったからトウサイ一派と言われていたんです。斎藤は楽団では中心的な人物の一人で、ドイツ語もできたから、専任指揮者のローゼンシュトックの助手を務めていた。しかし、厳しさもローゼン譲りで、ローゼンなら我慢できるが、なぜトウサイにどなられないといけないのかと、楽員の気持ちが斎藤から離れて、戦中にやむなく退団した。昔の新交響楽団というのは、いろいろ雑多な人間の集まりで、斎藤や僕ら大学卒業組とは話が合わないようなところもあった。コンサートマスターの黒柳はデパートの楽隊出身だったけど、斎藤の信者で、室内楽も一緒にやっていた。そのメンバーが、斎藤の後を追うように新交響楽団を辞めて東宝で最初弾いていたのです。

井口は、当時日本では唯一のヴィルトゥオーゾ型のピアニストで、東京音楽学校出身の正統派。僕らも彼と再び演奏できたのが嬉しかった。東宝交響楽団にはたくさん観客が集まりましたよ」

東宝は広告一つにしても、音楽界の常識を上回っていた。日刊紙五段抜きのスペースに写真入りで、しかも日刊紙何紙にも広告を掲載した。

「この交響楽団が長く続けばよかったんだが、東宝争議という大事件が起きて、五年で終わってしまった。このオーケストラが続いたら、また違う音楽界の風景を見られたはずなんだ」

宝響のベートーヴェン・チクルスでは、交響曲のみならず、ピアノやヴァイオリン協奏曲、三重協奏曲、演奏会用アリアまで取り上げられた。

一方、草刈は、プログラムの充実したこの楽団は、「人々の心に生きる歓びと明日への希望を蘇らせ、新しい時代に向かって、このオーケストラの存在を大きくアピールすることになった」と回想している。

各月に昼夜二回ずつ、一九四七年から翌年の第九交響曲までに八プログラム、十六公演が行われた。基成が弾いたのは、ベートーヴェン〈ピアノ協奏曲第5番〉である。

もう一人の専属指揮者である上田仁指揮の演奏会の方は日比谷公会堂を使っていた。楽団には〈日劇会員〉と〈日比谷会員〉が設けられており、聴衆は二人の指揮者の持ち味を堪能したわけである。

上田仁指揮東京交響楽団とチャイコフスキー〈ピアノ協奏曲第1番〉を演奏する基成（1952年1月26日、日比谷公会堂）

基成は上田指揮の一九四九年五月の演奏会では、プロコフィエフ〈ピアノ協奏曲第3番〉を弾いている。この時の演奏会について、音楽評論家・属啓成《さっかけいせい》の音楽評が「読売新聞」紙上に載っている。

〈上田仁の東宝定期

プロコフィエフの第三協奏曲（井口基成）は、部分的な旋律美や対位法の他にピアノを打楽器のように打ち鳴らす粗暴な曲を最も粗暴に弾いたよき意味の名演であり最後のイベールの「寄港地」も大ざっぱながらよくまとまっている。近代曲の故に入りは少いが選ばれた聴衆で各曲に熱狂を伴い、井口は礼奏を以てそれに答えた〉

近衛のベートーヴェン・チクルスで基成のピアノ協

奏曲第5番が好評を博すと、上田の指揮でも、関西交響楽団でも同曲を弾くようになる。基成は毎シーズン、この〈皇帝〉を弾くようになり、この曲は基成の十八番と言われるようになるのである。このころから基成の呼称として皇帝ならぬ「ピアノ界の天皇」が使われるようになる。

第1回毎日音楽賞を受賞した「ピアノ名曲連続演奏会“古典より現代へ”『第4回ベートーヴェン後期ソナタ　其の一』」(1949年3月4日、日比谷公会堂)のプログラム

基成の第1回毎日音楽賞受賞を伝える雑誌

　さらに、基成は帝国劇場を会場として、〈井口基成ピアノ名曲連続演奏会　古典より現代へ〉の連続演奏会も積み上げていく。

　第二回は「バッハの音楽」で、第三回が「モーツァルトとハイドンの音楽」、第四回と第五回は「ベートーヴェン後期ピアノ作品」、さらにロマン派が続き、シューベルトとウェーバー、メンデルスゾーンを一回分にまとめ、次はショパン、シューマン、リスト、ブラームスという順序で計画が進められた。これは一九五五年まで十三回を数えることになる。

　第五回の演奏会については、属啓成が再び取り上げている。

右から、河野俊達、基成、巌本真理、斎藤秀雄

〈去年から始っている「古典より現代へ」の歴史演奏第五回目が、三月二十五日、日比谷公会堂に開かれた。曲目はベートーヴェンの最後の二曲の奏鳴曲（作品一一〇、一一一）と当日のききものであったディアベリ変奏曲、至難にして長大なこの変奏曲は、各変奏の性格をつかんだ正当な解釈をもって演奏された。それまでにまとめ上げた氏の努力は敬服に価し、これによって変奏音楽のこの最高峰が日本では井口によって征服された。

演奏として最もすぐれたのは曲目の最後をかざったハ短調奏鳴曲であった。それは熱情と幻想を共に備えた満足すべき演奏で素晴しい〉

この「ベートーヴェン後期ピアノ作品」の演奏に対して、一九四九年創設の〈第一回毎日音楽賞〉が与えられた。芸術院賞の最年少受賞で基成が注目されたように、あるいはそれを逆に考えると、毎日音楽賞創設の記念すべき第一回受賞者として、基成の名前が必要だったとも考えられるのである。やはりピアノ界は、ヴィルトゥオーゾの基成がいなくては華やぎがないといえた。

さらに基成は、巌本真理や斎藤秀雄、河野俊達らとカルテットを組んで地方演奏旅行も続けていた。

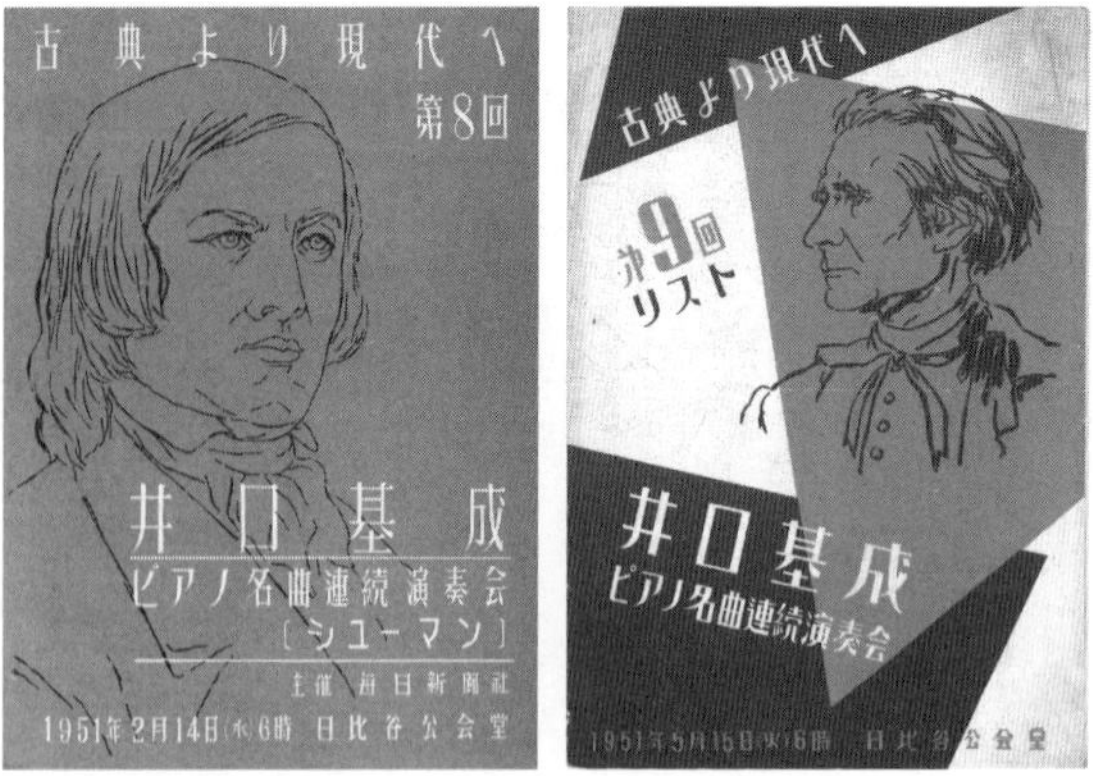

ピアノ名曲連続演奏会“古典より現代へ”「第8回シューマン」(左)と「第9回リスト」のプログラム

充実したこの時代を、基成の長女渡辺康子は次のように懐かしんだ。

「我が家では、五歳から七歳の間は子供全員ピアノを習うようになっていました。私は小学一、二年でチェルニーを弾いていたけれど、父は私のピアノについてはあまり言わなかった。私はバレエが好きで習ってもいて、痩せているし、体型を活かして本気でやったらどうか、と言われました。両親にはプロ意識があったからでしょう、フランスにバレエで留学したら、と言われたこともあった。それほど才能があったわけでもなかったけれど、ちょっとその気になって、高校一年の時にはアテネフランセでフランス語を習ったりもしていたのです。もっとも高校二年で足を痛めてしまって、たち消えになってしまいました。

そのくらいで、家庭ではあまり厳しいことはなかったけれど、いい加減なことを口にしたり、目的もなく時間を過ごしたりしていると、両親から怒られました。門限は厳しく十時で、遅れると父が仁王立ちで家の前で待っていました。

父が諏訪根自子さんや巌本真理さんと共演していた頃、私が譜面めくりをしたこともあります。

父が弾いていて首を下げるのを合図にして、楽譜をめくる。ステージに上がるのは恥ずかしかったけど、二、三回父の隣に座りました。

父と母が車の免許を取るというので、私も一緒に鮫洲《さめず》の教習所に行っていたこともあります。私はまだ十六歳だった。十六になれば小型車の免許が取れるというので、お弟子さんが帰られた夕方六時過ぎに、三人でハイヤーに乗って教習所に通って免許を取りました。当時はほぼ外車しかなくて、私の友人は私があまりにも早く免許を取ったのでびっくりしていました。最初、我が家で買ったのは、アメリカの青のデソート。普通には売ってないので、麻布にいたアメリカ人将校が帰国するとき、譲りうけ購入したようです。派手なようですが、そうではなく、車がダメになるまで買い換えることはなかったのです。

愛車の前で、基成と家成、啓子

その次に乗っていたのは、シボレーでした。妹の啓子や友人たちを乗せ、父がヤマハの浜松の工場でピアノを選定するというので、浜名湖まで車を走らせたこともあります。温泉に泊まり、うなぎの肝とか、珍しい物を食べさせてくれました。そのあとの白のクラウンは、十万キロ以上走りました。

高校の時に、日本航空が飛行機を飛ばしはじめ、晃成と私を飛行機に乗せてくれて、大阪のレッスンに連れて行ってくれたこともありました」

家庭でも幸福に満ちたこの時期、基成は仕事においても充実期を迎えていた。妻秋子は、諏訪根自子と各地への演奏旅行やラジオ放送にと多忙にしていた。そんな時には、弟子たちが証言する「井口家の格式の高い」お手伝いが家を仕切った。お手伝いは正月には振袖を着て、弟子の前に現れた。

9　毎日出版文化賞・春秋社『世界音楽全集・ピアノ篇』

井口基成は、戦中に春秋社からの依頼で、福井直俊と土川正浩との共同編集で、バッハの『インヴェンション』とモーツァルトの『ソナタ集』を刊行したことがあり、これが校訂に手を染めたきっかけである。

一面の焼け野原となった東京では、盛り場に闇市がたち、もはや配給だけでは満足できなくなった人々が群がっていた。敗戦は、我慢だけを強いられてきた戦中の価値観を百八十度転換させ、人々は凄まじいエネルギーであらゆるものを渇望するようになっていたのである。音楽を求め、活字を求め、すべてが「民主主義」の名の下に可能になる時代だった。軍部によって行われていた検閲は解除され、かわってプレス・コードに関する覚書が発表されGHQによる事前検閲が開始されたが、出版界は占領軍による解放ムードに沸き、新雑誌が次々と創刊された。

戦争が終結した時点で約三百だった出版社は、その八カ月後には二千社近くにまで増えた。出版業は敗戦後の日本で最初に復活した商業分野の一つであり、一九四五年末までの四ヵ月余に一千冊に近い単行本が出版されている。四九年後半までにＧＨＱに提出された本や冊子の総数は、約四万五千冊にのぼった。

一九四六年のある日、春秋社の編集者が基成の自宅を訪れた。

基成に依頼されたのは、戦中の出版に続く新たな楽譜の校訂だった。音楽を愛好する人々は、楽器と楽譜を欲していた。とにかく早く必要な楽譜を出版したいというのが、音楽出版界の要請だった。速さが要求されるのなら、「戦中のように三人での仕事はまどろっこしい」と、基成は一人で校訂作業を引き受けることにした。

わたしが取材した同社の高梨公明は一九七九年に入社したという。高梨は原典版を出すために採用されたのだが、この基成の校訂版の担当もするようになった。これが基成の生涯の仕事となる『世界音楽全集・ピアノ篇』である。

「実は、我が社には戦前にも『世界音楽全集』がありました。全九十巻と別冊五巻からなる、古典から現代までの楽譜で、門馬直衛氏が中心となって編集されました」

門馬は東京帝国大学出身の音楽評論家で、雑誌「月刊楽譜」などを編集、一九二九年からは武蔵野音楽学校教授となった。

この全集は、門馬自身による『少年ピアノ曲集』や、山田耕筰編『日本童謡曲集』、高折宮次編『ピアノ名曲集』や、舞踊家石井漠編による『舞踏音楽集』、一九二〇年代に盛んになったマンドリンのための『マンドリン・ギタア曲集』などの音楽を網羅した啓蒙的なものである。

しかし、これは「著作権とは何かという意識がない時代のもの」だった。実物を確かめようと、国会図書館で検索してページを繰ってみると、古今東西の作曲家による楽譜がそのまま掲載されていた。つまり、モーツァルトやベートーヴェンのみならず、存命中の作曲家の許可を得たとは思われない曲がそのまま掲載され、『〇〇編』として出版されていたのである。現在では創作の時点で自動的に著作権が生じる法律が定められているが、ここではそれが全く考慮に入れられていない。

「クラシック音楽界に著作権という意識をもたらしたのは、リヒャルト・シュトラウスなのです」

と高梨は続ける。彼はすべての作品の表紙に、〈演奏と営利に関する権利はR・シュトラウスにある〉と記していた。自筆の楽譜をそのまま依頼人に渡すことは皆無であり、死後も、彼の意思は遺族たちによって受け継がれた。彼の出現によって、作曲者の弱い立場に終止符が打たれたのだった。

もしモーツァルトやベートーヴェンの時代に、著作権というものが存在すれば、彼らは貧困のうちに生涯を終えることはなかっただろう。彼らの楽譜は、依頼人から一回限りの報酬が支払われただけで、そのまま依頼人に渡されてしまった。

高梨は、新しい方向性を見出そうとした春秋社の戦後を語った。

「つまり著作権を無視した形である戦前に発行してきた『世界音楽全集』をやめて、何か別のものを出版しようとしたのです。そこで考えられたのが、校訂版でした。こうして、前任者が井口先生を訪ね、先生の手によって膨大な作業が始められることになりました。〈井口版〉といわれるようになるこの楽譜は、教育的配慮のある、日本人による新しい原典版といってもいいものです。オリジナリティーの高いところで作り上げられており、それは井口先生の卓見ですね」

井口版の特徴は、指使いが書かれていることだった。これは教育的に極めて有用なものである。

「指使いが書けるというのはピアニストだからこそのものでしょう。また、先生お一人で、すべての作曲家を網羅しようとしたことです。これもまた常人にはできないことです。

ただ、発売当初はあまり売れなかった。というのも、本屋のルートで販売していたからです。ある時期から楽器屋に置いてもらうようになり、昭和四十年代からは爆発的に売れ出しました。そして僕が入社した昭和五十四年（一九七九）には年間十七、八万部が売れていた。九〇年代でも毎年十三万部です」

『世界音楽全集　ショパン集１』

わたし自身が使った『ショパン集１』は一九九九年三月発行のもので、第五十六刷となっていて、これは四九年に初刷が発行されたものである。

「僕がこの全集の担当になったのは、二年間ほど。井口先生の最晩年となりました。二、三度、印税の件で自宅をお訪ねした。四十九巻をすでに出版していて、そのあとスク

幸せだった頃の井口家。後列右から、基成、秋子、庸子。前列右から康子、啓子、家成、ピアノを弾いている晃成（1952年）

リャービンをお願いしに上がったわけだけれど、体力がすでになくなられていた。日本にもこのような人がいるとは、と音楽出版の他社からも思われていたほどのものです」

さて、校訂の作業では、既存の楽譜を書き写すことが必要な時代である。それには家族の手を借りたこともあった。

基成の長女の渡辺康子は、「大学一年から三年ぐらいまで、写譜を手伝っていました」と回想する。康子が慶應義塾大学在学中のことである。

「私は音楽はできないけれど、音符をまずは同じように書くだけでいいというので、父の脇で作業を手伝ったものです。その頃は幸せな時代でした」

基成は、家では校訂作業に打ち込み、自宅を訪ねてくる弟子のレッスンに向き合い、さらに斎藤秀雄や巌本真理らとの室内楽演奏会に出かけて行った。

この『世界音楽全集・ピアノ篇』の編集および校訂によって、基成は一九五三年、毎日出版文化賞を受賞する。

その翌年の春には、今度は音楽之友社が、ピアノの弾き方のメソードをまとめた本を書いてもらえないか、と依頼してきた。しかし、基成は、そういった種類の本を好ましいとは思っていなかった。晩学だったから、なんとか奏法の理論だけでも身に付けたいと、海外で出版された本を読み漁った時代もあったが、納得するような本は皆無だった。文学なら活字が全てを語るだろう。しかし、こと音楽となると、文字で説明するには限界がある。ピアノを叩き、弾かせて音を出させる以外に、いったいどのような方法が現実にあるというのだろうか。それが基成の奏法についての思想だった。

しかし、出版社はひかない。なんとしても、基成に奏法の本を書いて欲しいと、膝詰め談判を重ねた。熱心さに動かされ、日本で過去出版された奏法の本も改めて調べてみた。言い方が十分でなかったり、間違って解釈される恐れがあったりするものばかりだった。どれを読んでも、基成の意に沿うものはなかった。

『上達のためのピアノ奏法の段階』

音楽之友社の編集者は、基成独自の見解があるはずだと、たたみかけてきた。ここにいたって、基成は奏法の本に挑戦してみる価値があるかもしれないと思った。基本的な考え方、あるいは奏法の段階としての取り組み方が説明できるかもしれない、と考え始めた。二百五十六ページにおよぶ音楽之友社刊『ピアノ奏法の段階』がこれである。

基成は、手が空いているという妹の定子を筆記者として、一週間でこの本を完成させた。一週間は全てこの仕事のためにだけ使い、家に閉じこもって朝から晩まで集中して打ち込んだのだった。そうでもしないと、日常の忙しさに追われ、とても活字にする時間はないのである。性格からして一気に仕上げないと気が済まないというところもあった。

のちに評論家として名を馳せた吉田秀和は、この出版が成ってから驚いた。

「いったいあなたみたいに忙しい人が、どうしてこんな短い間にあれだけの本が書けたのかねえ」

しかし、基成にとっては、長い間、頭の中でまとまっていた考えがあったから、それをいっぺんに吐き出すようにしてまとめ上げただけだった。

特に七ページにわたる「序説」に、基成は考えの全てを入れ込んだ。

この本は、一九五五（昭和三十）年三月に出版され、毎年版を重ね七七年には二十刷になった。わたしの手元にあるのは九六年三月二十日発行のもので、三十二刷となっている。

「序説」は、次のように始まっている。

〈科学書や文学書などは、その記述がたとえ抽象的、又は具体的のいずれであっても、その概念や映像を或いは明確に読者に伝えることが出来るかもしれない。

ところが、音楽の場合は、殊にこの種の著述に関しては傍で人が考えるより困難がつきまとう。それは、文字と言葉をもって内容を充分に抉り出し、明瞭精緻な表現をして、決定的な概念を表わすという事はまことに至難だからである。（略）

逆に云えば、文字で表白できない要素が、或いは音楽の本質であると云えないこともない。そこで、結局、著述されたものから学ぶよりも、優れた良い先生について、直接に指導を受ける事、その暗示や教示をうけるのが手取り早い上達の近道だと云うわかり切ったことになる。

さらにまたどんな名人の言を聞いても最後は皆、「音楽」「音楽」ということばしかない。この「音楽」という概念に対しては、これからこの本が述べる技術ということは、その為の手段にしかすぎない。逆にいうと技術ということを押し進めていっている中に結局「音楽」ということにぶつかるのであって、この明瞭に規定できない「音楽」という概念の為にピアノ奏法の解明までが弱くなるのである。

言葉や文字でこれを云おうとすればする程、手段の為の手段になってきて、ただ枝葉に亘り、益々音楽の本質から遠のくようになっていく感じである〉

このようなアンチテーゼを七千字に余る序説で展開し、「基礎的な運動と技法について（主としてメカニズムについて）」「練習に関する諸問題」「教材」の三部構成として書き上げた。

この時期、基成は並行して様々なことをおこなっており、もう一つの重要な、戦後の日本の音楽界を激変させる仕事を始めている。「子供のための音楽教室」の創設である。

第六章　教育の革命児たち

1　「子供のための音楽教室」創立

そもそも井口基成と斎藤秀雄をトリオとして結びつけたのは、マネジメント事務所を開いていた石塚寛だった。日本ビクターの「赤盤」といわれた名演奏家シリーズの企画である。

日本ビクターの親会社は、フォックステリア犬が蓄音機のホーンを覗き込んで聴き入る商標で有名な米国ビクターで、赤いラベルを使った名演奏家シリーズで大成功をおさめた。戦前生まれの音楽家や評論家になった人々は、来日演奏家が少ない時代、この赤盤といわれたSPレコードで世界的演奏に触れたとよく回想する。邦人最初の「赤盤音楽家」は藤原義江で、アメリカ公演の際に録音が行われたという。

一九二八（昭和三）年には、原盤輸入による日本プレスが販売され、また赤盤の国内吹き込みも始まった。しかし、戦時体制下では、内務省がレコード検閲を始め、敵性語や敵性音楽は禁止、ビクターの工場は軍需工場となり、電波探知機の生産をおこなった。音楽業界もさまざまな規制を受けたことは、すでに書いた通りである。

そんななか石塚はビクター洋楽部に籍を置くことになり、プロデューサーとして、戦中の一九四二年にベートーヴェンの〈皇帝〉を井口基成で、〈ロマンス〉を天才少女と呼ばれた十六歳の巌本真理で赤盤に録音した。「赤盤録音」は一流の演奏家だけが許されるものである。指揮は、指揮者として活動していた斎藤秀雄に任せた。井口と斎藤が共演した唯一の録音であり、後々まで話題となった。

石塚は巌本のマネジメントをしていたから、巌本の性格を熟知していた。生前の石塚は次のような思い出を語ってくれた。

「巌本真理は素晴らしい才能があったけれど、混血で、当時はハーフなんて少ない時代で、何かと差別されていて、孤独だった。病弱で神経質でもあった。小さい頃からヴァイオリンをレオポルト・アウアーの弟子だったロシア人の小野アンナに習って音楽だけで育ってきた。

井口さんや斎藤さんとはほぼ二十歳離れていたが、二人とも才能一辺倒の考え方で、井口と巌本の名前は看板にもなる。斎藤さんはこの頃、演奏解釈の上で、巌本の先生でもあったから、この三人を組ませようと考えたんです。

そもそも私は、斎藤さんのことは、彼が青年の頃から知っていた。斎藤さんがチェロを始めたのも、うちの事務所にお茶を飲みによく立ち寄った音楽評論家の牛山充が、斎藤さんのお父さんの弟子で、彼の紹介で斎藤さんは宮内庁雅楽部の楽師に習うことになったんですよ。

斎藤さんは完璧主義でしょう。巌本は暗譜で弾くようにと言われ、それがプレッシャーとなって、オーケストラをバックにしてミスをするようになってしまった。それで室内楽にかわった」

ミスをするだけなら、オーケストラも立て直すことができる。ところが巌本の場合、冒頭からやり直してしまう。斎藤譲りの完璧主義だった。

こうして太平洋戦争がはじまるころ、石塚は巌本を井口、斎藤と組ませた。このトリオの演奏会は、音楽に飢えた地方での公演を含め四十回におよぶことになり、満員の客席を沸かせたものだった。

基成と斎藤の出会いは、日本の音楽界にとって極めて重要なものである。石塚のこの企画がなければ、経歴、気質が異なる二人が打ち解けて交わることはなかっただろう。二人は猛烈かつ徹底的な議論をし、頑として折れず、演奏が終わると、打ち上げもなく別れていくのだった。

そもそも基成にとって斎藤という男は、妻秋子に極めて近い音楽家だった。結婚し子を成してからも基成は嫉妬を表わし、斎藤との仲を疑っていたと関係者は語る。

ここで、簡単に斎藤秀雄について記す。

基成より六歳年上の斎藤秀雄は、日本の英語学を築いたといわれる斎藤秀三郎の長男として生まれた。秀三郎が生涯の仕事とした辞書は、現在でも『斎藤和英大辞典』として岩波書店から発行されている。

母は熱心なクリスチャンであり、秀雄は姉妹たちとともに教会へ通い、やはり賛美歌によって西洋音楽の洗礼を受けた。ピアノを習う姉妹の影響を受け、赤盤を注文しては洋楽に親しみ、やがて秀雄は弦楽器の音色に魅了され、三味線やヴァイオリンを自己流で弾き始めた。しかし、秀雄に母が許可した楽器は、「くねくねと体を曲げたりしない、男らしい」チェロだった。

十六歳の時である。基成と斎藤の共通点は、二人とも晩学だったことに尽きる。そのため音楽については深く研究をしても、技術的にどうしても追いつかなかった。二人は早期教育の必要性については共感し合ったのである。

斎藤は、暁星中学時代にはマンドリン・クラブの創設に参加、作曲や指揮を試み、また東京音楽学校のオーケストラ他で、チェロの助っ人として演奏した。父の故郷仙台にある第二高等学校の受験に失敗、上智大学に入学するが、音楽への夢を断ち切れず、欧米に発つという近衛秀麿に同行した。

父秀三郎は神田に正則英語学校を設立し、生徒は教室からはみ出すほど群れをなしていたという。秀三郎によって日本における英文法が形作られた。『実用英文典』四巻は「これ以上日本の英語学界に浸透した英文法の本はない」といわれ、さらに全国規模で教科書として採用された。斎藤家の書生たちは本の末尾にある印税のハンコ押しに忙しいほどで、秀雄は生涯、父の印税を受け取れる立場となる。

日本人として初めてチェロ留学した秀雄はドイツで三年間学び、帰国すると新交響楽団の首席チェリストとなった。さらに二度目のドイツ留学では、二十世紀を代表するチェリストで、二十歳でベルリン音楽大学の教授となったエマニュエル・フォイアマンに学んだ。師であるフォイアマンは、なんと斎藤と同年だった。

フォイアマンの推奨により、近衛が去った後の新交響楽団を一躍、急成長させることになったヨーゼフ・ローゼンシュトックを招聘、楽団はローゼンに鍛えられ、ドイツ系の重厚な響きを持つ日本一のオーケストラと称されるようになったのである。

斎藤はこのローゼンの副指揮として通訳として、指揮を間近で見てきた。弟子入りもして、日本では未開の指揮のテクニックを学ぼうとした。

退団後の斎藤は他のオーケストラを指揮し、指揮法の研究を本格的に始めた。この指揮法によって、小澤征爾、秋山和慶、飯守泰次郎、尾高忠明、井上道義ら数多くの指揮者が門下から輩出することになる。

戦争が激しくなっていく中で、斎藤は、音楽家になることは、演奏家になることを意味しないと考えるようになった。自分の本分は、音楽教育にあると結論づけた。

戦後になり、音楽教育の理想について、斎藤は母の友人で日本声楽界の草分けである鈴木乃婦《のぶ》子《こ》と語らうことがあった。鈴木は自由学園や家政学院で教鞭をとっており、斎藤もまた自由学園の音楽教育に関わるようになっていた。

斎藤は基成らとの三重奏、また五重奏団をつくるなど室内楽運動を展開し、その企画や事務処理に関わっていた寺西春雄にも、音楽教育について語っていた。寺西は、小澤征爾が創設した「サイトウ・キネン・フェスティバル」が始まって数年がたった頃、次のように回想してくれた。

「斎藤さんは、子供達のための教育をしたい、というんです。何もない今が最良の時だと。その時に、私は即座に言ったんです。総合的なものを考えているなら、井口さんを誘わないと成功しないと。

現在では、小澤くんが、斎藤さんの名前をつけたオーケストラやフェスティバルを創設して、彼の名前が一般にも知られるようになったけれど、当時は、何といっても井口さん。井口さんがいなければ、先生たちも集まらない。

というのは、斎藤さんの性格が厳格で、音楽至上主義的。人望はもう一つだったということがある。一方、井口さんという人は、清濁併せ飲む人で、政治家にもなれた人です。音楽性も素晴らしいし、また能力も凄い。記憶力は天才的だし、人間的魅力に溢れていました。

斎藤さんからは、音楽教室を始めるにあたって、事務的なことは苦手だからと、事務局をやってと言われた。でも私は病気になって関西に帰省することになり、井口基成論や斎藤秀雄論を書いた遠山一行さんに後を頼んだのです」

斎藤が遠山を訪ねると、手伝うことはできるが、まとめ役の自信がないと、大学の先輩にあたる吉田秀和に話を回した。遠山は日興証券の創立者の御曹司で経済的にゆとりがあったため、吉田に仕事を回したということもあったようである。

ある日、斎藤は今度は吉田を訪ね、事務を願い出た。ところが吉田は乗り気でない。それで斎藤は、吉田を「脅した」という。

「今、あなたがこの仕事をしなかったら、日本で非常に有意義なことが始まろうとしているのに、それを潰《つぶ》すことになる。ひとえに、日本の音楽の将来はあなたの双肩にかかっているんだ」

一九四八年の梅雨どきのことだった。

次に斎藤は吉田をともない、基成を訪ねた。その時、基成はすぐに受諾した。斎藤は指揮を共に研究していた森正に「ぐっちゃんの力を借りないとできないよ。でも、ぐっちゃんいいとこあるよ。いっぺんでわかってくれてね。喜んで引き受けてくれた」。

基成にしてみれば、戦時下でトリオを中心とした室内楽で斎藤と初めて一緒に音楽をやるようになった。しかし、〈何かお互いに音楽に求めるものが違っていたりして、しっくり行かないように感じた〉ものだった。ただ戦時下のレコーディングで、斎藤指揮で弾いた〈皇帝《エンペラー》〉は忘れられない。「明治生まれで技術的なハンディを深く感じていた」ことだけは共通のものだった。〈世代が同じだという事は、その時には異なった個性や、目標や、芸術観があったと思っても、遠く過ぎ去ると、大きな世代の中にくみこまれ、結局同じことを考えていた様である。

というのは、我々の若い時代は現在とは比較にならない程音楽的環境が貧しく、即ち教える人もなく、如何《いか》に音楽を作ってゆくかの規範もなく、またどのように音楽活動をして行ったら良いかも分からなかったのである。そして、その苛立たしさや苦労が斎藤君と強く共感〉したのである。

そして東京音楽学校時代からの友人、声楽家・伊藤武雄の名前をあげ、さらに柴田南雄《みなお》を加えた。柴田は東京帝国大学理学部から作曲家・音楽学者・音楽評論家となった異色の人物である。ピアノ、チェロを弾き、また戸田邦雄や入野義朗とともに日本の十二音技法の普及にも尽くした。

その年の晩夏、新聞記者を招待して、「子供のための音楽教室」の設立を発表、「ピアノ井口基成」の名前を筆頭にした生徒募集の新聞広告を出した。鈴木乃婦子の口添えで、市ケ谷の家政学院の校舎の一部を借りた。土曜午後と日曜日である。

基成は、〈今までの音楽教育のあり方に対して非常に疑問をもち、僕たちのゼネレーションが勉強し始めの苦い経験を振り返って、これはどうしても小さい時から、ちょうど幼児がことばを覚えるのと同じように、音に親しませることから教育をして行かなければだめだ〉と斎藤とともに、従来の音楽教育の革新に取り組みはじめた。

2　吉田秀和の「私たちの立場」と名古屋音楽学校創立

一九四八年三月に出版された「音楽芸術」誌上で、基成は〈アメリカにあるような音楽学校が望ましいが、結局、金の問題で、日本の経済状態の如何《いかん》に頼るより途ないと思う〉と答えている。国立の音楽学校は上野にあるのみで、第二の都市である大阪ですら国立はまだなかった。一八八八（明治二十二）年創立の相愛女学園音楽科がクラシックの王道を学べる唯一の学校と言ってよく、基成門下の俊秀たちが教鞭をとっていた。

「子供のための音楽教室」の発足にあたっては、室長となった吉田秀和が音楽家たち四人の意見を取りまとめて「私たちの立場」という宣言文をしたためた。

室長といえば聞こえはいいが、実際は彼らが不得手とする雑用や事務の処理係である。後年、吉田は多くの信奉者をもち、文化勲章まで受章するが、この時点ではまだ評論家として立っていない。

〈「子供のための音楽教室」の運営につきまして、私たちはこう考えている次第です。
今まで私どもの国の音楽教育には、ふたつの大きな欠点がありました。

・教育を受けはじめるのがおそすぎる。
・音楽の知識を習うことが軽視されるか、さもなければ抽象的にだけおこなわれた。

音楽の教育は、幼い時からはじめればはじめるほど、楽に、確実に、高いところまで進歩できるということは、古今の名音楽家といわれるような人が、ほとんど例外なくそうした経験をふんできたことをみても明らかな事実です。

しかし、ただ早くはじめたというだけではたりません。音楽では、文学などにくらべて技術的な要素が、非常に重要な役割をもつと同時に、知的な面の勉強も、あくまで耳の感覚を通して得られた、具体的な、身についたものでなくてはなりません。ところが、今までは、子供に音楽を教えるための総合的な施設がなかったため、音楽を学ぶものが、とかく晩学のかたむきがありましたし、特に楽典その他の理論や音楽史などの知識は、ただ本から頭につめこむだけというありさまでした。

これではたとえ、楽器を機械的にひきまくる人はできても、高い音楽的思考力をもった音楽家の出現は期待できないわけです。

・なるべく小さい時から、正規の教育をはじめる。
・聴音教育をおこなって正しい音感（旋律やハーモニーやリズムを正確にきき分けつかみとる力と、音楽、つまり本当に音楽的な音とは何かについての感性）を育てる。
・以上と平行して、順をおって理論や知識を組織的に教える。
・演奏のさまざまなスタイルを区別し、各生徒が自分に本当にぴったりしたスタイルで音楽する力をつける。
・個人演奏だけでなく、合唱、合奏の訓練をする。

このために、私たちは、児童の教育に十分な経験をもった良心ある音楽家を教師に依嘱しました。私たちはこのほか、必要に応じ、特別講座を開き、生徒向けのものばかりでなく、父母の方々や、一般の成人のための音楽講座を開設いたしたいと思っております。音楽教育ばかりでなく、広く日本文化の前進に深い関心をもっていらっしゃる方々の力強い御協力と御支持とを心からお願い致します。

昭和二三年九月

子供のための音楽教室
吉田秀和　井口基成　斎藤秀雄
伊藤武雄　柴田南雄

〉

「子供のための音楽教室」と名付けられた日本で初めてのこの総合的音楽施設には、それまでにないいくつかの際立った特徴があった。

一つは楽譜を読んで、その音を実際に声に出して歌うソルフェージュを学科に取り入れたことである。すでに早期の聴音教育の重要性は知られており、英才教育を受けた園田高弘は、戦時中には基成が関係した軍の聴力測定のため極秘の研究を要請されたほどだった。しかし、眼で読み取った音をどういう音として自分の声で表現するかというソルフェージュの教育は、それまで皆無だった。

もう一つは、全員に合奏の訓練を課したことである。かつてオーケストラに在籍した斎藤は、楽員の育成が楽壇にとって必須のことと考えた。

音楽学校は教師や独奏家を育てることに主眼を置いてきた。しかしソリストになれる数は限られ、大部分は弟子をとる町の先生となる。そのような体制を続けていても、やがては演奏水準は向上するかもしれない。しかし、それでは卒業後の才能はどうやって伸ばしていくのか。豊かな音楽性を身につけさせて、その実践として、世の中に出てオーケストラで働けるように訓練するのを音楽教育の目標とすべきではないのか。エリートを育てようというのではない。それがオーケストラでキャリアを始めた斎藤の目指すところだった。

一方、基成はどうやって、一般に西洋音楽を広めていくか、また、専門に音楽を学ぶ時に基礎をどうやって身に付けさせ、音楽性を伸ばしていくかに思いを馳せていた。敗戦前に出版された『音楽文化』(第三巻)では、日本の教育が技術の訓練に熱中してきて、形の模倣になっているという意見に対し、基成は〈模倣というけれど、基礎がないから模倣になる〉と述べた上で、次のように続けた。

〈基礎があれば、それが板につくのですがね。さっき生活という問題が出ましたが、生活との調整の問題がいちばん大切じゃないかと思う。（略）音楽というものを、日本の今ある生活の中に入り込まして行くか、このやり方がいちばん問題だと思うのです。それが解決されなければ、どうしても効果が出て来ない〉

音楽を全国津々浦々に広げ、人々の中に文化として染み込ませることを社会的使命として、この教室の開設にのぞんだのである。

基成は、妻の秋子、妹の愛子をこの教室に引き入れた。また伊藤武雄、花子夫妻は畑中良輔、石桁真礼生を連れてきた。日本初の十二音技法作品を書く入野義朗や、東京音楽学校で基成に学んだ作曲家小林福子らが、ソルフェージュ、楽典、聴音や音楽史を受け持った。ヴァイオリン教師として名を轟かせている鷲見《すみ》三郎、小野アンナ、ヴィオラの河野俊達らも加わった。

この教室の生徒募集の新聞広告を見て、磯村幸哉（ミネソタ管弦楽団）の母・渥子は応募した。

「小さな広告でしたが、第一線にある大演奏家の方がたのお名前が並んでいた。それで、最初は小さい子供に本当に教えてくれるのかどうか、と思いました。生徒を集める口実に名前が使われているだけなのではないか、と懐疑的な気持ちで申し込んだのです」

磯村家では三人の息子たち全員がこの教室に入ることになった。それは太平洋戦争で、もし母親たちが戦場に息子を送らなければ、戦争は起こらなかったのではないかという渥子の思いからである。二度と戦争は経験したくない、武器を持つより楽器を持つ男子に育って欲しい、と渥子は念願したのだった。

そんな母に育てられた息子の磯村幸哉は、入室するときに母から言われたことが忘れられない。

「僕はチェロを習うことになりましたが、斎藤先生のような方に習えるんだから本当に感謝しなければいけない、と母から強く言われたのを憶えています。個人レッスンには母も毎週ついて来て、先生に僕が言われたことを、全部手帳に書き込んでいた。レッスンの前には緊張していてよく病気になったり、お腹をこわしたりしましたが、家に帰ると母も怖かった。練習部屋というのがあって、そこに鍵をかけられて練習しないと出してもらえなかった」

施設の問題があり、実技は先生宅で個人レッスンの形で習うことになったが、教師と保護者、生徒の三位一体の努力によって、教育の成果は華々しいものになっていくのである。

戦後三年が経ったものの、市ヶ谷の家政学院の周囲はまったくの焼け野原だった。学校内にも焼け崩れた建物の跡が残っていて、休み時間には子供たちにとって格好の遊び場となった。第一回の音楽教室には約三十名の生徒が応募し、その中の一人である中村紘子は最年少の四歳だった。

子供たちは毎週おやつを持ってやってきて、崩れた建物の間でままごと遊びに興じ、廊下を走り回って古い床をきしませた。教室にある布でできたマネキンや机にある物差しが、ちょうどいいチャンバラごっこの道具になった。腕白少年を叱るのに、室長の吉田もまた物差しを振り回していた姿が、卒業生たちの眼に焼きついている。

夏は汗にまみれ、冬にはストーブのない部屋では火鉢に炭火が熾された。

教室の月謝は安く、演奏家たちは他からの収入で生活するのをあたり前としていた。

この教室で教鞭をとった作曲家、別宮貞雄を生前、成城の自宅ならびに三鷹の高級老人保健施設に三度ほど訪ねることができた。施設の一階にあるレストランで昼食を共にしながら、別宮は弁舌爽やかに語ったものである。

「子供の頃、新交響楽団の演奏会に父に連れられて行ったりしたから、音楽への興味は早くから芽生えていた」

「子供のための音楽教室」の生徒たちと。前列中央の男性4人が、左から基成、吉田秀和、斎藤秀雄、伊藤武雄。基成の左は秋子

別宮の父は、東京工業大学教授から住友電気工業初代社長となった人物である。母方の祖父は東京帝国大学教授で、経済的にも恵まれていた別宮は成城高等学校を経て東京大学理学部物理学科を卒業、さらに同大文学部美学科に入学した異色の経歴を持っている。

「東大の学生だった頃、吉田さんの誘いでこの音楽教室を手伝わせてもらった。井口さんの音楽には圧倒されていたし、斎藤さんに会ってその理念に説得されたんだ。そこで土曜日に市ケ谷に出向いて、自分で習ったばかりの音楽理論を、本荘玲子や中村紘子らに教えたりすることになった。井口さんは天皇と言われていて、皆が頼りにする大人物。大所高所に立って教室を先導した。室長が吉田さんで、音楽を奏でたり創ったりしない吉田さんがのちに音楽評論家として成功したのは、一流音楽家の間近にいて、彼らの論争や会話から多くを学んだためと思う。ある事件があって、吉田さんはここから離れていくことになるが、彼にとってこの教室は優れた音楽評論のベースを作ったと思う」

別宮は大学卒業後、パリ国立音楽院に留学し、オリヴィエ・メシアンらに師事して作曲を学び帰国、一九五五年からは吉田のあとを受けて室長となる。その経緯については後述することにする。

施設にはこだわらない形で、寺子屋のような、塾のような形で始まったこの教室が誕生しなければ、現在の日本の音楽界の風景は全く違ったものになっていただろう。

また、この教室の成立とほぼ時を同じくして、名古屋では吉田幾太郎が「名古屋音楽学校」を立ち上げた。

一九四三年、「子供のための音楽教室」が創立されるよりも数カ月前のことである。幾太郎が理事長、基成が初代校長である。

幾太郎の妻、好子は、敗戦後すぐに自宅に基成を泊めていた時代に思いを馳せる。

「西区枇杷島に本宅があり、井口先生には特別レッスンをしていただきました。ただお泊まりになると神経をすり減らしましたよ。その頃は日本家屋にアップライトピアノを置いてレッスンをしていました。小津恒子先生が下見で、音楽学校を希望する人、もっと勉強したい人たちのレッスンでした。

こだまもひかりもない時代で、井口先生は東京から七時間かかって早朝四時か五時ごろ到着なさる。移動が大変な時代です。でも先生は、生徒がいればどこにでも行くとおっしゃっていました。うちでお風呂に入って、浴衣に丹前、そして、〝朝ビール〟です。子供好きで、膝のうえに子供を乗せたりなさいます。洗い髪がパサパサで、そこにポマードをつけて光っていました。そのあとはノーネクタイのラフな格好です。

主人は先生のご機嫌が悪くなるといかん、と申して、うちは進駐軍に物納していた関係で、ヘネシーの3スターが手に入ったのですが、それをお出ししているぶんにはご機嫌が悪くなったことはないのです。レッスンが終わってからは一席もうけ、Tボーンステーキを召し上がりました」

基成はひと月に一度、名古屋に向かった。基成のレッスン前に稽古をつけていたのは、基成が東京音楽学校助教授だった頃の初期の弟子である小津恒子で、のちに彼女は愛知県立芸術大学教授にもなるが、彼女を中心として名古屋音楽学校は発展を見る。

小林仁、松岡三恵、三浦みどり、金沢桂子ほか幾多の英才を輩出した。基成のみならず、秋子や小津同様、門下の重鎮たちも教鞭をとった。ピアノ科のみならず声楽科、ソルフェージュ科、理論作曲科、弦楽器科、管楽器科、バレエ科、合唱までを擁する一大音楽学校となる。

3　誰だ、この子の先生は！――小林とし、松岡貞子、江戸弘子、有賀和子

「子供のための音楽教室」における教師の大多数を占めたのは、ピアノ科の講師たちである。「教師たるもの、弾けなくて、生徒に教えられるか」という井口基成の考えから、ソリストとして活躍できる高弟たちが参画した。

教室では、定期的に生徒の発表会が開かれる。それを見守る教師の中心に基成が座り、その脇や後ろにピアノの高弟たちが並ぶ。

子供がピアノの前に近づく。その一挙手一投足に、居並ぶ教師たちの視線が集まる。手に汗が滲んでくる。ピアノの前に座り、鍵盤の上に手を置いて、最初の音を鳴らす。汗ばんだ指は鍵盤の上で滑りがちだ。何かがいつもと違う。間違えたり、つかえたり――。やっと最終楽章に行き着き、最後の音を鳴らした。静寂が教室を覆う。

「誰だ、この子の先生は！」

中央の基成の怒声が飛んだ。

「こんな教え方しかできないものが、この教室の先生なのか！」

巨体から発せられる怒声に、高弟たちは震え上がる。

基成の高弟の一人で、東京音楽学校卒業後に基成に師事し、神戸大学や相愛女子大学で教えた

小林としは、「そのあとに、ぶん殴られるよりひどい言葉が続くのです。そういうときの基成先生は底意地が悪いのではないかと思われた」。

その時、侮辱の言葉を吐かれたのは松岡貞子だった。しかし、松岡も「女基成」といわれるようになる高弟である。

「だったら、わたくし、もうこの教室の教師を辞めましょうか」

即座に基成は言い放った。

「自分で判断しろ！」

その席にいた江戸弘子は、「楽譜の上に手を置いていたら、手の冷や汗で楽譜にシミがついたのですよ」といえば、小林としは、「結局、松岡さんはお辞めにはならなかったけれど、皆の前でかかされた恥は一生、忘れられなかったはず。基成先生になんと言われるかと、先生たちの方が発表会を恐れていました。だからつい生徒への練習にも力が入りすぎることにもなって、基成先生が乗り移ったような教師たちも出現したのです」。

教師から教師へ、厳しいレッスンは伝播していく。

しかし、そんな基成に対して、弟子たちは尊敬の念も失わない。小林としは次のように回想した。

「基成先生は、上野の高折宮次先生に天才と認められた方です。高折先生が一ヵ月かかる初見を、基成先生は一週間で仕上げてしまう。基成先生の教えで忘れられないのは、『練習の時は理性的で、本番の時は情熱的であれ』です」

罵られても、結局、誰一人として基成のもとを去った弟子は、この時代にはいなかった。

開講や開校にあたって、基成が推薦する弟子はまず松岡貞子だった。松岡は、基成がまだ上野の助教授だったときの学生で、奏楽堂における演奏会では、基成の指揮で関西の重鎮となる横井和子と、ヘンデルのコンチェルト・グロッソを弾いた。基成は、ピアニストになるには気の強さも必要とみていて、松岡を買っていた。

松岡は、ピアニスト内田光子の小学校時代の師としても有名である。「子供のための音楽教室」で学んだ内田も日本での先生は松岡貞子先生と言っている。つまり、基成の孫弟子となり、幼い時分から見守ってきた才能の一つだった。

松岡を自宅に訪ねると、もう時効だから、と基成の晩年に至るまでの全てを率直に語ってくれた。八十歳を越えていたが潑剌としていて、午前中にはレッスンをしていたという。

「東京音楽学校時代、高折先生は基成先生の心の表れた音楽性と耳の良さに脱帽したそうです。高折先生が口をはさめないくらいに弾きまくるのが常だったらしい。ツェルニーなどは、一回のレッスンで一冊全部仕上げてしまう。野に放たれたライオンのごとく弾いたのです。そういう先生だから、ご自分がなさったように、学生にも求めてくる。わたしがレッスンを受けていた時代、先生は朝九時から一時間刻みで夕方まで生徒を教えていらした。私もそれを見習おうとね。その後は、あまりの厳しさに、学校を退学してしまった人すら出てくるの」

ときに松岡も罵声を浴びることがあったが、基成は根にもつ性格でなく、妹の愛子や松岡を連れて、地方の稽古場に出向いたものだった。

「基成先生の弟子は全国にいます。昭和三十年代は地方には快適なホテルがまだなく、先生は出稽古の中心となるお弟子の家に滞在していた。それぞれの家に先生用のドテラが用意されていたほどです。

ある時、愛子先生と私、愛子先生にちょっと気があった吉田秀和さんも一緒に関西に行くことになり、私たちはホテルに泊まることになりました。先生はホテルが嫌いで誰かのお宅に泊まるわけだけれど昼間ちょっと休みたいというので、愛子先生の部屋でなく、私の部屋で休むことになりました。先生は部屋に備え付けの寝間着を使って寝てらした。夜になって私が寝るとき、その寝間着を一度は着てみたけれど、やっぱりやめてスリップだけで寝たこともあったわ」

教師と弟子がいかに近いかを示すエピソードである。

「当時、先生は極めて多忙にしていらして、リサイタルもおやりになっていた。リサイタルには、奥様の秋子先生も必ずいらしていて、『そのままでいいのに、基成はわざと難しくなるように弾くのよ』なんて批評なさる。基成先生はイージーなことは絶対しない。先生がいくつまで演奏活動をやられるか、新しいサンプルとして期待していたのです」

松岡の後輩となる有賀和子や寺西昭子もまた、教室の設立時から関わった。

NHK交響楽団や東京交響楽団と共演した有賀は、教育者としてもつとに有名である。門下には、有賀の大反対にあいながら、ジャズに転向してしまった羽田健太郎もいた。羽田が基成のレッスンを受けたときには羽田のコンタクトが飛んで、結局、師弟共々膝歩きで教室中を探すことになった。

基成が有賀を教室講師に招いたのは、一九四八年の夏、まだ彼女が音楽学校に在籍中のことだった。

「今の音楽学校は大学しかない、幼児教育から始めないとダメだ、という相談が基成先生からあって、三浦宏さんや寺西昭子さんらと共に家政学院の音楽教室の創設に加わったのです。基成先生の精神を受け、生徒のためにボランティアのように働きました。基成先生は『下手な生徒を上手くするのは先生だ』という考え方です。音楽教室の発表会で、生徒が出てきて弾き終えると、その先生の方を基成先生が振り返るのです。『こんな教え方をしている！』『この先生じゃダメだ』と、基成先生が生徒を他の先生に替えたこともありました。生徒の前で先生が叱られて、面目ない形でした。基成先生も人間的に好き嫌いもあって、顔を見るだけでダメ、というのもありましたしね。私たちも未熟でしたわよ。でも、そうやって教えることによって、私たち自身も成長したのです」

有賀にとっては、基成との出会いも忘れがたい。

「私が基成先生におつきしたのは十六歳の時。それまで別の先生についておりましたが、母がとても熱心で、私が学校から帰ってくるのを待っていてピアノを弾かせるという具合。やがて私自身も人に負けたくないと思うようになって練習するようになり、いい先生に教えていただこうということになって基成先生に師事することになりました」

有賀に基成を紹介したのは、親友のチェリスト鈴木聡だった。

「鈴木先生は基成先生の最期を看取った方です。『紹介はするけど、井口のいうことは抽象的だし、子供にわかるかどうか』と消極的だった。でも基成先生は承知してくださった。

指の間に、人でも皮だけの水かきみたいなものがあるでしょう。先生は私の手をみて、『水かきの大きな人は指が動きづらいけど、あんたは小さい時から弾いているからあまり水かきがない。指がよく動く』とおっしゃった。指が分離しているということなんですね。それで、とてもそのようなレベルでもなかったのに、その翌年、昭和十八年（一九四三）にコンクールを受けることになってしまいました」

そもそも「音楽コンクール」が始まったのは、一九三二（昭和七）年である。

若い前途有望な音楽家を世の中に出す目的で始まり、実際、このコンクールに優勝、入賞した人たちがピアニストとして活躍していた。

しかし、当時は官立の東京音楽学校でピアノを専攻したというだけで、立派な経歴となって楽壇で通用する時代であり、そのため、権威を持たない民間出身者の登竜門との意識が濃厚だった。

創立された当時、しばらくの間、優勝を手にしたのは、ロシアから逃れてきたマキシム・シャピロ門下である。甲斐美和子、兼松信子、そして私立の国立音楽学校出身で音楽学者、属啓成の妻となった属澄江らだった。その後、レオ・シロタ門下の活躍が目立つようになった。

一九三七年、第六回からは毎日新聞社の主催となる。新聞という媒体の主催は、コンクールの意義と価値を高めることになる。それを当時、上野の教授の中で誰よりも早く感じ取ったのが、基成である。つまり基成は慣例を破って、秘蔵っ子をコンクールに送り出した。

三九年第八回、上野から最初に出陣したのは安藤仁一郎だった。しかし、安藤は二位、一位がシロタ門下だった。この後、コンクールは井口系とシロタ系の競争となっていく。

有賀は当時の状況をまざまざと記憶している。

「昭和十七年(一九四二)には基成先生のお弟子の伊藤裕さんが一位になりました」

伊藤はドビュッシーの〈映像〉を弾き、テクニックばかりでなく、その繊細でみずみずしい音楽性で圧倒的な点を取り、一位と同時に初めて文部大臣賞も授与された。その後すぐに上野の講師となり、助教授として戦後を迎えた。伊藤の弟子には、高橋悠治の妹の高橋アキがいる。東京藝術大学で勤務した伊藤だったが、もとより繊細で神経の鋭い性質からかやがて神経衰弱気味になり、鉄道自殺をはかってしまった。

さて、有賀の回想は伊藤の優勝した戦中にさかのぼる。

「前年に伊藤さんが一位だったので、私もどうしても一位にならなくちゃ、というので、一日置きに基成先生のレッスンを受けるようになりました。先生は、お宅ではいつも和服を召していらしたですね。

それまでのレッスンでは、ソナタを与えられると一楽章ずつ仕上げたのですが、基成先生のレッスンでは最初から全楽章を与えられました。それでその翌週には暗譜。ご飯とトイレと寝る以外はすべてピアノという日々でした。夏休みでも二、三日はどこかに家族旅行に出かけたとしても、他はずっとピアノでした。結局、そういうふうにして、基成先生に伸ばしてもらったのです」

こうして有賀は、第十二回日本音楽コンクールのピアノ部門で第一位入賞を果たした。
「でもショパンのバラード4番がコンクールの課題曲という時代でした。弾ける人が勝ち、レベルは低かった。今は皆弾けるのが当たり前でしょう、音楽的なことが要求される時代となりました。

前の先生から教わった弾き方はクロイツァー的というか、指の力で弾くよりも、手首の力で弾いていました。でも基成先生に指の力が弱い、と言われ、力を入れて弾くようになったのです。テクニック的な面と、先生から正しい曲の形を教えていただいたということで優勝できたのです。自分の意思でここはこういう音と考えたわけじゃなくて、先生の考えた音楽をそのまま弾いただけ。自分で音楽を創ることはできなかった。それでコンクールの後、スランプに陥りました。指も動かなくなって訴えると、先生は『弾くな、弾くからいけないんだ』とおっしゃった。音楽的に行き詰まったと思われたのでしょう。でも、その頃の私には、おっしゃる意味がわからなかった。私の妹は基成先生の妹の愛子先生につきました。愛子先生は、基成先生以上に音楽を創るのが上手でした。そうして、愛子先生の門下生たちも、コンクールに優勝するようになって、成功を収めるようになっていくのです。これはお二人の先生の力でした」

翌年第十三回でも、基成門下の小林昭子が一位と文部大臣賞を獲得、第十四回では基成門下の寺西昭子が一位・文部大臣賞を勝ち取った。

第十五回では愛子門下の長戸路《ながとろ》愛子が一位、第十六回は基成門下の市橋陽子である。ここに、さらに東京藝大に復帰した秋子門下の活躍が始まり、三人の井口がピアノ界を席巻していくのである。

「井口一門にあらざれば、ピアニストにあらず」と言われる時代の到来である。

4　鳶が鷹を生む

「子供のための音楽教室」の個人レッスンでは、教師を選ぶことが生徒側の意思に任された。それは井口基成と斎藤秀雄がともに、教師の良否が生徒の音楽的人生を左右すると考えていたからである。子供は教師の力で伸びもすれば、才能を伸ばすこともできないというわけだ。

第一期生で、カーティス音楽院教授、サイトウ・キネン・オーケストラのメンバーの二宮夕美は、ヴァイオリン鷲見三郎の弟子だったが、同時に四歳から米国に留学する十七歳まで斎藤秀雄にも師事している。

二宮の母・章子は入室時に仰天した言葉を記憶していた。

「夕美が音楽教室に入ったとき、週一回斎藤先生にも習うことになり、レッスンに伺《うかが》ったところ、夕美ちゃんは僕の試験台だからと言われました」と証言した。そのため斎藤はレッスン費はいらないと言ったというが、そういうわけにもいかないと考えてそっと置いてくると、速達で送り返されてきたという。

父の印税収入があったため斎藤は金には鷹揚《おうよう》だったし、また独特の潔癖症の持ち主でもあった。

さて、複数の教師に師事できるようになるというこの教室のシステムは、日本の伝統である家元制度に追随する音楽界への挑戦といえた。習い事をする場合、親や生徒は別の先生に同時につきたいと思っても、許されないのが慣例である。それは一種の裏切り行為と考えられがちなのである。

そんな土壌において、演奏力を高めるというただ一点の目的にしぼられた柔軟な発想は、理想の教室を運営していくという創立者らの意気込みをあらわすものだった。

生徒には教師を選ぶ権利があるのに、それが逆になっている。だから、自由に生徒たちが先生を選べるシステムとした。生徒にとっては、きわめて自主的かつ複数の教師から吸収できる環境が提供されたわけである。

さらに、井口は「演奏家を経験して舞台に立った者でなければ音楽を教える資格がない」と豪語した。この教室においては、教師が演奏家として認められたものだけと、ハードルが高く設定された。井口から「俺はあの人が舞台で演奏したのを聴いたことがない」という言葉がいったん飛び出せば、誰しも推薦しようとは考えなかった。

井口は変わらず一級の演奏家であり、教室はそのカリスマ性で運営されていった。

もう一方の中心人物である斎藤秀雄の方はほぼ教育に専念する形である。「一に教師、二に教師、三に親、四が子供。いくら才能があっても、教師が良くなければ、東京に上らなくてはならないのに、下関に下るようなもの。父兄はなまじ音楽は知らない方が良い。子供がいかに安心してレッスンをできるか、その生活環境を整えるように腐心するのが親の務め」と説いたものである。のちには地方の「音教」で見つけた才能を、東京に強引に転居させる。チェロの藤原真理は十歳で大阪から東京に一家そろって転居、山崎伸子も十歳で広島の両親から引き離され藤原宅に下宿、返還前の奄美大島からは久保陽子を上京させ、やがてヴァイオリニストとしてデビューさせた。

毎週土曜日二時近くになると、市ケ谷の丘の上にある校舎をめざして、子供たちは親に手を引かれて一口坂をのぼってくる。九段のほうへ行くかつての広い電車通りには、みすぼらしい掘っ建て小屋がいくつか並んでいるばかりだった。

子供たちは、多くが小さなヴァイオリンを手にしていた。空襲で焼かれた東京で、ピアノを所有していた家庭はあまりなかったこともある。またピアノを買う余裕も、それを売っている店もないという現実もあった。

講師たちは、五線譜を見たこともない、それどころか言葉すら喋《しゃべ》りはじめる前の幼児も相手にしなくてはならなかった。説明をするのに黒板をつかって文字を書こうとするが、そこで教師は子供たちが文字を読めないことにはたと気づく。

ソルフェージュを教えたのは伊藤武雄、花子夫妻、畑中良輔らである。

伊藤武雄は戦争で片手を失っていて、教えるときは、残ったもう片方の腕の掌《てのひら》を五線譜になぞらえた。伊藤が指に唇を持っていくと、そこから美しい音が発せられた。唇は音符で、唇の位置を親指から人差し指、中指と移していくと、それは音階となった。

ボストン交響楽団のヴァイオリン奏者を務める水野郁子は、その頃の教育を称《たた》えた。

「伊藤先生はご自分で飛び跳ねたりスキップをしたりして、これは1212とか、これは123とか、リズムの取り方の違いを教えてくださったの。日本人の感覚にリズムというものは、そのころなかった。特に子供のころ、草履を履いてズルズル引きずって歩いていたら、リズム感なんていうものは絶対できるわけない。それができてくるのはあのころの教育があったからじゃないかと思うの。先生たちは教材もレコードもないところで、できる限りのことを教えてくれた。今、そういう努力をしてくれる先生っているかなと思う」

教室にはピアノがそろっているわけでなく、聴音の授業には小さなオルガンが使われていた。伊藤はピアノ科の生徒を中心にした合唱指導もし、「聴く読む書く歌う」と総合的に音楽を学んでいく方針が貫かれていた。

柴田南雄は聴音のテキストを自作して手書きした。まもなくその音感訓練の教材は『子供のためのハーモニー聴音』として出版され、第一級の手引書となる。

ここには何百という和音が出てくるが、それには順に番号がうたれていて、子供や保護者のあいだでは、和音を何番まで覚えたかへの関心が高まった。競争にはなったが、そのおかげで目覚ましい成果が上がった。ポンポンポンとオルガンで鳴らされる和音を、子供たちはすぐに当てるようになってしまった。絶対音感は後天的にも相当の確率で習得できることの証明となった。

ところで、子供の教育は親の熱意がなければ続くものではない。ただしこの時代に音楽教育を受けさせようという親の負担は、現在の比ではない。経済的な側面だけでなく、まず楽譜がないので、新しい曲にかかる時には、先生の楽譜を幼い子供に代わって手書きで写さなくてはならなかった。五線譜を書き、オタマジャクシを並べていく。食糧をはじめすべてが困窮している時代で、練習曲用の紙には、藁半紙《わらばんし》よりもさらに黄色い紙が用いられた。教室には五線譜用の黒板もないので、熱意ある親たちが教師の来る前に白墨を使って授業の準備をした。基成が春秋社から校訂版を発行する必要があったのも、楽譜不足という状況が如実だったからである。

この『世界音楽全集』は一九五〇年には第五回配本があり、『バッハ集3』が刊行された。「読売新聞」五月十日の朝刊にはこの新刊の案内が掲載され、〈この全集の刊行によって楽譜難は一応解消するであろう〉と結ばれている。いかにピアノ界に寄与したかがわかる。また基成は解説の執筆に「音教」に参画している遠山一行や吉田秀和を指名した。

一九五一年一月十五日の「読売新聞」でもこの楽譜の出版が〈古典の楽譜の全く少いこの世界にこの種のものの刊行は有難い〉と紹介されている。この記事では解説者にも触れられた。〈解説は吉田秀和氏と遠山一行氏などの若い評論家が担当している。吉田氏の解説は少なからずディレッタント的な臭みがあり、音楽的な術語の用い方にも正当を欠いているところがある。この種の解説はもっとアカデミックであるべきだと思う〉

今でこそこの全集には「すごい解説者がそろっていた」と言われるが、当初は基成が彼らにチャンスを与えた形である。

さて「古典より現代へ」で毎日音楽賞を受賞して以来この間、基成は専属となっている東宝交響楽団にも年二回のペースで上田仁と近衛秀麿指揮の定期公演に出演し続けている。一九四九年第一九回ではプロコフィエフ〈ピアノ協奏曲第3番〉、第二一回にはシューマン〈ピアノ協奏曲〉、五〇年一月の第二六回ではチャイコフスキー〈ピアノ協奏曲第1番〉、春季シーズンは「四大ピアニスト」と銘打たれ、原智恵子、クロイツァー、安川加壽子に続き、六月の日比谷公会堂でトリとして、近衛秀麿指揮でラフマニノフ〈ピアノ協奏曲第3番〉を披露した。しかし、この演奏は属啓成に「読売新聞」紙上で「井口基成氏はよい意味にも悪い意味にも大分老けてきたことを感じさせた」と腐された。

それに対する返礼のように、翌年一月の定期公演で井口は上田指揮でバルトークに挑んだ。属啓成が再び同紙でとりあげている。

〈当夜の関心の的はバルトックの遺作第三ピアノ協奏曲の初演（独奏井口基成）であった。これは一九四五年の作で作曲者は完成真際《ママ》で同年の九月に世を去り、四七年に出版されて以来目下アメリカで好評中の問題作で、一概に一時代古い作品の初演が多い本邦にとってこれは初演の「走り」であろう。かなり弾き難く合せにくそうな曲だが、演奏としてはアダジオの中間楽章が最もよく、曲としては終楽章が素晴しい〉

井口はあくまで演奏家として、先頭を走り続ける決意を示したかのようである。

「NHKラジオリサイタル」では、ベートーヴェン〈ピアノ・ソナタニ短調〉やショパン〈マズルカ〉などが、〈ベートーヴェンの苦悶、真摯な精神的闘争が力強く劇的に多様な形式のうちに表現〉とコメントされている。

こういった演奏の合間に自宅で校訂をし、弟子を教え、夜行列車で各地の出稽古に出向き、音楽教室での発表会では怒声を発していた。

さて、土曜日の授業が終わった五時ごろからは、弦楽器の生徒たちが集められ、斎藤秀雄のもとで合奏の練習が始まった。ところが管楽器がいないので、そこには、ピアノを専攻している中学生らが当てられようとしていた。

岡谷和子は井口秋子に師事していたが、ある日、斎藤から「プーッて吹き流しくらいどうだ?」と探りを入れられた。

「軽い気持ちで引き受けて、ホルンを吹くことになったのですが、もともと心臓肥大でラッパは無理だったんです。そのうちに行かなくなっちゃって。斎藤先生はしばらく口もきいてくれませんでしたけど、オーケストラでためになったのは、リズムの間の取り方でした。指揮を見ながら吹くと、どこで呼吸をするということがわかるのです。ここでどういうふうに合わせるか、と考えることはピアノでも同じなんです」

ピアノを弾いていたのに、後年トランペット奏者になってしまった例もある。こうしてオーケストラの体裁は最初は強引に整えられた。

まもなく子供たちの合奏が注目を浴びるようになる。ＮＨＫからラジオ放送の依頼がよせられ、ハイドンの〈おもちゃのシンフォニー〉が電波に乗ることになった。司会者は、弟が「音教」に通っていた黒柳徹子である。録音スタジオに並べられた椅子に子供たちが座ると足が床につかず、ぶらぶらしている様子はスタッフの笑いを誘った。

子供たちによるオーケストラが日本で初めて産声をあげたのである。演奏は大成功に終わり、音楽教室には新聞社から取材が入った。「鳶《とび》が鷹を生む」というシリーズ物のその記事は、親たちの苦笑を買った。このオーケストラは教室の大きな特徴となっていく。

5　女子校だから共学は非公式に——河野俊達、江戸英雄、千葉煐の回想

「音教」の子供オーケストラは、本邦初だということで大いに話題をさらった。この訓練には、基成や斎藤と交流を重ねていたヴィオラ奏者の河野俊達が参画している。河野はこの数年後、日本フィルハーモニー交響楽団の創立に参加し首席を務め、その後バッファロー交響楽団で活躍し続けた。来日時に創設時代の思い出を聞くと、想像以上の苦労があったことを口にした。

「トシちゃん、子供のためのオケやるけど、やってくれる？　と斎藤秀雄さんに誘われて、承知するまで何分もかかりませんでしたが、この教室でオケを始めるにあたって、楽壇の連中は嫌味

しか言わない。子供にオーケストラをやらせるって、そんなことできると思っているのか、とね。どこのパーティーに行っても悪口を聞くんです。それを斎藤さんにではなく、私に言うんです。

子供たちは一六分の一からフルサイズまで、自分に合うヴァイオリンを持ってきます。そのヴァイオリンがものすごくチャチにできていて、何が難しいかというと、糸を張ってポーンとAの音に最初合わせようとするが、よく合わない。糸巻きがてんで安くできちゃっているから。合わせてもすぐ狂っちゃう。しょっちゅう調子を合わせて、それが四本もあるわけなんです。その上に斎藤さんが、四分音符が長い短いとやるでしょう。四歳から十二歳の子供たちの合奏なんてこと、今だったら、誰もやる人はいないですよ」

子供たちにいっぱしのオーケストラ同様の演奏を求めることは、無謀にしか思われない。しかし、子供のオーケストラはこの教室のシンボルとなっていく。これが斎藤にとっては学校の運営における重職を引き受けない理由となり、その責務が、演奏家としての活動を重視している井口にかかっていくことになる。

教室では四歳から十二歳の子供たちは年齢も男女の区別もなく、いくら小さくても弾ける子供はオーケストラの前の方の席に座らされた。いわば芸術上のデモクラシーである。

オーケストラ以外のクラスでもそれは徹底され、クラス分けはもっぱら実力によった。そのため幼稚園児と中学生が同じクラスになることもあり、楽典や理論を担当した教師は途方にくれた。最年少で一期生として入室した中村紘子も、グレード試験にどんどんパスして最上級までいった。

〈才能云々というより、音楽というのは年少であればあるほど身につくことが速いということの証明だった〉と本人も回想している。

一番上のクラスはレコードを聴いて分析する授業である。このクラスの受け持ちは吉田秀和で、「わかった人?」と生徒たちに質問すると、いの一番に最年少の中村が手を挙げるので指すと、当然のことながらうまく答えられない。そんなことも起こるほど子供たちは想像以上の進歩を見せた。

三年がたち、一期生の多くが高校への進学を意識する時期となった。そんなとき保護者から、ここまでできたからにはもう少し専門教育を受けさせたい、普通高校に進学するのでなく、音楽の勉強を主体にしたい、という要望が出た。

教室発足当初、井口たちは既存の教育機関や他の教育者にすべてゆだねて成果を上げられるだろうと考えていた。ところが、予想を上まわる成果を上げた生徒たちを教師の側も手放したくなくなったのである。

音楽高校の設立が望ましかったが、文部省や東京都の管理のもとに設置基準は細かく決められていて、畑違いの音楽家が到底自分たちの力だけで新設できるものではなかった。どこかの高等学校に頼み込んで音楽科を併設してもらうことが唯一の活路と考えられた。

ここで登場するのが財界人、江戸英雄である。妻の弘子は基成門下のピアノ講師として教室に参画していたし、長女、京子は教室の一期生で音楽コンクールを目指すほど頭角を現していた。お茶の水女子大学附属中学卒業を控え、音楽の道に進むかどうかという岐路を迎えてもいた。次女純子、三女涼子も教室で学び始めている。江戸は妻からも頼まれて、保護者としてこの事態の打開に協力しようとした。

このころ江戸の勤務先である三井不動産内部はもっとも危機的状況にあった。占領軍による財閥解体で三井本社は解散させられ、会社の存続自体が危ぶまれていた。それにもかかわらず、江戸は音楽科設立のために東奔西走した。三井本社に江戸を訪ねて、当時のことを訊いている。

「日本のベストクラスの音楽家が集まって『音教』を始めて以来、あそこの発展をずうっと手伝ってきたわけです、父兄として。昭和二十六年（一九五一）に第一期生の多くが中学を卒業してしまう、それでどうしても高等学校が欲しい、ということになった。ところが金がない。当時、どこの学校も困っていますから、余計な金のかかるようなものを受け入れるところが、どこにもなかった。ほうぼうに行ったけど、みんなノー・サンキューで」

家政学院には高校の音楽科まで抱えこむ余裕はなく、慶應、立教、青山、早稲田などへの打診は、色よい返事を得ることができなかった。

「ちょうどその頃、私の水戸高等学校の同級生で懇意にしていた柴沼直《なおし》が東京文理科大学と東京高等師範の学長をしていた。俺のところに教室が空いている、あれを使わせよう、ゼニは出せない、金はお前の方で集めろと言った」

一九四一年に陸海軍将校の子女の教育を目的として、山下汽船（現・商船三井）創始者、山下亀三郎が寄付した一千万を基金に設立された山水学園は、戦後、陸海軍の解体により宙に迷っているところを、東京文理科大学および高等師範学校が付属実験校として運営を引き受けていた。理事は高等師範の教授たちで、校章である「五三の桐」に由来した桐朋という名称で更生したところだった。

江戸は学園を基成と斎藤とともに視察に行った。

「仙川にある学校は畑の中の一軒家。こんな田舎の不便なところに生徒が来るだろうかと私は思ったんですが、井口先生も斎藤先生も大変に気にいっちゃった。アメリカの学校は郊外にあるのが多いんだ、ぜひ頼もうじゃないかと」

こうして江戸は資金集めに奔走することになった。

「まず訪ねたのは、評論で活躍し始めた遠山一行のお父さん、日興証券社長の遠山元一。そしたら私のところは株屋で音楽とは関係ない、というから、そんなことありませんよ、あんたのところの長男は講師、指揮者をやっている息子もいた。株屋の宣伝になるか、というから、これはそんな性質のものじゃなくて文化事業だから金を出してくれ、と一時間話した。それでやっと百五十万出しましょうって。五十万は寄付、百万は返してくれっていう条件だった。こうして他からも集めて総額二百六十万。そしてのちに校長になる生江義男《なまえ》に頼んだ。ところが生江は反対。あそこの教員組合が反対、父兄が反対。だいたい男女共学なんてもってのほかだ、と。男で音楽なんてやる奴は不良だということで」

生江義男は母校、石巻中学校に復職したところを、一九四八年、転勤命令が出され、三十一歳という若さで桐朋学園女子中・高校の主事（校長代行）となっていた。

このあたりの経過については、生江の後、校長となった元学園理事長、千葉㬌《ひろし》が明確な記憶と記録を残していた。

「井口先生のコンサートが桐朋女子高で開かれたりもして、音楽家として偉大な方だったのはわかっていました。ただ、音楽科併設問題では連日職員会議が続き、組合、ＰＴＡ、職員全てが反対に回っていました。そもそも桐朋本体に生徒が集まらない状況で、募集工作をする時代でしたから、こんな時に音楽科がなぜ来なくてはいけないんだ、しかも男女共学じゃないか、と。そのころ私は二十四、五歳で組合の書記長をやっており反対の急先鋒だったのです。組合としての意見を直接伝えようと、三役で〈子供のための音楽教室〉に乗り込んだのが昭和二十六年（一九五一）十一月二十六日、秋日和の日でした。東京家政学院の焼け跡の雰囲気の残る校舎で、井口先生、斎藤先生、伊藤先生と、どなたかもう一人いらっしゃり、初めてお目にかかったのです」

井口は四十三歳、伊藤武雄が四十六歳、斎藤秀雄は四十九歳、もう一人いたというのは創立メンバーである吉田秀和か柴田南雄のことだろうか。この年、吉田は三十八歳、柴田三十五歳である。千葉は続ける。

「ともかく井口先生が中心で、お目にかかったのは、達磨《だるま》ストーブがある部屋でした。ストーブには薬缶《やかん》がかけてあって、その中に一升瓶の酒が入っていました。その温まった一升瓶を井口先生が持ち上げて、『じゃあ、ともかく一杯』なんていうことになってしまった。そこにある茶碗で。井口先生は、その茶碗酒の印象が強いのです。たいへんな大先生から酒を注がれ、井口先生はとうとうと音教について熱心に語った。とても大きな体つきで、よくお喋りになる。え？　斎藤先生はほとんど喋りませんでしたね。結局、井口先生のお話を一方的に聞くことになって、酒飲んで帰ってきただけになってしまったのです。井口先生との面白い出会いでした。酒を飲んだ後、どうでしょうねえ、何が何でも阻止するという気持ちがひいたというか」

井口の差し出した酒と会話は、組合幹部に対して大いに有効だったようである。

「十二月十三日に開かれた職員会議で、当時の校長が、ＰＴＡや職員の意向とは違うが、引き受けようではないか、条件付きで認めよう、と提案してきました。普通科には決して迷惑をかけないと、江戸英雄さんが約束されたとも聞きました。そのとき私を含め誰も反対しなかった。校長の人柄もあり、それで幕が引かれました。

その後、私と生江先生とで江戸さんのお宅に伺ったこともあった。やがて江戸さんが理事長になり、八ヶ岳山麓に寮を作ることになったときには公地の手当てをしてくれたり、女子校の卒業生たちを三井、三菱に入れていただいたり、就職のお世話もありました。

生江先生はその後、女子中学・高等学校の校長となり、男子校の児玉実雄校長とともに、両校それぞれの教育の特色を創り出していきますが、この二人と井口先生はよく飲んでいて、梁山《りょうざん》泊《ぱく》のようにやっていましたね。井口先生は豪放磊落《らいらく》に見えるけど、神経細やかに動いていた。教育大学の理事から批判があったりしましたから。生江先生がその緩衝役となっていました」

こうして、桐朋女子高等学校に音楽科が併設されることになった。アップライトピアノ二台とグランド一台が購入された。学園の隣にはシッカロールを作っている和光堂の工場に貸している敷地があり、その一角に遠山一行の父が出した資金であばら家同然の教室が作られた。入り口には感謝の念を示すべく「遠山教室」と書かれた木札が掲げられた。小さいながらも学生寮もできた。

一期生は五十人だった。男子は四人で小澤征爾や堀伝、林秀光、村上綜らのちに活躍する人材が揃った。女子高校で女だけという建前なので、非公式に保護者には隠して男子生徒たちが「潜入」した。生江が男子生徒らと面接した時には女子生徒に対する態度に釘が刺された。「寮の風呂場やトイレから楽器を鳴らす音が聞こえたり、子供の泣き声がしたりとほとんど難民風だった」と千葉の回想は続くのだが、音楽科はこれまでの音楽学校のような型にはまったものでなく、私塾のようなやり方をめざして出発したのである。

6　生江義男との酒宴

桐朋学園に音楽科が併設されたのには、学園主事でのちに校長となった生江義男の決断があった、と財界人、江戸英雄は証言している。戦後になって「知・徳・体」を柱にした新教育制度が開始されたが、教師が与えた問題を生徒がただ解くという安易な問題解決学習が早くも拡がりはじめており、生江は強い危機感を持っていた。そんな折、井口から音楽教育の実際を聞いたのである。

「知」に傾く教育は偏差値信奉を生む。知育、徳育、体育だけでは人間教育はできない、真の人間を育てるには「美育・気育」を欠かすわけにいかず、音楽科設置は教育界に風穴を開けるかもしれないとの気概を共有するようになった。

「なんでも作り上げる時が一番面白い」と、二人は意気投合し盃を交わし続けた。

生江の家は桐朋敷地内の寮にある校長宅で、基成は生江と気も合って頻繁に足を運んだ。江戸英雄もしばしば加わり、葭町《よしちょう》で芸者衆から習い覚えた踊りを手ぬぐいを頬かむりして披露し、歌えや踊れで盛り上がったものだ。それには、妻精子《せいこ》の来客を苦ともしない気質があった。宮城出身の生江同様、妻の故郷を思わせる口調はどこか懐かしく包容力に満ちていた。明るく率直な気質は、井口を取り巻く人々に共通のようだった。

「普通科、音楽科、後には演劇科も作られて、三科の先生たちが何かといえば集まっていました。作家の山口瞳さんもよく来て、長女に『服を買ってあげたい』などと口にすると、うちのお父さんは、『いつ買ってくれるんだい』などと答えるほど気心の知れた付き合いが続きました。古き良き時代でした」

山口瞳は、売れない時代には桐朋で教鞭をとっていたようである。生江家には昼夜分かたず人が訪れ、賑わっていた。賑わいといえば聞こえがいいが、それには飲食が伴っていたから、その用意も家計もやりくりは大変だった。肉屋、魚屋、八百屋はツケ払いで、給料が出たら払う、時には先に延ばしてもらうこともあった。長女も次女も勉強しろと言われたことはなく、それよりも夜中の十二時ごろに酔客が引き上げた後の食器洗いを手伝うようにとの教育である。

長女も話に加わってくれる。

「音楽科の先生たちって、普通科の先生たちに比べて激しかった。個が確立しているというのかしら。有名な音楽家たちばかりだから、議論が続いて、井口先生が突然、怒鳴って机を叩いたりしたことを覚えています」

音楽の教育現場では、知識の習得と記憶が絶対価値を持つわけではない。ある種のセンスとそれを磨くための莫大な努力の集積がものをいう。ピアノのキーをポンと叩いただけで、教官の技量がどの程度のものかがわかるし、教える側が絶対的優位を保ち続ける保証はまったくない。生徒の技量が、教師の技量を上回っていることを、師弟共に明確に認識してしまうこともある。そんなとき師弟の間には張り詰めた空気が漂う。井口の話は生江に多くの啓示を与えた。

音楽の教育は、技術の授受という点でまことに厳しい。そして技術指導には、思想とも哲学ともいえるほどの理念がなければ、独自の表現には到達できない。教える側も全人生をかけ、教わる側も全青春をかけなければ、レッスンは成り立たない。普通教育の現場では起こり得ないその緊張感こそ、詰め込み教育に堕す恐れを持つ普通科の教育に必要不可欠なものではないか。生江は普通科の改革を試み通信簿や入学試験時の筆記試験を廃止、画期的な教育を推進し、教育史に名を留める。

激論をし、極めて風通しの良い関係のもとで、「音楽の桐朋」と言われるほど音楽科は成果を出していく。むしろ桐朋学園は音楽科に「軒を貸して母屋を取られた」と言いはじめる者もいた。音楽コンクールでは桐朋から続々と入賞者が出て旋風を巻き起こした。

こうして三年が経つと、生徒の受け皿として短期大学設立のために江戸がまた資金集めをした。政財界の文化人六十人を発起人とし、遠山元一を会長、藤山愛一郎や中山素平《そへい》らを中心に一億円を目指して寄付を募った。

桐朋女子中学・高等学校教諭を務めた佐藤晃一の話は創立時の裏側を物語っている。

「江戸さんの尽力で短大の音楽科ができると井口先生が学長に推され、さらに大学に発展した時も、学長は井口先生となりました。

井口先生は本当はやりたくなかったのに引き受けたのですよ。いざ音楽科ができると、斎藤先生より井口先生の方が、熱心なのです。井口先生と生江先生は飲み友達となって、生江先生の家に井口先生がよく通ってきて、生江家では斗酒を辞さずで、井口先生の方が先に潰れていました。

桐朋には金がなくて、ピアノは高級な消耗品でしょう。生江先生は、ヤマハから先にピアノを借りたり、生江先生個人が前借りしたり、質屋に通ったり。音楽科の保護者は豊かな家の子弟が多く、寮にピアノが運ばれてくるわけだけれど、それを期待して、それを使わせてもらって。音楽科を独立採算性にしようという話もありました」

一方、江戸の方は、政財界とは一味違う音楽家たちと直接、関係を持つことになった驚きを隠さない。

「役員会にも出ると、斎藤先生はおとなしいけど、井口先生はすぐテーブルを叩いて怒って大げんかして。まあ財界での役員会なら喧嘩別れですよ。会社の取締役会などであんな言い合いをしたら、大騒動になるような場面がしばしばある。それで結構、学校のことになると、二人ともまとまる。会が終わると、けろっとしているんですな。人間的には井口先生の方が好きですよ。政治性があって皆をまとめて押さえて、熱情的でね。斎藤先生は陰性なところがありましてね。井口さんは言いたいことをずけずけと言いますわね。それから斎藤先生は少し女好きでいらしたですな」

「基成がいなければ、まとまらない」という話は、音楽関係者への取材過程でよく聞いたものである。その音楽性について、その性格について、楽壇関係者、特に男性からの支持は絶大だった。酒を口にしない斎藤が、完璧を求める隙のない性格である一方、演奏家として日本最初のヴィルトゥオーゾと言われた井口は、時に馬鹿な行動もするも憎めず、清濁併せ飲む人物とされていた。

戦後すぐに音楽之友社に入社し、小澤征爾のロングセラー『僕の音楽武者修行』を企画した中曽根松衛は、のちに芸術現代社を創設して「音楽現代」などの出版を開始した。芸術現代社を訪ねると、中曽根は滑らかな口調で二人の個性について説明してくれた。

「井口さんは桐朋の先生となったチェロの鈴木聡と親しかったでしょ。でも斎藤さんは鈴木さんをまったく評価してない。時々嫌味を言うようなね、平然と無視して、尊重しないんだね。鈴木さんがこの教室に関わったのは、井口さんが友情を持っていたからなんだ。一方で、斎藤さんは井口さんの妹の愛子さんを凄くかっていた」

中曽根は音楽ジャーナリズムの世界の証人だった。

「井口、斎藤に共通するのは、二人とも厳格で怒りっぽくてタイラント（暴君）。斎藤は理詰めで、悪く言えば陰性。井口さんの方は陽性で、悪感情もない。時に暴力的にもなる。今、斎藤先生なんて小澤征爾以下言っているけど、あんな性格の先生をよく慕っているな、と感心しているんですよ。

井口は気の毒だよね。大家で大先生だったのに、晩年には多くの弟子が離れてしまう。ただ演奏家としての井口の目指したものは極めてはっきりしていて、『演奏家の使命は、作曲家の作った音楽を大衆に知らせることである』とこれは明確だった。それに問題が起こってけじめをつけなければならない時は、きちんとけじめをつける人だった。

でも、斎藤さんと井口さんの二人はお互いに尊敬はし合っていたよ。井口さんは演奏家として大家であり、筋を通す。彼がいないと、音楽教室も桐朋学園音楽科もできなかった」

さて桐朋学園では、一九六六年には文科だけとなっていた短大に芸術科が設けられ、演劇コースが併設された。学長は生江である。俳優座養成所を前身とするこの演劇科は、千田是也、安部公房、田中千禾夫《ちかお》らが中心となって、演劇界の第一線で活躍する人材を輩出し続ける。井口も面接試験に立ち会っている。

佐藤晃一にとっても、桐朋で教鞭をとることは誇りとなった。

「心の健康、体の健康をめざして、一人一人の能力、個性に対峙《たいじ》していたのです。音楽科の影響で、個性の伸長が重視され、この子は遅い、早いという教育はやらないようにしてきました。また他の子と違うものを持っていてこそ、存在意義があるという桐朋の特色が確立されました」

桐朋普通科もまた、個性重視の教育実践の場として名を馳せることになる。

さて、音楽科の成果が目に見える形で明らかになったのが、戦前から続いてきたNHK・毎日新聞社共催の「日本音楽コンクール」と、一九四七年に始まった「全日本学生音楽コンクール」である。音教開校とほぼ時を同じくして発足したこの学生コンクールは、小学三年生以上を資格とした小学生部門、中学生部門と新制高等学校の生徒を対象とした高校生部門に分かれていた。

戦前から戦中の音楽コンクールにおいて、基成のみならず、秋子、愛子ら井口一門の活躍は目覚ましかった。戦後になると、愛子門下の大西愛子や柳川守、基成や安川加壽子に師事して日本人初の国際コンクール入賞、つまりジュネーブ、ロン゠ティボー、ショパンなど三つの国際コンクールの日本人初入賞者として知られている田中希代子らも出現した。また、若い頃は犬猿の仲だった永井進も桐朋の非常勤講師となり、門下の松浦豊明は、ロン゠ティボー国際コンクールで第一位となり、日本人初の国際コンクール優勝者となった。

評論家野村光一は、基成、安川、柳川守、田中希代子を日本を代表するピアニストとして挙げてきたが、新しい世代の台頭が著しくなってきたわけである。

一九四六年の第二十回日本音楽コンクール第一位に輝いたのは、雙葉《ふたば》中学校を卒業したばかりの賀集裕子である。桐朋音楽科一期生となる賀集の快挙は、桐朋音楽科開設への大きな足がかりとなったはずである。賀集が挑戦したのは「学生コンクール」でなく、大人が目指す伝統ある「音楽コンクール」だった。この賀集が基成の人生に大きな転機をもたらすことになる。

裕子の父・賀集益蔵《えきぞう》は新光レイヨン（現・三菱ケミカル）の社長だった。裕子は五歳よりピアノを始め、実業界に身を置く父の転勤にともなって、芦屋から東京へ転居した。関西で師事していた教師のツテで辿り着いたのが基成である。しかし、基成は応召となり、賀集の身柄は妹の愛子に預けられた。復員後は基成に師事し、基成・愛子の生徒となった。桐朋では師の選択が自由であり、これによって生徒たちはさらなる飛躍を目指すことができた。

中曽根は、基成の妻・秋子からは、「私は有望な生徒は基成に回すことにしている」という話を聞いている。確かに秋子から基成にかわった生徒たちは、優秀な成績をあげることになる。

賀集につづき、江戸京子、松岡三恵、高橋従子らが入賞、第一位特賞などに輝く。

さらに一期生の林秀光、本荘玲子らが頭角を現し、五七年、水谷弥生、森安芳樹、五八年、高橋晴子、山口裕子、笠原みどりや神谷郁代と、井口一門の師弟が活躍し続ける。

また音教からも続々と後輩が育ってきており、五三年小学生部門で優勝したのは六年生の田崎悦子である。このとき中学生部門で優勝したのが岩崎淑だった。

さらに五五年には福岡在住の小学六年生で基成の孫弟子に当たる、末永博子門下の藤村佑子が、中学生部門では愛子門下の宮沢明子、五六年には小学生部門で七歳から愛子門下となった野島稔が第一位、野島はこの三年後には中学生部門で再優勝を果たす。

翌年に愛子門下の弘中孝、その翌年には、やはり愛子に小学生の時から師事した慶應義塾中等部在学中の中村紘子が中学生部門で優勝。六三年には花房晴美が小学生部門で優勝した。

桐朋音楽科の発展は、仕方なく学長となった井口基成にとっても、大きな誉れだったはずだが、一方で基成は演奏家としてのアイデンティティーを求めていた。

第七章　音楽界結集に動く

1　貴婦人という名の教師　井口秋子──小林仁の決心

井口基成と妻・井口秋子の両方に師事した弟子は多い。

そのなかに、東京藝術大学名誉教授、日本演奏連盟理事をつとめる小林仁《ひとし》がいる。一九三六年生まれで名古屋音楽学校で学んで東京藝術大学に進み、日本音楽コンクール第一位特賞を受賞した。また一九六〇年にはショパン国際ピアノコンクール入賞・奨励賞を手にする。演奏家や教育者として、さらには楽譜校訂にも関わり、基成に近い活動をしたピアニストでもある。彼の回想には、基成と秋子の相違が際立つ。

〈私も門弟の末席につらなるものの一人として、いまでも井口基成という名前を聞くたびに居ずまいを直し、エリを正す気持ちにさせられるほどの畏怖の念をもつ。

井口先生は当時の日本音楽界がドイツ一辺倒だったのにさからってパリに留学された。しかし先生の演奏は何かの流儀のながれを組むというものではなかった。ドイツ的でもなく、フランス流でもない。いわば先生独自のものであり、個性的で、アクの強いものであった。当然それに反感をもつ人も少なくなかったが、それでも強固な信念につらぬかれた骨太の音楽には誰しも一目おかないわけにはいかなかった。バッハから現代音楽にいたるまで、当時ほかの誰もが演奏することができなかった大曲、難曲がレパートリーをしめていた。今日の日本では例えばベートーヴェンのハンマークラヴィーア・ソナタやラフマニノフの三番の協奏曲、ブラームスの協奏曲、レーガーのバッハ変奏曲など名だたる難曲を演奏できる人はいる。しかし、これら全部を、しかも十七歳ごろからピアノをはじめた晩学のピアニストが短い期間のうちにつぎつぎとものにし、ピアノのレパートリーのほとんどを手中に収めるなど、現代でもやはりめったにできることではない〉

そもそも小林が基成の教えを受けたのは、名古屋時代の小学五年の頃からである。その月一回のレッスンはスパルタ式以上のものであり、「手や頭をひっぱたかれるのは当たり前のこと、虫の居所が悪いと、レッスン室に入っていくなり、歩き方が悪いとか、頭の刈り方が悪いとか、およそ理由にならない理由で頭ごなしにどなりつけられ、それだけでその日は終わり」ということもあった。そんな具合だからピアノがうまく弾けるかどうかは、子供だった身にはもうどうでもよく、一分でも早く基成の元から退散することとしか考えなかったという。

〈もちろん、今、冷静に考えれば、当時いいかげんな練習しかしていなかった子供の性根をたたき直し、演奏家魂の何たるかを植えつけるための先生一流の荒っぽいやり方だったのだが、このような教育法の功罪両面について考えをめぐらすことは、現在人を指導する立場にある私は、いつも念頭から去ることがない。とくにピアノを無神経に弾き、楽譜をあたかも週刊誌でも読むように、安易にななめに読む生徒を前にすると、人一倍気性のはげしい井口先生が示された激怒の

気持ちもわからないものでもない〉（「春秋」一九八三年十一月号）
そして、小林は、「常人が一生それだけにかかりきりになっても出来そうもないような仕事を残された」と結ぶ。
壮年を迎えた小林はそんな回想をしているが、青年時代は心が揺れ動いていた。もともと楽理や作曲にも興味があった。コンクールで優秀な成績をとったにもかかわらず、三十歳を過ぎてオペラのコレペティトゥアか副指揮者が向いているのではなどということが頭をよぎることがある、と秋子に漏らしたことがあった。

ピアノに向かう秋子

秋子は、一九五一年五月からは藝大に非常勤講師として復職、二年後には助教授、五六年からは教授として七三年まで幾多の弟子を育て上げ、大きなピアノ界の系譜を形成する。
秋子は日頃は穏やかだったが、小林仁に対する秋子のアドヴァイスは、決断を本人に任せるのでなく、「私はあなたがピアニストに向いていると思っています」という毅然としたものだった。四晩続けてある楽団からショパンのコンチェルトの依頼があった時も、初めての曲で本番まで二十日という条件だったから断ろうとすると、秋子から「あなたはやれるはずです」と断言され、小林は死ぬ思いで稽古を重ね、演奏会に臨んだ。結果として、それは何ものにも勝る貴重な体験となったのだ。

「井口（秋子）先生はその御生涯を通じてピアノ一筋に徹し、その生徒にもピアニスト魂とでもいうべき息吹を吹き込まれた」。「井口先生のような、ともかくピアノ一途に精神を集中させるような指導者がなかったら、私はとうていピアニストにならなかったことだけはまちがいない」と秋子を仰ぐ。

基成は桐朋の学長として、秋子は桐朋の非常勤のみならず藝大でも、と二つの道を歩き始めたが、この時代は井口家にとっては最も平安な時代となった。

小田急線成城学園前駅から左にまっすぐに十分ほど行った突き当たりに、大家族の屋敷はあった。この一本道をいったい何百人、何千人のピアニストがあるときは喜びに小躍りし、あるときは絶望と悲嘆にくれて歩いたことだろう。

戦後姉妹・弟ら四家族が一緒に住んだとき、十人に近い子供たちは皆幼く食糧事情も悪く、家の中は混乱を極めた。やがて母秀がそれぞれに家を買い与え、基成もそれに協力した。

長男家成は学齢期を迎え、井口家では四人の子供たちが小学校へ通うようになった。秋子は母として妻として教師として、極めて多忙な毎日を送っていた。

昭和の最初に単身で留学し、ドイツでスキーを覚え、まだ女性ドライバーがほとんどいない時代に車の免許をも取得するような進歩的な女性である。お手伝いはいたが、台所に立つと牛乳から真っ白いチーズを作って子供を喜ばせたり、レッスンの合間を縫っては五人の学校の授業参観にも必ず顔を出す「完璧な母」でもあった。

秋子は門下生にとっても憧れの的である。電話をかけるとどんな時でも、「ハイ」とまず明るい声で応対する。秋子は常に平常心を保っていられるようだった。髪をふり乱すこともなく、オシャレに気を配っている証拠に指先に薄いピンクのマニキュアをしていた。当時、普段に黒の洋服を着ることはほとんどなかったはずだが、秋子は黒を着こなしていた。上品なスーツ姿でレッスンに現れることもあった。姿勢もよく、女性としての美しさを常日頃から磨いている「貴婦人」だった。

五二年、基成は家を増築した。門下生たちはこの建物を新館と呼び、もともとあった秀が住む母屋を旧館と呼んだ。

旧館のレッスン室の壁はクロス貼りで、日比谷公会堂のような格調をかもしだし、生徒たちは緊張して入ったものだった。ときに秋子の子供たちが風のように通り過ぎることがある。自分たちの部屋へ行くのに、レッスン室を通らなければならなかったからである。

秋子は知らん顔でレッスンを続けるが、生徒の方から「今のは啓子さんですか、坊ちゃんたちはお元気ですか」などと尋ねようものなら、厳しい表情の秋子が突如として相好を崩した。

そんな旧館時代は終わりを告げ、出入りの大工が基成や秋子から好みを聞き出してコツコツと造りあげたモダンな新館ができた。二台のグランドピアノが置かれ、バー・カウンターや曲線階段、大きなストーブをそなえた洋間もできた。外国の音楽家が来日すると、呼んで大振る舞いをするのが常だった。行きつけの京橋の寿司屋「与志乃」が出張で握ったり、スッポン料理、中華の専門店が呼ばれた。

この応接間でレッスンのほとんどが行われるようになった。

桐朋一期生の岡谷和子が基成のレッスンを受けるために訪ねたときのことである。成城の駅を降りると、今日はなにを怒られるか、暗譜はできるだろうか、あそこがまだ弾けていない、などと不安におそわれ、息苦しく身も縮む思いをして一本道を歩いたものである。

しかし、ある日レッスン室に通されたとき、「今日は私がみますよ」と秋子が現れた。基成に急用ができたとのことだった。岡谷は胸を撫でおろした。

秋子のレッスン自体は厳しいながらも、基成と比べるとなんと和やかな時間だったことか。和音をつかむときの腕の使い方、力の抜き方、フーガの声部の弾き分けなど、根気よく具体的に教えてくれた。

門下生たちの回想によると、秋子は最初の一小節目の弾き方、音の出し方が大切だとしていた。なかなか前に弾き進むことを許さない。何回も繰り返し弾かされる。右に座った秋子は、手取り足取り、音の出し方から説明し、弾いてくれる。

「身体を楽にしてお弾きなさい」

「音に語りかけて！」

頭で理解し、身体で覚えるまで、決してやめない。

「こういう感じよ！」

「ここにモーツァルトの不幸が滲み出ている！」

東京藝術大学を退職した際に開かれた「秋玲会特別演奏会」のチラシ

生徒たちは不幸のなんたるかもまだ知らなかったが、「不幸の音」と心の中でつぶやきながらそっと弾く。こうして自分の曲に対する姿勢の甘さを自覚するようになる。テクニックが弱いと思われる門下生には、いきなりリストのコンチェルトを与えることもあった。

ほんの数ページしか弾かないでレッスンにのぞんでくると、「こんな曲、中学生でも一週間で全部仕上げますよ」と吐き捨てるように言われた門下生もいた。さらに弾き終わったときに「そう弾くの、下手ね」とさらりとかわす。そんな時は子供心にショックを受けたものである。

「わたくし、もういや！」と憤慨することもあったが、生徒の方はあくまで自分の不勉強にあると思わせる何かが、秋子にはあった。

時間が延長になることもしばしばだったから、約束の時間に行ってもレッスンが溜まっていて二時間、三時間と待った。そんな時には大勢の門下生のさまざまな曲を聴くことができたし、一人一人に対する指導をゆっくりと知ることもできた。海外から秋子と面識のある演奏家を呼んで、レッスンを受けさせてくれることもあった。

濃いめの鉛筆で、細かい表現やニュアンス、ペダリングを書き込んでもくれた。

時には門下生の足に、自分の足を重ねてペダルを踏んだり、横にピタッと座って歌って曲の流れやフレーズのまとめ方やレガート奏法を指導してくれたりした。レコードをかけることもあった。ルービンシュタインのショパンの時、

「ネ！　なにか胸に迫ってくるものがあるでしょ、ほら、このリズムをよく聴いてごらんなさい」と自らの感動を伝えようとしているようだった。

門弟の一人、関晴子の心中にはまだ秋子が生きている。

「音楽は心と身体で感じなければ、人の心に訴えることはできない」

秋子の言葉から、関は音楽に目覚めたという。いくつになっても感動することの大切さも秋子から説かれた。

ある時リサイタルを控えて秋子の前で、プログラム全曲を弾いた。本番のように緊張したせいかクタクタになってしまった。秋子はいくつかのポイントを指摘し、そのあとお茶を淹《い》れてくれた。コーナーにあるバーからブランデーを持ってきて、紅茶のカップに数滴たらす。関は思わず
「酔ってしまうから」と遠慮したが、

「あら、いいじゃないの。もう弾いてしまったんだから。リラックスしなさい。こうすると美味しいのよ」

秋子は微笑んだ。

そんな秋子を生徒は常に慕い、自然と秋子を囲む会ができ、「秋玲会」と名づけられ、門下生たちは年に一度、あるいは二年に一度成城のレストランに集って秋子を囲むようになる。

2　チェルニーの輝き——林秀光、岩崎淑、岡谷和子、田村宏の驚き

桐朋学園女子高等学校の中に開設された音楽科一期生五十人のなかには四人の男子が非公式に入学した。

井口秋子の門下生である林秀光は、桐朋学園大学名誉教授、日本ピアノ教育連盟会長を歴任し、「秋玲会」の中心人物の一人だった。

「まず忘れられないことは、毎日コンクールの時」という。

〈本選に出場出来ることになり、日比谷公会堂の楽屋で、今か今かと待っている間、先生は陣中見舞いのように我々の様子を見に来られ、私の肩から足の先まで心を込めてもんでいただいたことであります。先生の素晴らしい手は、肩揉みが非常にお上手であったことを覚えておりますが、あわせて大変恐縮いたし、また先生の生徒に対する深い愛情が身にしみました〉(『秋玲の記』)

秋子に揉んでもらったという門下生はたくさんいる。秋子はフランス留学中にこわばりが発症した基成の手や、体調を壊しがちな基成を少しでも回復させるために、マッサージなどの民間療法も研究していた。

さて、林が秋子に師事して二、三年後には、秋子以外の先生に代わるよう、学校から通達があった。しかし、

〈先生に私は我儘《わがまま》を言わせていただき、そのまま先生の所に残れるようになりました。先生は大変な人数の生徒を持っていて、身動き出来ないところ何もおっしゃらずに、生徒の心理を理解して下さったと深く感謝いたしました〉

林は、秋子に学び、「習う身になって教えなければならない」というモットーを持つようになったという。

秋子の厳しさと美しさが、今でも脳裏に焼きついているのは、途切れなくリサイタルを続けてきたピアニスト岩崎淑である。

「いつもピンクのマニキュアとパールのネックレスをしていた。憧れの女性でした」

岩崎は桐朋学園大学卒業後、渡米しニューヨークのジュリアード音楽院で学び、その後も欧米各地で様々なマスタークラスを受講した。帰国すると秋子を訪ねたものである。

「どんな新しいことを習ってきたの？　手首や指先は？　指使いは？」

大教師である秋子の謙虚さと探究心の強さに岩崎は驚かされた。

「新しいテクニックを習ったら、教えてちょうだい、勉強したいから、と先生はおっしゃった。なかなか言えないことです」

レッスンでは声を荒らげることなく、愛情の裏付けのある気持ちで接してくれているのも岩崎は感じていた。だから弟子たちは秋子の期待に沿いたい一心で、努力を惜しまず、結果として良い弟子が次々と巣立った。岩崎は教師の理想像として秋子を挙げる。

「教える立場になってわかったことは、教師の意気込みと愛情のある厳しさが生徒をいかに努力させるかということです。その精神を秋子先生から受け継いで、私も生徒に真っ向から立ち向かって教えるようになったのです」

桐朋学園で教鞭をとるようになった岩崎だが、結婚後、秋子に電話すると必ず「ちゃんとお料理を作っているの？」と尋ねられた。

「女性が仕事で名をなそうとしたら、子育てをして、家事もして、すべてをうまくいかせるというのは、とても大変なことだと思います。成城のお宅ではお手伝いさんがいて、この時代、家事の多くは任せていらしたでしょう。でも、このあと、苦労を全部お一人で背負ってしまうようなことになったのです」

基成と秋子の夫婦関係はやがて変化するが、この時代の二人は実に仲睦まじかった。

レッスンが終わると、二人はそろって自家用車で外出することもあった。秋子の運転する車に同乗させてもらったのは、岡谷和子である。

基成はまだ免許を取得しておらず、助手席には巨《おお》きな体軀《たいく》の基成がいた。基成はただただ賑やかだった、と岡谷は回想する。

「ほら、あんた、あれを追い越しなさい」

「ほら右！　穴があるよ！」

道路は舗装も怪しい時代である。そんな基成の言葉にも秋子は動ぜず、軽くいなすような言葉を返すだけで颯爽として運転しつづける。大きな外車は成城から渋谷に向かっていた。

岡谷は二人のやりとりにすっかりレッスンの緊張を忘れた。ピアノを離れた基成の姿も初めて見た。

「うちの奥さん、運転うまいだろう！」

基成は後ろを振り向いて、顎のしゃくれた顔をほころばせるのだった。


さて、基成は「演奏しないものは教師として認めない」というスタンスである。そのためみずから範を示し、チェルニーなどの練習曲の録音にものぞんだ。

かつて初心者は教則本として〈バイエル〉を学び、〈ハノン〉や〈チェルニー〉にとりくみ、小奏鳴曲という意味の〈ソナチネ〉アルバムに進んでいくのがピアノのお稽古の常道だった。〈ソナチネ〉は十八世紀後半から十九世紀前半にかけてのモーツァルトやベートーヴェンの陰に隠れてしまった作曲家たちによる学習に最適の作品集である。

日本ビクターが録音したこの基成のSPレコードについて、一九二三年生まれで、東京藝術大学教授、永井進門下の田村宏が「ムジカノーヴァ」（一九九一年五月号）の〈生誕二〇〇年カル・チェルニー〉特集に書いている。

田村はコロンビアから〈チェルニー30番〉のレコーディングを頼まれたとき、参考として基成のSPを聴いた。

〈そのレコードを聴いて非常にショックを受けたことを記憶している。たいへん失礼な話だが、もちろん晩学の同氏のことゆえ、その演奏には技巧的に多少の不満も感じられたが、あの退屈な

エチュードが演奏次第ではこれほど音楽的に聴こえるものかと、この大先輩の存在に、私は改めて頭の下がる思いであった〉

チェルニーのエチュード（練習曲）の一般的な評価としては、「退屈で音楽的内容に乏しい」「機械的な技巧訓練を主としており、歌わせる教材としては疑問」といった意見が普通だが、田村は〈私自身も正直いって腹の中ではそう思っている〉と告白したうえで、〈奏者がすぐれた音楽的表現能力を持っていさえすれば、たとえチェルニーのエチュードでも十分音楽的な演奏が可能である。多少皮肉ないい方かもしれぬが、この音楽的内容に乏しいエチュードをいかに音楽的に、そして聴く人に退屈感を与えずに弾くか、という考え方をすれば、学習者の教材として十分その価値を認めてもよかろう、という見方もできる〉と続ける。

そのあとに田村は、チェルニーがベートーヴェンに信頼されていたこと、彼の門下からフランツ・リストが輩出したことを考えたとき、彼を単なる退屈なエチュードの製造家などと簡単に決めつけることはできない、と結ぶ。

わたしは、この基成のレコードを探してみたが、家族ですら手元に置いていないという。それで試しにインターネットの動画検索をしてみると、電気蓄音機のSPレコード録音が見つかった。基成による〈チェルニー30番1～5〉と〈ソナチネ〉である。ただわたしは提供者を調べる術を持たない。

以前、レコード収集で名高いジネット・ヌヴー協会ジャポンの野口眞一郎氏に問い合わせてみたことがあった。基成のディアベリ〈ソナチネアルバム〉2・13があることを確認している。そのSPのA面は〈アンダンティノ・カンタービレ〉、B面が〈ロンド・アレグレット〉である。

先の田村の指摘にあるように、これら基成の演奏は、練習曲とはいえ、非常に繊細かつ一音一音の音色が異なり、そのロマンチックな香りは驚くばかりである。当時の日本のピアノの性能、電気蓄音機の再生能力をさしひいたとしても、基成死去後に中村紘子が批判した「叩きつけるような」奏法はまったくうかがえない。中村は晩年の演奏のみを聴き、師井口愛子と、一門の長と謳われた基成に対して、何らかの私的な感情があるのではと疑ってしまうほどである。

この時代、基成の演奏が強く楽壇で支持され、秋子をはじめ多くの人々を感動させ、日本初のヴィルトゥオーゾとして活躍したというのも、この演奏を聴いてうなずけるのである。この演奏を動画で聴く読者の方がいたら、どのように感じられたか、お聞きしたいところだ。

“古典より現代へ” ピアノ連続演奏会「第13回フォーレとドビュッシー」のプログラム

さて、桐朋音楽科が発展する一方で、基成自身も演奏家としての円熟期を迎えた。前人未踏の「古典より現代へ」の演奏会は続き、さらにオーケストラとの共演も重なる。

基成が専属演奏家となっていた東宝交響楽団は、一九五一年に改組して「東京交響楽団」（以下、東響）として再出発を果たした。

基成は上田仁の指揮で、バルトークのピアノ協奏曲第3番、〈管弦楽のための協奏曲〉を日本初演し、上田はショスタコーヴィチの〈第9交響曲〉も日本初演した。

当時、練習所は帝国劇場の屋根裏の広間だった。各楽器をほとんど独奏楽器のように扱うこの〈管弦楽のための協奏曲〉では、木管楽器が集まらず、代わりにファゴットが第二楽章の「対の提示」を演奏した。そんな初演でも、バルトークの魅力が日本に浸透するきっかけとなった。ショスタコーヴィチの交響曲も、東響によって精力的に紹介された。

また東響は、日本人の作品も果敢にとりあげた。松平頼則、武満徹、別宮貞雄、諸井誠、黛敏郎らの数え切れないほどの作品が東響の手で初演され、戦後の新たな日本人作曲家の歴史が刻まれていく。これは、基成と創立当初からの事務局長、橋本鑒三郎、上田のタッグが成したものだった。

3 ヤマハの接近と協同——金原善徳の訪問

基成には、もう一つ大きな任務というべき責任も課されるようになった。ピアノ産業の復興である。

幼い時分、妹愛子と競って弾き合ったピアノは、指揮者、渡邉暁雄の母が母国フィンランドから持参したものを譲り受けたアップライトだった。燭台がついた優雅な型はランプを灯《とも》す時代の名残なのか、一九〇〇年に生産された日本楽器の国産第一号ピアノにもついている。

そのころのピアノは輸入部品を組み立てるだけのもので、このピアノが国産第一号と称されたのは、響板が国産であるという点からだけだった。

それほど国産と輸入ピアノの差は歴然としたものだった。音色、音響など改良必須な点が多く、国産ピアノは暗中模索の時代が続いた。

一九二六年、日本楽器製造（現・ヤマハ）がドイツ・ベヒシュタインの日本輸入販売総代理店契約を結び、これによりピアノ製造技術の導入が約束された。ドイツ人技師が招聘され、彼から学んだ人材が輩出して日本のピアノ製作に曙が見えるようになった。

しかし、日中戦争や太平洋戦争を経てピアノ産業は壊滅的となり、復活を遂げるのは戦後、朝鮮特需によって経済成長が顕著になりはじめてからだった。

日本楽器の経営をまず立て直したのは住友電線製造所から社長に就任した川上嘉市だった。五〇年に川上が病に倒れると、取締役だった息子川上源一が父に代わって三十八歳で第四代社長となり、新しい時代が本格的にはじまった。

わたしが井口家から紹介された日本楽器の元幹部の一人が、一九二二（大正十一）年生まれで同社小売課楽器主任などを経て、取締役となった金原善徳《きんぱらよしのり》である。

「かつてヤマハは浜松の田舎会社で、ただのメーカーだったのです。それでも昭和十四、十五年ごろには、ヤマハのピアノはいいと言われはじめていて、僕は学徒出陣で戦争に行って帰還して昭和二十二年（一九四七）に大学を卒業すると、ヤマハに就職したのです。父は技官の役人でしたが、役人だけは嫌だと思ってね。

そんな折、昭和二十五年三月一日に銀座の東京支店が火事になって焼失した。社長の川上源一は、保険が下りるからビルを建て替えられると喜んでいましたね。

当時、日本楽器の資本金は一億円だったが、新しいビルには三億もの資金が投じられたのです」

これが、銀座にあった気鋭のA・レイモンドらによる斬新なデザインの建物である。建築当時は話題を呼び、銀座名物となった。ピアノはモダンで洗練されたイメージの象徴となり、文化を求める人々の憧れとなった。

社内ではピアノの製造ラインの合理化が目標にすえられ、やがてヤマハは世界一のピアノ生産量を誇る企業へと邁進していく。その過程で、金原は川上源一の片腕と言われるようになっていく。

「僕は最初、本社である中沢工場に勤務していたのです。昭和二十六年十二月に銀座の建物が新しくオープンすると、東京支店へ異動になった。ピアノ売り場の主任というわけですが、内実はいわば売り子です。それまで銀座店は展示場感覚でしたが、川上源一の号令で、最終ユーザーに接触しなければならない、小売りを強化しろ、ということで、昭和二十七年からピアノの専門家たちをあたるということになりました」

こうして金原が、ピアノ界の第一人者である井口基成を訪ねることになった。

「戦前のヤマハはピアニストとの付き合いはなく、ほとんどの演奏家は小野ピアノのフォルゲルを使っていた。小野ピアノは大阪のみならず、東京のピアニストにも相当食い込んでいました。部品はドイツから輸入されたもの。国産ピアノは音が悪いと言われていた時代です。

　昭和二十七年の何月ごろだったか、朝の六時半に井口先生の成城のお邸《やしき》を訪ねました。先生は朝が早いと聞いていましたからね。僕は売り子ですから、ともかくまずは訪ねてということで。最初は玄関払いで、会ってくれたのは二度目にお訪ねしたときでした。

　大天狗が団扇《うちわ》を仰ぐと、中天狗もなびくし、小天狗も……と、そんなことからですね、先生をお訪ねしたのは。日本音楽コンクールの入賞者も、何といっても井口系が多かったし、コンクールの授賞式に鯛を持って行ったりもしましたよ」

　金原は井口系、永井進らを担当、また社では、安川加壽子系、豊増昇系と、社員が手分けして接触しはじめた。

「昭和三十年代には、僕らと一流ピアニストは友人と言っていいくらいの関係になりました。オルガン一辺倒だった小・中学校にもピアノを納める時代となって、学校にも出入りして教師たちとも話すようになったわけですが、学校の先生っていうのはこちらを商人と見ていて、なんというか階級的偏見を感じましたね。威張るんですね。でも、井口先生のような天下一品の人は、僕らと対等に

ピアノ名曲連続演奏会“古典より現代へ”「第10回ブラームス」のプログラム。裏表紙にヤマハピアノの広告が掲載されている

接してくれる。先生は話のできる人だったし、平等で雅量があった」

金原の口からは、他のピアニストのエピソードも漏れた。

「永井進先生は一種貴族趣味がある人で、音楽の世界にだけ住んでいましたね。福井直俊先生は、社長の挨拶がないと怒るような方だった。一方、井口先生は、僕らぐっちゃん先生……なんて親しみを込めて言ったりしていましたが、社長の挨拶など無関心。だいたい川上の方が、権力に対してアンチの人で、『俺のいうことをきかないのは、ピアノの材料になる木くらいだ』なんて豪語する人間で。井口先生に会っても『こんにちは』くらい。口から出るのは、『グランドピアノを作れ、船作れ、アーチェリー作れ』という具合。

そもそもピアニストっていうのは、アンサンブルに弱い人が多いでしょう。つまり社会も狭いのです。でも井口先生はコンチェルト。オーケストラとの演奏が得意だった。それはやはり性格を表しているのではないか。演奏会が一番多いのも井口先生だった。音楽以外に強く、社会や人間に興味があった。音楽界の枠を外れていましたよ。人間的にも面白い人でねえ」

井口が日比谷公会堂などで演奏会を開けば、金原は必ず楽屋を訪ねたものである。

「先生はステテコになっちゃっていて、マネージャーの石塚寛さんが汗を手ぬぐいで拭いていたりしていましたね」

井口の楽屋は相撲部屋のようだったと、広島の音教に娘を学ばせた酒造「賀茂鶴」の夫人が口にしていた。地方公演の時など、保護者たちは自らかって出て、手ぬぐいで大師匠の背中を走る大粒の汗を拭ったらしい。

金原が汗だくの井口に打ち上げの宴を用意していることを伝えると、井口も気安く応じた。

「井口先生との付き合いは産学協同、今なら癒着と言われてしまうものですが、世の中はそれが当たり前の時代だった」

ヤマハのみならず日本の経済成長は、柔軟な産学協同により果たされたといえるのではないだろうか。

「井口先生には浜松に来てもらって、お弟子さんが買うピアノの選定もしてもらった。また、『おい、金原、誰々が浜松行くからよろしく』といわれ、浜松でそのお弟子さんを出迎えたり、各地の高弟の方々も紹介していただいた。名古屋、大阪、福岡と全国にいる高弟の方にはお弟子がいて、そのまたお弟子がいる。購入する側も、井口先生の紹介で定価でなくピアノを買うことができたのです。

ぐっちゃんは、食べることが好きで、なんでも喰うのですよ。だいたい肉食系で、肉なら四百グラムのレア。その頃、北海道産のでかい魚なんて喰う人いなかったけれど、ホッケも喰っていた」

こうして井口と金原の距離は近くなっていくばかりだった。

さて、世の中全体が中流化する過程で、ピアノの普及率が増すという統計があるらしい。日本はまさにその時代を迎え、各家庭にテレビ・洗濯機・冷蔵庫の〈三種の神器〉が普及し始め、さらにピアノを習う「ブルジョア」の子供たちが全国に満ちはじめていた。高価なピアノは元は

「深窓の令嬢」だけのものだったが、戦後民主主義の中で、庶民にも手が届くものになるように思えた。

一九五四年には、金原の発案によって銀座ヤマハビル内にまずオルガンを対象とした「音楽教室」が開講、これが現在に通じる「ヤマハ音楽教室」の母体である。

「最初、『音楽教室』は小学校五年からというものでした。〈やさしく、たのしく、正しく〉をモットーに、指の訓練だから八歳過ぎてからがいいだろう、ということになり、桐朋の教育を参考にさせていただきました」

一方、川上源一は欧米視察の旅に出向き、帰国するとピアノ製作の近代的設備導入に着手した。これによってヤマハの量産体制が整った。

ところが普及型のピアノはともかく、コンサートで使用するピアノは、外国製でなければというのがプロの演奏家たちの感覚だった。

「昭和二十年代後半、井口先生がかっていた国産ピアノは〈ディアパソン〉だった」と金原は語る。

このピアノは日本楽器でドイツ人技師より学んで「ヤマハのピアノを作った」（ヤマハ関係者の証言）と言われる大橋幡岩《はたいわ》が中心となって、量産体制を取らずに他社で作り上げたものだった。

このピアノの広告文には、井口の名前があからさまに登場する。

〈文部省教育楽器審査員会推奨

ディアパソンピアノに就《つ》いて

音質の美　音質の豊富　タッチの軽快　絶対的堅牢さはピアノの生命であります。浜松楽器工業株式会社製ディアパソンピアノは此等のエレメントを完備する点に於《お》いて絶対他の追従を許さざる世界的製品であると信じます。

過般弊社を訪れました有名なピアニスト井口先生よりディアパソンピアノは芸術品であるとの讃詞を頂く光栄に浴しました。此のディアパソンピアノは多年の経験と卓越した技術を誇りとする浜松楽器工業株式会社に於て続々生産されつつあり（以下省略）〉

井口の名前は、ピアノ購入の決定的要素だった。

さて、金原が公会堂や学校などをあたると、ほぼ三分の一がこのディアパソンだった。小野ピアノもあった。ヤマハは後れを取っていた。

まもなく川上源一は、コンサートグランドピアノの開発を社命とするように全社に伝えた。さらに基成が駆り出されることになっていく。

4　ヤマハ音楽教室

現在では国際コンクール優勝者も輩出するようになった「ヤマハ音楽教室」の基盤づくりに、井口基成はかかわった。

基成は桐朋の人材をヤマハに次々と紹介したのである。音教室長となって、桐朋の運営に参加した作曲家の別宮貞雄も、井口からの依頼でヤマハの音楽教室に出向いた。別宮は、十二音技法などの前衛的な手法には批判的な立場をとった作曲家として歩んだ。

「ヤマハの川上源一がもっともらしいことを言ってね。批判的にだけれど、専門家としての能力ばかり追求するのでなく、音楽を楽しむことがなおざりにされている、と。いいことを言うなと思ったが、教室を開くということには、当然、ピアノを売ることもあったでしょう。

いわば音楽学校を批判する意味で、教室を作ったわけだけれど、この教室で講師になる時には検定制を設けて、試験をおこなっていた。僕もソルフェージュ、聴音の検定試験で呼ばれましたよ、最初の数年は。

名前のある人の方がいいということで行くと、検定試験の会場では、桐朋の教授の松岡貞子先生や江戸弘子先生など、井口さんの高弟の先生たちにも会いました。井口さんは、協力するとなると、どんどん繋がりを強めていくようなところがあった」

ヤマハの金原善徳が、井口に教室について持ちかけた時、井口は「大したことはできない」とタカをくくっていた様子だったが、「音楽界が発展すればいいじゃないか」とカリキュラムの策定や講師養成などの協力を承諾したという。一方で、藝大教授の福井直俊は、「そんな教室など」と歯牙《しが》にもかけず協力しなかった。

「導入には桐朋の教育を参考にしたのです。特にソルフェージュや聴音などね。別宮先生や、井口先生の直弟子の小林仁さん、大阪の相愛学園教授の片岡みどりさん」

関西に行くと、基成は宝塚の中山寺にある片岡みどり邸に宿泊することもあった。片岡は花房晴美ら多くの弟子を育て、基成直伝の厳しいレッスンでも有名だった。

みどりの夫は、大阪瓦斯《ガス》や関西の私鉄の役員などを務めた家系につながるため、片岡邸は広大な敷地にあった。門のインターホンからレッスン室の入り口までは五十メートル走ができると言われ、庭には車が五十台ほど停められた。遠方から月に一度ほど来る弟子も多く、レッスンは一時間のはずが三時間に及ぶこともあった。最初の一小節だけでレッスンが終わってしまうこともあった。片岡の門下生たちは「みどり会」を結成した。

ヤマハは関西の重鎮にも接触して、音楽教室やピアノの販売網を広げていった。

金原は続ける。

「井口さんの紹介で、桐朋教授だった小島準子さんがバイエル教室に来てくれたり、神戸女学院出身で相愛の教授だった内田昤子さんも協力してくれました」

ヤマハの音楽教室は、フランチャイズ経営で全国へ広がっていく。

一九五四年、ヤマハは八種のニューモデルを発表した。川上源一が密かな期待と自信を持って世に問うたこれらのピアノは、彼のクリエイティブな才能を世に見せつけた。

同社取締役で大阪支店にも勤務した黒川乃武夫は、井口と長く深い親交を持った人物でもある。

「公会堂へフルコンサートのグランドピアノを入れるというのが、一つの大きな商売でした。スタインウェイにするのか、ヤマハか、カワイか。公会堂の担当者は、必ず中央の担当者に何を買ったらいいか、と相談する。ともかく三社だけでしたから。そこで井口先生へ打診がくる。ピアノの選定には井口さんの意見が取り上げられる。ホール開きのコンサートも井口さんのリサイタルというのが多かったですからね」

一九五五年前後の日本音楽界の中心に基成はいた。自身が望まなくても、なぜか基成が動くことになったし、楽壇としてのまとまりも、井口基成がいればこそ可能となったといえるかもしれない。

戦中に国策として作られた「日本音楽文化協会」という音楽家組織は国家からのお仕着せだったが、唯一、音楽界に初めてできた統一的な組織だった。しかし、これは戦後パージの時代に批判の嵐にさらされ、山田耕筰や基成にその矛先が向けられたことはすでに書いた通りである。

その後もヤマハの持ちかけにより、十名程の主だった音楽家が定期的に集まる会が開かれていたが、音楽界としての結束ではなかった。その胎動を起こさせたのは、皮肉にも週刊誌のスキャンダル記事だった。

このころ出版業界も隆盛の時代を迎え、雑誌の創刊が相次いだ。月刊誌の増加のみならず、週刊誌は一九二二（大正十二）年に創刊された「サンデー毎日」と「週刊朝日」だけだったところに、「週刊サンケイ」「週刊読売」「週刊東京」が創刊され、苛烈な競争へと突入していった。

一九五二年、「サンデー毎日」が〈各界グループ批判〉なるシリーズものの連載を始める。この年は特別な年である。前年九月に締結されたサンフランシスコ講和条約が発効し、四月、それまで米国の監視下、占領下にあった日本が独立を果たした。戦犯として追放されていた政治家らは復帰し、一方で占領下において新たな人材も台頭しはじめていた。つまり敗戦後六年余りがたち、各界の人物分布図が大幅に変わったこのタイミングで、「サンデー毎日」は、各界の人物たちを俎上《そじょう》にのせる大型企画を立てたわけである。

〈各界グループ批判〉第一回は、七月六日号の「重光葵《まもる》とその一党」。第二回は「平和を盾にする人々」で岩波グループにつながる吉野源三郎や羽仁五郎らの名前が出てくる。第三回は小津安二郎らが活躍する映画界、スポーツ、歌舞伎、囲碁界と続き、九月になると第十三回で「反省足りぬ鶯《うぐいす》ばかり」と声楽界が野次られ、第十五回で「親馬鹿の標本が多い音楽界」で弦楽・ピアノ部門の演奏家たちが槍玉に挙げられた。第十六回の最終回が「芸術院の正体」で、十六週におよんだ人気企画である。

「親馬鹿の標本が多い音楽界」は〈一本立ちは四人〉という小見出しからはじまっている。

〈第一線の演奏家となるとヴァイオリニストは、まことに少ない。たとえば、日本ヴァイオリン界の最高権威を集めているはずの毎日新聞、NHK共催による音楽コンクールの審査委員の顔ぶれを見ても、独奏家として、現実に独奏会がひらけるのは諏訪根自子、巌本真理、鈴木共子、辻久子ぐらいのものである。

そこで先生は自分で奏けないからコンクールだけが自分の生命になる。だから、是が非でも自分の生徒をパスさせたい。そこで自分の生徒には、いついかなる時も、一位から三位に投票し続ける、というような厚顔鉄面皮な審査員も出る始末だ。（略）したがって多くの天才少年、少女ヴァイオリニストが、「二十歳《はたち》すぎれば唯の人」になってしまった過去の貧しさは、今後もなおつづくおそれがあるわけである〉

週刊誌の発行元である毎日新聞社が主催するコンクールを批判することから、記事ははじまり、

〈母の商魂に守られる根自子〉と進んでいく。

〈ジャーナリスティックに、また興行的に一番知られているのは、何と言っても諏訪根自子。彼女の実質以上の名声は、日本のジャーナリズムの低さもさることながら、彼女のお袋さんの娘を売り出すための、たぐいまれな商魂と権謀術策とが大きな力となっている（略）〉

〈奔放の味で行く巌本真理〉には、

〈諏訪と同じく、つんとすましたようなところもあるが、（略）演奏旅行の土地によっては主催者側の宴席で愛人にツマミばしで刺身を食べさせて、居並ぶ人の肝をつぶすぐらいの心臓もある。今はもうその恋愛ざたも終ったという話だが、彼女の奔放さが、彼女の音楽に特有の性格をもたせてもいようし、また一種ジプシー的な官能趣味にもなっていると言えるだろう〉

　これは内部の事情や音楽に通じているものでなければ書けない。

　アメリカに渡ったヴァイオリニスト江藤俊哉についても、〈この正月の放送でも、正確さが先に立って諏訪根自子流のち密さで、感動の深さがなかった〉などと演奏批評にも及んでいる。


　ピアノ部門の筆頭に出てくるのが基成である。

　小見出しは〈とかく批判の〝的《まと》〟井口基成〉である。

〈かつて「猫の足」で珍論を吐いた兼常清佐《かねつねきよすけ》博士が、ニッポン一のピアニストとして引合いに出した青年井口が、今は文字どおり一般世間にはニッポン一で通っている。けれども、専門家の中では、もう井口はニッポン一では通っていない。ただ彼のピアノ音楽の表現に対する理解だけは、ニッポン一だという人はまだまだたくさんある。

　悪口の方から紹介すると、井口の音はきたない、聞いていて苦しい。声楽の木下の苦しさ以上だ。それに彼は、近頃、戦時中のような山田耕筰ばりの楽壇政治はやらなくなったが、到る所に自分のいいたいことを代弁する道を作っている。批評家をさえあやつっている。それにいけないことは、彼は自分が期待される音を持っているということをこずるく考えている。もっと謙そんになるべきだ。彼は指が回らなくなったのだから、それを補うために、インテリジェンスが欲しく、もっと書斎の生活をしなければいけない。飲み屋と演奏旅行の荒らかせぎからは、すぐれた芸術など生まれるわけがない。これでは生活態度が物質的すぎる。一種の俗物である。ただその俗物ぶりが、他の連中より少し大きいのがとりえなだけで、その本質は海千山千の政治屋などが、内心ビクビクしていながらハッタリをきかせるのと同じである。

　反対に彼を支持する人々は、音もきたない、誤奏も多い、けれども、なんといっても音楽を感じさせるのは井口だ、という。またあれだけの人物も音楽界にはなかなかいないともいう。ところが、若い連中が、一番反対し、馬鹿にするのは、こういう考え方に対してである。

「音も汚く、誤奏も多いが、中身はある」などという内容主義的な言い方は古臭い。「井口さんの芸術精神の把握力はもちろん尊びます。しかし、もうそれだけを有難がっている時代じゃない」と若い世代の人々はいう。つまり、彼ももう博物館だというのである。ところがこういう若い連中が、まだ井口を本当に博物館に追い込むだけの実力をもっていないので、井口はますますその俗物性を発揮するのだ。彼のえらさは、まずまず彼の生活そのものから根本に変わらねばダ

メだろう。こういう風に、甲論乙駁《こうろんおつばく》が生れることの一番多いのが井口基成であろう〉
卑怯《ひきょう》にも匿名で書いているのは、誰なのか。こういう記事に基成は黙しているわけにはいかなかった。

5　サンデー毎日事件――同志・吉田貴寿

音楽界では、週刊誌「サンデー毎日」に掲載されたスキャンダラスな演奏家批判記事が誰の筆によるものかの憶測が乱れ飛んでいた。ただの演奏批評ならともかく、下世話な筆致でプライバシーや人物像を暴く手法だった。

音楽界では、これをサンデー毎日事件と呼んでいる。

剣の名人宮本武蔵と佐々木小次郎をあわせた一刀両断を意味する「宮本小次郎」というふざけた筆名である。さらに、この業界に詳しいものでなければ、知り得ないことまで書かれている。

井口基成担当を経てヤマハ銀座店店長を務めた工藤清が、基成の考えを代弁する。

「演奏家や作曲家を名指しで、しかもかなり際どいスキャンダルも書かれ、さらに匿名記事ということで、演奏家たちがそれは卑怯だと騒然となった。不当に音楽家を誹謗する記事だというわけ。

井口先生たちは、これは評論家の山根銀二が書いたと考えていて、山根に対して結束しようと行動を起こした。日本の音楽界を統括しなければならないとも考えたようだった」

山根銀二は戦後パージの嵐が吹き荒れるなか、山田耕筰の戦争責任論を展開した。攻撃された山田もこの論戦に加わり反論記事も出たが、この論争は音楽界全体に責任があると考えた音楽家が多勢で、うやむやとなった経緯がある。


記事に対する抗議のため、井口たち数人がひと月後の十月、毎日新聞社に出向いて口頭で抗議し、訂正文を求めた。

しかし、訂正はなされることはなかった。工藤が続ける。

「週刊誌を出している毎日新聞社は、〈音楽コンクール〉の主催でしょう。井口先生は、かねてより音楽コンクールに改正を求めていたけれど、その改正案は受け入れられず、結局、運営委員をやめてしまったのです」

推測するに、井口の改正案の内容は、週刊誌に書かれた審査員の資質についてだったのではないか。

週刊誌に曰く。

〈先生は自分で奏けないからコンクールだけが自分の生命になる〉

こんな調子で、音楽コンクール批判も展開されているのである。

もとより基成は、演奏活動をする音楽家でなければ、桐朋で教える資格はないとして、周囲を恐れさせてきた。演奏家でもない審査員を登用しているから、改革が必要だと持ちかけてきたのに、その結果があの記事だ、と主張したのではないか。

「僕ら音楽家のひとりひとりがバラバラだから、付け込まれるのだ。相互に名誉や権利を守るための結合が必要だ」と考える基成に、多くの演奏家が同調した。

音楽家の結束が必要との気運が芽生え、意見交換をする場が頻繁に持たれるようになった。一九五四年には、演奏家と作曲家の権利擁護のため「日本音楽家クラブ」が発足する。

この日本音楽家クラブの設立の際に、井口とともに活動した仲間にチェリストの吉田貴寿がいる。吉田は井口より三歳下の一九一一年東京生まれ、日本音楽学校を卒業し、一九五四年にはパリ国立音楽院に在籍した。一九七四年まで読売日本交響楽団の第二代楽団長、昭和音楽大学教授を経て、一九九九年まで同大学長もつとめた。

吉田は井口とともに、謝罪文を出すように要求しにも行っている。

わたしが吉田に会った日の記憶は鮮明である。声楽家の佐藤美枝子が、チャイコフスキー国際コンクール声楽部門で日本人初の第一位を受賞した翌日で、開口一番にそれを口にしたのだった。

「新聞もみな騒いでいるけれど、声楽でチャイコフスキー・コンクール一位なんて、聞いたことがない」

吉田もまた辛口の音楽家だと感じた。吉田からは、面白そうな話が聞ける予感がした。そもそも一流の音楽家は一匹狼的気質の者が多い。

週刊誌の暴露について話がおよぶと、吉田自身も原智恵子との関係で雑誌ネタになった話を始めた。昭和三十年代に吉田がパリに在った時のことである。このとき、基成も戦後初めての渡欧を果たしており、これについては後述する。

吉田は井口を懐かしむ。

「井口のような、あの手の音楽家は現代にはいませんからね。人間のサイズが違う。純情な男でもあるしね。ある部分が誇張され、井口の実像というのは、なかなか語られない。だから決定版を、よく取材して書いてほしい。

井口の弟子はたくさんいるけど、体罰を加えられても、喜んでいるなんていうことも、言われている。尊敬や畏敬の念が募ると、そうなるわけだろうが、ね」

桐朋学園大学出身で、指揮者となった井上道義に、井口のレッスンについて聞いたことがある。桐朋が大学に昇格するときの基金集めのコンサートで基成は学生オーケストラと共演した。オーケストラでは指揮をしたり、コントラバスを弾いたりしていた井上は、ここで基成に接した。

「僕ら、斎藤秀雄先生に指揮を習った。チェロもたくさん門下生がいて、斎藤先生が指揮棒投げたり、指揮台蹴飛ばしたり、灰皿投げたりするのを見てきた。それで、トウサイ（斎藤）は怖かったなんて言っているけど、ぐっちゃん——僕ら井口先生をそう呼んでた——ぐっちゃんの怖さに比べたら、雲泥の差なのよ。

桐朋のレッスン室には、中をのぞける小窓がドアについているんだけど、そこからぐっちゃんのレッスン覗くと、怖くて思わず小窓を閉めた。

トウサイは痩せている。けど、ぐっちゃんはすごい巨体で、ピアノを弾いてると、上の方からのしかからんばかりに、ガーッとくる。ピアノの蓋を閉められた奴もいた。瞬間、手を引っ込めたらしいけど。震えるよ。

僕ら、ピアノ科でなく、指揮科でよかった、なんて言ってたくらい」

斎藤の鬼教師ぶりを、わたしも『嬉遊曲、鳴りやまず』で描いたつもりだが、基成はそれ以上だというわけである。


さて話を戻そう。吉田貴寿の証言である。

「サンデー毎日事件のころ、NHK交響楽団で名手と言われたクラリネット奏者が亡くなってね。部屋を整理したら、その頃たくさん売れていた『キング』という大衆娯楽雑誌が二、三冊。たったそれだけなんだ、持ち物が。

楽隊が貧困なのは知られていたけど、それにしてもひどいじゃないか、ということで、井口と一緒に音楽家クラブを作ったわけだ。同世代の作曲の池内友次郎《ともじろう》も井口と親しくしていたから、作曲家も入れて音楽界を団結させようとね」

池内は日本人として初めてパリ国立音楽院に入学したと言われる。基成の留学と同時期であり、二人はパリで面識を得た。フランス流の作曲技法を日本に持ち帰り、戦後は東京藝術大学作曲科教授となった。俳人の高浜虚子の息子である。

音楽家クラブは、評論家以外の音楽家たちを結集しようとしていた。池内門下の作曲家、別宮貞雄も、日本音楽家クラブの会員だった。別宮に聞いてみた。

「音楽家クラブというのは批評家に対する宣戦布告だった。批評家はここには入れなかった。井口さんは記事に怒って、作曲の池内友次郎とともに、批評家をやっつけようと。この会は頭が井口、そして、池内、安川加壽子が長になったのです。会費はタダで、ヤマハの銀座支店が年末のパーティーを引き受けたんですよ。派手で凄かった」

工藤もこれについて言及した。

「最初、音楽家クラブの忘年会は、銀座店のピアノ売り場を取っ払って、千疋屋の料理をとって、というふうでした。ヤマハには文化振興をやってほしい、アーティストの育成をやってくれ、とのことで」

こうして、演奏家、作曲家の権利擁護を目指した音楽家クラブは隆盛を誇った。委員長の基成は、前年には春秋社発行の『世界音楽全集・ピアノ篇』で毎日出版文化賞を受賞する栄誉も得たのだが、これもまた毎日新聞社が関係していたのは皮肉なことである。

別宮は描写する。

「そのうち会場は銀座東急ホテルの大広間になった。会場は満員電車並みの混雑。井口さんの力でしょう。井口さんに対するヤマハの入れ込み方も破格で。いくらかかったか知らないけど、二十～三十年にわたってエライ勢いで忘年会が続いた。井口門下がピアノを買ってくれるということもあったでしょう。

ところが井口さんが亡くなってしばらくしてからは有料になって、五千円だったたか、安川さんが亡くなり、伊藤京子が会長になった。閑散ということもないけど、かつては五百人は来ていた

第2回ポピュラー・ピアノコンサートのプログラム（1951年7月13日、日比谷公会堂）

でしょう。

井口先生というのは、豪放磊落。そんな人物だから、音楽界もまとまった。戦中の音楽文化協会は戦後、戦犯問題を引き起こしたでしょう。誰もそんなこと話したがらないのに、井口先生は『なんで俺が常務理事に推薦された時、止めてくれなかったんだ』なんてことを平気でいう。吉田秀和は情報局で、それは秘密にしていたのに。あどけないというか、率直というか、そんなところがあるんです、井口先生には」

基成の交流は、楽壇を縦横に結合させた。

東京フィルハーモニー交響楽団の第一回定期公演では、基成はベートーヴェンのピアノ協奏曲第5番〈皇帝〉で登場した。

一九五四年には、東京交響楽団の定期演奏会でシマノフスキの〈協奏交響曲〉を森正の指揮で演奏、十一月には、NHK交響楽団の臨時演奏会に出演した。指揮者ニクラウス・エッシュバッハーが、チャイコフスキーのピアノ協奏曲のソリストに、基成を指名した。

このひと月後、東フィルの第二七回定期演奏会では、山田一雄の指揮のもと、ブラームス〈ピアノ協奏曲第1番〉を弾いた。

ブラームスのピアノ協奏曲第1番、第2番、チャイコフスキーのピアノ協奏曲第1番、ベートーヴェンのピアノ協奏曲第5番〈皇帝〉といえば、井口基成といわれた時代の到来である。基成はこの曲目を携えて、朝比奈隆指揮の関西交響楽団、京都市交響楽団、東京フィルハーモニー交響楽団へ昭和四十年代まで繰り返し出演しつづける。

もっとも、基成自身はレパートリーを決めるつもりはなかった。初めから作曲家やレパートリーを決めて演奏するというより、あらゆる作品を幅広く演奏することを本分としていた。現在でも誰も手をつけない「古典より現代へ」の連続演奏会シリーズもまたつづいていた。

「何弾きなどと他の人のことをよくいう人がいるけれども、それは自分が決めてやることではなく、みんながいうものだからそうなるので、たしかにぼくはベートーヴェンを多く弾いたけれども自分としてはそれだけが必ずしも主旨ではなかった」

基成は便所に入っても、曲の弾けない部分について考えていて、「わかった」と大声で飛び出してきたり、眠っていても、盛んに畳の上を弾く仕草で叩いたりしていたと隣に寝ていた友人が証言するほどである。基成は芸術家・演奏家であろうとしたが、楽壇はそれだけにとどまることを許さなかった。

6　退職金十八万円と日本演奏連盟設立――吉田雅夫の共同

「日本音楽家クラブ」を共に立ち上げたチェロの吉田貴寿は、「政治家」と悪しき代名詞で呼ばれることの多い基成を弁護する。

「井口は長く付き合わないとダメ、わからない。誰でもはじめは反発するんですよ。本当はブキッチョで、社交性はないし、純情な男なんです」

この時期、基成は一度にさまざまなことを行っている。そのため、時系列的に書き進めるのが困難であり、まずはその後の音楽家クラブを追ってみたい。

基成は一九五九年まで日本音楽家クラブの委員長をつとめた。クラブ主催で「モーツァルト生誕二百年記念演奏会」も盛大に開いた。

演奏家たちは集い、お互いに共通する仕事や利害得失等のことについて、話し合いの〈場〉をもつようになった。入場税の問題については有志と政府関係者との会合を持ちもした。日中戦争時に大日本帝国の財源不足を補う目的で導入された入場税は、戦後一時は入場料の一五〇パーセントが課税された。次第に減税されてきたとはいうものの、課税率は五〇パーセントにもおよんでいた。

その後、この音楽家クラブは、現在へつづく日本演奏連盟へと発展するが、それは、一九六四年の看過することができない不幸がきっかけである。

東京交響楽団の楽団長の橋本鑒三郎が自殺したのだ。

その頃を回想する吉田の表情は突如曇る。

「東京交響楽団のスポンサーとなっていたTBSが、東響を見限ったのです。僕はそのころ読売日本交響楽団にいて、楽団の経営を知る立場にあったから、心底心配した」

ラジオといえばNHKだけだった時代は終わり、敗戦六年目には民間放送が始まった。その二年後にはテレビジョン放送が始まり、第一号はVHFにより放送を開始した日本テレビだった。音楽番組があると、そのたびごとに演奏家が集められたが、それよりは自前でオーケストラを創設するという機運が持ち上がり、親会社となる企業によって楽団が新たに創立されることになる。

老舗の日本交響楽団は、自主運営をしていたものの、一九五一年にはNHKの支援を受け、名称もNHK交響楽団となった。東宝交響楽団は同年に東宝から離れて東京交響楽団として自立、定期演奏会を行う一方、TBSの専属オーケストラとなった。内外の現代音楽の紹介にも力を入れ、特に日本人作品の初演を続けて毎日音楽賞を、その後文部大臣賞も受けた。

一九五六年には文化放送・フジテレビの専属オーケストラとして日本フィルハーモニー交響楽団が誕生、新進気鋭の渡邉暁雄が初代常任指揮者となり、多くの若い会員を集めるようになった。六二年には、日本テレビと読売新聞社、読売テレビの三社が母体となって読売日本交響楽団が結成された。読売新聞社は、前年にはパリ・オペラ座の〈カルメン〉の来日公演を主催しており、読響は結成当初から「海外からの著名指揮者招聘」をあげていた。国内だけにおさまらず、来日音楽家が押し寄せ、音楽市場はせばめられてファンの争奪となり、楽団経営は極めて厳しくなっていく。東京オリンピックによる好況も終わりが見えてきていた。

一九六四年、東京交響楽団は、最大のスポンサーだったＴＢＳとの専属契約解除が致命傷となって破綻し解散せざるを得なくなった。

吉田はこの事件について続ける。

「オーケストラは大勢が所属している組織でしょう。ＴＢＳには社会的責任があるのに、それを果たさなかった。利益を得られないからとか、企業の事情をオーケストラに一方的に押し付けた。自助努力をすべきなのに。橋本が入水して一件落着になったのです」

基成と東宝交響楽団のつきあいは長い。戦後すぐの長い演奏旅行にも付き合ってきた。九州へ向かう途中、橋本と列車で話すうち、釣りの話で意気投合した。橋本は、「好青年で男前もよく、度胸も楽団経験も豊富な男」だった。

子供の頃より基成は水を避けてきて泳げなかったが、日中戦争で親友の伊藤武雄や鈴木聡が次々と応召して寂しくなるなかで、釣りの趣味を持つようになった。鮒釣りからはじめ、海へ繰り出し、やがて基成は大鯛を狙うようになっていた。釣り道具を取られたりしながら、手先にグーンとくる強い引きの感覚に魅せられたのだった。大鯛を釣り上げた人が喜びのあまり心臓麻痺を起こして倒れ、舟の中でもその大鯛を抱いたまま死んだという嘘のような話も耳にしたが、その心情は四十センチの真っ赤な鯛を釣り上げたとき実感となったのだ。

橋本は横須賀に住んでいて、釣りが人一倍好きで、舟を漕がせれば漁師そこのけの腕を持っていた。二人は海釣りの舟を注文し、基成が費用の三分の一を出して、橋本の家のそばに繫留《けいりゅう》することになった。ハシやん、ぐっちゃん、と呼び合いながら、潮の香りをかいで二人で太公望を決めることもあった。獲物は自分たちでさばいて刺身にして、酒を酌《く》み交《か》わし、これ以上ない喜びを二人で分け合ったものである。

しかし、橋本はオーケストラの経営で、基成も仕事に追われ、海釣りは間遠《まどお》になっていった。やがて知らないうちに舟が売られてしまった。憤慨もし、失望もしたが、本来、金には無頓着な基成である。あの頃すでにハシやんのオーケストラの経営は行き詰まっていたのかもしれない。

橋本が基成の自宅をふらりと訪ねてきたのは、事件の起きる直前だった。基成は何も気づかずに酒をそそぎ、雑談をして別れた。そのあとすぐに橋本は行方をくらまし、皆が騒ぎはじめ、数日後、荒川放水路で発見された。遺書を携えており、自殺が確認された。

東京交響楽団は解散となった。マスコミに取り上げられると、世論がオーケストラを応援しはじめた。東京交響楽団は新たに有限会社を結成し、旧メンバー八十九人のうち七十五人が参加、四月半ばの発足披露演奏会は盛況の満員御礼だった。基成は不明を詫びたい気持ちでいっぱいだった。ハシやんは、あの時別れにきたのだろう。寂しそうな笑顔を見せたことも思い出した。

これをきっかけに各交響楽団の横の繋がりを作るべきと、基成は音楽家クラブの有志二十人を六月に集めた。

「日本音楽家クラブ」を「日本演奏連盟」へ昇格しようとの話し合いだった。フルートの吉田雅夫は当時、N響の首席奏者だったが、当時の待遇について、

「コンサートマスターの海野義雄の退職金が十八万円だった。また、二十一年間、トップ奏者だった男の退職金が六十五万円。それから問題になって、やっと今、一千万円までもって来た。日本はひどい国。考えられないくらい悪い。音楽家の年金制度がない。そういうきっかけを井口さんや鈴木聡さんとやった。僕が一九五四、五五年にヨーロッパに留学したとき、ウィーン・フィル聴きに行くと、途中でメンバーが隣の人と楽器を交換するんですよ。おかしいと思ったら、楽団備え付けの楽器だという。楽器も医者みたいのが診て、健康診断して悪いのはハネる。ウィーン・フィルは独特の音でしょう。そういうことがあった。給料だって貴族的。シュヒターの時代、N響は世界一流となったと思うけど、待遇がひどすぎた。それで音楽家が支え合う会が必要となったんだ」

また吉田貴寿は、

「今でこそ音楽家なんて言われるようになったが、かつては、楽隊。ファゴットは二つに折れるでしょう。すると、その一つを質屋に入れちゃって、出せないから、演奏会出られない、なんていうこともあった。ラッパ吹き、ヴァイオリン弾きと言われ、音楽家とか芸術家なんて誰も言いやしない。井口が、そこまで考えてあげようじゃないか、というので、この組織を設立しようということになったわけだ。企業の一方的なやり方、歌舞音曲、門付《かどづ》けの三味線弾きのような扱い

に腹が立ったからね。

井口の親友の鈴木聡が考えたのは、互助会。共済的なことをして、ジャパン・ミュージシャン・フェデレーション、演奏連盟にしようと。彼が理事として事務局長的存在、僕も一緒に常任理事となった　基金は百万円。文化庁に見せて、社団法人の資格を取得した。それはレイバー・ユニオンとは違っていて、定款《ていかん》作りもした。音楽家の社会的な地位の向上を目指したんだ。

その頃、井口を呼んでよく共演していた大阪フィルの指揮者朝比奈隆も誘ったけど、彼は積極的に関わらなかった。ユニオンだと思ったんでしょう。大阪フィルはその後ユニオンができて、朝比奈も槍玉に挙げられ出すわけだが。

ヤマハの工藤が、井口にはべったり張り付いていて、ヤマハがいろいろ手を貸してくれた」

発起人には八十五名が名前を連ねた。橋本が自殺して一周忌が過ぎた翌年の七月、東京・丸の内の日本工業倶楽部で創立総会が開かれた。会費は月二百五十円で、会員八百七十九名、名誉会員二名、賛助会員六社、相談役十三名を擁するこの団体の設立は、日本の音楽界始まって以来、未曽有のことだった。会長に東京オリンピック組織委員会会長や電力・原子力事業に貢献した財界人の安川第五郎、理事長には基成が就任した。

7　政治家と芸術家の狭間

日本における初の全演奏家を対象とする団体、日本演奏連盟（演連）の創立記者会見で基成は雛壇の真ん中に座った。連盟の機関紙「えんれん」第一号には基成の決意表明が載っている。〈いくらか、その準備に時間がかかりましたが、一応連盟の発足を見たのは、まがりなりにも、私達が一つの「場」を持つことに成功したからと思います。

演奏家は自立性がなくバラバラであるなどといわれたりしていますので、〝とにかくまとまることが先決で、一体となることによって相互に良くなる〟と、私は、創立総会後に記者団の皆さんに申しました。

しかし、まとまっただけではまだダメなので、何よりも、会員個々の自覚と自発性に俟《ま》たなくてはなりません。即ち、連盟は誰のものでもなく、会員一人一人のためのものであるからです。月並みな言葉でいえば、連盟が成長・発展してゆくためには、各個人が責任感と自覚を持ったもり上る力がのぞましいので、あなたまかせでは有名無実に等しいのです。

会員個々は、連盟が対社会の窓であるという自負と自覚、また、対社会の意志はあくまでも連盟の執行部に反映させるという意識、つまり、会員の献策や要求は連盟の意思表示となって拡りを持ち、それは、無言の中に、また連盟の力を誇示することでなくてはなりますまい。この、ささやかな機関紙さえも、活用すれば会員個々の意志の反映、相互の連携のパイプともなりましょう。

私達は、一度持つことの出来た貴重な〈場〉を、失うようなことはあってはなるまいと思います〉

演連事務所は中央区銀座に置かれ、機関紙を発行するのみならず、独創的な企画を展開し、会員の活動を支援していった。「東京都教育委員会音楽鑑賞教室」、「音楽ゼミナール」、さらにオーケストラとの共演による若手演奏家の登竜門として「新人演奏会」などが毎年開かれるようになった。演連開催のイベントは音楽界に新風を吹き込み、都民芸術フェスティバルに演奏家を送り込み、また「東京都オペラシーズン」も演連の協力なしに開催されることはなかった。

ギャラに直接関係してくる入場税の減免運動や、演奏家の年金制度をもスタートさせた。来日外国人演奏家が日本で演奏活動をする際に、出演料の一部をその国の演奏団体に支払うという方式は、外国では行われているのに、日本ではなされていない。これを基成は実施すべきだと考えていた。

演連の設立は、新たな関連団体設立の呼び水ともなった。生活を死守するために、職能労働組合日本演奏協会、日本音楽家労働組合、日本ミュージシャン・ユニオンなどが続き、演連との提携が成った。音楽家はもはや孤立する存在でなく、一致団結して自分たちの生活を守り、社会へアピールする組織を持つようになる。日本のみならず世界的にも個人の権利や自由が叫ばれる時代ともなっていた。各オーケストラが労働組合を結成する流れもできた。

日比谷公会堂に新しいスタインウェイ・ピアノが納入され、お披露目の「新しいピアノによる音楽会」が開催された（1952年10月19日）

さらに日仏音楽協会、日本ショパン協会が設立され、基成は委員長、理事に就任している。基成がトップであれば誰しもが納得した時代である。

朝鮮戦争の特需によって、日本は戦前の最高水準を上まわる好況をむかえた。経済白書が「もはや戦後ではない」と宣言したのが一九五六年であり、日本は年平均一〇パーセント以上の経済成長を十八年間連続で達成することになる。全国津々浦々に公民館ができ、小学校や中学校の真新しい体育館や講堂にはピアノが設置された。基成は全国から招かれ、落成演奏会にも登場しつづける。いわば政治家として、演奏家として八面六臂《はちめんろっぴ》の活動を展開する時代である。

一九五四年、基成はヴァイオリンの巌本真理やマネージャーの石塚寛とともに、山陰への演奏旅行に出向く。基成のルーツである鳥取も含まれていた。祖先は戦国時代に異名を残した筒井順慶と聞いて育ち、大人になって初めて菩提寺を訪ね、ひと丘に延々と連なる一族の墓に驚いたものである。

基成は、この演奏旅行に年老いた母を伴い、再び墓参を兼ねて出向くことにした。母秀《ひで》の故郷も鳥取である。秀にしてみれば、十四歳の時に母兄妹弟とともに、殿様だった池田慶徳侯爵について出京した父のもとへ来て以来三度目の帰省となる。当時はまだ姫路までしか汽車が通じておらず、姫路までは母子が人力車に分かれて乗って、峠では俥《くるま》から降りて歩き、一、二泊してやっと姫路についた。生まれて初めて汽車を見たのがこの時である。それから八人の子福に恵まれ子育てに明け暮れる年月が過ぎ、六十年がたっていた。

　この一週間にわたる旅行について、秀は三十ページにわたる詳細な記録をつけていた。

　九月二十三日二十二時十五分の日光号に乗るため、夕食を済ませた後、秀は、孝子一家、三男博雅の嫁まさ子とその娘恭子らに送られて成城学園前駅を後にした。秀は、大ヒットした映画にちなんで井口一族で「ゴッドマザー」といわれる存在になろうとしていた。基成にしても頭の上がらない母だった。それを示すエピソードが、この冊子には描かれている。

　東京駅まで同伴したのは基成の長女康子である。基成は秋子の運転する車で、仕事先から直行した。初めての母子旅行の席は特急二等といわれた席で、日本で初めて自在腰掛け、つまりリクライニング・シートを備えた客車だった。乗客は〈家庭ではどうかしらないが、誰を見ても行儀がよかった〉と秀は綴る。これが帰路では、〈特二に乗る人々は皆済ましてつーんとして居る親しみもない人ばかりである〉と書いているのが興味深い。秀は饒舌で気取りのない、情にあつい女性だった。この気質は、基成や妹愛子にも共通のものである。

　列車はゆるやかに滑り出し、秀は窓から見送りの秋子と康子に手を振った。その日は二人ともすぐに横になった。明け方に岐阜を通り、京都を過ぎ、巌本真理やマネージャーの石塚寛と落ち合う大阪に九時すぎに着いた。ここで出雲大社行き急行に乗り換えると、車内は真夏のような暑さで、車内販売が来るたびに飲み物を買いまくって飲んだ。秀は日頃ビールを飲まないが勧められるままに口にした。格別の味だった。そういえば亡夫と行った大島船旅で飲んだビールが美味しかったことを思い出した。

車中で一番秀を感激させたのは、オレンジの中にアイスクリームが入っている甘味だった。秀は思わず「基さん、少し食べてごらんなさい」と差し出した。

秀七十四歳、基成四十六歳。基成は皆の前だったが、母に差し出されたアイスを数口食べた。

「なるほどね」

秀は、もう中年を迎えた息子にそんなことをしている自分がおかしくも思ったようである。ところが、しばらくすると今度は駅弁で買った鮎寿司を基成から勧められた。腹一杯だからと断ったが、たたみかけられて食べた。

この冊子にはこのように親子の仲睦まじさを確認しあうエピソードが描かれる。筆致からは秀の明晰ぶりもうかがえる。

やがて降り出した雨は、鳥取駅に着くころにはどしゃぶりとなっていた。函館沖で洞爺丸を転覆させて、北海道を中心に三千名以上の犠牲者を出す台風がまさに接近していた。

松江でこの晩、演奏会のある基成らと秀は別れ、一足早く菩提寺の一行寺へ向かった。数年前の地震で、先祖代々の井口家の何十基という墓石は倒れ、本堂も潰れてしまったが、基成の寄付で墓石は直され、井口の祖先が寄進した十六羅漢の欄間の浮き出し彫りも、京都から呼びよせた仏師により完璧に復元されていた。秀は我が子が自慢だった。

翌日、鳥取に戻った基成らは、鳥取市立の小学校の講堂新築記念演奏会にのぞんだ。窓にはまだカーテンもなく、新品のゴザの上に満員の人々が座っていた。アンコールが繰り返された。終了後、秀が楽屋に行くと、サインを求める人の列ができていた。基成は贈呈された大振りな花束二つを持って出てきて、秀に手渡した。明日、お寺に供えてくれ、というのだった。ファンの列に見送られ、二人は車で会場を後にした。秀はまるで自分が見送られたような気がして「テレた」と書き綴った。

翌日、基成は一行寺に多額のお布施をした。これもまた秀を満足させた。ただ心配だったのは、基成が熱を帯び、下痢があったことである。基成の体調はこのころからゆっくりと、しかし確実に崩れはじめていく。

帰路、大阪や名古屋でレッスンをつけ、秀の方はそれぞれの都市にいる親類などを訪ねた。車窓に映る街の説明をしたり、自分の弟子は名古屋周辺には多いとか、毎年小鳥を贈ってくれる店の看板などを指し示したり、基成は母にそのいちいちを説明し続けるのだった。

東京駅での出迎えは、秀子と次女の啓子で、秀は初めて秋子の運転する車に乗った。車は新型のデソートで、濃い水色だった。中古だが、ピカピカに光っていた。秀は次のように結んでいる。〈秋子夫人、いや今夜は、私が初めて見る運転夫人である。自家用車に乗せてもらって、一週間の旅行を終えて帰る道々、余りにも幸福すぎるこの状態がいつまで続くのであるのか、神様よ永遠にわが家の上に幸あれと祈りつつ、感謝に満ちて、わが家の門内に入った〉

愛子と3人の子供たち

毎年、正月には秀と長男基成の住む本家に、一族が集まった。

末弟博雅の次女で女優の井口恭子にとって、懐かしくも賑やかで激烈な時間が毎年、年の初めにきた。

「お正月に集まると必ず、基成と愛子が言い争い。二人とも折れませんから。これが毎年恒例のお正月の行事。だいたい集まる人数が、兄弟が多いところに、それぞれの子供でしょう。私には従兄弟がたくさんいるの。基成伯父に五人、愛子伯母に三人、孝子伯母、うちに、豊子叔母、それに養女に行った定子伯母のところにも。それで、もうめちゃくちゃに騒がしい。さらに愛子叔母と夫の佐藤智雄の言い争い。それも激烈だった」

基成と愛子は、出征前には二台のピアノによる演奏会を開いた。そういう意味ではかけがえのない兄だった。佐藤との大恋愛の末、二男一女の母となった愛子は、一九五〇年からは毎年のように独奏会を開く一方、社会学者の夫が奉職する中央大学教養学部の講師にもなっている。五八年には日比谷公会堂での独奏会、翌年には日比谷公会堂にて東京交響楽団と共演、多くの弟子が入賞した日本音楽コンクールにも審査員の委嘱を受け、桐朋短期大学ができると教授ともなったのである。家庭では夫と三人の子供、審査員に門下生たち……。

怒濤のような日々は、基成と愛子、そして秋子の三人に共通のものだった。

そんな井口家の幸福も、このあと数年で急展開を迎える。

8　繁忙と饗宴——次女啓子と徳末省三、悦子の証言

一九五〇年八月九日号の写真雑誌「アサヒグラフ」に「音楽家夫妻告知板」と題された特集がある。井口基成と妻秋子に亀裂が入る数年前のことである。

記事の冒頭に曰く、

〈同じ芸術の道に精進する同士が結婚するに別に不思議はない。深い理解の結果というものであろう。だが、反面、芸術家くらい離合集散のはなはだしいのもないという非難も多い。「芸術と家庭とはついに両立しない」と、宿命論までとび出してくる始末である。殊にこの国では事ある毎に、その点が喧《やかま》しく議論されるのだが、さてどんなものだろうか〉

ここでトップに取り上げられたのが、井口夫妻である。

小見出しには、「ピアノ井口基成氏（42）ピアノ井口秋子さん（44）」とある。

〈昭和十一年春結婚　当時は御両人とも東京音楽学校助教授だったので学校の内外に華やかな話題を投じた由《よし》　いまや家に中学生を頭に二男三女あり　音校卒は氏が昭和五年　夫人が同二年秋子さんの卒業式の日　彼女が卒業生代表で答辞をのべるのを「在校生の一人として席の後で聞いた」と年の違いをズバリといえば　夫人が嫌な顔して「上の子供が丁度《ちょうど》年頃で嫌がるンです

よ」とたしなめてこの件は終り　氏は昭和五年渡仏のパリ仕込み　夫人は同六年渡独のベルリン仕込み　その違いは今でもあると見えて　基成氏「これのはアカデミックですね　なんでもかっちりしすぎる」と批評　御自身のは「枠にはめない　男はそれでもいいンでね」とおッしゃる　音楽および生活の技法でも同じだそうだ　夫人は人前とあって致し方なくこの間沈黙の形　氏は先頃まで宝響に関係したが　現在は二人ともフリー〉と締めくくる。

結婚当時は、男女関係が御法度の東京音楽学校で「上野の森に咲いた花」などと、新聞などに書き立てられたものである。しかし、結婚すれば甘い時間ばかりが流れるわけはない。

家庭では、秋子が基成に助言するようなことが時にあったらしいが、「父が言うことを聞くはずはなく、仕方ないと思っていたよう」というのが、長男家成の回想である。

この時代、二人は「二台のピアノのための演奏会」や「井口基成　ベートーヴェン四大ソナタの夕　井口基成・井口秋子　ジョイント・コンサート」を、産経会館や労音（勤労者音楽協議会）の例会などで催している。この時アンコールの曲は決めていなくて、弟子の徳末悦子がスカルラッティを勧めると仲良く相談して曲目を決めていたという。二人の絆を確認する光景である。一九五一年のことである。

この演奏会で譜めくり役をつとめたのが、次女福本啓子《ひろこ》だった。自身の子供時代を振り返る話の中には、そのころの井口家の雰囲気が漂ってくる。

「二人が演奏会を開いたとき、私が小学校五、六年生。練習にも付き合うわけですが、その練習はくどかった。二人は音楽的にはそれほど違いはなかったと思うけれど、それぞれが独特のものを持っていました。

　ピアノを遅く始めた父があれだけになったのには、裏で並外れた努力をしてきたからです。朝、五時か六時台に起きるとすぐに指ならしや譜読み。食事の前に必ず練習。それは欠かしませんでした。

　父は留学したけれど、何年留学しても、テクニックから何から何までマスターするのは難しいと思ったでしょう。私も留学したので理解できますが、どうやれば楽に弾けるかなどは教えてくれない。人それぞれ手や指の長さ、形が違うのだから、それによって演奏方法も違ってくるのです。それを自分なりに克服しようとしていた。

　父は、料理を作るのが得意でした。ただ、スパゲッティでもなんでも味はくどいものを好んでいた。

　ステーキだったら二百グラムのサーロイン。体力をつけるために。私は父から脂身を分けてもらうのを待っていました。父母ともに食いしん坊で、そのためか、父は血糖値が高くなりつつあった。

　私は疎開する前の四、五歳の時に安川加壽子先生に手ほどきを受けました。小学生の時には父のお弟子の有賀和子先生。私ができないと有賀先生が父に叱られていて申し訳なかった。

　私は、本当はヴァイオリンをやりたかったのです、両親ともにピアノで二人の子供というプレッシャーがありましたから。親に名があると、家族はそれを汚しちゃいけない、辱めるようなことをしたらいけないということは、子供全員にあったのです。夜、決まった時刻に帰宅するサラリーマンの家への憧れが芽生えてました。

父母は時間を決めてレッスンをしていて、弟子が入れ替わり立ちかわりきましたが、その合間に母は私に弾かせました。母が脇について、細かいところを丁寧に何回も繰り返させられる。涙が出てきて譜面も見えなくなる。『これ以上いや』と逃げ出すと、父が追いかけてきて『まあ、いいからもう一回座りなさい』と、あまり許してくれませんでした。

父の方は音楽を大きくとらえるやり方で、ここのフレーズはこういう感情だ、と。

練習は厳しかったけれど、恵まれていたのは、バックハウスやギーゼキングなど有名な演奏家が来日すると楽屋にも連れていってくれたりしたことです。

父は子煩悩なところがあって、ふだんの生活では愛情を注いでくれた。どこの親も親はやはり親なのです。

その頃は、フランス留学時に壊した父の手が腫れると、母が揉んであげるなど仲睦まじかったのですが、その後、二人の関係は壊れてしまうのです」

秋子はモダンな性格なのに世話女房でもあり、基成の健康にも細かく注意を払っていた。その豊かな愛情は子供たちにも向けられていた。

家成によると、勉強しているとお茶やお菓子を運び、手が空いているからと、肩や足を揉んでくれた。秋子は寒さに敏感だった。昔は暖房が十分でなく、冬にステージに出る前は指がかじかんだ経験があったからだろう。

「寒くないの」と声をかけて足温器を、横には電気ストーブをつけて、カーディガンや膝掛けをかけていく、という念の入ったもので、秋子の性格を物語っている。家成はそれを受けるのが親孝行だと思っていたというが、芸術家肌の弟晃成はそれをうるさがってカーディガンを放り出した。すると秋子は、それを黙って拾って晃成の肩にかけ直すという具合だった。晃成はヴァイオリンを始めて、その才能を見せはじめていた。

一方、地方に長く出向く基成の不在の間には、秀と秋子との嫁姑の難しい関係も起きてくる。同じ成城の住人である義兄の西塚俊一も近くで見てきた。

「五人の子供たちもやっと手がかからなくなり、秋子さんは母校である藝大に戻った。お弟子もとっていて家庭でも忙しい秋子さんが、さらに多忙になっていったのです。

趣味が運転、スキーもできるという秋子さんはモダンで完璧とも言える女性でした。実家は軍人の家庭ですし、下町で育った秀お母さんとは真逆。例えば、お歳暮など当時の慣習としてお弟子さんは持ってきますが、忙しいからということもあるでしょうが、スペースのあるグランドピアノの下か何かにただ積み上げておく。食べ物だと腐ってしまったりした。

お義母さんにしてみれば、そんなにあるのだから溜めておかないで、分けるなり使い道はあるだろうということになる。家風も違うところに、些細なことの積み重ねで齟齬《そご》が生まれるようになるのです」

そんな家での問題を尻目に、この頃、基成はダンスを嗜《たしな》むようになった。留学でスキーもダン

ダンスをする基成（左端）。ダンスは生涯の趣味となった

スも覚えた秋子と連れ立って踊れば、運動神経のいい秋子の方がうまかったが、基成はダンスにのめり込んでいった。

全国に散らばる弟子の数は孫弟子まで入れると三千人と言われるようになり、出稽古のみならず各地での演奏会で多忙の限りを尽くしているにもかかわらず、である。それは、関西の高弟徳末悦子・省三夫妻宛ての書簡にも明らかである。

一九五一年七月、尾道からの速達では、演奏旅行が京都に始まり、瀬戸内海を渡って松山へ、そこから神戸へ戻って名古屋へ向かうことが記されている。そんな合間に基成はしたためた。

〈先日は有難う存じました。昨日までの旅は仲々えろう御座いました（略）神戸に六日の朝十時過ぎに着きます。七日の朝名古屋に向け出発したいと存じますので六日の夕刻からは（?）ミセスAにもお目にかかりたく思いますが、御宅の連絡電話をきくのを忘れて残念ですが、何とか連絡します〉

徳末省三はエンジニアで、徳末悦子は大阪の相愛学園のピアノ科の教授として「三羽ガラス」やら「三婆」と称され畏敬の念を集めるようになっていた。その三人とは、井口門下の片岡みどり、矢田映子をさす。

基成は関西に来ると、彼女ら三人のみならず夫たち、ピアノ調律師や関西ヤマハの社員など大勢引き連れて、大阪高島屋の地下にあったダンスホールや三宮の「ナイト&デイ」、生田神社前の「新世紀」、大邸宅を構える片岡家などで踊っていた。ダンスホールでは「A」のような相手を務める女性もいるし、芸者衆もいっしょに夜の街に繰り出した。

一九五五年一月十七日付の徳末省三宛ての書簡もまた、基成の過密日程を伝えてくる。正月から仙台へ、東京へ戻り、すぐその夜の列車で発ち、十八日には大津で、そして京都で演奏会があり、その後九州一帯の演奏旅行に出かけるというのである。

〈二十一日（金）が一日空いていて、午後四時頃まで大阪の田中のところで受験者のためにレッスンをして、その後神戸に参り、夜、二十三時過ぎの列車で西下することになってます〉

基成は「内海」なる女性と落ち合いたい旨を、ヤマハの社員らに頼み、徳末省三にも一緒に付き合ってほしいと連絡してきたのである。

〈会わせてもらうように頼んでありますが、店に行くのは一寸《ちょっと》嫌ですから、どこか適当なところで落ち合いたいと思いますがうまく連絡つけて頂けませんでしょうか。もちろん黒川氏や貴君にもつきあっていただきたいのです。出来ましたら、二十日の午後三時ごろ迄は京都の梅田先生のところ、二十一日の午後四時頃までは大阪の田中にお願いしたいのです。内海さんが都合が悪ければそれは仕方ありませんが、我々で飲みましょう。悦子さんにはまた変な病が始まったと軽べツされますがよろしくお願い致します。今度の旅行はとても長いので叶いませんが、又、二月上旬に帰りがけに関西に寄る事ができます。勝手な事を言ってすみません〉

同年四月消印の徳末省三あての雲仙国立公園の絵葉書にも、九州を回って広島で演奏会をもったあと帰路につくことが記されている。そのあと神戸に寄る約束ができていた。

〈（略）今度七日のことよろしくお願い致します。六日には田中のところでレッスンをしてますから、連絡して下さい。あの二人にもうまく連絡して下さい。あまり旅が長いので少々うんざりして来ました。奥さまによろしく〉

基成は神戸でダンスをすることを楽しみにしており、相手を務める二人の女性の手配を省三に頼んでいた。

徳末省三は、基成の稚気溢れた性格を愛している。

「ぐっちゃん先生はダンスに一時夢中になりましたですな。女性も気に入った子が何人かできた。でも寂しがり屋ですから、我々も付き合って大勢で一緒に飲み食いしただけ。彼女たち女性とは特別の関係ではありません」

あくまで忙中閑ありの一コマというわけだったが、秋子との関係は徐々に崩れていったのである。

第八章　引き裂かれる家族

1　エリザベート王妃国際音楽コンクール——賀集裕子の入賞

井口基成の名前を大看板とした「子供のための音楽教室」と桐朋音楽科は、音楽コンクールをほぼ独占する成果をあげ、一九五五年には短期大学音楽科を増設した。これによって学校における音楽教育は理想的に完結すると、井口と斎藤秀雄の意見は一致していた。お互い明治生まれで技術的なハンディを深く感じて教室を設立して以来、その部分では「盟友」として、学園の理念に突き進んできたのである。

基成は書いている。

〈東京藝術大学に対抗するつもりもなかったが、世間はいちいち他の学校と比較するのである〉

斎藤率いる桐朋オーケストラも飛躍的な発展を遂げた。そもそも小学三年生から短大生を含むオーケストラで、オーケストラが三つある学校はどこにもなかった。指揮科に在籍した井上道義は、このオーケストラがあるために桐朋に入学したいと念願したという。

オーケストラの構成は六十人で、四本の木管と打楽器の他は弦という特別な編成で、定期演奏会や放送で名前を轟かすようになると、地方からも招かれるようになっていく。プロ以上のオーケストラと言われ、「一に桐朋、二にN響、三に日フィル」との戯言が囁かれた。

桐朋学園の短大の学長となるべき人物は、発言力や人望があり、楽壇的にも名前の売れた基成だった。短大が大学へと移行するときも、また基成が学長となった。基成にしてみれば、この時は斎藤がその任にあたるべきだと感じた。しかし、斎藤は「そういった仕事より、教える方がいいから。あなたの方が学長に向いている」と言い張った。

「僕だってあまり適任ではない」

「いや、君の方がまだ自分より政治的なところがある」（『わがピアノ、わが人生』）

二人の問答は続いた。結局、理事や教授会が基成を強く推し、受諾することになるのである。

斎藤は、音楽教室を発想することなどには熱心でも、音楽以外の雑事にはことごとく関わらないスタンスであり続けた。「この子を入学させたい」と、入学に関わる案件の教授会だけは必ず出席して、強固に自分の生徒を推す。しかし、それ以外は列席しないし、桐朋学園の経営をになう理事に名を連ねることも拒否した。基成は桐朋には愛着があり、それはそれで頑張りたいと思ったが、演奏活動の足枷と感じることが多くなってきた。

基成は斎藤について「音楽を教えることに対する情熱がまことに激しく、ある意味では勝手と言っていい程我儘なことも随分あって、かなり激しい議論を戦わせたこともあった」が基成は「何よりもその純粋さと情熱にうたれ、われわれの仕事の中での、学校経営面に於ける仕事の方は、僕が引き受けざるを得なかった」（斎藤への弔辞）と回想している。

基成の心境を義兄の西塚俊一が代弁している。

「基成さんという人は、何をやっても成功する人間だった。その人望と手腕と演奏力で音楽界も牽引してきた。しかし、本人の意識としては一演奏家。学長というのは大変でしょう。雑用にも追われることになった。そのうえ芸術家肌で、めちゃなこともする。健康も害していくのです」

ここにきて新しい世代の台頭も見られるようになった。園田高弘や田中希代子らである。基成の心中では、自分の本分が演奏であるとの思いがくすぶり続けていた。

一九六〇年秋、桐朋オーケストラは初の大阪公演にのぞんだ。指揮は斎藤秀雄と短大一期生の小澤征爾だった。ヘンデル〈コンチェルト・グロッソ、ロ短調〉、モーツァルト〈ピアノ協奏曲変ホ長調〉では基成がソリストとして登場した。ブラームス〈ピアノ三重奏曲第1番〉では、一九五四年の日本音楽コンクールで第一位特賞となった松岡三恵、同チェロ部門第一位特賞の平井丈一朗、一九五一年のヴァイオリン第一位大賞の鈴木秀太郎が抜擢された。

ちなみに近年、猫を飼うピアニストとして「NHKスペシャル」で放映されて以来人気を博し続けているフジコ・ヘミングは、この松岡が第一位特賞の時の二位である。当時は大月フジ子と名乗っていた。

さて、この演奏会は〈職業交響楽団でも、これだけの合奏を聞かすことが出来る団体はめったにない。すくなくとも関西にない事は確実だ〉、〈大人以上の名演奏〉、〈センセーショナルな驚きと喜び〉、〈早期教育の成果、関西楽界の奮起を望む〉などの新聞評を得た。

ちょうどこのころ、在欧の桐朋一期生がブリュッセルのエリザベート王妃国際音楽コンクールに応募した。ピアノ科で図抜けた才能を見せていた賀集裕子である。

賀集は五三年一月に日比谷公会堂という名ホールでデビュー・リサイタルを開き、同年二十歳未満でないと入学できないパリ国立音楽院へ留学を果たす。師事したのは、基成の師イーヴ・ナットだった。

賀集が挑もうとしているこのエリザベート王妃コンクールは歴史が古く、かつてはウジェーヌ・イザイ・コンクールと言われた。ベルギーのブリュッセルで開催され、チャイコフスキー、ショパン・コンクールと並ぶ世界有数のコンクールである。競争の激しいこと、課題曲の多さや審査システムなどから最難関とも言われ、十二位までの入賞が発表される。

一九三七年のヴァイオリン部門の第一位はダヴィッド・オイストラフ、戦後再開された五一年ヴァイオリン部門ではレオニード・コーガンが第一位。他に作曲など四つの部門があり、毎年一部門ずつ開催されることから、四年に一度しか挑戦できず、また年齢制限もある。

ピアノ部門の歴代入賞者で目を引くのは、一九三八年のエミール・ギレリス、その時第七位となったのはアルトゥーロ・ベネデッティ・ミケランジェリである。五二年にはレオン・フライシャー、入賞者にはカール・エンゲル、マリア・ティーポ、フィリップ・アントルモンなどが連なる。最終選考に残ることは、世界有数のピアニストと認められたものだとされる最高の権威を誇るコンクールでもある。

西塚俊一の紹介で、賀集裕子の姉に電話で話を聞いたことがある。

「愛子先生は、裕子にピアノの弾き方を教えてくださり、基成先生は仕上げを見てくださいました。裕子はドイツ人のトール・ショルツについていたことがあり、ショルツ先生はこのコンクールがイザイ・コンクールと呼ばれていた頃から、裕子にこのコンクールを受けさせると言っていました。それなので、この時もショルツ先生についていってほしいと我が家では思っていたのですが、先生が亡くなられてしまった。
基成先生にエリザベート・コンクールのことを申し上げたところ、最初は、知らんとおっしゃっていた。その後、ご自身で色々お調べになり、コンクールに行ってくださる気になったのです。欧州からくださった井口先生のお手紙もうちにあります」

高弟の徳末悦子によると、渡航費用は賀集家の負担で、大演奏家である基成に付き添いを依頼したはずだ、という。

難関の国際コンクールに付き添ってその内情を知り、欧米の音楽界を視察し、どのようなシステムを日本に持ち込むべきか、戦後の世界レベルがどんなものであるかを知ることは、日本音楽界喫緊の課題である。渡欧に賛成した斎藤は、期限付きで学長代理を引き受けた。しかし、皮肉なことに、この渡欧によって、基成と妻秋子との亀裂は明確になる。

　五六年四月二十三日、基成は機上の人となりパリに向かった。
　四月の「毎日新聞」の文化欄には〈ピアニスト井口基成氏、25日に渡欧〉の記事がある。
　〈井口基成氏は来る五月ベルギーのブラッセルで行われるエリザベス《ママ》女王国際音楽コンクール審

査員に招かれ、二十五日朝羽田発のフランス航空機で渡欧する。同氏は半年から一年にわたり欧米の楽界を視察する〉

さらに、五月中旬には、基成が送った「ブラッセル国際音楽コンクール便り」が数回にわたって「毎日新聞」に掲載されている。

〈四月二十九日、オランダ行特急でパリを発つ。汽車がベルギーに入ると同時に風景が急にくらくなった。三時間ほどでブラッセルに到着。五月一日賀集さんのつきそいでコンクールの演奏順を決めるくじ引きに行った。応募者は八十六人いたが、早くも棄権者があってちょうど六十人〉

基成は詳細な報告をしている。

〈賀集さんが出てゆくと、日本人の参加が珍しいのかライトがついて撮影機が回りはじめた。くじは何と最後の六十番、これに対してもまた拍手。結局第一予選は十一日の夜である〉

基成はコンクールの仕組みについて説明している。課題曲は八曲。ショパンとリストの練習曲二曲ずつ、ストラヴィンスキー、ドビュッシーの練習曲各一曲、ヘンデルの組曲第6番、それに自由曲一曲である。賀集はブラームスの〈パガニーニ変奏曲〉を選んだ。

二次予選はバッハの〈平均律第二巻より〉と現代曲が一つ課せられ、他に自由曲を六曲弾かなくてはならない。この年は、バラキレフ〈イスラメイ〉、ラヴェル〈夜のガスパール〉より「スカルボ」と〈クープランの墓〉より「トッカータ」、シューマンの〈トッカータ〉。

基成は、驚きを持って筆を進める。

〈これを乗りこえるとまた本選が大変だ。既成の協奏曲（賀集さんはベートーヴェンの第四番）。

一つはよいとして、ベルギー作曲家の新作品を一週間前に与えられその短い期間にこれをものにしなければならないのである。これだけを見てもどんなにむずかしいかがわかるだろう。審査員にはルービンシュテイン、ギレリス、カサドシュース、ブライロフスキー、マガロフその他、現代の世界の第一級がほとんど全部集っている〉

感嘆は続く。

〈二日はピアノ選び。ブリットナー、ガヴォ、グュンター、プレエール、与えられた十五分間にこの四台から一台選ぶ。賀集さんは最初からプレエールを目標にする〉

こうして一日十人ずつの割で、第一次予選が始まった。

「毎日新聞」は伝えている。

〈ブラッセルのエリザベス女王《ママ》国際音楽コンクール（ピアノ）にただ一人の日本人として参加している賀集裕子さんを、師の井口基成氏は、現地で、わがことのように力を入れて激励している〉

このコンクール便りは、基成ののめり込み方がわかる筆致なのである。

2　欧州からの手紙

井口基成は、予選風景についても細かく描く。

〈コンクールの会場であるコンセルヴァトリウムに坂を登って到着する。会場にはおばあさんたちが多いのが目につく。この人たちがみなひとかどの意見を持っているらしい。全員立上って拍手のうちに女王の御臨席、八十才《ママ》に近いのにしっかりとした気高く親しみ深い感じである〉

基成は、三人の挑戦者に注目している。

最初の挑戦者はソ連のラザール・ベルマンで、〈すごい馬力で、大拍手鳴りやまず〉と書く。エミール・ギレリスから「音楽界の神童」と称されたユダヤ人で、のちのニューヨーク・デビューでは、ホロヴィッツだけがライバルになると絶賛された。世界的活躍をし、のちに彼の弟子になった日本人ピアニストもいる。

また、アメリカ人で、一シーズンに百回もの演奏活動をすることになるジョン・ブラウニング。

三人目が、ソ連のウラジミール・アシュケナージ。

〈十八才の若さだが、速いこと、あまりに速すぎて形がはっきりしないところもあるが、とにかくすごいから、聴衆はみなワクワクさせられてしまう〉と記すが、なにより基成の筆は、弟子の賀集裕子に費やされた。

〈いよいよ最終の十一日、賀集さんの番がきた。練習場へ連絡員がやってきて課題曲の中からひく曲を指示する〉

登場直前に指示されるとは怖るべきコンクールである。

〈ヘンデルの組曲、ショパンの練習曲十の二、リストのマゼッパ、ストラヴィンスキーの練習曲、これに自由曲のブラームス「パガニーニ変奏曲」。選ばれた四曲は私が予想したとおりでまずまずと安心する。賀集さんは「マゼッパ」の練習をやり過ぎて指先にコウ薬を張《ママ》って痛がっている。彼女は女王様に最初におじぎをしてから聴衆にあいさつ。注意をしたとおりなので大丈夫だと思った。一曲目のヘンデル、落着いてひき出した。フーガが少し速すぎて、すべったところもあったが（あとで聞いたら指のバンソウコウのせいだそうだ）フィナーレは非常によいテンポで、軽いジーグ（舞曲の名前）の味を出してだれよりもよかったと思う。次のショパンも非常によくひけた。このあたりから拍手が多くなる。リストの「マゼッパ」欲をいえば大きなコンサートになれないのでヴォリュームが足りない。打ち方に工夫がいる。しかし後半はとてもよくなって、最後のアレグロのフォルティシモはすごくのっていった。次のストラヴィンスキーはだれよりもすばらしいテンポと明確さで絶賛もの。ブラームスもまた思ったとおりにいった。大拍手、近くの席のおばあさんたちがみな握手を求めにきた〉

男まさりの演奏と評されるようになる賀集にして、ボリュームが足りないと感じられるのが、世界トップレベルということだろうか。

十一時半に発表があり、基成が〈自信をもってはいた〉通りに、賀集は一次を通過、〈よい気持で帰る途中、審査員であるソ連の大ピアニスト、ギレリスと会う。彼は賀集さんを見つけると手をあげて合図していった〉

第二次予選は、五月十四日からである。基成の報告は続く。

ソ連のベルマンやアシュケナージが〈物すごいスピードとボリュームで聴衆を圧倒する。ほかの人とはケタが一つも二つもちがっており一つのオーケストラをかかえこんでいるようなボリューム〉だった。基成は、ロン＝ティボー・コンクールの優勝者であるフランスの女性ピアニスト、ウーセットが、賀集の一番のライバルと見ていた。

賀集は桃色の服をきて登場し、椅子が低すぎて直らないので、楽屋へ人を呼びに行き、聴衆をざわめかせた。課題曲数曲の演奏はうまくいき、聴衆の心も摑んだ。バラキレフ〈イスラメイ〉は、〈随分速いテンポで弾き出したのでヒヤヒヤしていたが、多少のはずれだけですんで、とにかく大成功〉（「毎日新聞」五月二十九日）で、賀集は楽屋に引き上げると大変なサイン攻めにあったと綴る。

こうして全ての演奏が終わり、本選に進むコンテスタントがアルファベット順に呼ばれた。まずアシュケナージ、九番目に賀集、と十二名が立ち上がった。やはり女性はウーセットと賀集の二人である。

〈すっかりなじみになったチェコのオッサンも弟子のクノールが入ったので大喜び、とうとうたまらなくなって私に抱きついてきた。ヒゲをよくそっていないとみえて、こっちのホオがいたかった〉

基成は、文筆の才もなかなかにある。具体的で率直な表現が、読者にコンクールの雰囲気を容易に想像させる。

基成と賀集は、ブリュッセル在住の貿易商、宮田耕三・文子夫妻宅に寄留させてもらっていた。文子の前夫はダダイズムの小説家、竹林夢想庵で、パリに長く住んだ文子は恋愛のもつれの末、離婚、ベルギー在住の宮田と再婚した。

話を戻そう。本選では自由曲のベートーヴェンの〈第4協奏曲〉や独奏曲を演奏することになっており、宮田宅では基成と賀集の念の入った練習が続いた。

五月二十四日、宮田家の前へ黒塗りのベンツが止まった。コンテスタントたちは、出演日の九日前に城に入り、幽閉されて未発表の新譜を見せられ、一人で勉強しなければならないのである。

基成は、運転手にあとで荷物を届けたいが、どこへ届けたらいいかなどと、さりげなく聞いたが、教えてくれなかった。手紙も出せないという。実に厳格で、〈賀集さんも名残惜しそうにつれてゆかれてしまった〉(「毎日新聞」六月十四日)。

本選は美術館のホールで行われ、一段高くなったところに礼服の審査員たちが座り、その奥には女王の姿が見えた。

毎日二人ずつという進行で、初日に弾いたアシュケナージは、審査員長が制しても聴衆に休憩を促しても、大拍手がおさまらない興奮で会場を満たした。

賀集は最終日である。演奏直前に基成は賀集に会った。

〈朝からベートーベン(第四協奏曲)を忘れてしまいようがない、と熱っぽい顔をしていう。適当にしかって別れた〉

これが基成流の激励の仕方なのだろう。

演奏者の誰しもが、顔面蒼白で演奏してきたように、賀集も〈大分かたくなって現われた。最初のラヴェルの「スカルボ」はまず無難、次の新曲は譜面にかじりついてひく。ほかの連中のようにごま化しても上手にみせるというところが全然ない。またほかの人にくらべてフォルテ（強拍）がならない。しかしオーケストラとはよく合っていた。ベートーベンをひく前に私の方をみる。あまりじっとみるものだから、私の回りの人が両方みて笑っていた。ちょっと動揺したが、大体よい出来で拍手かっさい。ブラボーのあらしだった〉

こうして深夜零時半、発表がなされた。一位アシュケナージ、二位ブラウニング、前年にロン＝ティボー・コンクールに優勝したウーセットは四位。

〈第十位「カシュー」とよばれる。出てくるとみんながブラボーと叫んだ。帰りしなに、審査員ルナータ・ポルガッティが話しかけてきた。「彼女は実によくひきました、でも」と意味ありげにいってやさしく手を振ってくれた。私はただ有難うとだけしかいえなかった〉

これで「毎日新聞」の連載「ブラッセル国際音楽コンクール便り」は中途半端に終わっている。その後、基成はそのことについて聞きまわったようである。のちに『わがピアノ、わが人生』では次のように明確に書いている。

〈彼女は結果は十位だったけれども、ある審査員はもっと上位であるといっていたそうだし、ロベール・カサドシュは稀に聴く演奏だったとほめていた。（略）

われわれはコンクールは実力でたたかう場所という考えがあるが、実状はある意味では国際的な社交場でもあるのだ。これからコンクールを受ける日本人もそのへんのところを知って対処していかなければならない〉

日本の国際化にあたっての条件、つまり、コミュニケーション能力、社交力ひいては人間力と

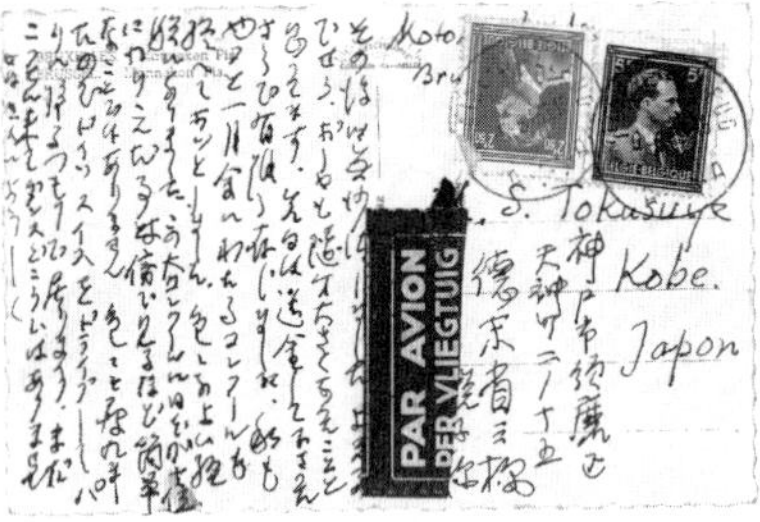

ブリュッセルの基成が神戸の徳末悦子に送った絵葉書

いうべきものが、コンクールにも当てはまるとの主張だった。

さて、コンクールを終えた基成は、日本にいる徳末悦子と数回にわたって書簡のやり取りをしている。六月六日消印の葉書は、有名なブリュッセルの小便小僧の写真付きで、幼児が腹を突き出して小便をしている姿はユーモラスである。基成の気分と、夫妻との気安い関係を表しているようにも思える。

〈私もやっと一月余にわたるコンクールも終えてホッとしました。色々なよい経験になりました。この大コンクールに日本が十位に割りこんだことは傍で見るほど簡単なことではありません。色々と疲れましたのでドイツ、スイスをドライブしてパリに帰るつもりで居ります。まだこっちに来てダンスどころではありません。皆さんによろしく〉

旅行は、宮田文子と賀集をともなってのものだった。

それに対して徳末は、弟子たちの寄せ書きを送っている。

まもなく基成はパリに移った。七月二十九日付の手紙である。

〈私もブラッセルから六月中旬パリに来ましたが、頼まれたこともしなければならず、それから落ち着ける宿もなかなか見当たらず、やっと賀集裕子の居るパンションに置いて貰い勉強出来るようになりました。パリでも昔と違ってピアノを持ち込んで頂けるような家は殆どなくなり皆困って居ります。それに段々せちがらくなって生活も苦しく、お金がたくさんかかって仕方ありません。

でも今とてもよく勉強が出来るので、又、ナット先生に見て貰って十一月二十四日サル・ガボーでリサイタルすることにしました。出来るだけ頑張って見るつもりです。

今休暇になりましたのでパリは人が少なくアメリカあたりの見物人が多いです。

そして気候が悪く一寸日が出るとその次は悪くなり、時にはコートがいる程涼しくなります。

パリに来てからダンスの方はとんとご無沙汰です。こっちの人はやはり昔と同じで、とても日本の人みたいに色々と踊れません。タンゴも全然タンゴのステップをちゃんとやっているのはいないのです。石井好子の歌っているモンマルトルのキャバレーに行って彼女と一度踊ったきりです。ダンスは帰るまでには逆に忘れそうです。女の友達が出来ればですが、そんなことをするとお金と時間を濫費《らんび》して、それこそ大変なことになりますから。時々神戸を懐かしく思い出しています〉

徳末はそれに対して、自身の演奏会や二人の息子のことなどについて書き送る。次男は基成の一字をもらって「基史」と名付けていた。二月二日付基成の書簡はこう始まっている。

〈もう基史くんも言葉がわかるとは一寸私には想像ができません。二、三日前に面白い本を送って頂き大変嬉しく存じました。とにかくこっちでは日本語の本に飢えてますので、ガツガツと読ませて頂きました〉

夫省三が送った本は、発売されたばかりの谷崎潤一郎の『鍵』で、読まれることを前提として書かれた日記を、お互いに盗み読みする夫婦の愛欲の物語である。『鍵』を送ったとは、基成の

欲望を刺激することになったのではないか。取材でわたしが省三に会ったときにそう口にすると、

「そんなことありますかいな。あの本は評判になってましたからな。谷崎さんも阪神間に住んではったことがあり、ぐっちゃん先生も、ヤマハの口利きで、その近くにその後、住むことになるのですわ」

〈すっかり仕事をほっぽりだしているようで悪いと思ってますが、も少し居てロン・ティボー・コンクールを見ておき度いと思います。

今が一番寒い筈のところ、暖かい春のような日が続いてますので、かえって変です。

二月二日　ではとりあえず　御礼旁々《かたがた》〉

3　パリでの演奏会――遠山一行、基成を殴る

コンクールの審査員は世界一流のピアニストであり、彼らとの会話や若いコンテスタントたちの演奏は大いなる刺激となった。基成のなかで演奏家魂が蠢《うごめ》き始めていた。二十三年ぶりに会ったナットは老いを重ねていたが、基成はもう一度教えを乞うた。基成は四十八歳になっていた。

基成は、自分の演奏がパリで通用するかどうかを確かめたかった。それでナットに相談した結果、八区にあるサル・ガヴォーを押さえ、演奏会を開くことになったのだ。一九〇五年建築のサル・ガヴォーは一千席を擁するクラシック中心のコンサートホールである。三階まである客席は

馬蹄形で、どこで聴いても音色が変わらないとされ、日本では決して見られないイタリア様式の優雅さをそなえていた。基成の演奏会は十一月二十四日。入念な稽古を重ねなければならない。当初、短期で借りていた部屋にはピアノがない。ピアノを置けるような下宿を探さなくてはならなかった。しかし、見つからない。結局、賀集裕子のいるパンション（下宿）に寄せてもらうことになったのである。二十一歳の裕子は、パリでの生活を逐一両親に書き送っていた。住宅事情を知ると両親は、コンクールに引率した「大先生」ということで承知し、基成は高級住宅街十六区のマダム・リュシウス宅に移ったわけである。

日本が経済的発展途上にあった極端な円安のこの時代、日本人たちは助け合ってよく一緒に住んでいた。基成とともに日本演奏連盟を立ち上げたチェロの吉田貴寿は五七年春にパリに向かうと、戦中にトリオを組んだ仲間（ヴァイオリンは辻久子）である原智恵子を頼っている。

原は、川添浩史（東京飯倉のレストラン・キャンティの創業者）と結婚していたが、川添の心変わりから十三歳から住んでいたパリに戻っていた。

原が住んでいたのは、単身赴任をしていた毎日新聞欧州総局長の板倉進のアパルトマンである。板倉の妻は「（夫は）セックス・アピールというものがない人だから」と笑って、原との共同生活は気にもとめなかったと、板倉の娘は回想している。

そこに吉田が潜り込んできて、三人の共同生活が始まる。吉田は、その後、楽匠ガスパール・カサドを慕ってイタリアへ向かった。カサドが原との結婚を実現できたのは、吉田のとりもちがあったからのようである。吉田も妻を日本に残しての留学だった。

「あの頃は、何しろ外貨不足だし、円が通用しない時代だから、日本人が助け合って一緒に住むということは特別なことではなかった。オペラ座の近くには、日本人向けの下宿屋もあったね」

この時代、日本における文化活動の草分けたちが海外へ足を向けはじめている。海外渡航完全自由化は一九六四年であるが、一九五〇年からはGHQの許可を得なくてもパスポートが発行されるようになった。作家、遠藤周作がリヨンに向かったのもこの年である。音楽界では、NHK交響楽団と共演した指揮者カラヤンの招きで、フルート界から吉田雅夫が一年にわたって欧州を視察していた。大阪フィルハーモニー交響楽団の朝比奈隆がベルリン・フィルから招かれて指揮をしたのもこの時代である。


パリで基成と交流があったのが、評論家、遠山一行である。一九五一年からパリにあった遠山は、基成とともにシャンソン歌手、石井好子のステージを見に行っている。

「井口先生がチケット買ったんだから行こうよ、と言ってね。石井さんが歌っていたのは、モンマルトルでも一流のクラブではなくて、何もこんなところで歌わなくてもいいのに、というような場所。彼女のバックボーンからいうと、何を好き好んで、というところだったが、本人は歌いたかったのでしょうね」

遠山は「歌は、感心はしなかったですよ」と評する。

石井の父は衆議院議長であり、彼女は日本シャンソン協会で初代会長をつとめることになる。

「そんなに頻繁にではないけど、僕は、井口さんとは出かけましたよ。お弟子さんたちとも時々食事はしていたようだが、そんな時は僕は同行しない」

パリには基成門下の江戸京子が桐朋女子高等学校卒業後、フランス政府留学生としてイーヴ・ナットに師事していた。賀集とは桐朋での同級一期生である。

また、一九五四年度の日本音楽コンクールで第一位・特賞に輝いた松岡三恵も、この年の秋から国立音楽院に入学して、やはりイーヴ・ナットに師事することになっていた。そんな弟子たちをイーヴ・ナットのところに連れていったのが遠山である。

「井口さんは、自分の本当のお弟子を紹介してきた。今度、この子がパリに行くからイーヴ・ナットのところに連れて行け、と連絡が来るわけです。それで二番目に連れていったのが賀集さん、つぎが江戸京子さん。僕が行った頃、ナットは、もう演奏活動はしたくないと、ほとんど引退していた。楽譜の校訂なんかをしている方が好きだとね。ある意味、非常に地味な方。ともかく学者肌。だけど、たまに演奏なさると、やっぱり素晴らしい演奏だった。作曲もしていて、ピアノ・コンチェルトみたいなものもあるんですよ。これだけの演奏家がつまらないもの書くという……。一度、奥様にそれをどこかで演奏してもらえないか、と頼まれたので、日本にいた井口さんにヤマハホールでと頼んだら『君、ヤマハホールだよ』と叱られました。井口さんは芸術家的人格で、自分の先生の曲といえども、客観的に見ていた」

遠山は笑いながら回想した。ある晩、パリのオペラ座近くで二人で夕食をとったときのことである。

「すごいこと思い出した。僕、一度井口さんを殴ったことがあるの。人を殴ったのは、その時しかない。今の僕の女房の悪口を少し言ったんです」

一九五七年に遠山と結婚することになる佐藤慶子はアルフレッド・コルトー門下である。

「僕が付き合っているのを知らなかったのでしょう。勉強足りないな、みたいなこと言われて、僕は外へ出ましょうと言って、外で殴った。まあ、大したことはないんだけど。二人とも酒飲んでいたこともある。井口さん、驚いて、君、強いところあるんだね、君のこと、よく理解してなかったって。それから井口さんとは仲良くなったし、信用してくださった」

遠山は、基成のサル・ガヴォーでの演奏会も聴いている。

「パリでもう一度勉強するとおっしゃったけど、いくらなんでも初歩からやるには遅いし、すでに井口さんは大家。サル・ガヴォーでやるというので、皆心配していたんですよ、大丈夫だろうかって。でも、そこが井口さん。本当の意味で通用すると思ってらっしゃらなかったかもしらんけど、やっぱり芸術家である限り、やるんだと。偉いと思う。だから逃げない」

基成は演奏会に向けて、バカンスで人々が街を去る夏もパリにいた。そんな時、ハンブルクに住んでいる基成の弟子から誘われドイツに向かったが、その間にナットが動脈破裂で急逝した。しばらく基成は呆然としていた。

その後、マルグリット・ロンに師事。ロンはパリの音楽社交界の中心にいた。基成は指を動かす技術から習い始めたという。

秋も深まってきた。暖房も十分でない時代、パリの十一月末というのは非常に寒い。基成は手の病気がぶり返してきたのが気がかりだった。基成がかつて留学を早めに切り上げたのも、この手の病からである。

遠山は会場に足を運んでいる。

「パリには日本人もその頃、結構いたし、井口先生といえば、日本人社会では有名なわけだし、日本人でリサイタルするなんて、なかった。その後でも田中希代子か原智恵子さんぐらい。お客さんの入りは、ガラガラでみっともないということはなかった。大使やら何やら半分は日本人だったかもしれない。

作曲家で甲斐直彦というのがパリにいて、彼がいうには、上手になんでもなく弾いている人より、やっぱりいい、と言っていました。

日本人は同じ演奏しかできない、なんて言われるけれど、そういうのとは全く違う演奏ですから。井口さんのもとから優秀なお弟子さんはたくさん出たけれども、やっぱり芸術家としての、なんだろう、大きさから言ったら、井口さんを超える人は出てないんじゃないかと思う。ただ思ったように弾けるわけじゃないけど、表現する気持ちが伝わってくるんです。普段の生活でも自分をごまかさない」

演奏会は済んだが、基成はまだパリにいた。一九五六年は暮れていった。

年が明けて四月、関西のピアノ界の重鎮となった横井和子のもとに、基成からの書簡が届いた。

〈お手紙を度々有難う存じました。段々に筆不精になり、皆様に失礼しております。

今月の終りではや満一ヶ年経ってしまいます。速いものです。初めの予定ですとそろそろ帰るつもりの頃ですが、もう二度とない時と思い、色々と考えさせられたこともあって今少し留まって勉強をつづけたいと思ってます。昨年のコンクールで影響させられたり、その直後ナット先生に逝かれてしまったり、不用意でリサイタルをしたり、何となくバタバタと過ぎてしまいましたが、やっと近ごろ落着いて身に入りかけました〉

弟子に対しても同等の姿勢、気持ちを吐露するのは、基成があくまで一人のピアニストとして弟子たちに接しつづけていることを表している。

〈勿論よく弾けるようにはなれなくても自分である程度納得がいって理解出来るようになりたいと努めて他の生徒と同じようにやってます。時々、マルグリット・ロン夫人に見てもらってます。八十歳を越える老人ですがまだ元気でとてもしっかりしていて、いわれることも実に適切で感服しております〉

基成は、一人の学生のように謙虚な気持ちで、心も体も若返ったようにパリの生活を満喫していた。

〈自分のテクニックの悪いところを一生懸命に直して、チェルニーをやりかえしてます。とにかくピアノをよく弾こうと思えば一日に必ず一時間以上は基礎訓練を欠かさずやらなくてはいけません〉

基成は、横井にも促すように続ける。

〈例えばハノンやスケール、アルペヂョ、オクターヴ等、ゆっくりやって自分でよく音の均整を吟味してやる。ギレリスでも一日に二時間はハノンを勉強するといってますから。

日本のことは皆すっぽかしてしまっていて、いろいろな方々に悪いと思ってます。みなさんによろしくいって下さい。

この冬は暖かく、そのまま春になり、目下百花爛漫《らんまん》で、今日は英国のエリザベス女王が来たり仲々賑わってます。この木曜日に田中キヨ子（希代子）のリサイタルがあります。学校の試験も、この復活祭の休暇明けにはありますし、学生達もよく勉強しているようです、ではお元気でやってください。

四月八日〉

4　実力だけではダメ

横井和子に宛てて書かれた一九五七年四月の手紙は、パリで真摯にピアノに取り組む基成の様子が如実にあらわれている。

「パリの井口先生にお手紙を書いたのは、秋子先生からも頼まれていたこともありました。秋子先生は、基成先生の様子を少しでも多く知りたいと考えてらっしゃいました」

基成が日本をたってからすでに一年が過ぎ、予定の帰国時期が来ていた。しかし、基成は戻らない。秋子はじめ家族たちは、基成を待ちわびる日々を過ごしていた。

横井宛てに基成は、〈もう二度とない時と思い、色々と考えさせられたこともあって今少し留まって〉と返事している。

基成の頭に帰国の二文字はなく、むしろヨーロッパの他の都市に住むことが可能かどうかを探った形跡すらある。

遠山一行は基成とともに、オーストリアの首都ウィーンまで足をのばしている。ひと月あまり後の五月のことである。基成は日本の免許証はあったが、パリでは通用しない。遠山が自動車を持っていたので、それに乗せてもらった。途中、基成は運転を試させてもらい、百何十キロのスピードを出した。道がいいので、スピード感覚がなくなってかえって危ないと感じた。

そういえば、最初のパリ留学の時、友達の運転でベルサイユ宮殿まで行ったことがある。その時運転したのは、美術家となる岡本太郎だった。やはり百何十キロもスピードを出し、皆で痛快だなどといったものだが、後で聞いたら太郎はどこの国の免許も持っていないというので、冷や汗をかいた。

「井口さんとは、パリからドイツを通ってウィーンへ車で行きました。ウィーンではシュターツオパーに行き、帰りにはスイスにでも寄ってとチューリッヒへ。街には、十二音技法で書かれたシェーンベルクの〈モーゼとアロン〉の世界初演の広告がいたるところに貼ってあった。これは見なくちゃというので、チケットは売り切れていたんだが、主催者が放送局だったかな、日本からきたんだからチケットなんとかしろと電話して確保、井口さんと一緒に見ましたよ。井口さんは、この〈モーゼとアロン〉の世界初演を聴いて、『君、意外に古めかしいね』と言われた。僕はどっちかというと、新しい音楽だと思って聴いたわけだけど」

オーストリアの作曲家シェーンベルクが、それまでの調性音楽の枠を超えた新しい方法論を志したのは一九一〇年後半である。後期ロマン主義の分類に入れられる〈ペレアスとメリザンド〉や〈浄められた夜〉を発表していたが、その著しい半音階主義から、調性の枠を超えた新しい方法論を模索し十二音技法を唱えるようになっていく。

志を継いだのが弟子のベルクである。無調主義の傑作オペラと言われるようになる〈ヴォツェック〉を作曲し、これは二五年にエーリヒ・クライバー指揮によって、ベルリン州立歌劇場で舞台初演が行われた。新しく拓かれた音楽に百三十回以上稽古が行われ、上演は大論争を呼んだ。

基成は世界の音楽界にアンテナを張り、無調主義の特徴をとらえていたとみえる。

「僕は初めてシェーンベルクを聴いたわけだが、時はすでに一九五〇年代後半。ああなるほど、って後で思い至ったことを覚えていますよ。井口さんは新しいものに対しても、ちゃんと聴いて勉強しておられ、新しい潮流の音楽もレパートリーに入れていた。日本人ピアニストでは前人未踏のレパートリーなんですね。今でもいない。音楽的理解力や表現力、構成的に作っていく才能は頭抜けていて、演奏家的人格でもあった」

この小旅行については、徳末悦子・省三夫妻への国際郵便にも書かれていた。一九五七年七月十三日付のものである。

〈その後大変ご無沙汰いたしました。

基史くんはもう見違えるほど大きくなったことでしょう。これから目が離せなくて大変なこととお察しします。

先日はお手紙並びに結構な品をお送り下さり有難う損じました。次から次へと借りてがあって大変です〉

それは谷崎著の『鍵』をさしていた。

〈私、五月の下旬から丸三週間ミュンヘン、ザルツブルク、ウィーンと遠山一行と彼の車で廻りました。丁度ウィーンは音楽祭で大いに収穫があり、殊にオペラのワグナー、シュトラウス等の大ものをみることが出来、又一方映画「第三の男」の思い出のところも遍歴——。その映画の作曲家アントン・カラスのやっている酒場にも行って堪能しました。ウィーンは古臭いけれど街中、又は風景の中にも音楽が沁み込んでいるようです。又一方シェーンベルク一派の起こったのもこの地であることを考えると成程と頷かされます。そこへ行くとフランスは音楽よりもまず社交（？）というかサロンから引続いた雰囲気が支配していて、音楽そのものが第二義のように思えてなりません。

パリに帰ってロンチボーコンクールでしたが、そのあまりに審査の感情的なのに呆れてしまいました。ヴァイオリンの方はまだよかったでしたがピアノの方はお話しにならず、賀集等は今度はすっかりサカナにされてしまいました。

世の中をわたるのは実力だけでは駄目であることは承知しているとはいえ、この国のそのあまりにひどすぎることと、つれて本当に音楽の純粋性もないこともわかりました。

しかし方々を廻って見ても他のところはあまりに田舎っぽいのでいやになるし、住むにはやはりパリがいいですね。この月初めやっと小さいアパートを見付けて入りました。学生街の裏の方で、便はよくなくても割合気楽で好きなうまいものが食べられるのでいいです。

この夏はパリも三十五度が毎日続いてたまらなくなってましたが、やっとこの頃一寸涼しくホッとしてます。さぞかし今頃はヨットでしょうね。日本は昨年からこの春にかけて景気が良くて又ペシャンコになっているそうですが、どうしていつまでも子供みたいなんでしょうね〉

この書簡の裏書きの基成の住所は、〈1 Place Monge Paris 5e〉となっている。それまでは弟子の賀集裕子が先に住んでいた十六区のマダム・リュシウス邸に止宿し続けてきたが、このころ高級住宅街から出て気楽な生活を始めたようである。

遠山は、基成の感情生活についても口にせずにはいられない。

「エリザベート・コンクールの一次予選には、僕も井口さんと一緒に行ったんですよ。コンクールを受けるお弟子の賀集さんはまだ二十歳かそこらでしょう。女の子ですから、どうしても誰かを頼りたくなっちゃう、とか井口さんがおっしゃるわけね。井口さんは自分の感情に非常に誠実な方で、賀集さんに特別な感情を持つようになっていた。男と女のことはわからないから想像に過ぎないけど、彼女もコンクールでは頼りたい、という気持ちが芽生えたんじゃないかなあ。そういう気持ちに対して、井口さんは非常に、なんというか、敏感に反応していたと思う。

井口さんは、ある感情を持ったときに、ごまかさない。世間体よりは自分に誠実にありたいという方なんです」

また吉田貴寿は、パリで次のような光景を目撃していた。

「地下鉄のトロカデロの駅で、二人で肩を寄せ合って座っていたんですよ。井口と賀集さんが。僕は二人を見て声をかけることができなかった。お似合いでしたよ。

井口は純粋な男でしょう。賀集さんへの気持ちを大切にしていた。なぜそういうことになったか。演奏家っていうのは、自分ができない、弾けない曲を、目の前でパラパラとやられちゃうと、それだけで惚れちゃうということがあるんですよ。賀集さんはピアノが極めてうまかった。井口の場合は、それでしょう。彼はコンクールの後、もう一度、勉強し直そうとも思う。精神も若い。秋子さんはカチッとした性格で完璧な女性だったから、井口のような男にとっては少し息苦しく感じたこともあったのでしょう」

井口と賀集は、教師と弟子という以上の関係へと進んでいたのである。

遠山は基成より一足先に帰国し、秋子と会うことになった。

「井口さんはまだパリに残っておられて、生徒さんと一緒。秋子さんがうちに来られたけれど、沈んでいて喋ることもなく、夜がふけて夜中になってしまった。やっぱり涙を流されましたよ。

僕は、かまわずに早くパリにいらっしゃい、と言ったんですがね。そこは秋子さんなのかな。腹くくって、飛んでらっしゃい、と言ったんだけど、できない。やっぱり、行かれるべきだったと思うんだけど。僕もパリの井口さんの状況を説明するほどよく知っているわけじゃない。直接、そのことを聞いたこともない。井口さんていう人は、こそこそ隠し事にするような方じゃないから、わかっちゃうんですよね。

本当の感情については、本人たちしかわからないでしょうけど、二人がそういうふうになられたってことは事実なのだから。秋子さんは、なんていうんだろう、冷たいというのとは少し違うかもしれないけど、そういう感じの方。井口さんより歳上だし、もともと斎藤秀雄先生の交際相手であったわけで」

さて、徳末悦子・省三の手元には、一九五七年十月二十五日消印のマジョルカ島の美しい景色の絵葉書もある。

〈その後御無沙汰してます。リスボン、マドリッドから昨日ショパンで有名なマジョルカ島に来ました。この旅行中アジア風邪を引いて大変苦しみましたがどうやら昨日位から癒《なお》って気持もよくなりました。もっとねばろうと思ってましたが、日本であまりうるさいのでそろそろ腰を上げることにしました。うすうすお感じのことと思いますが、日本に帰っても東京方面は猛烈な台風圏にあるので、早速貴方方のところにでも逃げて行こうと思ってますから、その節はよろしく願います。外の人達には絶対他言無用ですからその点もよろしく。黒川氏にお会いの節は何となくよろしくいって下さい。三日程してからパリに帰ります。何か欲しいものがあったらいって下さい。買えることが出来そうなものだったら求めますから。井口〉

一九五七年十二月十二日、ローマの消印のものもある。

〈お親切極まるお手紙を頂戴し有難く感謝して居ります。8日にパリを発ってチューリヒを経て一昨日ローマに着き、この葉書がお手元に着く頃は嵐の日本に帰って居ると思います。彼女（ヒロコカシュウ）との連絡その他でお宅に（スマの５７７２）電話いたしますから、その節よろし

くお願い致します。多分近い内にお目にかかりに行くでしょう。目下クリスマス直前でお忙しいことと存じます〉
基成は羽田空港に降り立った。賀集とともに基成がタラップを下りてきたが、そのまま二人は引き離されてしまう。

5　欠点ばかりの人間――石井宏、井口博雅、西塚俊一の証言

「不倫」とよばれる恋愛は、とくに女性週刊誌にとっては売り上げに影響する大きなネタである。その人の地位、人気、相手との年齢の隔たりなど、劇的要素が加味されればされるほど、雑誌を手に取る女性たちは増える。

女性週刊誌が日本で出現したのが一九五七、五八年である。「週刊女性」と「女性自身」が相次いで創刊され、井口基成と愛弟子・賀集裕子の事件が格好のネタと見なされる。

恋愛の舞台はパリ。国際ピアノコンクールという読者にとって未知の世界。

賀集裕子は大企業・三菱レイヨン社長令嬢であり、基成は日本音楽界の台風の眼、桐朋音楽短期大学学長だった。二人の恋愛は羽田空港のタラップを並んで下りてきたことによって公になった。

裕子は、パリでの生活については事細かに手紙で家族に知らせていた。「おまえの大先生だか

ら大丈夫」と書いてきた父宛てに、基成と一つ屋根の下でのくわしい生活も知らせた。基成が料理を作り、それは凝ったブイヤベースだったりしたこと。やがて二人の関係は危ういものへと変化した。それを知って裕子の父は地団駄《じだんだ》を踏んだ。娘のコンクールの付き添いとして、基成に渡仏を依頼しただけである。日本人として初めてそのコンクールに挑戦した娘の詳細は、基成が寄稿した数回にわたる新聞連載で知った。娘は日本を代表するピアニストとしてその力量を発揮することができ、頬を緩ませたのである。しかし、娘は変わってしまった。

帰国した裕子に、父は猛攻撃を仕掛けた。三菱グループの最重要の地位を築いた益蔵にとって、生涯ただ一つの過ちと思えたかもしれない。目の中に入れても痛くない娘が自分を裏切ったようにも感じただろう。憤怒は、見方の甘かった自分自身に対するものだったかもしれない。怒りは生涯おさまることがなかった。

裕子は深窓に閉じ込め、俗世間に染めさせるべきではなかった。これが女性週刊誌となれば、家に幽閉されたという文になるのである。

井口家の方も極端な軋轢が生じていた。基成は子煩悩な父だったのに、裏切られたと感じた子供たちが、秋子よりも基成の外出を厳しく見とがめるようになっていた。親戚たちには秋子がそうさせているように見えた。

この件に関わったのが、『モーツァルトは「アマデウス」ではない』や『帝王から音楽マフィアまで』を著した音楽ジャーナリスト・石井宏である。石井は東京大学卒業後、一九五三年に日本楽器に入社、のちに妻となる松岡三恵は基成門下で、第二十三回日本音楽コンクールで一位・特賞を獲得、二位が当時、大月フジ子と名乗っていたフジコ・ヘミング。石井はその入賞者らを浜松工場へ案内する役もつとめる東京支店PR係に所属。松岡の才能に驚嘆し、彼女が自分のピアノを持っていないことを知ると社長に直訴、ピアノは無償貸与されることになった。松岡はフランス政府給費留学生となってパリに向かい、イーヴ・ナットに師事する予定だったが彼は突然亡くなってしまった。石井に話を訊くチャンスを得た。

「ぐっちゃんは、イーヴ・ナットと酒を飲み合っていた。いつもいい酒を持ってきてくれると喜んでいたらしい。ナットもぐっちゃんもどうしようもない酔っ払いだからね。似てないのは、ナットは素晴らしいピアノを弾けたことかな」と嗤う。石井が認める日本人ピアニストは、ほぼいないのである。

PR係として石井が書いたピアノの月賦販売のコピー「ピアノがお求め安くなりました」は、新聞の五段抜きの広告となった。ピアノが中流家庭に広がる時代に入ろうとしていた。

「ピアノと、世界大百科事典、応接セットを置いておけば、という時代だったね」と隣で相槌《あいづち》を打つのは、石井を紹介してくれた向坂《さきさか》正久である。向坂は戦後の音楽界を熟知する人物で、音楽プロデューサーとして閉館にいたるまでの津田ホールに室内楽の伝統を根付かせた。一九九〇年代後半には、派手で大向こうを狙うテレビ屋、萩元晴彦のカザルスホールと、現場叩き上げの向坂の津田ホールが何かと比較されたものだ。東京・恵比寿の小料理屋で二人と会ったのは暑い夏の夜だった。

石井はヤマハホールの支配人を務めたこともある。当時ホールが主催する「ヤマハ・リサイタル」は権威ある演奏会として注目され、出演するのは華々しいキャリアが約束されたソリストたちだったと石井は力説する。

「ヤマハ・リサイタルの企画は音楽委員会のようなものがあり、そこで決められた。支配人だった僕はあるとき小林道夫を推し、委員たちがほぼ賛成してくれて決定したが、これが結局揉めた」

ピアノ、チェンバロなどの鍵盤奏者として、バッハへの理解を深める活躍をすることになる小林道夫だったが、

「東京藝大楽理科出身だったが、当時はピアノ科卒でないとピアニストとして認めてもらえない。この企画を知ったぐっちゃんが反対だというので、小売係が飛んできて『やめてくれ』と。でもそんなことでやめる俺でないでしょう。すると今度は本人が僕の前に現れた。ダミ声で、『あんなものピアニストじゃありません』」。

向坂は、「僕は音楽委員会の内部は知らないけれど、君が小林さんをよく選んだなと思っていたんだ」と合いの手をいれた。

「これがぐっちゃんとの出会い。僕はことごとくお客を考えずにやる奴と思われ、そういう罪状で、ヤマハに勤務したのは七年間のみ」

その間に石井はまた基成と関わった。

「次にはぐっちゃんを救った。ぐっちゃんは欠点だらけの人だが、君の本では最後に人間として愛せるかどうか、問えるかだね。

「女性自身」が創刊号で、ぐっちゃんと賀集さんのスキャンダルを特集八ページにわたって取り上げることになったと小売係が嗅《か》ぎつけた。それで僕にあれを揉み消せと言ってきた。八ページというのは目玉の記事。当時、ぐっちゃんは天皇で、天皇のスキャンダルだからね。たまたまうちは創刊号の〈表四〉を買っていた」

表側のタイトルが入る面を表一、めくって表二、裏表紙の裏が表三、そして冊子の最後にくるのが表四である。表四は広告料が一番高い。石井は、光文社に行き、その特集をやめてくれれば二、三、四号も広告を入れる、だからやめてくれ、と交渉した。すでに特集記事はできていたから編集者は悔しかったはずである。しかし、広告を安定的に取ることも必要だからだろう、結局、その記事はおろされ掲載は避けられた。まもなく石井のもとには妻秋子が現れた。

「あなたが石井さんていうの、へえ、大したものね」

石井はちょっと驚いた。頼まれたこととはいえ、ある意味、井口家の名誉を守ったわけだから、日本の妻なら「お世話になりました」とか「ありがとうございます」とでも、言いそうなところだと思ったのである。

「井口秋子という女性は極端な女。強い女。ぐっちゃんはそういう女性に弱い。だいたいお母さんが強い女性で、マザコンでしょう。そういう場合、息子は女を女とも思わずに育つ。そして、強い女に会ってしまうと引きずられる。そんなケースをいくつか知っている」

秋子は強く、賀集裕子もまたしかり、そして、その後に現れた女性も、基成が引っぱられる同じタイプの女性だと分析するのである。

基成の女性観については、基成の弟・井口博雅も口にしていた。そもそも秋子とは結婚からして揉めた。

「兄の結婚については家族会議が一週間開かれた。秋子さんの父親がシーメンス事件有罪で、父が罪人だと反対した。キリスト教信者だった父に、兄は、仏やキリストは罪人だって許すことをしているのに話が通じない、と反発。反対されたから燃えちゃったのでしょう、兄は秋子さんと出奔するつもりだった。結局押し切ったが、新婚生活が目白の沢崎家で始められたものだから、母にすれば、基成は長男なのにあっちの家に取られたというのがあった。

でも、兄の気持ちは秋子さんだけ。戦争で召集令状が来たときには遺書を書き、『僕に何かあっても、秋子は再婚するべからず』と残した。

でも戦後になると……。昭和二十六、七年ごろには、関西に女性がいるとかで、この時は母と秋子さんが共同戦線を張り、母も秋子さんをかばっていました。

母にとって秋子さんは『先生』と一目置く存在。兄の先輩だったし。でも、嫁としては？　職業婦人であり、節約が染み付いている母とは、全く感覚が違う。何かと合わなかった。母が建てた成城の家屋敷は兄が全て引き継ぎ、その代わり兄は母にお小遣いを渡していた。ところが兄がフランスに行っている間に、伝え方が悪かったのか、秋子さんからはそれまでの半分しか渡してもらえなかったというのですね」

義兄の西塚俊一は、基成から秋子との関係の変化を聞かされている。

「パリに行く前から秋子さんとの間は冷え込んでいた。基成さんの親友で作曲家の深井史郎は『井口の家はすぐに家庭じみていかんよ』なんて言っていた。秀お母さんが中心で、井口家は動いていましたからね。

秋子さんと基成さんとの関係も、決して夫と妻というものでなかった。夫婦関係が冷めても別れない夫婦だってあるでしょう。それでいいんじゃないかと思って『なぜ別れるんだ』と尋ねると、『秋子との関係は終わったんだよ』と明確でした。芸術家対芸術家だったのです。

フランスから戻ったとき賀集さんとの問題が起き、子供たちはすっかり秋子さんの側についた。賀集家を訪ねて、『うちのパパを取らないでください』と伝えたと聞いています」


一九五七年十二月二十二日、基成は速達で徳末省三、悦子へ葉書を送った。

〈先日はお電話を頂きましたが、生憎《あいにく》留守して失礼しました。でもこれからお電話初め手紙等もよこさないで下さい。家のものに感づかれますから、連絡できるところは貴下のところをおいてないのです。ですからその点よくお含みおいて欲しいと思います。それから私も成るべく早くそちらに参りたいと思っているのですが、（略）一寸の外出すらできません。もし彼女から何かありましたら、思ったより難しく悩んでいること、時が必要のこと、などを話して下さい。そのうちに、また連絡します。外の人には内密にして〉

明けて五八年正月六日、徳末夫妻宛てには、

〈新年お目出度う存じます。いつもご丁重な祝詞恐れ入ります。

さて、私も一度そちらに参りたいのですが、仲々にチャンスをとらえることが出来ません。この中旬過ぎに秋子がそちらに行くようですから帰京したら入れ違いに出かけたいと思って居ります。

その後も仲々大変です。向うの親も引き離すことに懸命のようです。今丁度私も、家族のものが出かけて居りませんのでこうやって筆がとれるのです。

ではいずれその内にお目にかかって〉

その後、関西を訪ねた基成は、徳末夫妻相手に鬱屈する思いを爆発させてしまった。

〈大変に御騒がせしました。自分の不明を恥じてます。では御機嫌よう〉

破られた紙の切れ端に書かれた謝罪の言である。追って二月八日付速達が届く。

〈先日は突然勝手な振舞に出て申し訳ありませんでした。かえって色々と皆様にご心配かけたことを深く恥じて居ります。どこに行っても言葉が通じないようなズレを感じて居ります。その内に落ち着きましてからお目もじさせて頂きます。彼の方々にもよろしくお伝え下さいますよう、我儘をお許し下さい〉

十八日付の速達では、

〈本当に我儘ばかり申していて済みません。でもどうやらまあ落ち着いて勉強出来そうですから御放念下さいますよう。そのうち一勉強出来ましたら●（文字不明）晴れることに致しますから。皆様にもよろしくお伝えくださるように。

賢いハルエさんにくれぐれもよろしく〉

「賢いハルエさん」とは、基成と付き合ってきた女性だろうか。「賢い」という表現に、わたしは石井宏の言葉を思い出した。基成は、自分を愚かすぎるほど求めてくる強い女性を欲していたのかもしれない、と。

6　五十歳からの波乱——ヤマハの黒川乃武夫と工藤清

基成と賀集裕子との問題は、井口一族に波紋を広げていた。

基成の姉の西塚孝子が、妻秋子の行動に眉を顰めた。孝子はつねに基成の側にあった。

「お秋さんが子供二人を連れて、賀集さんのお宅にうかがったらしい。一度、賀集さんのお母様がご挨拶に見えました、うちの玄関までです。お父様はともかく、お母様の方は、基成先生に（嫁に）行かせたかったけれども、ということをおっしゃって。でも秋子先生がお子さんを連れていらして、とおっしゃった。それでやめるということでしょう」

夫の西塚俊一が脇からつけくわえる。

「二人は一緒になるつもりでいた。でも羽田に着いた時に、賀集さんのお父さんの秘書が彼女を取り囲んで、車に乗せて連れて行っちゃった。それで基成さんは、彼の親友の画家樋口加六と僕とで迎えたのです」

「基さんと賀集さんが結婚するという話は、四年間ほど続いていていました。基さんはお秋さんとはスッパリしていたから、パリから帰って成城の家を出てしまった」

基成は愛車のオールズモビルの98型に寝泊まりしていた。

まもなく基成は新橋にある宿屋に移ったが、オールズモビルを自分の家のようにして日本中を走りまわった。全国に弟子をもつ基成に稽古をつけてもらうため、弟子たちはピアノを用意し、部屋を整え、渡欧前同様に基成を待った。

福岡音楽学校（のちの福岡音楽学院）を創立したばかりの末永博子院長宅では、体の大きい基成のために、風呂を改造して広げた。大阪では相愛音楽大学の教授で、徳末悦子とともに三羽ガラスと言われた矢田映子宅、片岡みどり宅に宿泊した。

名古屋には戦前から関わった名古屋音楽学校があったから、基成はひと月に一度は西に向かった。

東京を発つのは、夜中でもなんでも勝手気ままな時刻である。途中で眠くなったら道端に止めて仮眠をとって、また走り出した。こうして十数時間もかかって東海道を大阪まで行く。演奏会にも車で向かった。時によく命があったと思う出来事も何回か起こった。

紀州では演奏会の帰り美しい風景に見とれていると突如、道が途切れ、崖が迫ってきたことがあった。急ブレーキをかけたが、後続車が追突してきた。しかし、この時ほどオールズモビルに感謝したことはない。後ろのフォードのボンネットは潰れていたが、基成の愛車は重いからほとんど動くこともなかった。

鳥取の峠ではオイルタンクから油が漏れ、比叡山ではブレーキが効かなくなった。伊勢湾台風が接近する濡れた舗道でスリップし、対向車線に飛び込んだこともあった。車がこなかったから幸いだった。精神の不安定さがそういう事態を招くのか、井口家の子供達が次々と事故を起こしたことも思い起こされる。

五八年春、基成は五十歳になった。

六月末、賀集裕子が帰国独奏会を開くひと月ほど前には、同じ日比谷公会堂において、東響の第九二回定期演奏会に出演している。上田仁指揮によるブラームスのピアノ協奏曲第2番である。戦前の音楽界には楽聖ベートーヴェンを弾く者がいなかったため、ベートーヴェンを多く弾くことになってしまったが、ブラームスの協奏曲においても基成が第一人者だった。

徳末悦子は基成の〈皇帝《エンペラー》〉を詳細に覚えている。何度聴いたことだろう。

「先生の『エンペラー』は、第一楽章が物凄く綺麗なのです。あれが印象的で、なんど聴いてもほろっとするというか。先生はアガリ症というか、初めはアガっている。だから私、心配でドキドキする。ミスタッチも冒頭が多くて、フォルテをガンと弾いてしまうでしょう。それで音も綺麗じゃないと言われてしまう。フォルテッシモの濁らない響きは難しい。でも先生のピアニッシモは極めて綺麗なの。

外国人の演奏家は音色も違う。それまで日本人はテクニックがない、歌えないと言われたけれど、それもある程度クリアできた。で、何が違うかというと、響く音を出すことが日本人はなかなかできない。日本人の音はペチャッとしている。だから、手を少し緩めて弾いたほうがいいとか、鋭い音がいるときはオクターブでも手首を立て重力をかけるなど、力の抜き方やパッセージのもっていき方のテクニックは、やはり基成先生から教えていただいた。教えながら思うのは、わたしが学生に向かって言っていることは基成先生がおっしゃったことばかり、ということ」

基成は遅れた日本のピアノ界において、日本人の手の大きさやメカニック的なことを考えに入れ、教育に臨んだと思われる。春秋社の楽譜校訂の仕事も、この理念のもとに進められた。しかし、その校訂版も、海外からの楽譜輸入が可能になると、やがて疑問を呈されることとなるのである。

昭和三十年代には、外国人演奏家の来日が頻繁となった。カラヤン率いるベルリン・フィル、チェロのロストロポーヴィチ、カサド、イタリア歌劇団、ウィーン・フィルなどが初来日する。ストラヴィンスキーはNHK交響楽団を指揮した。

また新しい世代の日本人演奏家も育ってきた。ロン゠ティボー・コンクール第一位の松浦豊明、ブザンソンの指揮者コンクールでは小澤征爾が第一位となった。すでに欧州を舞台に田中希代子や梶原完《ひろし》が活躍し、基成とレパートリーの重なる園田高弘も活発な活動を開始しようとしていた。

園田は基成が戦前、東京音楽学校の教授を務めていた時代の学生である。ベルリン在住で民間外交官の役割を果たしていた田中路子を訪ね、フルトヴェングラーをマネジメントした人物を紹介され、欧州、南北アメリカでの三年にわたる演奏旅行も決まった。一九五八年、一時帰国した園田は日本全国で十回ほどのリサイタルをこなそうとしていた。

同年秋、基成は十月三十一日、九段会館にて久しぶりの独奏会を開く。レパートリーの広い基成らしい多彩なプログラムである。

ところが、演奏会評では同時期にリサイタルを開いた原智恵子とともに酷評された。評者、服部公一（作曲家）は、「両大御所」のピアノリサイタルが〈いずれも満員で盛大な会〉であったことを報告すると同時に、〈この二人が演奏で聞かせてくれたもの、と今の若い多くのピアニスト達が追求しているもの、とのずれであった〉と記す。基成はバッハ、ベートーヴェン、シューマン、フォーレ、ドビュッシー、ラヴェル、プロコフィエフと精力的な勉強の跡を見せたが、〈非常にくずれたメカニズム〉のために、〈解釈がふみにじられてしまった〉と書かれた。〈日本楽壇の指導的地位にある人のものとしては非常に疑問の多いものであった。両者それぞれ違った意味のレフレッシュメントを必要とするのではあるまいか〉（「音楽新聞」十一月第一週号）

基成自身、ヨーロッパでも昔からの大家は消え、ケンプやルービンシュタインが残っているくらいで、若いピアニストがどんどん出てきていると認識していた。フランスは立ち遅れていたが、ソ連の台頭も見た。

このころのリサイタル・プログラムの取材で基成は、〈こうなると今度は指導者の方がぐずぐずしていられないことになる〉と笑って応じている。それでも渡欧によって基成は自信を得た。日本とヨーロッパの演奏にはそれほどの開きはないと実感したからだった。基成は教育の成功を確信し、一方で演奏家としてもさらに飛躍する気概を持ったのである。

基成はさらなる仕事におわれ、プライベートも激変する。

家族のもとを離れた基成に密着して関わったのは、ヤマハの神戸支店に長く勤務し東京支店長を経て、取締役となった黒川乃武夫である。徳末悦子夫妻宛ての手紙には「黒川氏によろしく」という文言もあった。

鎌倉に在住していた黒川とは二度ほど会うことができた。

「井口先生とは非常に親しくさせていただいて、差しさわりのあることも多いのです。でもあれほどの先生の名前が忘れられてしまっている。率直なお話をさせていただきましょう。

先生がフランスから帰国された後は、秋子先生やお子さんとの付き合いもあったものですから、深入りしないようにしていたのですが、大阪に来たら私の家に泊まっていただいたことも多く、そのうちに関西に自分の家が一つくらいあってもいいと言い出されて。では、というので私が家を買おうとしたのですが、お前の名前で買うのはおかしい、俺の名前で買うと。交渉は私がし、お金は先生が出されました。そこまでしたのは、先生や先生を囲むお弟子さんの先生たちが、ヤマハにとって特別に大切な人たちばかりだったから。大変な競争の中で、井口先生の時代が一番ピアノが売れた。私も先生を利用させていただいた。ピアノ開きには井口先生を私が連れてくるから、と」

一つの学校や公会堂がヤマハのフルコンサート・ピアノを採用することになると、連鎖的に他の学校も導入することになった。そしてピアノ開きには基成の演奏がある。

「またピアノの〝選定〟というものがあった。一般のお客さんが相手で、井口基成先生に選んでもらったいいピアノが買える、というのを売り込みの条件の一つとさせていただいた。何台か注文をため、浜松に行って選んでいただいた。そのときにお礼？　いえ、金銭的なものはなかった、先生と飲み食いするくらいで。親しくしておりましたからね。浜松には私の運転で日帰り、鵜飼の鮎やウナギをよく食べました」

二人の関係については、黒川の部下で、基成の晩年に銀座支店長をつとめた工藤清が詳しい。工藤は一九五四（昭和二十九）年入社、黒川よりひと世代若い。

「ピアノの選定のために、基成先生がオールズモビルで砂埃をたてて東海道を来るわけ。それを僕は浜名湖の入り口の弁天で出迎える。黒川さんは自宅に基成先生を泊めたり、麻雀卓を囲んだりで、もうズブズブの関係。彼は戦前のプレイボーイで、ニッカーボッカなんてはいてカッコよくてね。仕事を越えて、二人は気もあったのでしょう。

浜松での選定のあとは浜松郊外の店でウナギ、ドジョウ。頭まで食べちゃう。先生は美味いものが好きで、ご自分でもブイヤベースを作るのが得意。

僕は入社二年目に基成先生と面識を得ましたが、その時は爽やかで、偉ぶらず、気さくな方という印象を持った。士農工商ではないけれど、基成先生は階級制を越えている人。音楽家の先生は僕ら、逆らえないんだけれど、基成先生が爽やかというのはそういうところ。口が乱暴なところはあるけれど、女性的な敏感さを持っていた。相手が誠心誠意があるかどうかとか、そういう感情を瞬時に感じ取るところがあった。

ヤマハは文化的なことに貢献しろ、と言われて僕は音楽家クラブの顧問をしたが、それも基成先生がいればこそ。先生となら世の中を変えていける、そういう人は音楽界には基成先生しかいない。お金に対する執着はまったくなかった」

さて、黒川が見つけて来た家は、神戸市東灘区住吉宮町にあった。五十歳になった谷崎潤一郎が七年ほど居住し、『細雪』を執筆した住吉川沿いの家に近い。木造数寄屋住宅で、中は和洋折衷、大正モダニズム溢れる家である。徳末省三がパリに送った谷崎の『鍵』を基成はたちまち読了したようだが、同様に五十歳になった基成はこの家で、レッスンを行うだけでなく、賀集と新しい生活を始めようとしたのだろうか。

さらに鎌倉に家のある黒川の口利きで、同市大船の一軒家を借りた。

7　家を出た父へ——渡辺康子、福本啓子、井口家成

家族とともに暮らした成城時代の基成は、どういう日常を送っていたのだろうか。帰国したばかりの「音楽芸術」十二巻五号には井口基成の「私の生活と音楽」と題した特集記事が掲載されている。

朝六時に起床、犬と成城の街を散歩し、朝食の後、演奏会のあるなしにかかわらずピアノに二、

三時間向かう。汗をかきながら練習しているところに、三女で絵の勉強をしている庸子が描いた画を見せにきたりする。庸子は、基成と共演した巌本真理の肖像画を描いたこともある。八人家族が一緒に家族団欒《だんらん》することは滅多になかったが、時に基成は子供たちとトランプに興じることもあった。

自宅でのレッスンが終わって一息つくときには、リビングのスタンドバーで基成はみずからカクテルをシェイクした。

しかし、フランス留学の基成とドイツ組の秋子、そこに二人の感性が加わり、音楽は全く異なったものへと発展してきていたと基成は同誌で直截に述べている。秋子との不和をにおわせる言葉である。

〈繊細ということも、その角度がある。僕が繊細と思うのは、うちの奥さんの考えているのと違う。今朝もいいあったんだけれども、ぼくの奥さんが見て、あなたは大ざっぱで、こういうのを私は細かくやるんだというんですね。ところが、ぼくの方が見ると、ぼくの奥さんの方が大ざっぱで、ぼくの方が細かく感ずるところがある。そこのところが、見るところが違うから、繊細とかなんとかいう言葉が全然違うんですよ。だから、やっぱり、同じ人でも、ものの重点の置き方、その基準の線が違うんですよ〉

ついに基成は家を出て、ヤマハの黒川乃武夫の家に近い鎌倉市大船七七四の一軒家に落ち着いた。関西に向かうにはより便利となった。

このころの基成の心中は「僕も日本の男だから割り切っているようで女性についてそう簡単に考えているわけではなく、随分思い惑うし時間もかけて身を切られるような日々を過ごしたこともある」というものだった。

一人で暮らすようになっても、賀集裕子との関係に進展はない。義兄の西塚俊一は、

「基成さんにしてみれば、自分なりに正しい姿勢を貫いた。秋子さんとの問題は時代というものが、非常に関係していた。秀おばあさんの旧来からの価値観。基成さんが長男で、妹弟たちの中には基成さんが面倒を見ないといけない親族もいて、それをおばあさんは求めた。嫁姑のあり方でもそう。

大船では子供たち全員の面倒を見るつもりだった。でも皆来ないんだよ、と残念そうだった」

「母が旧館に住んでいたのに、モトさん（基成）は四百坪の成城の家をお秋さんに残して出て行ってしまった」と姉・西塚孝子が語ると、長男・家成は、「親父は裸一貫で出て行くなんて、いたって平気。野人ですから」と振り返る。

自宅監禁と女性週刊誌に掲載されそうになった賀集裕子だが、事実は違っていて外出は咎められることはなかった。銀座に足を向けたある日、老舗の「和光」で遠くに基成を認めたことがあった。しかし、声をかけることはなかった。それが二人が同じ空間にいた最後である。賀集にとって過酷に思えるのは、この問題をきっかけに基成・愛子門下から排除され、桐朋とは無縁な日々を長い期間にわたって送ることになったことである。

秋子との間には、三井不動産の江戸英雄が関わるようになった。西塚俊一は、

「家族のその後のことについては基成さん、秋子さん、吉田秀和さんと、僕の四人で会った。冠婚葬祭には一緒に夫婦として出る。そのほかのことは一切他人である、と。これに関しては、また一年後にもう一度話し合うことになったが、これが一年後でなくその間に二、三回あったら、と今は思う。一年後には家庭裁判所に持ち込まれました」

このとき吉田自身も女性問題があった。

作曲家・別宮貞雄は、

「桐朋の生徒から、質問されたことがあります。どうして桐朋の先生は離婚するのでしょうと。一般企業では離婚や家庭問題は出世に影響するものだったでしょう。でも桐朋では、先生がたが次々と離婚した。柴田南雄さん、入野義朗さん、吉田秀和さん他、斎藤秀雄先生は奥さんがいたが、女性は何人いたかわからない」

吉田は、生涯連れそうことになるバルバラ・クラフトと知り合った。中国文学専攻のバルバラと欧州で知り合ったのは東大教授の原田義人で、彼女を桐朋学園に講師として連れてきたのも彼である。吉田はバルバラを思い、彼女をめぐって学内で鞘当《さやあ》てが始まっていた。吉田がラジオ対談した加藤周一は原田とも親しく、やはりドイツ女性と交際していた。吉田は、加藤が同人となっている埴谷雄高や荒正人らの「近代文学」に原稿を寄せたこともあった。

桐朋の勤務がなければ食える状態ではなかったが、「吉田さんはこの頃、音楽評論家でなく、文芸評論家になることを目指していた」と遠山一行は振り返る。一九五八年、吉田は美容師とし

て家計を支えてきた妻の元を去った。

　別宮は笑う。

「創立、事務局のメンバーで離婚しなかったのは僕と、伊藤武雄・花子先生、寺西春雄・昭子先生ぐらいかな。生徒の道徳教育に関心があるわけでなく、桐朋では世間的な倫理は通用しない。離婚は話題にすらなりませんね。

　基成先生と秋子さんがもめているころでも、基成先生が発足させた音楽家クラブに秋子さんは顔を出していた。当時クラブは基成先生との関係でヤマハが派手に催していたけれど、普通揉めている夫が主催しているような会に夫人は来ないでしょう。そんなときでも、秋子さんが言っていましたよ、私は生徒で有望なものは基成に回す、と。あまりにも賢夫人で、それが嫌だったのかもしれない」


　基成の長女・渡辺康子は、「勉強し直すと渡仏した父に問題が起こった時、母が飛んで行けばよかったけれど、私たち子供のことが大変で、とても行けなかった」。

　疎開から引き揚げる直前に、三男通成を白石で失い、三女庸子はすべり台から転落して入院、慶應大学に進んだ長女康子は四人で出かけた車が事故を起こし、脳内出血で重傷、日本交通社長の息子や井口基成の長女がいたと新聞に掲載された。さらに、次男晃成が学校の二階の窓から転落する事故が起こった。

　康子が交通事故で大怪我を負ったのが基成が渡仏中のことである。

「母は、父のフランス滞在中のお金も出さなくちゃいけなかった。秀おばあちゃんが、もうちょっと母のことを大事にしてくれていたら、と思う。ただ大船に行っても、私は父が戻ってくると思っていた。とても夫婦の仲が壊れているとは信じられなかったから。大船には通いのお手伝いさんがいて、私も大船から大学に通ったことがある。二人の間では賀集さんのことは話し合っていない感じで、父は謝らないし、母が責めることもない。

母は、結婚してからただひたすら一所懸命に働いて、祖母につくし、父につくし、子供たちを育ててきた。耐える女でありすぎた。家で差しつ差されつ、と二人でゆっくりお酒を飲むような時間もなく、ピアノも片方が使っているときは、片方が楽譜を勉強している。こういう夫婦生活が良かったのかどうか。

父のような問題がもし私の身におこったら、夫にクエスチョンを突きつけると思うのだけれど、母がそんなことを考えるのは多分真夜中だけ。朝になるとデイリー・ライフが待っていたから。必死に生きた母から学ばなくてはいけないことはたくさんあります。

一番辛かったのは、一番大事な時期にあった次弟の晃成。多感な晃成への影響が大きすぎた」

晃成は家成より二歳年下で中学一年。ヴァイオリンにおいて音楽的才能を示し、桐朋学園に進学していくことになる。

次女・福本啓子は、基成の演奏会評に音が汚いなどと書かれると、秋子が「いかに難しいか、わかってないいんじゃないの」と怒っていたことや、基成の手を揉みほぐしてやっていた姿が忘れられない。

「父と母と私たち子供たちだけで住んでいたら、と思うことがあります。ある時、父の家族が来て言い合いをしていて、母がターゲットになっていた。叔父伯母は母の味方になってくれなかった。

その頃は父がなぜ母と別れるのかが全く理解できなかった。どんなに忙しくても一年に一回は家族でハイキングに行ったし、九時の門限をすぎそうだと成城の駅からは暗い道だから駅から電話しなさい、と言われていて、家の外で待っていてくれた」

一方、男子である長男・井口家成はちょっと違う角度を示す。

「親父が『けしからんじゃないか、秋子がどうも申し訳ございません、と手をついて、僕を出すべきだ』とか、『西洋は男女のことでも進んでいる。見習わないといかん』と訳のわからないことを言っていて、僕は嫌になった。昭和三十二年、中学三年のときで、ここからすべてがおかしくなった。高校三年の時、完全に父は出て行きました。大船には二、三年間いたでしょう。でも、僕は一度も大船には行ったことはない。

母は父を貶《けな》すことも責める気持ちもなかった。思えば、夫婦で仲良くしていることはなかった。いや仲は悪くはないけど、一週間も十日も家を空

秋子と次男の晃成。「週刊朝日」のグラビアから

ける。演奏旅行が続くと、ほとんど身づくろいのために帰ってくるだけ。家事はお手伝いさんと母。母は帰宅した父に、『お疲れ様』と。そうかと思えば、一カ月ぐらいずっと家にいたりすることもある。毎日帰宅して団欒のあるサラリーマン家庭と全く違う」

家成もまた家族構成が違っていたらと想像する。

「父と母は最初、目白に住んでいたでしょう。ところが戦争でその家が焼失して、秀おばあさんが成城にいたから、そこに戦後入り込む形になった。母は芸術家肌で、祖母とは感性が違う。祖母は生徒からもらった贈り物など、袂に入れちゃう。母は可愛くない嫁と思われていた。僕自身は祖母から可愛がられていたが。結局、父母のゴタゴタは十年間続いた。それで少しのびのびしたいと僕は大学院に二年いたあと、アメリカに留学してしまった。その時、親父は羽田に見送りに来てくれましたけど」

東京大学で物理を専攻した家成は、一九六七年からスタンフォード大学へ三年間留学する。基成と秋子が一致していたのは教育方針である。外国で一度は勉強し、グローバルなものを見るべきだということ。井口家の子供たちは五人とも海外に留学している。

一九五九年、次女啓子がアメリカへ留学する。同年九月、基成がニューヨークのウェストサイドに暮らし始めた啓子に宛てた手紙がある。ニューヨークには姉の康子もいた。

〈カーボンデールからの便りと、昨日関西旅行から帰ってニューヨークからのを受け取り、元気なのを何よりと思ってます。又日本楽器によって、金原さん宛てのマンモスカードも見せて頂きました。ニューヨークの生活の方が良さそうですね。ジュリアードの試験はしっかりやって下さい。

とにかく学校に入学できたらスカラシップに関係なくジュリアードで勉強した方がよいと思います。始めからそのつもりでいたのですから。スカラシップも最初は三百ドル位しかくれないとかきいてます。

しかし田舎でヒロコがリサイタル等やって自信を持ったことも大変よかったと思ってます。今まで何度いっても勉強しなかったのですから。

先生はゴドニツスキー？　とかいう先生が一番よいらしいですね。叔子さんが知っているでしょう。

この夏はとても暑くて汗がすごく出て弱りました。しかし最近やっと涼しくなってホッとしてます。八月末におばあさんが大船の家に来て数日泊まって行きました。とても静かでよく休まるといって、又その内来るでしょう。先月初めに和歌山からおばあちゃん用の女中を連れて来ましたが、チエさんの強気と剣幕？　に恐れをなして一週間あまりで帰ってしまいました。家成は感心に一月あまり長野の木曽福島に籠城して勉強したようです。晃成も殆んど北軽井沢に行っていたようです。今月末の関西には庸子を連れて行きます。庸子は北海道に二週間も行って、それから相変わらずフラフラ消費しているようです。どうぞ試験はしっかり。祈ってます。又書きます。

九月五日　パパ〉

秋子との間はくすぶり続けていたが、基成の子供たちへの思いに変わりはなかった。基成の校訂の手伝いに康子が来たし、晃成も一緒に住んでいたこともあった。

8 荒れた生活

基成が大船に住みはじめた時に、新しく生徒になった桐朋学園短大の学生に伴奏ピアニストの先駆的存在の岩崎淑がいる。

「私は秋子先生の生徒でしたが、基成先生と別居なさった時に、あなたは大きいのだから基成のところに行きなさい、あなたなら大丈夫、と言われて基成先生の生徒になったのです」

新しい師を得た岩崎には、基成は大きな道標となった。

「基成先生についた時から真剣に音楽にとりくんだ印象があるのです。父も日本一の先生に子供をつけるのが夢だったから。

基成先生のアプローチは強烈。でも、絶対的、神聖な芸術家の先生だからという気持ちでレッスンを受けつづけた。基成先生がいなかったら、今の私はない。基成先生がガンガンやってくれたおかげで、テクニックも身に付けられたし、ソロのレパートリーにも目覚めたのです」

岩崎がまず思い出すのは、親指のどのあたりで弾くかを学んだことだった。「右手だったら、親指の爪の先端の左端で弾くというようなこと。そうなると自然に指が立ってきてね」。

それは中村紘子がハイ・フィンガーと批判した上から叩きつけるテクニックだろうか。

「基成先生が言うのは、上から叩きつける方法というわけではないの。私が教える時も、まず基成先生から伝授されたこの親指のテクニックから教える。このテクニックは細かく速い音を出すには最上のもの。でもレガートで弾けと言われた時、指を離さずに弾こうとしたら違うテクニックにしないといけない」

基成は、メカニックもテクニックも、すべてその音楽のために考察すべきと考えていた。音楽のためにテクニックを考え出すべきとしたのである。

さて、ピアニストにとって、音楽を造る上で最後に大きな要素となるのは楽器自体である。

基成が求めた音について、ヤマハの名物調律師の一人の大石雪治を浜松に訪ねた。大石は、ヤマハのグランドピアノの開発でリーダーシップをとり続けた松山幹次のもとで、世界に通用するピアノを目指した現場の人間である。

昭和二十年代後半、工場では取り憑かれたように製作が続けられていた。材料、設計、部品加工、組み立てを徹底的に見直し、実験を繰り返し、新しい部品を作るために工作機械を二十数機、治工具《じこうぐ》にいたっては二百五十種が新開発された。

大石はヤマハのグランドピアノを好んだウィルヘルム・ケンプと基成の共通点をあげる。

「音のムラをなくしてくれ、音が揃ってなきゃ、とはどんなピアニストでもおっしゃるが、ケンプはピアニッシモを非常に気にしていました。ケンプの演奏会に調律でついて行ったのは村上輝久さんでしたが、浜松の演奏会の時、私も立ち会うと、やはりピアニッシモを綺麗にするように要求していた。それは私が井口先生から求められてきたことと同じ。

ピアノはハンマーが弦に当たると音が出る楽器。それには整調と整音が必要。

ピアニストの微妙な手の動きをハンマーの動きに変えるアクションは、〇・〇一ミリの精度を要求され、四〇〇分の一秒で弦は打たれる。キーの深さやハンマーの高さも重要である。

「とくに基成先生の場合は、鍵盤のアフタータッチの調整を念入りにとよく言われた。鍵盤を押すと十ミリぐらい下がって、最後にカクッとなるでしょう。これがアフタータッチ。そこに丸く切ったパンチングの紙があり、それをとったり、何枚か入れたりして調整する。基成先生はアフタータッチが強めを好み、またピアニッシモがよく出るようにと、全体的にちょっと低音を強めにして、高音の方は少なくする。低音を強めというのは、最後のカクッを速くするということ。その方がピアニッシモは出やすい。そのカクッがあまりに少ないとフォルテにならないし、それが大きすぎるとなめらかさがなくなる。ピアニッシモについては、それはたくさんの要求があった。でも、フォルテが出て、ピアニッシモも出さなきゃならん、というのはきわめて難しい。

僕は、基成先生の妹の愛子先生も担当した。愛子先生の場合は低音と高音のバランスをとても気にされた。ダメな時は、ダメとはっきりとおっしゃる。

ピアノはハンマーが弦に当たる時に音が出るわけだが、その距離は二ミリから三ミリ。グランドピアノだと、低音部は二ミリ半、高音部は二ミリでそろえる。整音の方は、ハンマーの頭にあるフェルトをフェルトピッカーで持ち上げると、弦に当たる音が柔らかくなる。基成先生は、いいピアノというのは幅のある音でもって、綺麗な音で、音量が豊富だということだ、と言われていました」

そのような要求に応えるべく、大石は基成が訪れる時にはあらかじめ工場から四、五台を選んで選定室に運んでおいたものだ。

「基成先生の選定は早いですよ。数台の中から一台選ぶのに十分」

こうして基成の選んだピアノは、ホール、学校、公民館や一般の家庭へと運ばれていった。

一九六〇年一月には関西交響楽団の第一二二回定期に出演。欧州での指揮修業から戻った意気軒昂《けんこう》な朝比奈隆の指揮で、ベートーヴェン協奏曲第5番〈皇帝〉を毎日ホールにて演奏している。その合間に、基成は戦後始めた春秋社の校訂作業を続けている。これには岩崎淑ほか、学生十人ぐらいが関わった。その中の一人、森安芳樹は基成の後をつぐ形で、のちに『シマノフスキ全集』ほかラフマニノフやロシア五人組の校訂版を出した。

しかし、森安は「あと三十年生きないとできないな」とつぶやいていた。一九三七年生まれの森安は基成の影響を強く受け、基成が目をかけた数少ない男弟子の一人だったが、一九九八年に急逝したために取材することができなかった。彼の弟子にあたる野口裕紀がネット上で「戦場と化したレッスン」として森安の言葉を明かしている。

「死ぬ気で弾け、弾けなきゃ死ね！」「やっていることが手ぬるい、甘い。そんな練習は時間の無駄遣いだ。そこが凡人の凡人たる所以《ゆえん》。弾いたような気がするだけだ、この能無し！」

そんな言葉は基成を彷彿《ほうふつ》とさせる。

校訂は極めて神経を酷使し、時間と労力がかかる仕事だった。岩崎は、基成の姿勢に感服する。

「基成先生は世界中のさまざまなエディションを見て、たとえばトリルはどれがいいか、日本人にはどういうものが合うかと考え、毎週十枚、二十枚と着実に進めていた。非常な勉強家です。校訂は自分で弾かないとできないし、ほかのエディションと比べなければ、書けるものではない。膨大なエネルギーを使って進めていました。基成先生が十七歳からピアノを弾き始めて、校訂や演奏活動を続けていたのは、信じられないこと。でもこの時期の基成先生は荒れているようにも見えた」

基成は酒を口にしながらレッスンにのぞむことが多かった。尊敬するピアノ科一期生の先輩である賀集と結婚できないためだと岩崎は感じた。


レッスン室に入るとき挨拶は不要で、黙って入る。二、三人が必ず待っていて、基成が発する「馬鹿野郎!」の怒鳴り声に皆がいちいち震え上がった。

「私も、二、三小節弾くと『違う!』『また違う!』と言われて。涙の方が先に出てきてしまう。泣き泣き弾いていたと思う。先生のイメージに反していると、『音楽を冒瀆している!』と怒鳴られる。一番いやだったのは、『そういうことを秋子が教えたのか』と誹謗《ひぼう》されたこと。秋子先生の弟子だったから、怒られているのかと思ったこともあった。秋子先生は違うけれど、井口愛子先生にも基成先生と同様の怖さがあって、楽譜を破って放り投げたりはしたらしい。ただ愛子先生は叩いたりはしないけれど、基成先生の場合は手も出る。男子生徒の中には、成城時代、庭に突き落とされたとか、椅子を持って成城の駅まで追いかけてきた、とか作り話のような話もあった。

私の場合は、二の腕を叩かれたり、後ろからでも横からでも片手で顎をつかまれたりしていた。レッスンは十日にいっぺんぐらいだったけれど……」

ある日、岩崎が歯を磨いていたら、急に顎がガクッと垂れた。まったく力が入らない。大学病院に行ったら、顎がはずれている、と言われた。

岩崎家では基成の告訴まで考えたという。しかし、父は基成を尊敬していたし、学長を訴えれば日本でピアニストにはなれないだろう、ただこれ以上顎に触られるとまずいというので診断書を持参した。

「基成先生に診断書を見せたらうつむいてしまいました。『それは悪かった』と。それはまったく想像しなかった意外な反応だった。実は先生は、レッスン以外では極めて常識人。私が留学する時、両親がお礼をしたいと椿山荘で会食をした時は対応も話も常識的。先生からは『いいものを持っているんだけど、何かが足りない』とひとしきり言われたことが長く心に残りました」

岩崎はニューヨークへ発った。その後、基成と再会するのは、基成が国際コンクールの審査員としてアメリカに赴いたときである。

基成は時に都心へと繰り出した。ヤマハの社員が基成を連れて行ったのは、当時、銀座で一流のバーと言われていた「エスポワール」だった。ここで基成は運命を変える一人の女性と出会う。

第九章　熟年の恋

1　吉田秀和問題──別宮貞雄

基成は大船から東京・調布市の桐朋学園に車で通っていた。周囲には田園風景が広がり、寮もあった。ピアノ科三期生で、のちに山田耕筰研究家となる後藤暢子《のぶこ》はこの寮に住んでいた。

「ピアノ科に入っても一流にならない人は多かったけれど、創設者の先生たちの情熱のエネルギーはもらいました。ちょっと異様な活気があった。そのころ先生たちはつぎつぎと離婚したり、再婚したり。そんなこともめまぐるしく起こって自由な発想も学びましたよ」

と笑う。

「試験の時、廊下で待っていると、中から基成先生の声が聞こえてくる。それだけでドキドキして。私の試験の結果はあまりにもひどく、その頃寮監だった吉田秀和先生に相談すると、秋子先生についてしばらく考えろと言われました」

寮では寮誌があり、毎日つけるのが義務だった。それを読んで、誰かが猫を飼っていることが吉田に知れた。吉田は「音楽をやるなら猫なんかかまっている暇はないだろう、捨ててきなさい」と断固たる調子で言った。猫は捨てられた。寮ではサイクリングも流行《はや》っていたが、「頭は朝が一番スッキリしているのに何をやっている、勉強しなさい」とも説教された。

後藤が受けた秋子のレッスンは特別だった。

「秋子先生が、私の手の上にご自分の手を置き、ペダルの上の足にご自分の足を乗せて教えてくれました。基成先生や井口愛子先生は怖いと言われていたけれど、秋子先生はそんなことはなく、そのうえ違うピアニズムだった。手から手に秋子先生の音楽が伝わってきて弾けるようになってしまう。でも秋子先生に習って、ますます自分がピアノに向いていないことがわかってしまった」

それでまた吉田に相談に行くと、音楽史や音楽理論もある、来年からそういう科を作るから、しばらく作曲科にいなさい、と告げられた。音楽評論の大家・吉田秀和しか知らないものにとっては、このような寮監時代や「子供のための音楽教室」室長時代は興味深い。

創立期には、吉田がそんな雑務を一手に引き受けていた。これは収入にもつながった。

小さな私塾のようにして出発した音楽科は、東京藝術大学と比肩されるようになっていた。保護者からは短期大学でなく、四年制大学への昇格を希望する声が出始めた。理事会もその方向で動き始めた。しかし、桐朋には金がない。ピアノを十分に買う財政もととのわず、たった三台のピアノしかないのに維持できていたのは、地方出身の学生を寮に住まわせるときにピアノを一緒に持って来させ、それを練習室に置かせて使い回せるようにしていたからだった。弦楽器と違ってピアノは消耗品でもあった。

大学への移行では学校制度や法律知識も必要だった。このときまた理事の江戸英雄がみずから動き出した。

基成自身も寄付行脚を重ねていたと語ったのは、神戸市でヴィンテージのスタインウェイ・ピアノのメインテナンスなどを手がけた磻田《ばんだ》耕治だった。

「短大は中途半端と、基成先生は言ってはった。四年制でも本当に勉強しているのは二年、外国なら五年は最低必要。語学の勉強に三年かかり、二年間でやっと音楽ができると。

桐朋が大学になるとき、多忙な先生が自分で全国を飛び回って寄付を集めてはった。僕は言ったんです、せんせ、ご自分で行かんと桐朋の事務局長にでも行かしたらどうです？　と。東北の森下仁丹、福岡の八幡製鉄にも足を運んではったから。すると、だからダメなんだ、事務局長がいったらあちらは部長級が出てくる、学長が行ったら取締役だよ、話も一発や、とおっしゃった。なるほどと思いましたよ。その系列の生徒が桐朋を受験して別の子と同点だったら、その子の方を入学させるというようなことも。経営者ですよね。音楽をせんでも先生は一流の経営者になったでしょう」

さて、後には大学になったのが良かったのかどうかという声も出たほど、文部省の規制に縛られているのが大学である。設備審査のときには、ヤマハからピアノを借りてきて台数を確保した。基成はヤマハに借りができたと思い、それ以降ピアノを購入するときは当然のこととして、ヤマハを優先することにした。

桐朋高校普通科教師の初任給が一万六千円の頃、基成は短大の学長としての給料を「一万円」

と届けた。すると、そんなもので学長の体面が保てるのかと文部省から文句が出た。しかし、実情はその一万円さえ学校にはなかった。

もともと桐朋は、理想の実現のためだけを考えて創立された学校である。演奏家はプロとして活動をする一方、自宅では教師として、また作曲家たちは合唱曲の編曲やらさまざまな媒体で曲を発表した。作曲家の柴田南雄は東京藝術大学で常勤のポストも得、入野義朗はラジオ放送や劇伴音楽で活躍、別宮貞雄は映画音楽の作曲を多くしたし、裕福な家庭の出身者が多かった。

桐朋学園女子高校時代の教師たち。前列左から、吉田秀和、江戸英雄。後列左から、斎藤秀雄、一人おいて遠山一行、基成、生江義男、入野義朗、一人おいて柴田南雄、別宮貞雄

週一回のレッスンは教師宅でおこなわれるオープンシステムが取られていた。優秀な生徒は次々と出現していたし、このシステムが良い成果をもたらしたと考えられていた。しかし、文部省に知れると、四年制大学ではこれを止めるように追い込まれていった。それでも教師たちは、食べていけたが、別宮によると、

「その中で問題となったのが、吉田秀和だった。いかにして彼を食べさせるようにするか。働き口を見つけてきたのが井口さん。井口さんは、自分の春秋社の楽譜の校訂版の解説も吉田さんに書かせていたし、さら

に、妹の愛子先生の夫佐藤智雄さんが中央大学の教授で、吉田さんに常勤のポストを作ってもらった。彼は中央大学からも給料を得られるようになった」

このとき同大で講義を感動して聴いていた学生が、のちに水戸市長となって水戸芸術館を開設した佐川一信である。佐川は一九九〇年、その初代館長に吉田を迎え、芸術館には市の予算の一パーセントを注入するとして、この文化政策は全国が注目することになる。

さて、一九六〇年ごろの大学キャンパスは、安保闘争に揺れていた。吉田は中央大学の常勤についたが、別宮は紹介者である佐藤教授からの電話を直接受けたことがあった。

「妻の頼みで中央大学に採用したが、吉田さんが学生の騒動の警備なんかしたくないと休み、揚げ句の果てに紳士的でなく大学をやめてしまった、誰か他の音楽評論家を紹介して欲しいという電話だった」

吉田については、桐朋内部でも問題が起きた。斎藤秀雄が基成に苦情を言ってきたのである。

「一番困るのは吉田君が事務局長に当たる立場の仕事をしているのに、一週に二日ぐらいしか学校に来ないことで、それでは毎日の金銭の出し入れがあるのに鍵を握っているものだから不便で困るし、その他細かいことを即決するのがスムーズにいかない」

吉田はけがをしたと言って、ある時期休んでいたことがあった、と別宮は記憶している。

また入野も、「肝心な時に連絡がつかないので仕方なくある仕事を進めておくと、次に学校に出られた吉田さんの意見の下に変えられてしまったりすることが何回もあり、やりにくくて弱る」

別宮から成城の自邸で聞いた話である。

「金を握っているのが吉田さんなのに、学校に出てこない。事務局をあずかっているのに、話が通らない、と。急先鋒は入野義朗」

一方、遠山一行はフランスにあるときには、吉田から桐朋の現状報告の手紙などももらっていた。基成と斎藤の意見が違った時に、収めるのが大変だったというようなことだった。ところが遠山が帰国すると、今度はその吉田の問題が起こった。


ある日、学長である基成は遠山に、「吉田くんのことで大切な話を皆でしたい。学校でやるわけにいかないので君の家を貸してくれ」と言ってきた。

遠山の住居は西麻布の広大な敷地にあった。わたしが遠山を取材したのもこの住まいにおいてである。

「まだここに古い家があった頃の話」

遠山にとって、この時のことは忘れられない。

「大学になるにあたって、吉田さんが主任になるんじゃ嫌だ、という声が出た。このとき吉田さんに辞めてほしいという話が出て、井口さんが助けてくれなかったと吉田さんは思っている。それは僕にも大いに関係がある」

皆が集まっているところで、話を切り出すのが基成の役目だった。

「まあ、吉田さんも一生懸命やってきたわけだからと、一番人情的だったのは伊藤武雄さん、多少かばったのが斎藤秀雄さん」

斎藤は基成に文句を言ってきたのに、吉田を前にした時には穏やかだったようである。

「僕は帰国したばかりだったし、若い人たちの意見はそれなりにわかった。うまいことが言えればよかったのでしょうけど、仕方ないだろうと思って、そのまま仕方ないんじゃないですか、と言ったのがいけなかった、正直に。それで吉田さんの逆鱗に触れて、その後ずうっと吉田さんにいじめられることになった。それからもう全然ダメ」

遠山は苦笑した。

「やっぱり皆、吉田さんがわがままだって思っていた。吉田さんがいない時には事務は柴田さんがやっていたけど、総務は一切を入野さんがやっていたわけ」

基成も若い人たちの主張を無視できず、組織全体を見る学長の立場から、個人的にはなんら気持ちの変化はなかったのだが、かばいきれなかった。

こうして、吉田は桐朋を去った。六〇年のことである。

加藤周一との交流を得た吉田はその後、地道に音楽評論を続け、七五年、六十二歳のとき白水社から出版した『吉田秀和全集』で大佛《おさらぎ》次郎賞受賞、吉田はこれ以降、大輪の花を咲かせる。八二年紫綬褒章、さらに勲三等を得、やがて音楽評論の権威となった。七十五歳で水戸芸術館館長になると、自らの名前を冠した吉田秀和賞を設け、九十三歳で文化勲章を授与される。文化功労者や文化勲章などの選定にも関わったとも言われ、斎藤秀雄が文化功労者となったのは、陰に吉田秀和の推挙があったからだと言われた。

一方、基成は国家から戦後、勲章を一つも得ることはなかった。別宮は続ける。

「吉田さんが評論家として一流になったのには、井口さんや斎藤さん、作曲家など、身近で音楽家たちのやりとりを聞いていたことが大きい。評論家というのは自分で音楽ができるわけではないし、本当のところたいしてわかっていない。井口さんたちとの接点が音楽評論家・吉田さんの基礎を作った」

基成自身は、七七年にこう回想している。

〈彼が学校を去って行ったということはいまだにぼくの悔になって残っている。みんなの意見がそうであり、ぼく一人が引き止めることができず止むを得ずそうなったといっても、それは責任者であるぼくの学長としての力が足らなかったせいだからだ……。

その後彼はぼくから遠ざかってしまった。（略）

その後彼は音楽批評の世界に独特のスタイルをつくり出し、音楽というとらえ難いものを文字にすることに成功し、大冊の評論集をまとめて全集として刊行、つい最近「大佛次郎賞」を受賞されたのは慶賀の至りであると思っている〉

吉田にはその後、事務局から桐朋の行事などの招待状を送っても応じることはなかった。同志とも言えた音楽家たちの学園葬にも一切顔を出さなかった。小澤征爾ら一流音楽家になった学生たちとの交流をのぞいては。吉田が桐朋と関わったと書いた文章はその後見つけられない。

2　ピアニスト賀集裕子との別離――北村陽子の思い出

桐朋学園大学名誉教授である北村陽子が井口基成に師事したのは、戦後まもなくの大阪・朝日会館で、基成とクロイツァーによる二大ピアニストの公開レッスンのときからである。上背はあっても、痩せてカーキ色の軍服を着た三十代後半の男性が、大ピアニスト・井口基成とは思わなかった。小学生だった北村は、このときから高校三年まで月に一度、基成の指導を受けた。

「暗譜をしていくことが当たり前で、翌月はまた別の曲というふうに進んで行きました。あんな時代に教育にも熱心な基成先生が地方にも出ていらしたから、日本の音楽のレベルが上がったのです。その貢献は素晴らしいものです」

成長した北村に基成はこぼしたことがあった。

「秋子が先に東京に帰ってホッとしたよ」

そんなつぶやきは、基成がフランスから帰国して、家族のもとを離れたときに思い出した。

「それでも秋子先生と本当に別れるなんて思ってはいなかった」

コンクールの前に基成と秋子の前で弾いたことがあった。基成は曲の全体に重きを置き、秋子はペダルの踏み方、大きく踏んだ方がフレーズとしていい、などと言ったりする。

「お二人が言い合っていらして、どうしたらいいかわからなくなって。でも最後には秋子先生が譲っていらした。基成先生は子煩悩で、大阪のレッスンには家成さんや晃成さんを一人ずつ連れてこられてね、話すときの顔が私たちに対するのと全然違うの。○○かい？　なんて、撫で回さんばかりの口調で」

北村は五二年に日本音楽コンクール第一位を受賞。その直前には基成から、「一度、愛子の前で弾いてこいよ」と言われ、愛子門下の賀集裕子に連れていってもらった。五四年にはパリ国立音楽院に留学、当時、留学は新聞に掲載される時代だったので、しっかりと勉強しなくてはという意気込みで渡った。賀集は先に留学し、パリ国立音楽院をプルミエ・プリで卒業したところだった。

北村は遠山一行に連れられてイーヴ・ナットに挨拶にいった。しかし大腸の大手術を受けたばかりだったナットは、好きな酒と煙草もやらず、飴玉《あめだま》を舐めてしのいでいる状態で、音楽院でのレッスンは助手と交互に二週間に一度で、レッスンは門下生が見守る中で行われた。

「自分のレッスンの前に他の人の演奏が聴ける。同じ曲の場合もある。十人がフランス人、外国人が三人で他の人の演奏が聴けてすごく勉強になった。この方式は日本の大学では無理でしょう、他の授業が詰まっていますから。コンセルヴァトワールでは人と違ったことをやるのが当たり前。日本では人と同じことをすると安心するけど。また、日本は、例えば洋服でも隅々まで端正に仕上げるでしょう。でもあちらは縫い方が雑。ところがパッと見たときの雰囲気はセンスがある。音楽の作り方や、学生にもそれが当てはまる。

ナット先生のレッスンは細かいことは言わず、それは基成先生のレッスンにも通じた。演奏も似ている。基成先生って日本人的ではないの。出る杭は打たれる風潮の日本だから、最後、先生は批判の的になってしまった」

パリでのこの頃のナットの生活は非常に地味で、アパルトマン住まいだった。

北村が師事した頃には二度目の妻との関係も危うくなり、「エリーズが帰ってこない」と北村にこぼしたりした。

一階の管理人にすら遠慮し、蠟燭台《ろうそくだい》が立っている古ぼけたアップライトピアノで普段は弾き、生徒がきたときだけグランドピアノが開けられた。

基成が二度目の渡仏を果たしたのはそんなころである。

「パリでは基成先生の全く別な面を見ました。先生はまるで友人であるかのようにつき合ってくれたのです。遅いスタートにもかかわらず第一級の演奏家になった基成先生は、なんとこの時またナットのレッスンを受け始めた。『明日レッスンだからちょっと来てくれよ』というので行くと、バッハのトッカータをさらっていて、テクニックの細かいところを気にして、『指が思うようにいかなくて、嫌になっちゃうよ』と言った。昔故障したという右手の中指と薬指を、無意識で伸ばしたりして揉んでいた。先生が練習している間にパンション（宿）のお掃除をしたりしました」

基成は留学生たちを集めて自ら料理もした。

「『僕はこれがやりたかったんだ』と買い物カゴを下げて、皆でワイワイ言いながらグラン・マルシェにも行った。『秋子は成城で絶対買い物には行かせてくれない』と言っていました」

「どうだ美味しいだろう？」

基成は料理を並べると、満足げな表情で皆を見回した。

一九五六年秋、突然、ナットが亡くなってしまい、北村は、基成と賀集とともに葬儀に参列した。やがて基成の身辺が騒がしくなった。

「またこんなことすると、裕子に怒られるかな」

そんな言葉を基成は口にするようになった。賀集裕子との恋愛である。皆は基成を訪ねなくなった。

「私は賀集さんともあんなに仲良くしていたのに、帰国してからは連絡していない。パリを出る時に、お二人は約束してらしたでしょう。基成先生は、自分だけ家庭に戻って、賀集さんだけ一人にするわけにはいかない、と感じてらしたと思う。まだ若かった賀集さんは弄《もてあそ》ばれたと思っているらしいと伝え聞いたことがあるが、基成先生は、どんなことがあっても一緒になるというふうに考えていらしたでしょう」

師はピエール・サンカンに代わり、北村は六一年に帰国、この年にできた桐朋学園大学に奉職することになる。

基成にとって、パリから帰国して後はストレスを抱える日々が続いた。

賀集との別れ、家族との乖離《かいり》、大学への昇格手続き、教育活動、校訂作業、そして演奏活動である。自然と酒の量も増えていった。

ヴィンテージのスタインウェイ・ピアノのメインテナンス会社を経営する磻田耕治は、

「基成先生は、大学の昇格問題がある間にも演奏会をこなしてはって、多治見での演奏会では力が入りすぎて、椅子がドーンと外れた。そりゃ、凄かったですよ。それで座布団二枚を持っていって、代わりに置いて演奏を続けたんです」

大学への条件も整って申請は終わった。やっと肩の荷がおりたかと思われたところに、最後に横槍が入って認可が下りそうもないという情報が入ってきた。一九六一年四月開学予定で多くの人々を煩わせてきたのに、すでに二月である。

九州・博多でのリサイタルを終え、翌日夜、徳山での演奏中に基成は体に異変を感じた。曲はベートーヴェンの神経と体力を酷使する〈ハンマークラヴィーア〉である。やっと弾き終えて楽屋に戻ったときには両手の感覚がなかった。その晩の酒宴では盃を落とした。

翌日、大阪の相愛女子大学の卒業試験に立ち会ったが、鉛筆が握れなかった。近所の医院に飛び込むと二三〇という高血圧を伝えられた。二日間、宿で休み飛行機で帰京するとそのまま銀座の救急病院に入院した。しかし夜は騒がしく、見舞客も多すぎて、基成はひとり静岡県沼津の病院へ移っていった。

鬱積していた気持ちを晴らすために、数年間にわたって「奔放不羈《ふき》」な振る舞いを続けてきたのは確かだった。

沼津から基成が出した神戸の徳末悦子宛て三月十四日付の書簡がある。

〈先日は電話で失礼しました。どうも●●時に非常に気が立つ時がありますので悪しからず。東京や大船にいてはどうもいつまでも良くなりそうもありませんので逃避して来ました。大体一月一杯位は居るつもりです。三人の他には成るべく内緒にしてください。しかし三人にいえば公表したと同じでしょうか。黒川氏と皤田君にはこの旨伝えておいて下さい。ここは空気がとてもおいしいです。では又〉

徳末は手紙を受け取るとすぐに返信し、基成もまた退院して伊豆の畑毛温泉に移ったことを伝えた。

〈沼津での療養がよくて一昨日退院。当地で養生してから（今週一杯いて）帰ります。この一週間とても急によくなりましたが、これからは大いに気をつけ、ダンスも一生懸命にやり、一人専属もハッキリ作って皆様にあまり御世話をかけないようにして行きたいと存じます。外の人にはあまりよくなったよくなったといわないで下さい〉

こうして基成は四月初旬に療養を終えると、東海道を自分で運転して、新宿区下落合の江戸英雄宅にむかった。大学昇格不許可の最終談判について相談するためである。しかし、到着するとそのまま基成は卒倒してしまった。

大学のほうは、江戸が官房長官の大平正芳に働きかけ、ひと月遅れで開学する運びとなった。

四月十九日、大船に戻った基成はふたたび徳末に書いている。

〈今日磻田君が突然見舞いに見えて嬉しく思ってます。私の症状は今も尚精密検査中でまだハッキリとした療養方針が出てませんが思ったより段々と病人に、本当の病人になって行ってます。私としては五月から又始めたいと思ってましたが、そのような理由で難しいのじゃないかと思っております。それで今月二十七日の相愛こども教室入試にはとても行かれませんから、その他学校を通じて適当にやって頂きたく存じます。それから今度もし、よくなったとしても到底今迄のようには伺えないと思います。いずれその内にこのことについては御相談致しますが、行くにしてもつっかい棒になる秘書でもおかねばなりませんので、若くて、美しくて、運転が出来て、看病も出来る、給料は望むようにしますから、候補を探しておいて下さい。とにかく病というものは大変だとつくづく此度はわかりました。外の方々にもよろしくお伝え下さい。御主人様へも〉

五月十日の開校式での学長挨拶では、後遺症のため口がもつれて思うように喋れなかった。文部省の役人が陰で、あんなことで学長が務まるのかと言ったことを耳にした。

学校は吉田秀和が去り、入野、別宮、遠山がトロイカ方式と呼ぶ運営で、「子供のための音楽教室」から大学までをみることになった。

夏が来た。

〈連日の暑さからこのところ一寸割合涼しい日が続いてます。私はどうも一進一退であまり快くはありません〉

八月八日付のこの手紙は、徳末が自分の演奏会のプログラムについて相談した手紙への冒頭の言葉である。

〈今日、速達拝見いたしました。プロは大変結構と思います。ただエスタンプ（版画）の中、グラナダを何故省いたのかと了解に苦しみます。それからスクリアビンのエテュードは第十二番はよいとして、その前には第八番か第十一番のゆっくりした方が全体のプロから見て効果があると思います。御一考されてはどうでしょうか。ラフマニノフ他は避けた方がこの際よいと存じます〉

徳末への助言の後には、子供たちへの気遣いの文章が続いている。

〈この十七、八日頃に九州の帰りに家成、庸子がお邪魔するようで御面倒でも出迎えてやって下さい。別府からの船の着時刻をお報《しら》せすると思いますから。

それから丁度黒川氏が目下当地に見えて居りますので黒川氏にもお願いをしてありますから、宿は住吉にしてやって下さい（秋子を除く）〉

基成は所有している住吉の日本家屋に子供たちを泊めるように要請している。子煩悩は続いている。しかし、（秋子を除く）の文字は、一線を画す姿勢が明らかである。

〈私は今月は行かないつもりです。いつもいつもあのような状態になると危険だと医者に注意されましたので、他の方にもよろしくお伝え下さるようお願いいたします。御主人様によろしく〉

この年、基成は療養に明け暮れることになった。命には限界があると悟った年になったといってもいい。

3　国際コンクールの審査員――弘中孝の入賞

人生で初めて大病を経験した井口基成だったが、一九六二年初秋には、アメリカで開かれることになった第一回ヴァン・クライバーン国際ピアノコンクールに、審査員として渡米するほどに快復した。

ヴァン・クライバーンは、モスクワで開催された第一回チャイコフスキー・コンクールの優勝者である。このコンクールは、東西冷戦の中スプートニク一号の打ち上げ成功による科学技術での勝利に続いて、ソ連の芸術での優位性を誇示するために立ち上げられた。

アメリカ人のクライバーンが優勝を勝ち取って帰国すると国民的英雄として扱われ、四年後のこの年に彼の名前を冠したこのコンクールが企画されたわけだった。石油ブームに沸くテキサス州フォートワースが開催地に選ばれた。運営はヨーロッパのコンクールの比ではない。審査員は、モーツァルトの第一人者のリリー・クラウス、ダヴィッド・オイストラフとベートーヴェンのヴァイオリン・ソナタの名盤を残したレフ・オボーリン――アシュケナージは彼の門弟である――と世界中から集まっていた。会場は絢爛豪華《けんらんごうか》、賞金は世界最高の一万ドルで、アメリカの豊かさ、国力を随所に感じさせた。基成は審査会での社交も堂に入ったものだったし、曲名が示されると演奏時間を即座に答えるなど並々ならぬ知識も披露した。

日本からは、一門の弘中孝と中村紘子が応募していた。弘中は第三十回日本音楽コンクール第一位、特賞並びに安宅賞、このヴァン・クライバーンでは八位となった。アメリカにおける日本人初の入賞であり、その後の日本人ピアニストのアメリカ進出は、弘中によって拓かれたといっていい。その後弘中はシフラ国際コンクール第一位、ロン＝ティボー国際コンクール第四位、ジュリアード音楽院に留学してのち、本格的な演奏活動に入った。一方、中村は最終選考に残ったにもかかわらず、最後の課題曲であるコンチェルトを弾かず九位となった。

一位のアメリカ人は均整の取れた演奏を見せた。二位のロシア人は高度のテクニックで三度のスケールもあっさり弾いてのけた。ところがベートーヴェンの曲になったらどうにも音楽の形にならない。なるほどベートーヴェンというのはむずかしい、いくら指先の技術があってもつかめないのだというのを、基成は確認することになった。

さて、弘中が基成に師事し始めたのは中学三年からである。山口県生まれの弘中は、小学四年生からひと月に一度上京して井口愛子のレッスンを受けていた。ところが反抗期をむかえたとき、愛子から「あんたは見きれない。ときどき兄のところに行きなさい」と言われたのだ。

「ショパン」二〇二〇年三月号で、弘中は田村宏、伊藤裕、指揮の斎藤秀雄にも習ったことがあり、皆怖い教師だったが、その中でも基成の怖さは特段だったと思い起こしている。

「今だったらいわゆるパワハラかもしれないけれど、当時は当たり前でしたね」

レッスンでは、弾く前から怒られることもあった。爪が伸びている、頭の刈り方が悪い、と理不尽千万である。

巨体はすぐそばで怒号を発する。その途端にキュッと体が縮こまった。ある時、弘中が体を硬くしていると、基成は部屋の片隅に行った。何事が起こるのかとビクついたが、基成は笑ってい
た。笑いを隠すためだったのだ。それ以降、弘中は基成のレッスンを受ける時も少し気が楽にな
った。

どこをどうしろとは言わないが、〈クープランの墓〉の「メヌエット」を弾いた時、西洋の踊りなど想像もできなかった弘中に、こうやって踊るんだと眼の前で踊って見せた。理屈でなく、音楽の本質を教えてもらったと弘中は感じた。音は多少間違えても怒らないが、音楽がわかっていないと思われると、弾かせてもらえない。楽譜を投げつけられることもあった。

不思議なのは、基成が発表会や本番が終わった後は、決して叱らなかったことだ。ミスがあったとしても怒らない。

「良かったよ」

基成は本番の大変さを、誰よりもよくわかっていた。

海外からピアニストが来ると、弘中はその度に声をかけられた。バックハウスやギレリスの前で弾くチャンスも与えられた。

桐朋学園大学時代、客員できていた弦楽器の教師は、弘中に「井口基成だけが真の音楽家だ」と言った。基成を音楽界がどうとらえているか知った瞬間だった。弘中は「ショパン」の取材に答えている。

〈僕はめちゃくちゃ怒られたけれど、基成先生の正統派で深い音楽性がすごく好きだった。他の

誰よりも好きでした。だから怒られても全然平気でしたよ。一度お食事をご馳走になった事があります。「サラダを食わしてやる」と。それが手が込んでいた。「サラダは水気が残っていると美味しくない」と〉

今だったら水切り道具もあるが、基成はサラダ菜を洗って新聞紙を広げて干していた。食べることへのこだわりも半端ではなかった。

さて、二週間におよんだコンクールが終わると、基成はアメリカ各地を行脚、知己や弟子たちを訪ねた。戦前十五年間日本に滞在したレオ・シロタは中央アメリカのセントルイスに暮らしていた。

シドニー・フォスターから誘われていたので、インディアナ州立大学に足を延ばした。フォスターは一九四一年にニューヨーク・フィルハーモニック交響楽団でデビューし、戦後は教育に専念していた。案内された学内は広大な校舎によく整備された施設が備えられていた。ちょうど紅葉の時期で、日本で見られないほどの鮮やかな濃淡が繰り広げられていた。ここには桐朋から留学したチェロの堤剛らがいた。

北へ向かいイリノイ州シカゴでは、留学中の長女康子と会った。また審査員をつとめたルドルフ・ガンツとも再会した。ガンツは戦前にセントルイス交響楽団の指揮者となり、同楽団をアメリカ有数のオーケストラに導いた。ドビュッシーやラヴェルをアメリカに普及させたのも彼である。新しい音楽の普及に積極的なところが、基成と共通していた。基成はその後、基成はニューヨークをめざした。

現地には娘の啓子ほか、ジュリアード音楽院に留学した桐朋の生徒たち七、八人がいた。基成は皆をディナーに招待した。ただし「同伴で来ること」と条件をつけた。啓子がどういう生活をしているか探っているのだと生徒たちは想像した。基成が小学六年時から教えていた高橋晴子(現・関晴子)は、ヴァン・クライバーンの師である名教師ロジーナ・レヴィンについていて、基成は自宅でのレッスンを見学した。

「レヴィン先生は、楽譜校訂もしていた基成先生を非常に意識してらした。レッスンではレヴィン先生が注意なさる前に、基成先生が口を出された。『あんた、そこおかしいよ!』すると、レヴィン先生がすごく嬉しそうにほほえまれました。レッスン後、基成先生が、『安心した』と。レヴィン先生が同じ所を同じように感じていて自信がついた、とおっしゃった。私のピアノもスケールが大きくなったといってくれました」

基成はニューヨークの北西のニューヘヴンにも足を延ばし、宮沢明子や岩崎淑にも会った。エール大学にはヴァイオリンの松田洋子がいた。さらに北上し、バファローには戦前にデュオを組んだウィリー・フライがいて、ナイアガラの大瀑布《ばくふ》を案内してくれた。フライは日本に戻りたいと基成に執拗に頼んできて、基成を困らせた。

十月末までニューヨークに滞在し、今度は大西洋を渡ってウィーンへ飛んだ。ここには「子供のための音楽教室」で見ていた内田光子がいて、基成は父の内田藤雄大使から招待されていた。内田光子はこの時十四歳となっていて、すでにウィーン音楽院に入学していた。リヒャルト・ハウザーの指導を受け、目を見張る進歩を遂げていた。アメリカではまず技術的な完成度をめざして練習し、一方、ヨーロッパでは音楽作りに主眼をおき、指使いやタッチはその要素という違いを目の当たりにした。

その後、基成は激動の時間を過ごしたパリをもう一度訪ね、十一月中旬日本に戻った。日本を代表して国際コンクール審査員を務め、桐朋学園大学学長となった基成の貫禄はさらに増した。基成は音楽界の頂点に在った。

4　高級クラブ「エスポワール」の女性

昭和三十年代、日本は高度成長にわいていた。基成がそのころ頻繁に足を運んでいたのは銀座七丁目にあった高級クラブ「エスポワール」である。そこで運命を変える女性に出会う。

エスポワールは東京裁判判決が出た四八年暮、中国人グループが共同出資で開いた。ママとなったのは、進駐軍の将校クラブのダンサーから老舗バーで働いていた三十一歳の川辺ルミ子で、三年後にはオーナー・ママとなった。

五七年に雑誌「中央公論」に掲載された川口松太郎の小説『夜の蝶』はこの店と、それより数年遅く開店した「おそめ」の元祇園の芸妓のマダムの対立を描いて、タイトルは流行語ともなった。京マチ子と山本富士子で映画化もされ、新派の舞台では花柳章太郎と水谷八重子が演じた。

エスポワールの人気は高まる一方で、ママは「私の店は銀座で一番高い店よ。高いのがお好きなお客様がお見えになるのだから」と言ったという。サラリーマンの平均月収が二万六千円の時、スコッチの水割りが千円から千五百円で、ホステスへのチップは千円というのがエスポワールでは相場だった。

田辺茂一《もいち》は、小説家水上勉を初めて「おそめ」に案内したとき、「俺も一流になれた」と水上がマダムの白足袋に接吻したと書き残している。銀座のクラブは男の憧れであり、足を運ぶのは名士の代名詞だった。

ママとともに「エスポワール」を成長させたのが金森幸男である。金森は海軍に入隊、ボルネオで終戦を迎えて復員、エスポワール創立に関わった。

最初は統制下でまともに手に入らない酒の仕入れを担当、バーテンの真似事からやがて支配人、社長を務めて一九八九（平成元）年の閉店に伴い、銀座八丁目で自ら経営してきた海軍酒場「ヨーソロ」の営業に専念した。「ヨーソロ」は航海用語で、進路が正しい時に発する号令だという。私が知人に連れられて金森を訪ねたのもこのヨーソロだった。客の中には海軍出身者もいて、ヨーソロの声音を聞かせてくれた。

「エスポワールの卒業生は二千人くらいいて、自分で店を持ったのも葡萄屋をはじめ確認できているだけで二十軒以上。エスポワール開店当初は文士や編集者が多く、その後政治家や財界人なども集まってきました」

金森はエスポワールの写真を見せてくれた。木造の古い建物は木の床がクラシックで贅沢な味わいをかもし出していた。背の高い椅子でボックス席はなく、椅子が並んでいるだけだから、来ているお客は一目瞭然だった。

「財界人では新日本製鉄の永野重雄さんや、ええ、江戸英雄さんもいらしてましたよ。そそくさと好きな歌を歌われてね」

エスポヮールは最後までカラオケを使わず、銀座を流すバンドを使っていた。

「井口基成さん？　ちょっと記憶にはないですね。女の子で妙子？　うーん？　ホステスは毎月十人くらい面接していて、常時四十人くらいいました。ママが選ぶのは美人というより、個性が光っている人。また、こういうお客様にはこの子がいいだろうと、採用するんです。その感覚の鋭さ。一階と二階にいるお客様の層も違って、新人の子は二階で研修、下は年配のお客様が多かった。二階にいいのがいるというので、下から上に上がって行くお客もいた。おそらく井口さんは二階にいらしたのでしょう。女の子は惚れっぽいのはダメ、お客様から吸収していく子は長く続きました」

金森の記憶にある音楽家は池内友次郎である。池内は基成のフランス留学仲間であり、演奏連盟の立ち上げも共に行った。

二人はここでグラスを傾けたはずである。

さて、ヤマハは全国でピアノの売り上げを伸ばしていて、こ

「エスポヮール」の店内

の時代は経費も認められやすい時代である。現在ではピアノの売り上げ台数は年三、四万台ほどだが、昭和三十年代には十八万台の売り上げがあった。当時の経済や文化的状況は、日本人をクラシック音楽へと導き、基成、秋子、愛子を始め、末広がりに全国へ広がった井口一門の繁栄も楽器業界を後押しした。

演奏連盟の立ち上げも、経済的にはヤマハの全面的バックアップがあり、それによって企業も、また寄る辺ない音楽家たちも集う場を持ち、双方にとってウィンウィンの関係を築いていたのである。もっとも基成にとって、ヤマハの社員たちはすでに友人であっただろう。

さて五十歳で妻に決別を告げた基成は、女性については次のような文章を残している。

〈最後には自分の考えをやり通すが、どの女性にもぼくなりの責任を取ったつもりだと自負している。これ以上いくらいっても自己弁護と取られようから止めるが、批難される者だったかも知れないが、卑怯な男であったことはないと思っている。だがこうした理屈はあくまでぼくなりのものであり、（略）決して永久に女性には受け入れられないことだろう〉（『わがピアノ、わが人生』）

基成の義兄である西塚俊一や学生時代からの友人である画家樋口加六も、時に基成について銀座に向かった。

「基成さんは女性に対しては不器用。気持ちをつかむのが下手というか、いきさつが下手で直接的なんだな。だから女がコロッとなる感覚がない。雰囲気がないんです。樋口加六ともいつでも笑ったんだけど、女性と駆け引きするなんてこともできない」

チェロの吉田貴寿も、エスポワールの「卒業生」が出店した葡萄屋に基成によく連れて行ってもらったらしい。エスポワールには池内友次郎ほかフルート奏者で指揮者の森正、團伊玖磨らも頻繁に通っていて、ホステスらとの交流をもった。創業当初から店に関わった金森幸男は、「音楽家の方だったら森正さんと一緒だったのでは」と記憶は徐々によみがえってくる。特に江戸英雄の印象が強い。

「江戸さんはシャンソンや高等学校の歌を歌っていたが、ある晩、珍しく演歌を二、三曲、バンドにリクエストしました。ずいぶん家で練習なさったような感じでね。だいたいお早めにいらして、美味しそうにお酒を二、三杯飲んで歌って、さっとお帰りになりました。

シャンソンの金子由香里もうちにいた子だし、中村紘子さんのお母さんのやっていた月光荘に引き抜かれた子もいる。お客と結婚する子もいて、それはよっぽど幸運な子でした。井口さん？そうですか、うちにいた子と結婚したのですか」

基成を最初にエスポワールに連れて行ったのは誰か、という話がよく取材中に出る。池内や森正、團らはホステスを連れ歩いていたというし、基成は江戸とも親しく交流していたから彼らの誰かにちがいない。

当時、ヤマハの銀座店の小売課長だった金原善徳は誤解を解きたい気持ちでいっぱいである。

「僕が最初に先生を連れていったわけではないですよ。江戸英雄さんじゃないか。先生の長女や次女も、僕だと思ってしまったみたいだけれど。だけど、銀座にはよく繰り出しました。先生は産学協同という考え方。今は悪く言われるけれど当時は普通のこと。でも、先生にマージンやリベートをあげた記憶はない。むしろ僕の方がご馳走になったくらいなのですよ。

マージンに関して言えば、弦楽器の輸入品などはフレキシブルに値引きしていた。斎藤秀雄先生が自分によこす分安くしてやってくれなんて、共益商社時代のヤマハは、あなたの書いた『嬉遊曲、鳴りやまず――斎藤秀雄の生涯』にも書いてあったけど、値引きはあった。でも自社製作のピアノについては、一切値引きはありません。それは社長の川上源一の方針。定価販売です。地方代理店では値引きの可能性はあるが、銀座店に関してはまったくない」

金原は時には、基成を「ぐっちゃん」と呼ぶ。

「ぐっちゃんはそもそも反体制の人。軍も文部省も嫌い、だけど井口がいないと困る、と言われると乗る人。だから戦中のことで戦犯と言われたりした。色々な噂が飛んだけど、うちは買収したことはない。ぐっちゃんは、日本でピアノをやるなら、ヤマハとくっついておくことはいいことだ、と明確だし、他でいいピアノを作れば、それを買っていた。ヤマハから独立した大橋幡岩のディアパソンというピアノを高く評価し、これを十台ぐらい桐朋で購入したことがあった。そういう人です。僕が長く付き合ったのは、ぐっちゃんが好きだったから」

基成は金原の家にも、何も持たず、ふらりと「今から行くよ」と泊まりに来た。

「この頃ぐっちゃんは転々としていた時代。うちは子供がまだ小学生で、狭かったが無頓着に泊まりに来る。落ちぶれたような感じは全然なくて、威張ってホームレスしているようなね」

金原のヤマハでの上司である黒川乃武夫宅にも、井口は頻繁に宿泊している。基成の方は何も気にかけないが、妻たちにとっては夫の仕事関係の大物なので、専用の着替えまで用意したものだ。基成は子供への土産も抱えてきた。子供が手を引けば一緒に歩くような仕組みの巨大な輸入物の人形は、子供が成長しても黒川宅に保存されていた。

黒川は下戸《げこ》だったが、金原は酒好きで明るく開放的である。

「ぐっちゃんはいつ会っても面白い、最高の人ですよ。エスポワールも行ったが、むしろ浜松出身のホステスが開いた銀座のションベンバーによく行った。

ぐっちゃんは世の中の女を知らない。物腰柔らかく、よく来てくださった、なんて言われるとその気になっちゃう。それなのに女はバカだと言ったり。キザなことは言えないし、ネクタイが外れて、ウワバミみたいに飲んで、洋服も気持ちもはだけて。そういうところが僕ら男にとっては魅力だったけど、女性には？　ぐっちゃんは彼女にプロポーズしたことがあった。でも彼女は、井口先生は素晴らしいけど男と女の関係になるのは嫌、と断った。このホステスは筋道があるように見えた。それから少し時間が経ち、ぐっちゃんが大船を引き払って原宿のマンションに住んでいるというので、そのホステスとともに唐突に訪ねたことがありました」

表参道と明治通りの交差点に、三井不動産が管理していた原宿セントラルアパートと呼ばれるビルがあった。最初は米軍関係者を対象とした共同住宅だったが、昭和三十年代後半にはカメラマンやクリエーターが多数入居し、文化人のステータスとなっていた。原宿は高度経済成長を映す街にもなっていた。

三井不動産社長・江戸英雄の長女・京子と一九六二年に結婚した指揮者、小澤征爾の新居もこの高級マンションである。基成のレッスンを見て、小澤が「あんなレッスンをする先生なんて、世界にいない」と吉田秀和に言ったのも、この頃のことである。

さて、金原がこの原宿セントラルアパートを訪ねたとき、意外な女性が基成に寄り添っていた。

「エスポワールで『先生、先生』と言っていた妙子というホステスでした。こちらが突然女性連れで行ったものだから、ぐっちゃんは慌てて、あとで妙子にひどく怒られた、と言っていた。

僕がエスポワールで会ったとき聞いた話では、彼女は父母が離婚してハワイで育って、それで東京に来たという話。音楽の素養があるとかで、九州では誰かの弟子でピアノも弾くと。当時、ぐっちゃんは、ピアノやっている人にとっては神様。俺に惚れてくれるならいいじゃないか、というスタンス。

秋子先生というのは、いわゆる現代風のしっかりした女性でもないし、ヒステリー起こすような人でもない。個性があれば美と醜というのがあるけれど、そういう意味ではまとまっていた。女としての色気を体から発散させる人ではなかった。

秋子先生は、世の中皆が悪いと言っても、ぐっちゃんが帰ると言ったらいつでも受け入れてくれたでしょう。でも、ぐっちゃんの方は、それは絶対いやだ、と。『音楽は僕より上だよ、頭はいいし』と、帰り道には秋子先生を思い出すこともあるのか、車の中で言っていた。ぐっちゃんは、女はバカだと言いたい。でも秋子先生相手ではとても言えない。

この人生の後半に先生がもっといい環境に置かれていたら、音楽家としてもっと大きな足跡を残したんじゃないかと思いますよ。

　賀集さんとは、もちろん結婚するつもりだったけど、あまりこちらも聞かないし、先生も何も喋らなかった。弟子と色々あるというのは音楽界ではよく聞いたことだけど、彼女は三菱レイヨンの社長令嬢で目立ちすぎた。

　レッスンばかりで、教わる子達は緊張しているし、発散したかったのでしょう。ホステスだって俺に惚れてくれるならいいじゃないか、利用されたっていいんじゃないかと。その頃から僕はなんとなく疎遠になった。晩年は妙子とのひどい話もあったけど、彼女は若いからしようがないと。ぐっちゃんはフランス風のデカダンスに惹かれるところもあった」

　一方で、関西の高弟の夫である徳末省三が出張で東京に出てきた時には、こんなことを漏らした。

「妙子を誘ってくれたらよかったのに」

　省三は基成の真意を測りかねた。基成は妙子を住吉の住まいで皆に紹介したことがあったのだ。関西では高弟たちがサークル・ポローニャという会を立ち上げ、演奏会を行うようになっていた。この命名は井口家の紋が桐だったことからつけられた。関西における基成一門の結束が鉄壁であることを示していた。

「網元の娘だよ」

　基成は妙子をそう紹介し、二人の関係をのろけてみせたりもした。弟子たちはあっけにとられた。秋子とはどうなっているのだろうか。弟子たちは基成を危惧する声をあげ始めた。

この妙子という女性については、声楽の石隈昭朗が詳しい。石隈は六五年に東京藝術大学声楽科を卒業した。

「團伊玖磨先生が、大船に住んでいる井口先生と偶然会った時に、僕のことを、器用な男ですから使ってやってください、と言ったようです。僕は逗子に住んでいて近かった」

石隈とは遠縁にあたる團が戦中、東京音楽学校に入学したとき、基成は同校教授である。石隈は率直で明るく、基成にも気後れすることがなかった。

「僕は声楽が専門だったから平気だったのでしょうね。基成先生の家に週に二、三回泊まったりもした。たまに歌ってみろと言われることがあったけれど、こんな歌い方だと思うがな、なんて言われるくらい。そうでなかったら、半殺しじゃないかな。一度だけ、石隈、ピアノ弾いてみろ、と言われたことがあって、ショパンのGesDur（ワルツ第11番、変ト長調）を弾いたらひっくり返って、その後二度とピアノの話はしなくなりましたね」

と石隈は笑う。

さて、基成は大船をひき払った。ある日、原宿のセントラルアパートに来いと言われ、行ってみると、

「妙子、スリッパを出してあげなさい、と言うんです。それで妙子さんに会った。僕は思いましたよ、なんでこの人がここにいるの？　って。その隣には小澤征爾さんが座っている。先生の五十五歳の誕生日だった。小澤さんとは時々魚釣りに行ったりしていたみたい。

その妙子さんは、長坂妙子というのです。僕は九州・博多の筑紫丘高校出身ですが、彼女とは高校二年の時に会った。僕は音楽大学を受ける為にピアノと歌を習っていて、歌は霧山愛海《きりやまなるみ》先生。僕のレッスンのあとが、その長坂妙子さんだった。彼女は受験間際になってレッスンに来なくなって、再会したその時は目黒のドレメに通っていた。お父さんは博多で種苗屋を営んでいて、基成先生より歳下。みっちゃんという妹が一人」

ドレメとはドレスメーカー学院のことで、日本女性のほとんどがまだ和服の時代に、先駆的な洋装の服飾デザイナーを本格的に養成する機関として大正時代、我が国で最初に設立された。五八年には新鋭ピエール・カルダンを迎えて講習会を開き、ファッション業界をリードしていた。

まもなく基成は妙子とともに港区麻布笄町《こうがいちょう》一四一番地の一軒家に転居、石隈はその家の二階にベッドを作ったり、本棚や車庫を作ったり、果ては基成が一カ月ほど出稽古に出かけるときは留守番も頼まれた。ウィスキーの棚を作っておくようにと言われたが、まずそこにあったウィスキーを味見してしまった。基成が戻り、あのウィスキーは？　と問われ、飲んでしまったと言うと怪訝な顔をされたが、それだけで終わった。あとでデパートで見ると、一本五万円のヘネシーの五つ星だった。

基成と妙子

妙子は石隈とは同世代でもあり、屈託ない付き合いができる相手だった。

「彼女はその後原宿にブティックを出店して、僕はアルバイトでミットアンというその店の店番もしたことがあった。ある年は、夏の軽井沢に出店するというので井口先生に、二カ月ぐらい軽井沢でのんびりしないか、涼しいぞ、あとで可愛い子二、三人送るから店長をやれと言われて、旧軽銀座の店を任されたこともありました。その年に限って暑いし、女の子は来ないし、トイレに行く時間もないほど忙しくて」

この店は一夏で終わったようである。

5　若い妻

一九六四年一月二十七日、東京文化会館で井口基成は六年ぶりのリサイタルを開いた。中断した「古典より現代へ」の演奏会の再開である。十月三十一日には、京都市交響楽団第六八回定期演奏会で、森正指揮によりベートーヴェンの〈皇帝〉を弾いた。以前と変わらぬ演奏活動が開始される。

一方、変わったのは、その私生活である。

石隈の回想のように、基成は港区麻布笄町の一軒家に移っていた。

門下生の一人によると、この家には女性がいたので、これが基成の新しい妻なのだろうか、と思ったという。

麻布笄町の家で学校の会議が開かれたこともあった。

別宮貞雄は、「お妾さんの家で会議が行われるということで、うちの妻がそんなところに行って大丈夫？　と言いましたよ。基成先生は開けっぴろげで隠そうともしませんから」

東京藝術大学教授となった井口秋子とは別居しているものの、離婚はしていなかった。それにもかかわらずレッスンも堂々とおこなわれたのである。ある門下生は、妙子の印象に言及する。

「彼女を見たときに、賀集裕子さんと似ていると思った。秋子先生は痩せて知性のほうがまさっている方だったけれど、賀集さんは肉感的というか。その方も肉感的な感じがしたのです」

妙子は基成の子を宿し、基成は一軒家に転居して、妙子を母や親族に紹介した。「気遣いのある」妙子は秀にも受け入れられた。妙子は、六四年五月、女の子を出産した。モエと名づけられた。基成が五十六歳、妙子は二十七歳である。

麻布笄町の家で。左から、基成、次姉孝子、モエを妊娠中の妙子、秀、弟博雅の妻まさ子

秋子との間の第一子である長女康子が三七年五月生まれで、長坂妙子とは一歳も違わず、次女啓子は三八年十月生まれ、妙子と約二歳違いである。

この時秋子の子供たちはモエの誕生を知らず、後年、基成が、「お前たち子供らが成長して、小さくて可愛い子が欲しくなったんだ。早く孫を産んでくれないから」という言葉を、娘たちは驚愕して聞いた。

このころのことを、桐朋の生江義男の妻精子はよく記憶している。

秋子のもとを去ると、基成は以前以上に生江家を頻繁に訪れるようになった。

「うちのお父さんと銀座に飲みに行って、一緒に帰宅して飲み直す。こちらの酒の輪がお開きとなれば、また別の輪に入って飲み続けることもよくありました。

我が家では、一番上の娘と一番下の娘が十六歳離れていて、子供が四人いるのですが、あるとき、井口先生が、僕も子供ができるかもしれない、とおっしゃった。皆、冗談だと笑ったのですが、そのうち妊娠している妙子さんを連れてきた。それで、『このお腹の子を育ててくれないか、四人育てるのも五人も同じだろう』とかなんとかおっしゃって。うちのお父さんも、『育ててやればいいじゃないか』なんて言って。銀座の方とは火遊びみたいなものと思っていたので、驚きました」

妙子の妊娠については、まず生江家を頼って、養育してもらうつもりだったのだろうか。その頃は妙子との結婚を考えていなかったような発言である。

生江の長女淳子は、その名前の由来を基成に尋ねたことがあった。モエとはいわばキラキラネームで、当時はキラキラネームという言葉もない時代である。

「モエって？　とわたしは聞き返しましたね。その頃そういう名前つける人なかった。子供が可哀想とわたしが言うと、井口先生は、『基成のモと妙子のエだ』とおっしゃいましたね」

基成はいったん赤ん坊が生まれてしまえば、一挙に相好を崩したようである。モエは二人の愛の結晶というわけである。

その後も基成は変わらず、生江家に立ち寄って行く。

次女朋子も会話に加わる。

「妙子さんからは、お酒を控えるように言われていて怖かったみたい。でも先生は、泊まって行ったことはないわよね？」と母の方を見た。

「井口先生がベロベロになっちゃって、そのまま帰ると叱られちゃうと、うちに泊まったこともあったの。体が大きな人ですから肩を貸すとたいへんで、和室に布団を敷いて連れていって、横になってもらって掛布団をかけた。すると井口先生が『布団なんて、かけてもらうの初めてだなあ』なんておっしゃった」

基成にとって、生江家は心が癒される場所だった。

次女は「森安芳樹先生が井口先生のことよく見ていらしてたけれど、お身体が本当にお悪くなられてからは、井口先生がお一人で家にいて寂しそうだったと聞いています」ともつけ加えた。

一九六五年九月十九日、新しい生活の中で基成は伝説的な演奏会を開催する。スクリャービン没後五十年記念演奏会である。

学生時代の基成は次から次へと新しい音楽に心躍らせながら挑戦したが、とくに惹きつけられたのが現代音楽の先駆者のスクリャービンとシェーンベルクだった。

とくにスクリャービンは、当時手に入らない楽譜を友人から貸与されたこともあり、基成は没入した。東京音楽学校教授のコハンスキから、またピアニストとしてのスクリャービンの演奏を欧州で聴いた評論家、大田黒元雄や山田耕筰からは、演奏会や左手の動きの尋常ならざる速さについて聞いた。

基成の音楽学校卒業演奏もスクリャービンのソナタ第3番であり、留学前の荻野綾子とのジョイント演奏会でも取り上げた。

それほど傾倒した作曲家だったが、日本ではその後もスクリャービンの名前を聞かない。演奏されることもない。スクリャービンはゲーテの著作を読み、ワーグナーの音楽、ニーチェの超人の哲学に心酔し、神智学の世界にも足を踏み入れた。基成は彼の曲にもう一度向き合い、研究したいと考えていた。彼の神秘と官能の境地は、機械的な、マスコミの時代には受けいれられないのかもしれない、時代遅れになったかもしれないと思えたが、ホロヴィッツやリヒテルなど世界第一級のピアニストは取り上げている。ちょうど没後五十年目にも当たり、基成はスクリャービンだけのプログラムを考えたのだった。

ふだんオペラやミュージカルを開く日生劇場に話をもっていくと、照明における第一人者、吉井澄雄で進めようとなった。スクリャービンは音色と色彩を結びあわせて鍵盤を叩くと光が出るという〈Farbenklavier〉（色光ピアノ）を考え、実際に交響曲で使ったこともあった。日生劇場なら色彩と音楽の呼応も可能に思われた。演奏会は「光と影の交錯」と銘打たれた。

照明はさまざまに色彩を変え、舞台上の基成を照らした。現代では演奏と映像の組み合わせなど多彩な演出が加えられる演奏会も少なくないが、この時代、この発想をする演奏家は世界でも珍しかった。予想したように悪評と称賛が入り乱れた。基成はそんな批評より、スクリャービンの意図したところが、どこまで果たされたかだけが気になっていた。

さて、この大演奏会の準備期間中に、基成に転機を促す出来事があった。麻布に本拠を移し、赤ん坊と妙子と三人の生活を続ける中、六五年三月一日、母秀が倒れたのである。入院したのは、以前入ったことがある自宅に近い世田谷の国立大蔵病院でなく、港区の山王病院だった。これには、基成と妙子の意向が強く働いたと思われる。山王病院は二人が住む麻布笄町から徒歩でも二十分ほどである。山王病院の病棟はホテルのようで、有名人が入院することでも知られていた。

末弟井口博雅はこの時の入院費用についての詳細も記憶している。

「介護ヘルパーの付き添いを二人つけて、入院費は一日三万円ほどになりました」

国家公務員上級職の初任給が一万九千円あまり、高給と言われた大卒銀行員の初任給は二万三千円の時代である。

「入院費は、知り合いの会社が増資した時に兄が株を購入し、母の名義にしていたものが一万株ほどありました。まずはそれを売って支払い、そのあとは愛子が百万円出し、一年ほど山王病院に入院し、その間の費用は約一千万円になりました」

近くに住む妙子は、前年に生まれた赤ん坊のモエを連れて通った。妙子はモエを秀のベッドの上に乗せ、秀も孫の姿に目を細めた。

妙子は、秀にとっては思い描いていた「嫁」ということになるのだろうか。

博雅によると、「母は、基成と秋子さんの仲については、ずっと基成が悪いと言い続けて秋子さんの味方だったのですが、妙子さんが現れると妙子さんの側についたのです」というのである。

チェロの吉田貴寿の言葉を思い出す。

「井口は、妙子さんがお母さんの入院手続きなど面倒を見てくれたというので、腹をくったと聞いています」


この入院生活については、基成の姪で、博雅の次女井口恭子が詳しい。恭子はこの翌年には、新しく桐朋学園短大にできる演劇科に入る。

「秀は入院後、四ヵ月あまりが経って七月になると、意識不明におちいり、鼻腔栄養となり、いつ息絶えてもおかしくないと宣告されました。父、姉の淳子、豊子叔母、定子伯母、さらに愛子伯母の子供たちなどがローテーションを組んで病室に泊まりました」

秀を親族総出で支え続ける日々が続いた。

博雅は柔和で温厚な人柄だが、精神は自由で強靭な井口家の血脈で、兄に対しても客観的である。

「兄は家族から見ると優柔不断、本人も自分の弱さを知り尽くしていました。我が家は印刷所を経営していましたが、父は割とぼんやりしていて、商売の切り盛りや家族の細々とした面倒などはすべて母秀。母は子供ばかりでなく、孫のことまで、家族全員について気を回していました」

恭子も「ゴッドマザーの祖母には基成伯父もまったく頭が上がりませんでした」と結ぶ。

秀の意識不明が続いている間に、基成は自分の遺言公正証書を作成している。

神戸市東灘区住吉町八甲田七二一番の一の七十六坪あまりの宅地ならびに平屋建ての家屋、春秋社より出版され続けている『世界音楽全集・ピアノ篇』の印税、そのほか有価証券、預金、現金など、基成が「六三年七月七日以降取得した一切の財産」を、一歳過ぎの幼子、長坂モエに遺贈すると記されたものである。

また、三井生命保険会社の養老保険金五百万円に入り、長坂妙子を受取人とした。この証書は、六五年九月九日、東京法務局日本橋蠣殻町《かきがらちょう》公証人役場でヤマハの黒川乃武夫と春秋社役員の鷲尾貢が署名捺印し作成された。

たとえ妙子と結婚しなくても、母娘の生活を保障する形である。

六六年になると、秀は山王病院を退院することになる。博雅の記憶である。

「母も入院して一年たつと妙子さんも払い切れないということで、大蔵病院に転院となりました」

その四日後に秀が亡くなった、と恭子は日記を見て伝えてくれた。

一九六六年四月二十八日、秀の臨終に立ち会ったのは愛子、恭子の母まさ子、豊子、定子だった。博雅は病院から秀が吐血したとの電話を受けて出かけようと靴を履いた時に靴紐が切れた。

「ああ、今だな」、博雅は思わず口にした。

基成が駆けつけたのは、だいぶ時間が経ってからのことだった。酒臭く、足元が怪しいほど酔って、大蔵病院の廊下のソファに倒れ込んだ。

自宅での秀の通夜。左から基成、妙子、博雅。その右後ろに秋子

「飲まないと母親の死に耐えられなかったのでしょう」と恭子が言えば、博雅は、「これからどうしたらいいか、という状態でしょう。面倒なことから逃れたいという気持ちから酒を口にしたのでしょう。秀を送る時にまずどうするか、秋子さんと妙子さん、それに子供たちのことなど」

　親族会議が開かれた。喪主は長男基成である。しかし、その横には誰が座るか。秋子とはすでに別居して九年近くが経っている。かといって二歳になろうという幼子のモエがいても長坂妙子とはまだ入籍していない。結論は、「秋子と妙子はどちらも出席させない」だった。

　自宅での通夜では、一列目に喪主基成、弟博雅。二列目の基成のすぐ後ろには、長男家成、博雅の嫁まさ子らが座ることになっていた。

　しかし、通夜が始まる直前、陰にいるはずの妙子は基成と手をつないで第一列目の喪主の隣の座布団に座った。

　秋子の子供たちが「ママ、ママ！」と叫んだ。愛する父は母と復縁すべきだった。秋子もまた進み出てきたが、二列目で止められた。弔問客への挨拶でも、秋子は二人の間から顔を出し、弔問客たちは困惑した。別居の際に中学生だった末っ子の晃成はこの時二十二歳となっていた。

　キリスト教信者だった秀の葬儀は、霊南坂協会でおこなわれた。基成はこの後、妙子との生活を充実すべく行動を取り始める。

翌月、六六年五月十一日、基成は松陰神社に近い世田谷区世田谷にある七十四平米ほどの木造平屋が建つ百四十坪余りの土地を購入、まもなく基成、妙子とモエは麻布から転居し、弟子たちのレッスンは世田谷でおこなわれるようになった。

しかし、音楽界の先輩、後輩、弟子たちの危惧と反発は基成の想像を超えることになる。ピアノ界とはほぼ女性たちによって占められている世界である。多くは裕福な家庭の子女であり、「夜の蝶」として銀座に勤めた女性の境遇は想像できなかった。価値観もかけ離れているとしか思えなかった。

一方で基成の演奏活動は精力的におこなわれた。新しい家庭で精神は若返り、肉体をも若返らせようとした。若い妻に相対する男になるためなのか、基成はそれまで以上に「食」に凝りはじめた。

六六年十月二十七日、東響第一四九回定期では、桐朋出身の新進、秋山和慶指揮で十八番といわれるベートーヴェンの〈皇帝〉を披露した。

翌年夏、基成の先輩に当たり京都楽壇の草分けである上村けいは、大阪教育大学・大阪芸術大学の教授となった神戸の横井和子に宛てて手紙を書かずにはいられなかった。

〈あなたも基成先生のことおききおよびでしょうが、前々から私、基成先生の今の生活には、日ならずして破綻がくるように思えてしかたがないものですから、一面人のよい所のある基成先生をなんとか苦しい破目におちいらない様に今のうちに、あの妙子さんと手を切っていただきたいと思い、私の遺言としてめんめんと書かしていただきました。

先生は勿論、ご立腹で皆に上村は失敬だとおっしゃっているそうです。勿論、ご承知の通り、私は秋子先生のご指図でした事ではありませんけれど、そのよし、まだ申し上げていませんでしたので、一筆いたしました〉

井口基成という個人の私生活がピアノ界を揺るがしていた。女性の弟子の多くは、これまで敬愛してきた基成から少しずつ離反し始めてもいた。

6　難曲挑戦と九人の子供

基成が子煩悩で、決して家庭をかえりみない男でなかったことは、長じた秋子の子供たちが認めるところである。


第一子の渡辺康子は、「父は浜町生まれなので、毎年春には全員で浅草寺にお参りして、隅田川の桜を見にいったものです。今でも私は一年に一度は、浅草寺に足が向きます」と「お花畑のように幸せだった家庭」を振り返っている。生徒たちには時に腕を振り上げ、怖れを感じさせた基成だったが、

「家では体罰は全くありませんでした。門限時間は厳しかったけど、子供であっても、一個の人格として扱った。弟妹に対しても赤ちゃんの頃からそうでした」と、父への変わらぬ感情を見せ

る。

康子はシカゴ留学中に、イリノイ工科大学の修士課程に学んでいた建築家と知り合い、ヴァン・クライバーン・コンクールのために渡米した父に引き合わせた。基成と子供たちの間はたとえ別居しても断絶はなかった。

「友達として紹介したのに、父は、お前は結婚するんじゃないのと、予言めいて言いました」

結局、翌年二人は結婚を決意し、康子が母秋子に手紙で知らせると、秋子からは、その男性についてはとてもいい人だと基成から聞いていた、と返信された。父が女性と同居していると聞いて不安を感じていた康子の懸念は払拭された。二人が別れることなどありえないと信じていた。

しかし、帰国して披露宴で花嫁の父の挨拶を求めた時、基成がかつての父ではなくなっていると絶望した。

「威厳のある父だったのに、自分の立場で父と名乗っていいものか、という感じで、モゴモゴしている状態。居心地が悪そうでした。父であって父でなかった。同じ頃に妹の啓子も結婚しましたが、以前の父だったら、お祝いなど存分にしてくれたはずなのに、それも自由にできないような状態になってしまったようでした。自分の思い通りにすべてしてきた人だったのに、そうではなくなっていると感じました」

さて基成にとって大きな節目となった母秀死去の翌年、基成が五十九歳になったばかりの六七年五月である。基成は、第二子を妊娠して安定期に入った妙子を伴い、栃木県那須に近い鬼怒川沿いの街を訪れた。かつて母は那須に別荘を借り、毎年夏になると親戚一同を伴って訪れ、十数人もいる孫たちは自然の中で思い切り走り回った。戦中の疎開も那須だったし、基成も長く手の療養で滞在した思い出の地である。

基成はその日ジンギスカン料理をたらふく食べ、食との相性からウィスキーでしめて寝入った。異変が起こったのは深夜から翌日未明である。基成はベッドの下に転がっていた。いつ落ちたのか。思考は働くが、声が出ず、体もいうことをきかない。基成はもがいた。

やっと気づいた妙子が医師と連絡をとり、そのまま東京・赤坂の山王病院へ緊急入院となった。脳血栓と診断され、その治療のため、基成は専用施設をそなえた慶應病院に転院し、歩行可能となるまでリハビリを続けた。基成は病気で伏せっている場合ではなかった。九月初旬には、妙子との第二子である治樹（のちに晴貴に改名）を得た。山本五十六《いそろく》は父親が五十六歳の時の子供だったが、基成の快挙に親族たちも驚き、また危惧した。秋子との離婚は成立していないのに、世田谷の新居は、赤ん坊やよちよち歩きの幼児の声が聞こえる賑やかな家となった。

体調と私生活の不安定をよそに、翌年、基成は、演奏家としての高みをめざす挑戦をしようとしていた。常にピアノ界の未開の地を切り開く勇者だった。

六八年春には、妙子の腹の中では三つめの命がうごめきはじめていた。それは基成のエネルギーとなった。長女モエも成長し、幼稚園に入る年齢にもなった。しかし、母妙子にとっては離婚が成立せず井口姓は使えない。妙子はビッグネームでもある「井口」をどうしても名乗りたかったのかもしれない。基成は弟博雅の籍に、長坂妙子を娘として入れてくれないかと頼んでいる。

しかし、博雅は自分の娘となってしまったら伯父（基成）と姪（妙子）になってしまい、結婚できないだろうと断っている。

十二月一日、東京文化会館大ホールで「バリエーション・フーガの夕」が開かれた。同会館でピアニストがリサイタルに使用するのは主に小ホールであり、大ホールはオペラ、バレエ、オーケストラの公演に使われるのが普通である。会場は五階建てで客席は二千三百席あまり。このスケールで音楽を響かせられ、満席を期待できる演奏家は、めったにない。

基成の曲目は、バッハ、ブラームス、パデレフスキーやレーガーの変奏曲とフーガの粋を集めた作品だった。演奏会ポスターは、桐朋の学長室にも貼られた。ミュンヘンのピアニスト、ローズル・シュミットが来日し基成を訪ねたとき、目の前のポスターに驚いた。

「マックス・レーガーを本当に弾くのですか？　これはたいへんな難曲で、ヨーロッパでも弾いたのを聴いたことがない！」

「この曲を弾いたら死んでもいいと若い頃から思っていた。ようやく念願が果たせる」

基成は決意を口に出した。

マックス・レーガーは、リストやワーグナーの和声法、バッハの複雑な対位法に影響を受けた作品を残し、ブルックナーやリヒャルト・シュトラウスにも傾倒した。豪快な人柄で数々の逸話を残し二メートルに近い身長と百キロを超える体重から、「ドイツ最大の音楽家」と呼ばれていた。

そんなレーガーは晦渋《かいじゅう》で、フーガは至難中の至難として、世界的にも演奏される機会がめったにない。

初演を多く手がけてきた基成の気概を示すプログラム・ビルディングである。戦後生まれのピアニストの台頭も目立つようになっていたが、レパートリーの広さは若いピアニストの追随を許さなかった。しかし、新曲を演奏するには、相当な稽古を積まなくてはならない。煩雑な家庭問題ばかりに労力を注がず、集中しなければならない。レパートリーが多いということは、演奏家の努力の量と、その能力の質を示すことである。

自分で課した過酷な練習を乗り越え、基成は年末の本番にのぞんだ。

高弟の松岡貞子が次のような言葉を残している。

「基成先生の〈古典より現代へ〉という演奏会は現在でも誰も企画するピアニストはいません。画期的としか言いようがないものでした。先生が演奏家として、どこまでおやりになれるか、ピアニストとしての限界に挑戦する一つの壮大な実験と私たちは思っていました。このコンサートもまた、ピアニストのそれまでの限界を超えたものとなりました。先生の挑戦の行きつく先を考えました」

この演奏会については音楽批評で新しい世代の担い手となった遠山一行が「毎日新聞」に批評を寄せている。基成の当時の立ち位置がわかるため、全文を掲載しよう。

〈井口基成は、いうまでもなく、わが国のピアノ演奏界の大先達である。少なくとも、私の年代の音楽ファンにとって、彼は、長い間、日本を代表するピアニストであり、ヴィルトゥオーゾであった。戦後の若い世代の進出——それも多くは彼自身が育てたものである——によって、井口のそうした立場に大きな変化が起こったが、しかし、彼が、今日もなお、一人の演奏家としての姿勢をもちつづけているのは、大変貴重なことといわなければなるまい。井口は、教育者としての仕事にばく大な時間と情熱をそそいできたが、その奥に、いつでも創造的な芸術家が生きていたことを忘れるわけにはゆかないのである。

井口の独奏会（一日・東京文化会館）は二年ぶりになるが、前回はスクリアビンの作品のみを取上げ、今回は「変奏曲とフーガ」という形でかかれたピアノ曲をもっぱら取上げている。井口は知的関心の鋭いピアニストであるが、それが彼自身の表現意欲と深くむすびついているところに、彼の演奏家たるゆえんがあるわけだろう。えらばれた作品はバッハ（ダルベール編）のパッサカリア、ブラームスの「ヘンデルの主題による変奏曲とフーガ」、パデレフスキーの「自作主題による変奏曲とフーガ」および、ドイツ近代の作曲家レーガーの「バッハの主題による変奏曲とフーガ」の四曲だが、井口の最大の関心が、この最後の曲にあったことは明らかである。この作品は、非常に困難な演奏技巧を要求する大曲である。

井口が現在もっているピアノのテクニックが、レーガーの音楽の前で、かなりの破綻《はたん》を示すのはやむを得ないことである。特にフォルテ（強音）や、厚い和音のひびきが荒くなること、早い楽句で多声的な線の明瞭さが失われることなどが目立つが、そのような弱点を通して、井口の表現的な意図と意欲が伝わってくるのは、正直にいって意外なほどである。

しかも、今回の曲目は、井口の音楽的個性に比較的合ったものということができるようで、多くの破綻にもかかわらず、作品の本質的な性格が素直に伝わってくるのである。特にドイツ音楽のアカデミックな構成力と、その中にある叙情性は、彼の音楽をささえるバックボーンといえるだろう。このような点での井口を本当に越えるピアニストが現われるまで、大いにがんばってほしいものである〉

他にも二、三の批評が出て好評を得た。基成は報われたような気がした。

さらに喜びは続く。この演奏会から十日目の十二月十一日に第三子のサエを晴貴と年子で出産した。新婚時代の秋子が毎年のように六人の子供を妊んでは産んだように、妙子も次々と基成の子を宿した。基成は九人の子供を得たことになる。

生きているドジョウを丸吞みし、スッポンの刺身のみならず、時にはピクピク動いているのをそのまま吞み込んだ。すべては精力をつけるためである。

音楽評論家・寺西春雄は、

「井口さんと食事をすると、ドジョウの入ったコップを渡される。水が入っていてグラスが拡大鏡の役割をして、ドジョウが大きく見える。井口さんは一気にグッと吞んじゃう。続いて私も吞むが、結局、コップに入っている水だけしか吞めない。ドジョウが残っているんです」

ヤマハの社員たちも、このドジョウの付き合いをさせられた。基成はドジョウの丸吞みを「精力をつけるため」に続け、「肘や膝がツルツルになる」と、若返りの効果を実感していたようである。妙子との寝屋で「初めて男になった」などと黒川乃武夫には漏らしたというが、それは時に周りの人々を閉口させた。

基成には煙草への嗜好もある。煙草は今では害ばかりが強調されるが、当時は体に悪いという発想がない。

最初は太巻きのチェリーとホープ。やがてエジプトの平べったい太巻きの葉巻キリヤージやシモンアルット、トルコ煙草など。それらは一服で豊かな煙を醸し出す。音楽界のパトロン・安宅産業の安宅英一も、基成が海外へ行く時にはそれを所望したものだ。基成はさまざまな煙草を目の前において、その時の気分で手を伸ばしていた。

食と酒に凝り、基成の人生は豊かになったと自認していた。演奏会後の打ち上げは基成を解放し、すぐに次なる原動力を与えてくれた。

そもそも酒を初めて口にした時から、それは人生の欠くべからざる友となったのだ。陰鬱だった性格は陽気になり、ひょろりと貧弱だった身体は太く、いや、巨大となった。酒の功徳だった。

7　秋子との離婚――関晴子の感動

ここまで妙子との関係が進んでしまった基成の私生活を、周囲も良しとしなかった。名古屋音楽学校には八十ほどのレッスン室があるが、それでも秋子とかち合わないようにスケジュール調整をしていた。もっとも秋子の方は、基成と会うことに躊躇はなかったようである。

少し時をさかのぼった一九六六年、つまり秀が亡くなった年の十月、東京文化会館でのオール・ベートーヴェン・プログラムの東響第一四九回定期演奏会でのエピソードである。この演奏会は若きピアニスト野島稔が涙し、多くの弟子をも感動させた。

基成・秋子門下の関晴子は終演後、基成に会うために地下にある楽屋に向かった。楽屋前にはすでに基成を遠巻きにする人だかりができていて、マネージャーの導きで順に挨拶をしようというところだった。

そこにコートの裾を翻して秋子がやってきた。

楽屋前の廊下の空気は一瞬にして凍りついた。皆が息をつめる中、秋子は基成に向かって歩みを進めた。

「あなた、とても良かったわよ！」

思いがけない言葉だった。秋子は自然に白い手を出し、基成に握手を求めた。

基成のほうもその求めに応じて、秋子の手を握りかえした。

「ありがとう」

関晴子の口調は熱を帯びてくる。

「とても大変な時期で、普通なら顔を出せないはず。でも秋子先生は独特の感性があって、日本人離れした所作や行動をなさることがあった。偶然秋子先生とお会いすると、自然な感じでよく握手をなさった。

その日は基成先生の演奏を聴いて、ピアニストとして直接言わずにいられなくなられたのでしょう。そのお二人の光景を見た瞬間、私は最高に感動したことを覚えています。その日の他のことは一切覚えていないのに。

このことは秋玲会でも明かしたことないし、公にしたことがない。でも晃成さんにだけは話したことがあるんですの。お二人のことでは一番その光景が残っていると告げると、『僕の知らない面でとても嬉しかった。話してくれてありがとう』と。私も救われました」

実はこの演奏会には秋子のみならず、家成らも同伴していた。まだ復縁すると思っていたからだ。

「音楽家同士の結婚って大変だと思う。それに秋子先生って賢明な女性すぎた。そうとしか思えない。お子様たちがそれぞれ大怪我に遭われて病院にお見舞いにうかがった時も、決して弱いところをお見せにならなかった」

心配する弟子に笑みを浮かべて「大丈夫よ！」と、秋子は苦境にも前向きな姿勢を失わなかった。「基成に叱られるようじゃないと駄目よ！」とレッスンの後で気落ちする生徒をチラと見ながら、秋子は可笑しそうに励ます。秋子はいつも基成の影になった。基成の言葉には涼し気な顔をして、いとも簡単に折れて常に立てるのだった。基成自身も、「うちの奥さんはクララ・シューマンだよ」と得意げに話す時代もあった。

家族には外に子供が生まれたことは伝わっていなかったふしがある。

桐朋理事長の江戸英雄が動き、基成と秋子は最後の話し合いをすることになった。場所は東京でなく、人目に立たない関西が選ばれた。

大阪の作曲家・田中正史は、自宅を基成の関西でのレッスン拠点として提供していた。再渡仏以降は遠ざかっていたが、それまで一、二カ月に一度の頻度で来宅していたのだ。

田中の将来は一般の大学在学中に聴いた基成の演奏が方向づけた。「よく知っているつもりだった楽曲の数々が、まるで違う曲を聴くように新鮮に感じられた」のである。それまでの日本人の演奏とは明らかに異質だった。

単なる伴奏部だと思っていた左手のアルペッジョに、突如としてくっきりと対旋律が出現する。時として対旋律が主旋律を圧倒し、「旋律とそれを生かす伴奏」という従来の教育への違和感も覚えた。

単調と思ってきたソナタは室内楽のように活き活きと歌われ、ショパンのスケルツォにホルンの響きや弦のうねり、打楽器、木管楽器の音色が聴こえ、音楽はオーケストラのように立体化していた。外国人ピアニストにしか成し得なかった演奏レベルに、日本人が初めて肉迫した、と感じた。

幼い時からピアノを習っていた田中は、ルービンシュタインに教えを受ける夢を持っていたが、手を伸ばせば届くところに日本の巨匠がいた。

「この人の音楽思想を正しく身につけるならば、優に欧米の猛者とも互角に渡り合える」という確信が、田中の心に根付いたのである。

田中は十七歳で基成の門を叩いた。

レッスンを受けてみると、文学、美学、哲学、歴史観など広い教養の反映があって、それが基成の音楽に滲み出ていると納得した。田中は、自宅をレッスン場にすることを提案し、基成は来阪するたびに数日、宿泊するようになった。

　こうして基成の勧めで田中は作曲へ進んだ。レッスンでは、作曲の真髄も伝授された。

「君は絵が好きで油絵を書き、美術展にもしばしば行くわりには観察が甘いね。君の『展覧会の絵』はプロムナードの部分が良くない。プロムナードは言うまでもなく、展示室から次の展示室へ移るための通路だが、ここで人は一体何を考えているものか？

　当然、いま観たばかりの絵の印象だろう？　ずんと胸に来る感動を反芻するように、ゆっくり歩くこともあれば、さほど感動せず、次の展示室に期待をかけて大股にさっさと歩く場合もあるのだ。ムソルグスキーの凄いところはプロムナードにさえ、心理的対比を書き入れた所にある。少なくとも作曲家たるものは、そこまで楽譜の深読みができなくてはならん。しっかりしろよ、作曲家くん」

　基成への尊敬はこうした教えで毎回増していった。しかし、この先生は、自分の父親以上に家長権を行使する嵩高《かさだか》な人物でもあった。一方、寂しがり屋で、一人ホテルに泊まることはできず、レッスン後の晩酌は睡魔に襲われるまで続いた。そのうえ最後には必ず腐された。

　あるとき見返してやろうと、絶対に基成が知るはずもない、ひねくれた近代曲や民族派の作品を引っ張り出してレッスンに持っていった。

「その曲を初演したのは僕だ」

　とニヤニヤした。田中は心底、恐れ入った。

やがて田中はＮＨＫの第四回朝ドラ「うず潮」のテーマ曲をはじめ、「ヴィックス」「黄桜」など、大ヒットするＣＭソングで名前を売るようになった。

基成は再渡仏し、帰国後は田中と距離をとった。それでも田中と井口家は家族ぐるみで交流していたから、秋子と田中の距離は近かったのである。

秋子は、関西で基成との最後の話し合いにのぞむ時、田中宅の母屋に泊まった。美容院に行き、美しく身だしなみを整えて会いに出かけた。秋子にとって、基成は変わらぬ存在のようだった。

しかし、秋子は、意気消沈して田中宅に戻った。

「やはりうまく行かなかったわ、私たちはお終いよ」

いつもの溌剌とした秋子とは違う、初めて見る失意と苦悩の姿だった。

田中は基成に反感のようなものを初めて感じた、と著書『わが師 井口基成　どてら姿のマエストロ』に書いている。それまで基成の艶聞は数度耳にしてきたが、それはあまりにも完璧な良妻賢母だった秋子に気疲れした基成のささやかな反抗であり、決定的な破局につながるものではないと思ってきた。秋子のある種の完璧さについては、井口愛子門下の宮沢明子が、一位になる中学三年の音楽コンクール前に一度だけ受けた秋子のレッスンの回想にあらわれている。

「いつも怒られ通しの愛子先生のレッスンに比べ、お母様のような先生と皆が言っていた通り、静かな、本当にこわいほど落ち着いた先生だった。一言もおっしゃらず、小声で帰りしな、やっとおっしゃった。『何か持っている子ね』」

多くの弟子の尊敬を集める冷静沈着な秋子の気質である。

そんな秋子が思いも寄らず取り乱した姿に、田中は破門も辞せずと基成に向かった。

「秋子先生と別れるということは女生徒たち全員を敵に回し、井口教室の分裂につながりかねませんよ」

基成を脅したようなものだった。黙して田中の言葉を聞いていた基成は、やがて口を開いた。

「君たちから見れば僕は確かに破廉恥《はれんち》な男に見えるだろう。今度の件については確かに一方的に僕のほうが悪い。秋子はちっとも悪くない。僕は非難されて当然だし、君の言うことも尤もだ。だが僕にも一言言わせてもらうと、不謹慎かもしれないが、僕は世間一般の男と違って、女性と遊ぶということが出来ない男なんだ。まるで中学生のいいぐさだが、僕はいったん女性が好きになると、決して遊びにはできなくなるんだ。

ぼくの場合、君の言う遊びがつねに真剣な恋になってしまうんだ。自分でも悪いことは分かるんだが、どうしようもないんだ。もちろん秋子には僕の出来る限りの力で償うつもりだ。僕の家も財産も全てを秋子に差し出し、僕は裸になるつもりだ。

たしかに僕の仕事は無くなるかも知れないが、そうなったら小さなアパートでも借り、ダンスホールやジャズ・バンドのピアノ弾きにでもなって生計を立ててもよいと思っているんだ」

基成は六十歳。男性の平均寿命は六十七、八歳まで延びていたが、世間の定年は五十五歳だった。基成の言葉に田中は爽快感すら覚えたと振り返る。

「先生の精神的若さには驚きました。羨ましいくらいです」

秋子との清算、財産分与などについては、当初は親族間での話し合いで決着をみるはずだった。秋子との長男家成がこれに立ち会っている。東京大学大学院で物理の修士課程を終えた家成は、スタンフォード大学に留学中だったが、

「一度だけ帰国しました。それは父と母の離婚調停に出て調印するためだった。父の側は、平和相互銀行事件を処理して名を挙げた大立者の弁護士の伊坂重昭を立ててきました。彼はあとで逮捕されたが」

妙子の背景が詳細に調べられた。基成が知らない事実も出てきた。妙子は基成と出会う前に、すでに子供を一人産んでいた。基成もはじめ憤慨して、姉弟の集まった席で「妙子は他の男の子供を産んでいたんだよ」と罵った。しかし、その事実が外部に漏れることはなかった。

長男家成は、

「それから十年間は父に会うことがなかった。相続については、毎年一千万円単位で入る春秋社の印税はあちらに行きました。父は裸一貫。でも、そんなことはいたって平気ですから」

秋子には成城学園の自宅の権利を譲った。

世田谷の家の権利は、六九年三月二十一日付で妙子とその三人の子供に、四分の一ずつすべて贈与された。

同年八月二十七日には、長坂妙子との婚姻届を提出、妙子との間の子供たちも井口姓を名乗れることとなった。結婚披露宴が銀座東急ホテルでおこなわれ、妙子のお披露目がなされた。遠山

一行はこれに招待されている。

基成は弟子・関係者宛てに見開き左右の封筒にいれた格式のある挨拶状をしたためている。この封筒の裏書きは大きく「井口基成」とだけあり、祝いの品といっしょに送られたとみられる。

〈永い間別居しておりました秋子と、今度、離婚の手続きを終えました。

今日まで、公私ともに、種々とご迷惑ご心労をおかけしていたことを深くお詫び申し上げ、ここにご報告かたがた、将来も変らぬご友誼を賜わりますようにおねがいいたします。

昭和四十四年十月　　井口基成

すでに同居し、子供までありますのに、今さらとも存じますが、期するところもあり、中島健蔵ご夫妻をわずらわして、私達は結婚いたし、新生の首途をむかえました。
何とぞ、今後もご指導を賜わりますようにおねがい申し上げます。
昭和四十四年十月　　井口基成
泰枝子〉
文芸評論家の中島健蔵は基成や諸井三郎と親交があり、妻京子は、井口愛子と親しかった。秋子との結婚の仲人が武者小路実篤、妙子との結婚も仲人に文学者を立て同格のものにしたようである。妙子は「泰枝子」と表記するようにして、やっと新たな出発を果たした。

第十章　現役演奏家と学園紛争の間で

1　ピアノ人口と国力のリンク

〈人はよく老人になるとテクニックは落ちるというが、これは無責任な概念的な言葉だと思う。そして若い者にはテクニックがあるようにいう。これも同じことでテクニックは勉強さえしていれば落ちるものではない。

ただスタミナが落ちることは大いにあり得るので、この区別がわからないのだ。

それは何もぼくだけではなく、世界の大家の例を取ってみても事例はたくさんあるし、また証明することもできる。

若い人たちは才能とスタミナだけでやっているが、テクニックというものは長い間の積み重ねだ。年を取るとテクニックが落ちるという一般論は嘘だ〉

基成は音楽大学の学長という立場にありながら、演奏会で現役演奏家としての力量も示してきた。精神的余裕もでき、取材や執筆依頼も快く受けるようになった。

「毎日新聞」のコラム〈茶の間〉には、「桐の箱」と題したエッセイが載っている。

〈僕は家にいる時は着物を着ていることが多い。若い人が見ると、少し変に思うらしいが、ピア

ノのけい古をみてあげる時もたいてい着物である。したがってゲタが必要だ〉
ゲタといえば桐、桐といえばタンスとなり、商品券にも桐の箱が使われている、ウィスキーも必要以上に豪華な瓶に入っていたりする、と日本文化論になっている。中身をごまかす材料として、外観を飾っているのではないか。
〈内容さえ立派であれば、外観などはどうでもいいということをいうつもりは毛頭ないが、おのずと関連性があってしかるべきではないかと思うのだ。
昔「形式が内容を決定する」とか「内容は形式を決定する」とかやかましい文芸上の理論闘争があったが、お互い、でき上がってしまった内容と形式は、それからどう変わるもんでもない〉

ドテラ姿の基成

日本文化を突き放した文末である。
ある日には「日本人と音楽」という壮大なテーマの取材にも応じた。記者は、明治生まれの男が自宅では和服であることに驚く。相撲取りのような巨体で声高に話し、熱中すると〈テーブルを力いっぱいたたきそうになる。ピアノをおしつぶさんばかりの演奏とそっくりであった〉と記し、第一回を「音痴よ、さよなら」（「毎日新聞」六七年二月十五日）と題した。基成が戦争中、対潜警戒団におもむいて音感訓練を行った時が回想されている。平均的日本人である兵隊たちの音感を知って、音楽教育は容易ならざるものだと痛切に感じたのだ。彼らは生活音を聞き分けられない。椅子のきしむ音、時計や台所の物音が判別できない。潜水艦の音を聞き分けるどころではなかった。しかし、それも無理はない。

〈もともと、日本の伝統音楽は、音楽が主体的存在ではなく、他の主体に従属していたものだったんでしょう。過去からもちこしてきたものがそうなのだから、音楽を特殊扱いするのも仕方ないし、（略）音痴以前の音盲《ママ》がいたのもちっともふしぎではない〉

クラシック音楽にとって最も遠いところにあったのが日本人だった。それを自覚していたから、戦後になっても「オレは音楽がわからない」という言葉を頻繁に聞いたが、訓練と環境で素質は変わるものだ。世界的に活躍する日本人が飛躍的に増えているのが何よりの証拠だと、基成は続けた。

ヨーロッパには過去の遺産はあるが、今や若い力のある演奏家はソ連とアメリカに多い。それというのも、

〈国力がついてくると、国民の音楽性もゆたかになってくる。逆にいうと、国力というものは軍事力とか経済とか、そんなものだけじゃなくて、ありとあらゆる要素が総合されているんだと思う。日本の音楽水準がどんどん高まっているのも、また、今日では〝オレは音楽がわからない〟なんていうことばを聞かなくなったのも、国力の充実の結果だ〉

基成の思考は音楽から世界を俯瞰する。

日本民主党の第一次鳩山一郎内閣以降、日本の実質経済成長率は毎年一〇パーセント以上で、この高度成長時代は一九七三年の第二次田中角栄内閣まで続いていく。

国力とピアノのリンクに言及した基成の言葉通り、日本ピアノ界も最盛期を迎えた。このまさに六七年二月には、ドイツの楽器見本市で、ヤマハが出品した二台のピアノが世界の注目を集める。世界を席巻する勢いを見せはじめたのだ。

ピアノを試弾したのは、井口門下でミケランジェリの内弟子でもあったピアニスト藤村佑子である。福岡出身の藤村は末永博子、基成に師事。日本音楽コンクール第一位、ロン＝ティボー国際コンクール入賞、ミュンヘン国際音楽コンクール入賞。ミケランジェリら二十世紀の巨匠三人に師事、世界各地でソリストに招かれ、四十五年間にわたりヨーロッパに在住する。

「すばらしい音色だ」

川上社長や技術陣はたちまち賛辞と拍手の渦に巻き込まれた。評判はヨーロッパに広がり、六月には世界最大のシカゴ・ミュージック・ショーで話題を独占、即座に売約済みとなった。これが「ヤマハ・コンサート・グランドCF」「ヤマハ・コンサーバトリー・グランドピアノC3」で、特にCFは世界の巨匠や国際コンクールに次々と採用された。ミケランジェリは「今、スタインウェイを追いこせるのはこのヤマハしかない」と絶賛、リヒテル、ワイセンベルク、シフラらが演奏会用に選定した。リヒテルが初来日した七〇年、スタインウェイと比較した上で選んだのもCFである。以後リヒテルの愛用ピアノとなり、評価は確固たるものとなった。

第2回井口基成ピアノ公開レッスン（1968年8月30日、神戸国際会館大ホール）のプログラム

同様に、日本におけるピアノ人口は年々増え、最多を迎えていた。

六七年、神戸で初めて開かれた「第一回井口基成公開レッスン」への応募は百三十名、翌年の第二回には百七十一名の応募があった。希望者は東京から和歌山、岡山まで広範囲にまたがり、レッスンを受けるためのオーディションが必要となった。井口一門は応募できないことになっており、門戸は大きく広げた形である。

主催は、基成来阪時に出迎え役をし、基成の信頼も篤い磻田耕治である。

そのパンフレットの〈プロフィール〉欄に、磻田は異彩を放った一文を載せた。

〈井口基成先生ほど料理と名のつくものを色々と賞味なさっておられる方も少ないでしょう。フランス料理はやはり世界最高だよと話しておられるかと思うと名古屋のムカデの天ぷらはどうもね……、台湾でのヘビはちょっとすごかったよ、このようなお話を聞いている方がショックをうける場合が多い。しかしこのたべるという方でのレパートリーの広さはまったくそのまま先生のピアノの方にも伺えるように思えてなりません。そして現在このようにお元気であることも他人のまねることのできない食えるものならなんでも食ってみてやろうというところのへんにあんがいあるのではないかと私自身いつも思っています〉

オーディションの審査員席に連なったのは基成門下の高弟たち、大阪教育大学・横井和子、神戸大学・小林とし、相愛女子学園大学からは徳末悦子、石橋信子、津曲滋子、西川恵美子らだった。

公開レッスンならば講評は当たり前だが、オーディション時にも簡単な講評がつけられた。会場は子供と教師たちの熱心な勉強会と化し、この中から十七名が選ばれた。

公開レッスン当日は、二千人収容の神戸国際会館が満席となった。基成先生の存在感は圧巻だったと弟子たちは口をそろえる。

続いて東京・有楽町の朝日講堂でも、満員の「連続井口基成公開レッスン」が開かれる。インベンションの三声についてだった。

「バッハがたくさん作曲したフーガを演奏するのに、このインベンション（シンフォニア）三声が重要なのです。それで平均律に入る前に、三声のインベンションを確実に勉強し、完全にマスターする必要があります。三声の場合、三本の手があれば楽に弾けるわけですが、二本しかない人間の手で、いかに完全に弾くかが、大切なことになってきます」（「わたしたちの音楽」昭和四十四年八月号）

会場は笑いに包まれ、人々は基成の言葉に集中した。インベンション三声7番を取り上げた生徒に、基成は次のような指摘をした。

「大事なことは、弦楽器を想像して、もっとねばりっこく弾くことです。四小節目、三小節目から内声に、テーマがきていますから、三度の流れでも、下の音を強く弾いてください。どっちがメロディかよく聴いて、たいていは三度の場合、上が旋律ですが、この所は違います。音のバランスをよく聴いて弾くことです。五、六小節目、あなたは、ペダルを使って弾いていますが、使い方がよくありません。使わなければいけない所は、使わず、使う必要のない所を使っています。音が跳んで、つなげられない所だけ、ペダルはふみなさい。あとは指でつなげなさい。インベンションは、原則的にいって、ペダルはあまり使いません。上手に使うのでしたらよい」

「十度もはなれている所は、ペダルを上手に使ってもよいわけです。あなたは、ペダルから足をはなしておきなさい。もっと自然に、そして、もっと指の練習をしてください。ペダルでごまかさないこと」

「二十四小節から二十七小節へかけて、あなたは、ゴツゴツしていますよ。もっとヴァイオリンを弾く感じで弾きなさい」

講評は小節ごとに細かくなされた。7番はもう一人にも演奏させ、その後、会場からの質問に一つ一つ丁寧に答えて、この日の公開レッスンは終わった。

基成は「ずいぶん長いこと教えてきたが、むずかしい仕事だ」といい、教えて良くなるものかどうかと逡巡しながら続けてきたが、

「天才は別として、やっぱりある系統があって、相当ないい先生に仕上げてもらって上手になる。名もない人から上手になったという人はほとんどいない」と結論づけたのだった。

しかし、基成はつい夢中になってしまい、生徒への対応が厳しく激しくなってしまう。名古屋音楽学校では「僕は一所懸命教えたけど、親から文句が来たんだよ」と愚痴ることもあった。

また体を押してレッスンする基成について、関西の関係者は「再婚後、基成先生は少しお金のことを考えるようになったと思います」と証言する。春秋社の校訂は続いているし、毎年の印税は一千万円単位だったが、子供たちはまだ幼いし、若い妻はブティックを開く夢を持っていた。確かに基成の服のセンスは格段にオシャレとなった。

ピアノ人口の増加は、「子供のための音楽教室」の増設にも表れている。市ケ谷にできた同教室は、桐朋学園に音楽科が設置されると仙川に移転、首都圏では目白、鎌倉、市川、荻窪と開設され、六〇年ごろに生徒数は五百三十名余となった。翌年には仙台、六四年には広島、盛岡など増設され、一九六八年、生徒数は一千三百名を超えた。

全国で初めて「分室」という形態となった広島教室開設の経緯を、マネージャーと呼ばれていた大畠弘人が愉快に語る。

「井口先生は広島にもお弟子さんを持っておりました。たとえば賀茂鶴のお嬢さんなど。桐朋オーケストラは広島にも来て斎藤先生の指揮でした。門下からは錚々たるチェリストも出ていて、私はぜひ広島でもチェロも教えてもらいたいと思った。それで来広なさった折、行きつけになさっていた天城という料亭に参上し、井口先生に直訴したわけです。

しかし、学校の形態として分室を作るのは大変、教授会で承認されるのは難しい、と。それでも広島に開設となりました。それは、理事会で井口先生が『広島に女がいる』とおっしゃって笑いの渦となった結果、了承された、というておられました」

面倒な手続きを踏むより、井口の一言に力があった。

しかし、このような強引な進め方が、学長への不満を強めてもいった。

2　二度目のヴァン・クライバーン・コンクールへ――野島稔の言葉

一九六九（昭和四十四）年秋、基成は、ヴァン・クライバーン・コンクールの審査員に再び招かれた。

この第三回には、基成・有賀和子門下の旧姓・藤沼、現在の岡本美智子と基成の妹・井口愛子門下の野島稔が応募していた。

一九四五年、神奈川・横須賀に生まれた野島稔が、愛子に師事したのは小学校二年生、七歳の時である。それまでついていた教師が、

「稔ちゃんもだいぶ上達されましたので、どなたか良い先生に師事される必要があります」

と、父・野島豊平に告げた。このころについては、雑誌「ショパン」に連載した豊平の手記が詳しい。

稔が習っていたのは東京藝術大学出身の教師だった。その関係で後日、藝大教授二人の立ち会いのもと、音楽界のパトロンとして名高かった安宅産業会長の安宅英一の面前に連れて行かれた。

そこで父親に伴われた稔少年はピアノを弾くことになった。

モーツァルトのピアノ・ソナタである。一同はテーブルを囲んで、何か協議しているようだった。

「じゃあ、今度は、この先生のピアノを聴いて、できるだけ真似して弾いてごらん」

演奏は録音されて、皆、再生された曲に耳をそばだてている。

「どうだい、どちらが誰の演奏かわからんじゃないか。全く驚いたよ」

藝大教授の一言だった。音感テストも行われた上で、師匠を誰にするのかが問題となっているようだった。

「この坊やを本当に指導できるのは井口愛子先生だけ」

これが結論だった。

後日、安宅産業から車が回され、親子は世田谷区成城の井口愛子邸におもむいた。愛子のもとには、しょっちゅう権威ある紹介状を持った生徒・学生たちが詰めかけていた。そんな志望者をすべて受け入れることはできない。必然として、入門テストが行われることになる。その前の週にも、どこかの音楽高校の校長の紹介状を持った生徒が来たらしいが、断ったという話で、父は不安を覚えたと書き綴っている。
二、三の楽譜を示され、稔少年はそれを弾いた。すると、愛子は即答した。
「この坊やは私がお引き受けします。どうかな、坊や、少し疲れましたか。さすがは男の子だね、よく頑張りましたよね」

こうして、野島は愛子門下となった。

愛子との師弟関係について、野島稔自身にも尋ねた。

野島は開口一番「半ば親子以上」と回想したが、これはのちに書く井口愛子をめぐる章に譲り、ここでは、野島稔が語った基成について描く。

野島は小学五年生の時に、全日本学生音楽コンクールに優勝している。その時、成城に住んでいる基成に見てもらったが、まだ子供で、訪ねた記憶が残っているだけである。

「基成先生に続けて見てもらうことになったのは、僕が中学生くらいになった頃で、愛子先生が病気をされた時。愛子先生は気力はすごいが、神経が繊細な方で、けっこう臥せってらしたこともあった。この時は、本当に具合が悪くなられて基成先生に見てもらいなさい、となったのです。

そのころ基成先生は大船に一人住まいで、お手伝いのおばあさんがいました。二、三ヵ月か、半年ぐらいだったと思う。

基成先生は、ご自分の弟子ではないからか、指の上げ下ろしなどは愛子先生の方でやっていたし、愛子先生の積み上げてきたメソッドを壊さないようにとのお考えからだと思うけれど、細かいことはおっしゃらなかった。

『この曲はもうちょっと大人にならないと、弾けないいな』なんて言われたことを覚えていますが、人間的にもおおらかで、印象として残っているのは、子供扱いはされなかったということ。

ピアノは声楽などとはちがって、音そのものを出すことは、誰でもできる。つまり音色が全てという楽器。だから感じる音を追求して、そう感じて弾けば、そうなるという楽器でもある。基成先生にはそういう追求がありました。

　ご自分で書かれた本ではテクニックや指の上げ下ろしなども分析していて、その辺のつながりはわからないけれど、僕は基成先生の演奏が好きで、心から先生の演奏を感動して聴いていたのです」

　高校生になって、上野の東京文化会館で行われた基成のリサイタルでシューマンのファンタジーやショパンのプレリュードを聴いた時、さらに同会館での基成のベートーヴェン〈皇帝〉にも、これまで経験したことのない胸の震えを覚えた。

「音楽の核心というところから見れば、天才的な方で、いわゆる情感を必要とする部分、例えば〈皇帝《エンペラー》〉のピアニッシモの音色が、子供心にも本当に涙が出るくらい美しかった。

　それも、ピアニッシモだけが素晴らしいのではなくて、メソッドも、音楽の理解度とか、つかみ方の深さに驚いたのです。それらは情感、霊感、インスピレーションから来るものなのでしょう」

　稔少年にとって、基成の演奏は究極のものと映ったようである。

「指が、ばりばりと動くわけでもない。〈エンペラー〉といえば、純粋メカニズムを必要とする曲なのに、それを超越していた。この時、僕は、音楽性は全てを超越するんだなと、心底感じた。基成先生は、有り余る音楽性の天分に恵まれていたと思う。

　ただ今の基準から考えると、先生の指は動かなかった。先生は、外国で列車に乗っていた時に、窓から手を出しっぱなしにしていて動かなくなったとおっしゃっていたけど、それだけでないとも感じてらしたでしょう。

何かが、足りない、自分に欠けているものとは何か、と考えた時、受けた教育が万全ではなかった、テクニックとなったのでしょう。それで、子供のための音楽教室や、桐朋音楽科を始められたと思う」

さて、高校の時に野島は桐朋に編入し、基成はさらに近い存在となった。音楽コンクールを控えて、桐朋の講堂で、愛子と基成の二人の前で演奏を聴いてもらうことになった。

「お二人そろって歩くとすごい迫力だったのを覚えています」

野島が弾いた後、愛子の細かい指摘があった。すると、

「基成先生が愛子先生に、『コンクールの前の日に言っちゃかわいそうだよ』とかって。愛子先生は厳格な方ですよ。『うがった表現』という言葉をよく使ってらしたが、中途半端は許せない。

基成先生の方は、もうすこし実践的で、場の演奏家の心情を理解するというか。僕は、基成先生とも相性が良かったのか、一人前として扱われた印象しかないのです」

基成門下では、それこそ相性があるのか、「基成先生から徹底的に批判され、自滅してしまった」と言われる弟子もいる。

愛子は、「こういう曲は兄の方がよく知っている」と、基成のレッスンを勧めたこともあった。それは基成が日本初演したブラームスだった。NHK交響楽団の前身の新交響楽団で、指揮者ローゼンシュトックが、基成でないとブラームスはできない、と指名した曲である。

「コンクールか演奏会間際の準備で見てもらったのかもしれませんね。まず一回、曲を通しで演奏させて、何も言わずに『もう一度』と。

全体像を見る、曲の流れを知るということだったのでしょう。その生徒にとって、その段階では何がいいか、と考えてらしたように思う」

野島は、高校三年の時に第三十二回日本音楽コンクール第一位受賞。桐朋学園在学中には、東京フィルハーモニー交響楽団、日本フィルハーモニー交響楽団の定期演奏会に出演した。

「プロコフィエフのコンチェルトなどでは無窮動のところがあるでしょう。その途中で止めることは、基成先生は絶対にしなかった。それで、ご自分も真剣に弾いてくださった。演奏の呼吸というか、そういうものを大切になさったレッスンでした」

野島は、基成が尊敬しているのが、ホロヴィッツだったことも思い出す。

基成は留学中にヨーロッパでホロヴィッツ全盛期の演奏を聴いていた。

「僕がバックハウスの方が好きだというと、まあ、あれはあれで違う良さがあるさ、と。ホロヴィッツの本番は凄まじかったよ、と忘れられないようでした」

そんな野島は、基成と愛子の性格の違いを感じている。とは言っても、お互いについては認め合っていたのだが、

「ある意味、ライバルでもあったでしょう。そもそもお二人は小さい時から、ピアノの奪い合いをするライバルでもあった」

基成と愛子

と愛子から聞いた話を披露する。

一台のピアノの奪い合いでは、基成がピアノの中に蛇を入れて、愛子が「きゃあ」と逃げ出したところで、基成がピアノを奪ったらしい。

兄妹という以上に、子供の頃から音楽家としての存在が強いのか、と野島は感じたものである。しかし、仲が悪いという印象は持ったことがない。

基成の演奏を褒めた時には、愛子が嬉しそうな顔をするのだった。

「まあね、まあねえ、ああいう曲は、基成は、弾けるわよ」

基成の方も、愛子を可愛がっていた。自分より愛子の方が桐朋ではいい弟子をたくさん育てているとも認めていた。

かつて演奏活動をしていた愛子がそれをやめたのは、演奏中に疲労困憊して倒れてしまったことがあったからだった。

すぐに基成が楽屋に飛び込んで来た。

その基成の第一声が、

「井口家の恥だ！」である。

「そういう話を聞いていると、凄まじい、何か小説のようでね。留学もして、遊びもしてと、基成先生に憧れちゃいましたよね」

野島は当時を懐かしみながら、笑いを漏らした。

「愛子先生も、ご自分でお弾きになると、全然普段の愛子先生の雰囲気と違うのです。愛子先生の方は、留学もされていない。全部ご自分で考えたことを、教えてくださったわけです。天才的なんです、あの兄妹は」

野島が留学したのは、愛子に勧められてである。ソ連文化省の招きで、モスクワ音楽院へ留学、ソ連の作品を世界に紹介し、ウラディーミル・アシュケナージを育てたレフ・オボーリンに師事した。そのオボーリンは、「愛子先生に尊敬の念を持っていた」という。二年半の留学を経て、帰国後、半年で挑戦したのが、ヴァン・クライバーン・コンクールだった。

この時も野島は基成を訪ねている。このコンクールは課題曲が空前絶後だった。一週間かかっても、やっとざっと通して弾けるようになるだけで、弾き切れない、と感じていた。課題曲数の多さに疲れ果てていて、基成の前で「やめます」と野島は宣言した。

ところが、基成は、「弾いてみろ」と促す。静かに聴いていた基成の言葉は、

「弾けるじゃないか、大丈夫だよ」

基成のそんな言葉は野島に力を与えた。

「基成先生は、そんなとき温かく励ますのが上手、やはり演奏家なのです」

こうして二十四歳となった野島をヴァン・クライバーン・コンクールに送り出した基成だが、

自身でもこの渡米にかける思いがあった。基成は、アメリカで二つのリサイタルの準備を進めていたのである。

一つは、往路ハワイに寄り、ホノルルにあるハワイ大学のホールで演奏会を開くこと。聴衆は、学生や在留邦人など、現地の人々である。

この年の四月から十二月にかけては、東京文化会館小ホールにて、「ベートーヴェンのソナタ全曲連続演奏会」も開いていた。しかし、体調を崩し、注射を打ちながら弾き終えることもあった。基成の体は徐々に、しかし確実に蝕まれてきていた。基成は自分で思うように弾けなかったと思ったのか、「僕はもう駄目だ」と楽屋を訪ねた弟子に漏らした。しかし、弟子の方は、基成が消耗しているようには見えたが、演奏は基成がいうほどには思わなかった。

また、日本出発前の七月中旬、「ポーランド解放二十五周年記念演奏会」に安川加壽子、遠藤郁子、中村紘子らとともに出演した。

モーツァルトのトルコ行進曲付きのソナタと、ベートーヴェンのピアノ・ソナタ第23番〈熱情《アパッショナータ》〉、そのほかの曲を弾いた。ハワイの秋は湿気がなく、ピアノもよく鳴った。日本からきたピアノ界の大御所は、温かく迎えられた。

その頃、ロサンゼルスでは、基成の受け入れと演奏会の対応に追われていた。

前年から日本楽器に打診して、アメリカでリサイタルを開催したい旨を伝えていた。現地駐在の鈴木達也が、その陣頭指揮を担うことになった。

基成にとっては、アメリカ・デビューとなるリサイタルである。

3　ロサンゼルス・リサイタル――元スタインウェイ・ジャパン社長鈴木達也の話

ピーター鈴木と名乗るくらいにアメリカになじんだ鈴木達也が、日本楽器製造から米国ロサンゼルスにある現地法人の米国ヤマハ・インターナショナル・コーポレーションへ出向したのは、一九六八（昭和四十三）年十二月のことだった。

そもそも鈴木が井口基成と最初に会ったのは、一九六三年である。そのころ鈴木は名古屋支店に勤務していた。

「一九六三年にヤマハは、当時としては新しい七階建ての新店舗を建てました。その七階がホールになり、井口先生の公開講座が毎月というわけではないけれど、頻繁に開かれていました。そのとき僕は司会進行をしていました。

先生は巨体で、ピアニストの後ろから覆いかぶさるように指導し、威圧感があり、楽譜の読み違いなどするものなら大声で怒鳴るので、若いピアニストは緊張し、震え上がっていた。そればかりか泣き出しちゃうこともありました。

ところが、講座が終わると井口先生は、突然チャーミングになるんですね。街に繰り出して行って、名古屋に『八千代』という肉の店があって、そこに入ると、まずはバーボンの最高級ワイルド・ターキーを注文してTボーンステーキを美味しそうに平らげる。そしていろいろな話を冗談交じりに話されて、東京に帰られていました」

　鈴木は大学を卒業したばかりで、桐朋学園大学学長の井口は雲上の人だった。

　それから六年後、再び井口のお世話をするように上司から申しつかった。

「先生がヴァン・クライバーン・コンクールの審査員として渡米し、帰りにロスで演奏会をしたいとのことなので準備を頼む。しっかりやってくれ」

　鈴木はまだ英語に自信がなかったから、現地マネジメントを依頼した。高級住宅地ビバリーヒルズに住む元ヴァイオリニストのドロシー・シルバーマンと打ち合わせに余念がなかった。何しろ日本ピアノ界の大御所のアメリカ大陸初のリサイタルとなるのである。

　会場はロスの伝統あるウィルシャー・イーベル・シアターとした。

　この劇場は一九二七年に開場、第二次世界大戦中には、ストラヴィンスキーが、渡米後、最初に書いた作品を自身で指揮し、またアルノルト・シェーンベルクも一九三〇年代から四〇年代にかけて、この劇場で初演作品などを発表、グレン・グールドの公演も行われた。

　鈴木は、演奏会場としてロサンゼルスで最高の場所を用意したわけである。

　チケット価格が問題だった。

「支店長から『井口先生に恥をかかせちゃいけない』と厳命がありました。現在、ロサンゼルス交響楽団《フィルハーモニック》の最高特別席価格（ファウンダーズサークル）は二百ドルくらいだが、当時それは二十五ドルでした。ロス・フィルの通常公演の最高が五ドル、学生席は一ドルで、だいたい二ドルあると食事ができる、寿司がたらふく食べられるくらいだった。

先生のリサイタルは、ロス・フィルの最高特別席価格と同じ二十五ドルと設定しました。これはリサイタルとしては破格に高い設定でした。ただ、実際の販売最高価格はロス・フィルと同じ五ドルにしたと思います」

チケット売りは難航したが、宣伝にも余念がなく、シルバーマン主催で記者会見もすることになった。準備は万全で、あとは基成のロサンゼルス入りを待つばかりである。

九月末から十月中旬にかけて、基成はコンクールの開催地であるフォートワースに滞在している。

コンクールでは、野島稔が二位となった。基成はこのコンクール便りも新聞に寄稿している。野島は翌年にはニューヨークのカーネギーホールにデビュー、「ニューヨーク・タイムズ」でも絶賛され、その後日米で演奏活動を展開する。二〇一一年からは東京音楽大学学長を務める一方、芸術院会員でもあり、現在の日本ピアノ界を牽引する立場である。

このコンクールでは、二十五歳の岡本美智子も六位入賞を果たした。岡本は有賀と基成に師事したのちアメリカに留学し、リリー・クラウスに師事、このコンクール後には、チャイコフスキー国際コンクールで最優秀伴奏者賞を受賞している。ジュネーブ国際音楽コンクール審査員、母校の桐朋学園大学でピアノ科教授を務め、近年では新しく仙川のキャンパスにできた隈研吾《くまけんご》設計の校舎で、門下生の演奏会を開くなどしている。

さて、第一回以上にめざましい結果を残した弟子たちのヴァン・クライバーン・コンクールが終わると、基成はいよいよカリフォルニアに飛んだ。

基成は名古屋にいた鈴木のことを覚えていた。

ホテルは、演奏会場からワンブロック離れたトワイライト・モーターホテルである。立派なホテルでなく、車で気軽に立ち寄れるようないわゆるモーテルで、鈴木にしてみれば、こんなところに泊まるのかと思ったが、基成はそこにヤマハより運ばれたアップライトピアノで毎日練習に没頭した。

「ワイルド・ターキーや生肉食べに行きましょうか、とお誘いしても、『鈴木くん、演奏会まではアルコールも肉も断つ』とおっしゃって、先生の演奏会への意気込みを感じた」

現地プレスへの記者会見が、シルバーマン主催で、十月二十一日に、第一回アカデミー賞授賞式も開かれたハリウッド随一のルーズベルト・ホテルで行われた。二十四日には邦人記者クラブへの記者会見が鈴木主導で午後三時から行われた。とはいっても邦人記者はNHK、共同、時事、読売、朝日などで一人ずつしかいない。実際には記事のほとんどを鈴木が書くようなこととなった。現地の「羅府新報」は二十五日付で記者会見の模様を掲載した。

演奏会は来たる十一月三日である。基成は昼夜稽古に励んだ。

鈴木は近くに家を借りており、とは言っても歩いていくには少し距離があるのだが、基成は徒歩で昼間鈴木宅を訪ねることがあった。

ちょうど前月には鎌倉に住んでいた鈴木の妻が、一歳と三歳の子供たちと母を伴って渡米していた。基成は彼女たちの手料理を楽しみ、また偶然に共通の知人もいて、そんな話題を食卓にのせたりしたものだった。モーテルで稽古に励む基成の姿が外からも見える。鈴木宅からは差し入れのおむすびも届けられた。

根を詰めての稽古の間には息抜きも必要と、鈴木は基成をラスベガスへ誘った。鈴木の運転で車は当時もっとも人気のあったスポーツカー、フォードTバード（サンダーバード）だった。アメリカ車好きの基成は興奮した。

ラスベガスでは、カジノホテルとして名高いトロピカーナホテルに一泊し、華やかなショーガールが出演するバーレスクショウを見て満喫した。

そして再び、禁欲的な練習へと戻っていった。

十月二十八日には妻の妙子もなぜかニューヨーク経由で、ロサンゼルス入りした。基成がモーターホテルに滞在しているのを見て驚き、その後は普通のホテルへと移動した。

いよいよ十一月三日をむかえた。開演はアメリカ式に夜八時三十分である。聴衆はほぼ満員になるくらいに集めることができた。

演奏はバッハの〈パッサカリア〉から厳かに始まった。「いい調子だ」と鈴木は心の中でつぶやいた。

二曲目の〈幻想曲とフーガ〉も終わった。休憩前の最後が、前年の東京文化会館での演奏会で評判となった難曲、マックス・レーガーの〈バッハの主題による変奏曲とフーガ〉だった。

休憩となり、鈴木は明るい気持ちで楽屋に飛んでいった。扉を開けると、基成が即座に口を開いた。

「鈴木くん、手が冷たくなって、後半はやめだ！」

基成自身が思ったような演奏ができなかったのか、手がかじかんで動かないというのである。鈴木は青ざめた。

「これには若奥様はもちろん、私もショックを受けて」

ヤマハでは、井口秋子を奥様と呼んでいた関係で、妙子のことは若奥様と呼ぶようになっていた。鈴木に、幕間のせわしなさがよみがえってくる。

「これは大変だと、二人で両手を揉み始めたのです。そこで若奥様が機転を利かして、レモンとはちみつがあるといいというので、それじゃ、と隣のスーパーに走って買ってきました。お湯で溶かして飲んでいただき、こちらは手を揉み続けて、やっと機嫌がなおって、二、三十分の休憩が終わりました。

若奥様の印象ですか。さんざん会社の先輩たちから聞かされてきましたが、ロスではとても献身的に井口先生を支えておられたし、後に日本でお目にかかった時も素直で、銀座出身の方というより、普通の方という感じでしたね」

世田谷の家はこの年、すべて贈与、春秋社の印税は、モエに相続させることにした。八月には妙子との婚姻届を提出、妙子はいわば新妻である。

そこまでの事情を若い鈴木は知らなかったが、妙子と基成は仲睦まじく過ごしていた。この時は、まずは基成を舞台に送り出すことができて、ホッとしたのだ。

後半は弾きなれたフランスもので、フォーレの〈ノクターン〉、ドビュッシーの〈映像〉第2集より「金色の魚」、ラヴェルの〈鏡〉の中の「道化師の朝の歌」だった。多種多彩な連打、二重グリッサンドなどのテクニックが必要な曲だったが、基成は弾ききった。

最後は、別宮貞雄の三つの日本民謡のパラフレーズ〈よさこい節〉〈五木の子守唄〉〈おはら節〉で、賑やかに締めくくると現地の日系人たちは大騒ぎとなった。アンコールが終わってもいつまでも鳴り止まない拍手と歓声を聴きながら、基成は何回かステージに引っ張り出された。

「一応終わったけれど、ハラハラして大丈夫かと思って楽屋で待っていると、先生がニターッと笑って戻っていらしたのですね。無言で笑顔で合図する。何も言わなくても、これは良かったということでしょう」

鈴木は大任を果たした気分になった。

一方、基成は、口をきくのも辛いほど体力を使い果たしたと感じていた。鈴木はこの時の基成の演奏の印象が今でも脳裏によみがえってくる。

「井口先生の演奏は、テクニック的には今の若い人たちの方がはるかに優れていると思いますが、表現された音楽は素晴らしかった。先生はご自分でも、幼少からピアノを練習していなかったのでテクニックが不足していると言っていました。だから早くからピアノを始めないといけないと考えられた。教育者として草分け的存在で、超ワンマンだったことを批判する人がいますが、先生が生きてらした時代は音楽界がまとまっていた。その後、大人物は出ず、井口先生の偉大さは年月が経って認識され、輝きを増している。歴史が証明してくれた。私が接した先生は子供のように純粋で、感情表現が豊かで、怒る時と褒める時の差が明確で、愛すべき人間でした」

翌年、鈴木は東京へ出張したときに基成宅を訪問している。

「よほどロスでの演奏会に感激されたのか、基成先生はどうしても東京で一番高いレストランでご馳走したいとのことで、銀座に連れて行かれました」

銀座・数寄屋橋交差点にできたソニービルはソニー製品のショールームがあり、評判となっていて、テナントも海外の名店が出店していた。地下には最高級フランス料理の名声をほしいままにしていた「マキシム・ド・パリ」があった。まだ若い鈴木が足を踏み入れるようなところではなかった。

「フランスの高級なワインなのでしょう。ボトルが開けられ、スッポン・スープ。これが忘れられない。料理はフルコースで、肉料理が出てと。先生は、ロスの演奏会を楽しく思い出されていました。

その後、次にお会いした先生はもう巨体ではなく、杖をつかれてほっそりとしておられた。数年前の面影が感じられなかった。ご自宅でもソファからなかなか立ち上がれず、お顔はお元気だったが、手術して体重が落ちたということだった。失礼します、というと、先生は茶目っ気たっぷりに、小生ごときに最敬礼された。私のような青二才に、大先生が最敬礼、これは一生の宝物だと思っています」

4　関根有子から見た「基成先生」と「母・愛子」

井口基成の姪で、井口愛子の長女・関根有子は、井口の子供世代では唯一、ピアニストとして活動し、大学でも教鞭をとってきた。

第十七回全日本学生音楽コンクール高校生の部では全国第一位、六九年に桐朋学園大学を卒業、このとき音楽賞を受賞し、同大助手となった。NHKの「新人演奏会」にも出演し、モーツァルトのピアノ協奏曲などで秋山和慶指揮のNHK交響楽団、東京交響楽団と共演した。

七〇年よりパリ留学、コンセルヴァトワール主任教授ピエール・サンカンに二年半ほど師事し、帰国リサイタル後、お茶の水女子大学で教鞭をとりはじめ、東京音楽大学では教授として多くの後進を育成した。九八年にはラフマニノフのピアノ協奏曲第2番を演奏、チェロの松波恵子とも演奏会を開催、一方、国内のコンクールの審査員を務めた。

そんな業績を残した有子だったが、ピアノ界の第一人者が親族にいるということで、周りからはしばしば「大変でしょう」と言われてきた。しかし、有子は母愛子、伯父基成、伯母秋子らを意識して生きてきたことはなかった。

「三人とも亡くなり、最近になって、そういう見方をされていたのかと感じるようになりました。私は留学する前は劣等感の塊でしたけれど、愛子の娘と言われても、意識したことはなかった。

母は『この子はみそっかすだから』と言いつづけていたし、私に期待もしなかった。むしろ干渉されなかったから、今までこうやって音楽が好きで続いたと思うのです」

とはいえ、有子は、全日本学生音楽コンクールで一位である。母のハードルは高かったとしか言いようがない。

愛子の子供として運命的だったのは、母の多くの弟子が訪ねてきて、毎日鳴り響くピアノを耳にしていたことである。有子は耳で覚えたバラードなどを、三歳になると勝手に弾くようになった。母は子供たちに音楽を教えるわけではなかった。

「うちの母は子供を溺愛に近い感じで可愛がって、怒られたことはない。ただ子供よりも生徒で、自分の子供たちは後回し。母はレッスンを始めたら、鬼のようになっちゃって、子供も夫もなかった。ただ家族にとって救いだったのは、根本的にあったかい人だったということ」

有子がピアノに興味を持ちつづけている様子を見てとった母は、近所の先生のところに連れていった。「子供のための音楽教室」にも入室した。

「母は私に教えようとはしませんでした。お弟子のレッスンは朝から晩まで続いていました。中にはそのままお泊まりしていくお弟子もいました。私は小学校の頃から台所でお手伝いさんと一緒に夕飯を作ったものです。毎日大人数でした。

兄たちは少し遠くの幼稚園に通いましたが、それも母にとっては大変だったのか、私は幼稚園にも行かせてもらってない。小さい頃は夕方になると、自転車でふらふらと出て行く癖ができて、高台にある富士見橋まで行って遥か彼方を眺めていた。そこは基成伯父の家がある場所で、あちらでもレッスンのピアノの響きが聞こえてきた」

それだけでも特別な環境だが、有子が忘れられないのは、母や伯父世代の一族の人々の強烈さである。

「お正月に本家の伯父の家へ行くと、喧嘩ではないが、大声で侃々諤々《かんかんがくがく》と怖いくらい凄かった。兄弟姉妹はみな弁が立ち、感情が激しやすい。子供たちも言われると言い返すが、大人たちの激論が目の前で展開され、夜中まで議論が続く。ふだん静かな末弟の博雅叔父ちゃんでも、いったん言い出すと一歩も譲らない。まるで劇場でした。私が知るかぎり、あれほどはっきりした人たちというのはいない。お互い認め合っている部分はあるが、妥協はしなかった。

私の父と伯父も合わなかった。父は学者の世界で、音楽の世界と相容《い》れなかった。音楽の世界は嫌だったみたい」

基成家との付き合いはしょっちゅうあるわけではなかったが、基成が妻秋子と喧嘩でもしたのだろう、一度だけ泊まりに来たことがあった。

「いつもと違って、伯父が神妙に納豆を食べていたのを思い出します」

意外な一面に思わず笑みがこぼれてしまった。

有子は大西愛子に師事して本格的にピアノを始めることになった。大西は母や基成と違い、声を張りあげることもなく、静かなレッスンである。しかし、有子は中学高校時代、練習には身が入らなかった。試験直前になると母は気になるのか、有子のピアノを聴いて呟く。

「もう試験の前日だからしょうがないわ」

「私が忙しくて見てやれないから」

自責の念でもあるかのように、ひとり呟くのである。

有子が高校三年の時、その大西がアメリカに渡ることになった。

「それで大西先生は、私を基成伯父ちゃんに回したのです。それまで基成伯父ちゃんと呼んでいたのに、急に基成先生となりました。もともと伯父ちゃんは苦手なタイプでしたが、教えてもらうことになってからは、さらに怖さを感じるようになった。

基成先生は演奏会、大学、全国のお弟子を回るのに多忙で、レッスンは不定期。レッスンの日は、朝から腹が痛い、めまいがする、吐き気がする。母はそれを見て『そんなこっちゃ困るね』。毎週というレッスンではなかったから、もう一人先生が必要となりました。ところが、母関係の先生はみな『嫌』とおっしゃり、結局自分で基成先生のお弟子の北村陽子先生にお願いに行きました」

北村陽子は、基成の渡仏時、よく共に行動した弟子の一人だった。

「北村先生は男っぽいさらっとした方で、レッスンにもついてきてくれた。私は基成先生が怖くて、大学で向こうから歩いてくるのが見えると柱の陰に隠れたりするほどだった。レッスンでは精神状態をすぐに見抜かれちゃうし、会うと私生活のことまで叱られる。どきりとしたことが何回かあった。伯父も母も人一倍勘が鋭い兄妹でした。

基成先生は一ヵ月前のレッスンで自分が何を言ったかを正確に覚えている。それで次のレッスンではそれができていないと、腕をぶたれたこともありました」

有子がグリーグのコンチェルトを弾くことになって曲を持っていったときである。

「なんだ、曲がいいと思ってチャラチャラ弾いて」

「確かに曲が綺麗なものですから、私はいい気分になって弾いたわけ。酷い言い方だけれど、今になって思うと基成先生からは本当に大切なことを教えてもらった。音楽の三要素をきちんと捉えて、つまりテンポ、リズム、楽譜。楽譜を正確に隅から隅まで読むこと。気分で弾くのでなくね。『弾けもしないくせに速く弾いて』と、とても憎々しげに言われたこともあった」

レッスンでは前の学生の演奏を聴く機会もある。コンチェルトでは基成が伴奏することもある。そんなとき気を利かして譜めくりをしないと、そこでまた「気が利かん」と怒られるし、レッスンで発される基成の言葉に思わず口元をほころばせると、その笑いを叱られたこともあった。いったい何がダメなのだろうか、有子は理不尽なものすら感じた。

しかし、あるときこんなことがあった。有子の前の学生のレッスンが終わったとき、そういえば、努力する子に対して基成は「よーし！」と豪快に褒めた。有子もきちんと練習して行くと不思議と怒られず、「よーし！」と二十分ほどでレッスンは終わりとなった。

「あれは劣等生なんだよ、でもお前なんかよりずっと努力している」

「本気で練習していかなかったときに、コテンパンにやられるのです」

関根有子にとっては、今やそれらもすべて思い出の箱のなかにつまっている。当時は苦しかったが、今では客観的に笑いながら語ることができる。

二度と昔のような「基成伯父ちゃん」に戻ることはなかったが、

「私は小さいころから、伯父を偉い人と思って尊敬していました。秋子先生と生活した成城でも、また妙子さんと一緒になってからでも、私の記憶にある限り、いつでもピアノを弾いていた。必ずピアノの前にいて、煙草を吸う時も灰を落としながら弾いていたし、お客が来て話をする時も、ピアノの前に座って何か楽譜に書き込みをしたりしていた。生活そのものがピアノで、その姿しか覚えていない。小中学校時代を通して、ぶらっとしている姿をただの一度も見たことがないのです。

子供だったから何をというのはわからなかったけれど、家族の中で伯父は勉強家で通っていて、亡くなった祖母や叔母たちも、基成は本当に勉強家だと言っていた。そういう伯父の姿は強烈な印象として残っている」

さて、野島稔や岡本美智子がチャレンジしたヴァン・クライバーン・コンクールを、有子は予選から見に行っている。行きは野島と同じ飛行機で、アメリカでは岡本の滞在先に一泊させてもらったあと、アメリカ人家庭にホームステイした。コンクールのおこなわれるフォートワースはもともと石油王が多い土地柄で豊かな家だったが、そこでの食事は日本人にしてみれば悲惨だった。

基成はその審査員である。

「コンクールの最初から最後まで二週間、外国のピアニストたちは長丁場に強いと思いました。また外国人は大きく曲を摑み、一方で日本人は緻密な演奏と感じた。このコンクールはピアニストに体力がいるけれど、審査員も大変で、伯父は疲れ切っていました」

そのためフォートワースでは何回かにわたって、有子は基成にマッサージを施したことがあった。

「手が温かいし、あんた、うまいね」

基成は疲れた体を伸ばして、満足そうに有子に呟いた。

会場に集まった音楽家やその卵たちはそれぞれ別行動で、野島と岡本の受賞を見届けたあと、有子は一人ニューヨークに向かった。基成のリサイタルが開催されるロサンゼルスに飛んだのは、友人ピアニストの家に滞在後である。こうして野島、岡本のほか、コンクールを見届けた日本人たちは、みな基成の演奏会のためにロサンゼルスに結集した。

「ヴァン・クライバーン・コンクールで世界一、二位の演奏を聴いてきた人ばかりの中で演奏することは、伯父は顔にこそ出さなかったけれど、大変なストレスだったと想像しました。帰路、私は伯父と妙子さんと三人でホノルル経由で帰国しましたが、ホノルルでの伯父は疲れ果てていて、夕食の時にテーブルで居眠りしてしまうほどだった」

基成の演奏会で、有子が忘れられないのはマックス・レーガーの〈バッハの主題による変奏曲とフーガ〉だった。

「手が冷たいと言っていたから、伯父の体力がもつのかと心配でした。手のマッサージ？　いえ、私はずっと会場にいて、楽屋でどうなっていたのかは知らないけれど。その曲は伯父らしいスケールと響きでした。指の方は歳もとっていたし、若い人のようにはもともと動かない指だけれど、心に残る演奏でした。

また、バッハの〈パッサカリア〉は、伯父独特の音の幅、深みのあるもので、演奏の根本が温かい。今の若い人たちはパソコンを打つようにスラスラ弾いて、伯父はそれはできないけれど、一つ一つの音に魂を入れ込んだ演奏だった」

帰国後、基成の元には、ふたたび国際ピアノコンクール審査員の依頼があった。基成は、有子に一緒に行くように頼みにきた。有子に身の回りの世話を頼みたいというのである。妻妙子も同伴したから、おそらく有子のマッサージを望んでいたのだろう。しかし、有子が同道することはなかった。

翌年、有子はパリに留学した。

5　桐朋の国際コンクール制覇

基成は、この翌一九七〇年、今度は第四回チャイコフスキー国際コンクールにオブザーバーとして招待を受けた。

世界の三大国際コンクールでは、桐朋出身者たちのソリストとしての入賞が続々と伝えられ、さらに、室内楽では、この一九七〇年にミュンヘン国際コンクールで「東京クヮルテット」が第一位に輝いた。原田幸一郎、名倉淑子、原田禎夫、磯村和英が奏でた音楽は、すでに二次予選の段階で一位を決めたといわれた。その後東京クヮルテットはニューヨークを拠点に世界的活動を展開した。ソリストを育成することが第一義でなく、室内楽やオーケストラ育成こそが音楽学校の使命と心血を注いできた斎藤秀雄は、ことのほか喜んだ。

さて、チャイコフスキー・コンクールを振り返ると、一九五八年の第一回では、東京音楽学校を中退してドイツで学んだ松浦豊明が七位入賞となったが、戦後教育を受けた日本勢が明らかに活躍しはじめるのは、第二回以降である。ヴァイオリン部門で、アメリカ占領下の奄美大島で生まれ、十一歳から斎藤秀雄に師事した桐朋出身の久保陽子が三位となった。久保は、前年には超絶技巧を要するパガニーニ国際ヴァイオリン・コンクール二位入賞も果たしていた。

第三回では、二位にヴァイオリンの潮田益子、三位に佐藤陽子が入賞。チェロ部門では安田謙一郎が三位となった。このときチェロ部門の六位が、日本にもよく来日するミッシャ・マイスキーである。

潮田は十三歳で東京交響楽団と共演、レニングラード音楽院留学中に受けたエリザベート王妃国際音楽コンクールでもすでに五位入賞を果たしていた。ヨーゼフ・シゲティから「生涯わずかしか遭遇できない逸材」と激賞を受け、一九六五年に欧米デビュー、その翌年の受賞である。世界の一流オーケストラと共演し、ボストンのニューイングランド音楽院教授を長く務めた。

佐藤陽子は鷲見三郎門下で、九歳の時来日中のレオニード・コーガンに見出され、翌年母も同行してソ連政府給費留学生として、モスクワ音楽院に進学した。入賞の前年には帰国し、斎藤秀雄にも師事、六九年にはロン＝ティボー国際コンクール三位、フランスに留学しパガニーニ国際コンクール二位となった。版画家、池田満寿夫をパートナーとして、マスコミを賑わすことも多かった。

安田謙一郎も斎藤秀雄門下で、コンクール後にはルツェルン音楽祭弦楽合奏団のソリストとして、またピエール・フルニエのアシスタントを数年務め、スイス在住、帰国後、室内楽活動や桐朋などでの教育活動も行った。

さて、第四回では、基成がモスクワに着いた時には、ピアノ部門の日本人挑戦者はすでに一次予選で敗退していた。

本選では、他のコンクールですでに優勝経験のある者、演奏家として活動している者などがいた。この年、ピアノ部門第一位は二人となった。

ヴァイオリン部門では、桐朋出身の藤川真弓が第二位を受賞。前日に新しく張り直した弦が緩んで、演奏を中断したにもかかわらずである。第一位はギドン・クレーメルだった。藤川真弓は宗倫安、斎藤秀雄門下、桐朋女子高校卒業後ベルギー王立音楽院に留学、フィラデルフィア管弦楽団でアメリカ・デビュー後はロンドンを拠点にし続け、チャイコフスキー・コンクールの審査員も務める。

また、チェロ部門で斎藤門下の岩崎洸も第三位となった。岩崎洸の伴奏には、井口門下の姉・岩崎淑が登場し、アンサンブル特別賞も受賞した。

岩崎洸は姉の勧めに従ってジュリアード音楽院に留学、追っかけとも言えるファンもいたが、アメリカに本拠を移して活動を全世界に広げた。カザルス・フェスティバルに招待されたり、ギドン・クレーメル、ミッシャ・マイスキーらと弦楽五重奏曲を数度、録音したりするなど活躍し続けている。イリノイ州立大学の教授を長く務めた。

ちなみにこの後の一九七四年第五回では、チェロの菅野博文が三位を取るが、菅野によると、斎藤秀雄に結果を報告すると「三位じゃしようがねえよな」と返され、一言の褒め言葉もなかったという。世界レベルが要求された当時の桐朋を象徴するエピソードである。

その後、チャイコフスキー・コンクールで三位までの入賞を果たしたのは、一九七八年の斎藤門下の藤原真理へと続く。

第四回での入賞は、設立から十五～二十年たった桐朋教育の成功を物語っていた。

それにしても、楽器がもっと良ければ、二人はもっといい成績が取れたと基成は確信していた。ソ連では国家をあげて応援し、ストラディヴァリウスが貸し出されていた。日本では、とくにチェロのいい楽器はまったくなかった。

マスコミを啓発し、地方など全国津々浦々にクラシックを浸透させ、理解を進める必要性があった。この頃から基成は、日本演奏連盟主催の国際コンクール設立を模索しはじめた。

さて、モスクワでは念願のスクリャービン記念館を訪れた。コンクールを見に来ていた愛子門下でザルツブルク・モーツァルテウム音楽院に留学中の前島園子が同行した。

記念館は古色蒼然とした家具や異様な置物が置かれ、そこに薄い外光がさしこみ、鬱蒼とした森林の夜のような雰囲気をかもし出していた。スクリャービンが使用したベヒシュタインのピアノもあった。基成は一曲弾かせてもらった。同行した前島は触ることもできなかった。別の部屋にはスクリャービン制作の色彩の出る鍵盤があった。日生劇場でのスクリャービン・プログラムの自分のリサイタルが思い起こされた。畏敬するピアニストの記念館から、基成はなかなか立ち去ることができなかった。


さて、この年には、秋子との間の次男、晃成がジュリアード音楽院に留学している。付き添いは、スタンフォード大学に留学中の長男家成だった。

「指揮者を目指していた晃成がジュリアードの入学試験を受けるために、ひと月ニューヨークで一緒に暮らしました。ジュリアードの試験は、教授たちの目の前で一人ずつ振らせる。彼らは、他の人の時は黙っていたけれど、晃成が振り終わったら、手を叩いてくれました。声をかけて挨拶してくれる教授もいて、一回の試験で晃成はパスしました。でもニューヨークの生活は殺伐としていましたね」

晃成については、チェロの安田謙一郎が詳しい。高校時代の一番の仲間だったという。また安田は、基成に室内楽のレッスンを受けたこともある。

「高校時代、僕は室内楽を弘中孝さんと組んでいて、基成先生のレッスンを何回か受けました。

まだ高校生ですからできないことがたくさんあって、斎藤先生からはテンポを歪めても、何かを表現するように教わっていた。僕はそれにどうも違和感を覚えていた。音楽で色々なことを付け加えたり、はずしたりというのがどうもおかしい、自分にはそれができないし、やろうと思うと不自然なことになってしまう。音楽を弾くために、その要素のために何かをするという必然性を感じなかったのですよ。ところが、基成先生のレッスンを受けた時に、同じことをやったら、『歪めないで全部のことができないとダメだ』と。それが僕にはいいアドヴァイスで、それまでの疑問がさっと解けた。

つまり、ピアノだフォルテだ、ゆっくりしろ、とか、ここで聴かせよう、とかなしに、弾けばいいんだ、とおっしゃった。僕には、ああ、この人はわかるんだと思った。高校一年の時です。表示記号とか、そういうものを特にやらなくていい、と。つまりそのために音楽があるわけでなくて、記号はその後で書いたわけでしょう。その気にならなければ、やらなくてもいいんだし、ありのままでいい、ということをおっしゃった。

音楽そのものですよね。その一言が救世主みたいになって、とても勇気づけられて安心した。それを斎藤先生に直接話すわけにもいかず、かといって、斎藤先生がおっしゃるような音楽には自分は向かないからと、斎藤先生に、チェロをやめますと」

安田は一年間、斎藤のレッスンに行かず、桐朋を去った。

桐朋のオーケストラの授業では、基成一門のピアノ科の学生、たとえば弘中孝や野島稔らがソリストをつとめる時には基成がやってきて、斎藤率いるオーケストラに注文をつけた。安田謙一郎は、そんな時にも、基成の音楽のとらえ方に共感したのである。

「おっしゃることが人工的ではなく、自然発生的なんです。悪くいえば荒削りなんだけれど、大きな音楽観を持っていた。もっといえば、僕の好きな小説家の坂口安吾みたいだと思った。たとえば弘中さんは愛子先生のお弟子で、一緒に愛子先生のところに行くと、一音ずつ直されてしまう。ああやっちゃいけない、ここはもう少し長くとか。ただ『ゼルキンやカザルスはこうやって弾いていた』とか、レコードを聴いていて非常に詳しかった。斎藤先生の方は口うるさくはないんだけれど、脂っこい。しつこい感じの曲になるのです。先生のいう『フォルテの後にピアノになるためには、時間を置かないといけない、そうでないと、フォルテとピアノの差ができない』ということが、どうしても理解できなかった。

フォルテとピアノはくっついていても、演奏できると思う。フォルテとピアノが融合していてもいい訳です。もし融合してはいけない時は、それが書いてある。たとえば泣いている人が、急に笑うわけないんだ、泣いたら静かになってから笑うんだ、というのが斎藤先生の指導なのです。一方で基成先生は、あまり曲も止めず、おっしゃることがダイナミックで、そこに書かれた必然をやっていく。

その音楽性は、晃成くんにも通じていた。晃成くんとは、桐朋高校時代、悪さばかりした。スイカを盗んだり、晃成くんは、ふざけて桐朋の二階の窓から落ちてみたり、そういうことは無数にあった。明るすぎる性格だった」

当時は、アルチュール・ランボーが流行っていた時代で、安田は時代の影響もあったと感じていた。晃成はまさにランボー風だった。

「ヴァイオリンで一等賞をとったら、それでずっと飯を食うなんてナンセンスだ、と、それで指揮や作曲をやるんだと言って、その通りにしていた。ヴァイオリンで満点をとって、すぐやめたのです」

晃成が、ジュリアード音楽院に指揮で入学したのもそういう考えからだった。

一方、基成の方は、「ヴァイオリンを一時も離しちゃいけないんだよ」と忠告していたが、それを聞くことはなかった。基成の行動を真っ向から批判し、一方で、成城を離れた基成について大船で共に生活したのも晃成だった。

この晃成については、基成は生涯、思いを残すことになってしまう。

さて、世界の情勢は、ベトナム戦争の苛烈化によって大きく揺れていた。戦争は長期化し、アメリカでは多くの人的損害が出ていた。そのため例を見ないほどの反戦運動が広がり、ヒッピーが興隆した。ビートルズのジョン・レノンがおこなった反戦活動の「ベッド・イン」は、全世界の若者へ大きな影響を与えた。

日本では一九六〇年の安保闘争、その後、全共闘運動は六九年には全国に広がり、大学の大半が、何らかの闘争、紛争状態となっていた。

6　別宮貞雄の桐朋争議アジビラ

一方、桐朋の学生たちは世界を視野に入れた音楽家になるために、音楽漬けの気の抜けない練習に明け暮れていた。桐朋弦楽合奏団の海外ツアーも迫りつつあった。六年前の夏、高校生と大学生によって編成された桐朋弦楽合奏団は、三週間にわたるアメリカ演奏旅行で評判をとっていた。西海岸から始まりニューヨークではリンカーン・センターのジャパン・ウィークに参加した。開かれた八回のコンサートは、斎藤をはじめ、卒業後すぐに東京交響楽団の音楽監督となった二十三歳の秋山和慶、飯守泰次郎、黒岩英臣、久山恵子ら七人が交替で指揮台に立った。四つのプログラムは、「ニューヨーク・タイムズ」が四日連続で絶賛の批評を載せるほど異例の成功を収めた。ちょうど東京オリンピックで女子バレーが世界を制覇して「東洋の魔女」と騒がれていた時期である。斎藤は、「スポーツなら優勝すればいいが、音楽には限りがない」と生徒をたしなめた。

それから三年後には、ピアノ、声楽をふくむ室内楽団が東南アジア方面に演奏旅行をおこなった。桐朋の先輩たちは成功の足跡を着実に残してきた。

三回目となる海外演奏旅行は、本場ヨーロッパをめざした六十六日間十三カ国におよぶ学生としては極めつきの演奏旅行で、七〇年九月二十六日に羽田を飛び立った。この年は桐朋教育の結実の年であり、同時に運営面で一大転機を迎える年となる。学長として基成は、〈これまで積み重ねて来ました教育の成果が、古い伝統を持つ音楽の本場で、如何に受容れられるか、果たして対等の立場からの批判に耐え得るものであるかどうかを知りたいという切実な念願〉から決行したと、このツアーの報告書で述べている。このような大がかりなツアーは学園の理事長・江戸英雄と基成が各所に足を運び、外務省、国際文化振興会、経団連を巻き込み、財界首脳にはポケットマネーまで出させるという形で百社におよぶ団体から経費を捻出させて成立したものである。

国内では成田開港問題も含めた安保闘争が全共闘と結びつきを強め、組織内の党派同士の内ゲバが激化する事態となってきていた。そんな状況とはまったく裏腹に、出発前日には羽田の東急ホテルでメンバーたちはフルコースの食事でテーブルマナーを教わり、モスクワに到着した。ワルシャワ、プラハ、パレルモ、ナポリ、ウィーン、ザルツブルク、チューリッヒ、フランクフルト、西ベルリン、ロンドン、パリなど三十一都市十三カ国を回り、帰国時には木枯らしが吹き始める季節に変わっていた。

指揮は二十三歳の井上道義、尾高忠明、小泉ひろし、また東響の音楽監督でありながら常に斎藤の右腕としてオーケストラ指導にあたっていた秋山和慶と斎藤だった。

井上道義はこの翌年、イタリアで開かれた第三回カンテッリ指揮者コンクールで優勝、このコンクールにはリッカルド・ムーティやエリアフ・インバルらが過去の優勝者として連なる。井上は、スカラ座で受賞記念コンサートの際に、当時同劇場の音楽監督をしていたクラウディオ・アバドからドビュッシーのオペラの指揮でデビューすることを勧められる。

尾高は同年NHK交響楽団を指揮して日本デビュー、N響指揮研究員を経てウィーン国立音楽大学に留学、東京フィルハーモニー交響楽団などの常任指揮者をつとめる。

小泉もウィーン国立音楽大学に留学、留学中にはトーンキュンストラー管弦楽団などを指揮、帰国後、創設期の大阪シンフォニカー響の常任指揮者となった。

合奏団のメンバーには、ヴァイオリンの安永徹、数住岸子、小栗まち絵、東彩子、チェロの藤原真理、菅野博文、西内荘一、磯村幸哉、松波恵子、林峰雄、金丸晃子など世界で活躍する逸材が揃っていた。

安永はこのあと、ドイツ人以外の採用は難しいとみられていた時期、カラヤン立ち会いのもと、ベルリン・フィルハーモニー管弦楽団に入団、その後二〇〇九年までコンサートマスターの任にあった。

さて、この演奏旅行は入野義朗を団長として（後半は作曲家・戸田邦雄）、二学期の最中に決行されたわけである。ところが、事務方の責任者である入野の不在中に、桐朋では教員たちによる学園民主化運動が本格化してしまった。七〇年安保の影響は、桐朋の場合、学生の側からではなく、教師からの改革を求める声となったのである。

教員の有志懇談会が作られ、会議が繰りかえされると、「桐朋学園音楽科機構改革案」が採択された。市ケ谷の家政学院で音楽教室が発足して以来二十二年、桐朋学園で高校音楽科が発足して十八年がたっていた。

音楽教室、高校と大学の運営の実際をになってきたのは、作曲家の入野義朗を柱として、作曲家・別宮貞雄、音楽評論家・遠山一行の三人でトロイカ方式と呼ばれてきた。

もともと音楽科の機構は独特なものである。

「芸術現代社」社長の中曽根松衛は、「桐朋が成功したのは、先生たちが、自宅で自由にレッスンを行うことによってだね。このオープンシステムがうまく働いた」と、振り返っている。

桐朋には専任教員のほか、数多くの非常勤教員がおり、学生は自由に教師を選択する自由があった。また、レッスンは主に教師宅で受けた。教室が十分になく、教師も自分の音楽活動で多忙なものが多かったからである。

創立当時の高校音楽科はたった一クラスだったが、時代は移り、規模は拡大して、仙川に移った音楽教室から大学までの生徒数は一千人を数えるようになった。教員の数も増え、小規模時代の運営では、上手くいかないことが多くなってきていた。

その意識は基成にもあり、この争議が起こる数年前には、学長に対する諮問機関として部長主任会議ができていた。メンバーは、学長・音楽学部長・ピアノ科主任の三つを兼任している基成、高校部長の生江義男、教務部長の入野義朗、学生部長の別宮貞雄、弦楽主任の斎藤秀雄、声楽主任の伊藤武雄だった。しかし、教授会との関連が曖昧で、教授会はしばしば部長主任会議の決定を事後承諾するだけになっていた。それでも、規模の拡大に合わせて改革していくべきだとの決定だけはなされていたのである。

この渦中にいた別宮に尋ねると、熱い言葉が返ってきた。

「自分では作曲家のつもりで、音楽教育に関係したが、この頃になると少数者を対象としていた昔と同じ教育をすることの是非という問題が生まれてきた」

仙川では「電気室」と称したバラックも教室として使用し、「お風呂場」と呼ばれた教室が優秀な生徒を対象にした聴音のクラスだった。そこにピアニストの卵の中村紘子や宮沢明子、内田光子、田崎悦子、野島稔らがいて、彼らはそんなバラックから巣立っていった。堤剛や潮田益子、ヴァイオリンの前橋汀子は海外の音楽家を呼んで演奏を注意された時には、涙を浮かべていたことも別宮は思い出すという。

「当時の音楽界でソリストとして活躍しはじめた者の大半は、桐朋出身者だった。草創期の教育の成功は明確なものだったが、規模の拡大に合わせて改革していかなくてはならないとは思った。ただ改革は慎重におこなうべきであると考えていた。というのも、明治以降輸入された日本における洋楽の歴史は、決して短くはないでしょう。ところが、戦後の焼け野原で始まった、歴史の浅い、われわれの教育が際立った成果を上げた。それはわれわれの特殊性があったから。創立にあたった先生方の理想と方法論は正しかったと思うし、それに共鳴して集まった教員や学生の研鑽の結果だった。桐朋には硬い殻のような定まった機構がなく、教員は思ったように教育に専念できた。整然とした機構を持たないことこそが成功の根幹にあると考えた」

改革を推進することもできる役職にありながら、即座に踏み込むことはとどまってきた。

「世間並みの整った組織や機構を作ることは、教育の生命だった私塾的な良さを殺すことになる。平凡な世間並みの音楽学校になってしまうのではないかと、危惧したわけですよ。そもそも私立の音楽学校は、普通の学校と同じ考え方では並外れてすぐれたものはできないのではないか」

　国立の学校のように公費によって学校がまかなわれているわけではない。学生の負担も限られたものにするならば、なにか特別な方法に頼らなくてはならないはずである。それを可能にしたのが私塾的運営だった。

「改革するにしてもこれは失ってはならない。桐朋の輝かしい伝統を守りたい。有志懇談会の採択案では、とてもそれが守れないと思った」

　採択案では、常勤教員はみな校務を担当し、管理職と校務担当者を教員の選挙のみによって決定するとかかげられていた。これは教育活動に専念したい教師にとっては、苦痛と時間の浪費だった。教員が学生と接し語りあう時間は削られ、音楽第一ではなくなるのではないか。勤務時間の増加は、教員が労働に対する報酬を求めることになり、結局は学生の経済的負担を増やすことになると思った。

「また、創立にたずさわった三先生、基成先生、斎藤秀雄先生、伊藤武雄先生らの立場が言及されていない。三先生については公に明示されている方がいいはずだとも思った。

　そもそも管理職や校務担当者を選挙で決めるというのは！　常勤教員が選ばれてきた基準はなんだったのか。そういうことをすべて無視している」

　それは創立時からイニシアティブをとってきた基成や斎藤の考えから、教員は音楽界において活動している音楽家とされてきた。たとえば新しく教員を雇い入れる時にも、現役の音楽家かどうかが基準となった。「教えること」のプロではなく、音楽家として独り立ちしているプロ、つまりは学校からの給料は当てにしない音楽家としての実績が求められた。

新設された有志懇談会は三十人あまりで、その主流は多くを教職員組合の主要なメンバーと重複し、作曲・音楽学、また語学などの一般教科の高校教諭が占めた。別宮はオブザーバーとして出席した。率直に談ずるのは当然だと思ったからだ。しかし、採択案は全学教員会議の構成員百十六名の半分に満たない賛成票しか得られていないにもかかわらず採択された。憲法改正にもあたるこの採択案は断じて認められなかった。

こうして、別宮貞雄はこれまでの経緯をふくめて、洗いざらい書きつづった「桐朋音楽科の改革についてうったえる」という大判A3より大きい一枚半になるアジビラを作成し、広く学園全体に知らしめる手段に出た。原文は格調を重んじた旧かな遣いだったが、以下の引用では新かなに改めた。

〈今回の、桐朋学園音楽科機構改革について、採択された有志懇談会案に反対してきた私の意図を、もう一度最後に、ここでのべさせていただこうと思います〉で始まる長文のビラの趣旨は、〈学校運営の不都合が、すべて少数専断者の責任であるかのようにとって、しかもあたりまえの意見の表明手段をとらずに、反権力闘争でもあるかのようなことをはじめられたのは、私には理に合わないことのように思われます。（略）

既存の権力とでもたたかうかのような姿勢をとりながら、組合としての動きは当然、組合員の既得権をまもろうとするものであり、それが一見完備してはいるが、硬直性をもった新しい機構とむすびつく時、桐朋学園の特徴であった、教員の流動性が次第に失われてゆくのではないか。

それに伴って、現実の音楽の世界で音楽家として通用している者が教育にたずさわる学校という色彩がうすれてゆくのではないかという心配も、私にはうかぶのであります。（略）
これだけの大きな学校の変革を、しかも私のみるところ、学生の経済的負担を増すおそれのある変革を、学生の意志を全く無視したまま行う、しかもそれが学校の合理化とか民主化とか考えられている状態に、私は強い不満をいだかざるを得ないのであります。
新しい機構を決定的につくりあげる前に最後に今一度、諸先生方が、冷静に、これらのことを考えていただくよう、私は切望する次第であります。
昭和四十五年十二月十一日
桐朋学園大学教授　別宮貞雄〉

7　革命の旗手たち

改革準備委員会の立ち上げに際してなされた選挙で、教員の中で最高点を取ったのは遠山一行だった。上位六人が有志懇談会側の教諭である。

これについては遠山本人に尋ねねばなるまい。日興證券を興した父が残した西麻布に建つ吉村順三設計の邸宅を訪ねた。

「入野さんや別宮さんと、トロイカ方式と呼ばれて僕は運営を担ってきた。ところが、井口、斎藤両先生に対する不満が若い教員たちの中に出てきて、まとめ役も現れて争議が起こった」

同じ運営を担う立場の別宮とは、違った視点をもって争議に相対した。

「井口さんは、教育者というより演奏家的人格で芸術家。抜きん出た理解力もあり表現力も優れていた。だからこそ人が集まり、桐朋を引っ張ってこられた。独裁的という印象はあるが、実際は人の言うことをかなり聞いた方。ただいざとなると後には引かない」

基成の一言が全てをひっくり返し、学長裁量によって承認を求めただけのこともあった。「タイラントで困る」と思ったが、清濁併せ呑むことのできる人物であり、大っぴらでもあったから、「憎めない存在」だった。普通は基成と斎藤の意見が合い、入野が承認すれば学務は進んできたのである。

「井口さんは筋道が通っていて、意見の違う人間も理解してくれた。この争議は私塾が大学にまでなったという間違いが根本にあり、在校生たちが成長するにつれてそうせざるを得なかったとも話してくれた。

一方、斎藤さんは徹底的に我が儘。理事なのに運営には関わらず、会議の出席は進級や入学試験の時だけ。

例えば百点満点で八点なんていう子がいる。井口さんは、これじゃ仕様がねえな、と。でも斎藤さんは、一般教科がそうでもこいつは天才なんだ、ここは音楽学校じゃないか、となる」

そんな形で入学・進級した生徒は、皆第一線で活躍している。斎藤は芸術至上主義で押し通し、判定会議でも決して折れなかった。

「だったら、何のために一般教科の試験をするのか」

一般教科の教員たちの不満である。そんなやり取りが続き、ある年、別宮が解決案を提示した。「特別高等科」という新しい科を作って文部省に申請し、生徒は土曜日に通学すればいい。この案で斎藤は引き、一般教員たちも納得した。この発展型が現在のカレッジ・ディプロマ・コースとなる。

高校音楽科では教員免許を持っていなくても平然と授業をしていた。丸谷才一に英語を教わったと一期生の小澤征爾は回想しているが、果たして丸谷は免許を持っていたか。遠山が続ける。

「僕だって免許なしで英語教えたり、国語教えたり。大学ならそれはいいけれど、高校では不可。ゴマかしていたからこそ、経営もできた。本来は、一般教科の先生の必要人数は、国の規定で定められている。カリキュラムもそう。あの頃は給与体系すらなく、給料を当てにしない人が教員になっていた」

唯一とも言える採用基準は音楽家として活動する人物であるかどうかである。給料については、一九五五年には上級公務員に準じて一万円を出していて、安いということもなかったが、世界の一流演奏家を招聘した場合などには報酬を多く出し過ぎた。つまり給与体系も学校経営という発想もなかった。

草創期の教師たちは若く、理想に向かって情熱を傾けるだけだった。日本も、敗戦の瓦礫の中から再興に立ち上がるエネルギーに満ちていた。親たちは教師を崇め、広大な私有地すら練習場建設に差し出す家庭があった。子供も親と教師、両方の熱意に圧倒され、スパルタ教育に耐えた。艱難辛苦をものともしない、貧しさのモラルともいうべき価値観が残っていたからかもしれない。

こうした教育は、平穏主義、平等主義を好む現代では受け入れられないだろう。
当時、桐朋女子高普通科に勤務してまもない教諭で、生江義男に近い佐藤晃一も、この闘争の一部始終を見てきた。

「それまで音楽学部は井口先生を祀り上げて、斎藤先生が縦横に活躍するという体制だったが、内部改革をしたいと革命の旗手たちが毎晩、演説のようなことを半年間にわたって繰り返した。しかし、井口先生も斎藤先生もどこ吹く風だったですよ。ごちゃごちゃした問題には恬淡として闘う姿勢はなかった。最前線は入野、別宮先生でした。井口、斎藤先生は、あなたがたがやりたいならやればいいというのが基本姿勢」

基成は直接、別宮にそんな自分の気持ちも伝えていた。

「僕は、井口さんの消極的な態度にちょっとがっかりした覚えがある。そもそも創立の原点は、止むに止まれぬ気持ちからで、皆が情熱と無私の気持ちで働いた。しかし、十年二十年と時が経てば体質が変わって、いつかは転機が訪れる、当然起こるべきものと予期していたよと言う。僕の方が、桐朋の根本が変わるのではと危惧したわけだ」

基成は、「世間の評価も上がり経営の基礎ができ安定すると、古い教師の中でも安住する人も出てくる。学内に別の空気が台頭しはじめ、それが次の転機を招来する。規模が大きくなると組織の再考が必要だ」と、別宮に語ったのである。

この言葉に別宮は失望も覚えたという。

ピアノ科の問題については、教授であった松岡貞子が率直に語った。

「創立当初は、生徒たちはほぼ東京出身。やがて地方からも生徒が入学してきた。でも実力は歴然としていて、なぜこの生徒がということが起こってきた。力がない人を桐朋に入れるわけにはいかないでしょう。ところが基成先生は『僕はスーツ生地をもらっちゃったから』なんて、実技試験の時に後ろを振り向いてお茶目におっしゃって。基成先生がそんなことで動くのか、と思ったけれど」

他の教科の成績は基成の手元だけにあり、ほかの教員が見ることはかなわなかった。金や物の亡者ではない基成だから、合格させるための方便と思えてくるのだが。

唯一無二のカリキュラムで高い能力を発揮するようになったのは東京の子供ばかりで、地方との格差は歴然としていた。才能は全国にあるはずなのに、チャンスは東京にしかない。

そのため基成はあえて地方の生徒を入学させた。地方出身の学生の中には「君は桐朋を卒業したら帰郷して地元で教えなさい」と言われた者もいる。卒業して故郷に帰って教えれば、音楽は自然と全国に普及していく。戦前の東京音楽学校にはプロを目指す専攻科と、教育のための師範科があった。基成はその両方に該当する学生を集めて桐朋に入学させたと思われる。

元スタインウェイ・ジャパンの社長・鈴木達也は、福岡出身のピアニスト井上直幸について、「本人から聞いたが、彼は基成先生が無試験で入れたらしい」

井上は大学卒業後フライブルク音楽大学を首席卒業、ミュンヘン国際コンクール入賞を果たし同大講師となる。シェーンベルクのピアノ全曲演奏会で高い評価を得てＮＨＫ交響楽団などと共演し、武庫川女子大学、桐朋学園大学などで教鞭をとり、国際的な演奏活動を展開する一方、春秋社から出版した『ピアノ奏法――音楽を表現する喜び』は非常な好評を博した。そのＤＶＤは現在でも入手できる。

斎藤秀雄も才能ある子を見つけると、強引に東京に連れてきた。例えば久保陽子、藤原真理、山崎伸子らである。

斎藤秀雄が担当する弦楽科全員の参加を求めるオーケストラ授業も問題となった。斎藤はオーケストラで演奏することが日本音楽界の底上げになると発想したのだ。

「ソリストばかり作っても仕方がない、オーケストラ団員として全員をプロにする」

管楽器のない敗戦直後には警察予備隊音楽隊隊長を訪ね、井口と斎藤の名前の連なる「日本一の借用書」を提出して、強引に楽器を借りたほど情熱を注ぎ込んだ。

ところが、その根本に迫る改革案である。この時期、斎藤は腹部に違和感がひどく入院中だった。大腸ガンの検査がおこなわれていた。

オーケストラ練習のある土曜、また指揮教室のある日曜の教室使用禁止も提案された。斎藤のおこなう指揮教室では学外からの希望者も受け入れていた。その後、指揮者として立った者は何らかの形でこの教室で学んだものである。山本直純、岩城宏之、若杉弘など枚挙にいとまがない。

全学教員会議は、基成が兼任している音楽学部長や、教務部長を刷新して新部長会も発足させようとした。選挙によって新たな音楽学部長人事が発表された。

ところが、この声楽出身の音楽学部長に対して基成は、

「あいつの歌なんて聞いたことがない」

と言下に応じた。

唯一と言っていい採用基準にあてはまらないというわけである。シンプルだが強烈な一言だった。

この人事は覆されたが、次々と基準の変更を迫る提案がなされ、一九七〇年暮、基成はこんな新体制には従えないと、学長辞任を漏らした。

8　学生たちの連判状

学長退任というトップの交代劇で、新体制が発足するかと思われた。

「ところが」と佐藤晃一は畳みかける。

「今度は学生の方が井口、斎藤先生に対する敬慕の思いがなくなってしまうと、署名運動をはじめたのです」

和紙の巻紙が学校側に提出された。学生一人ひとりの名前が連なった「連判状」と呼ばれたものである。「革命軍」はこれによって矛先を鈍らさざるを得なかった。

学生たちは学長井口基成に、敬意とともに親しみも持っていた。たとえば、入学式、卒業式などでの学長挨拶は型破りなものだった。

京都出身の喜多容子は十五歳から基成に師事、桐朋高校に入学し、ちょうどこの七〇年代に大学に在籍した。現在はイタリア人声楽家の夫とイタリアに在住している。

「基成先生は学長だから卒業式や入学式で最初に演壇に立つわけ。大ピアニストだから、皆ドキドキして見ている。でも登場するとニタッとして、それだけでもう式場の雰囲気が和やかになっちゃう。やはりカリスマです。堅苦しいことやお決まりの挨拶は一切ない、全く退屈しない演説なのです。

ピアノ科の試験の前には、学長だから学生全員に向かわなくてはいけないと思っていたようで、少なくとも井口系の学生は全員見なければいけない、という使命感を感じてレッスンをしてらした。忘れられないのは、ショパンを習った時。『結局、最後に人間は裏切るさ』などと口にする。先生はなぜそんなことを感じたのか、どういうことなのか、とこちらは考えながら弾くことになるわけ」

年ごとに疲労感が強くなっていた基成は、朝からレッスンをすると昼前にはぐったりして、学長室のソファに倒れこむのだ。怒鳴る声も元気がない。

「教えるのは嫌だ、殺される」

そんなことまであからさまに吐露した。しかし、学生たちはその率直さに芸術家の魂を感じた。

基成はこの年、消耗しきっており脳梗塞でふたたび倒れた。

七一年正月、学生会は教授会に対して、新旧両体制をまじえた説明会開催要求を出した。

「井口、斎藤、伊藤の創立者三人が、新人事に加わらないのは建学の精神を壊す」

「校務分担だから、三人の重要度に変わりはない」

学生会と教授会の対立である。

他大学と違うのは、学生の七割が「旧体制」の学長側であることだった。

「三人と、今年入った一般教科の先生が同じ一票というのは言語道断、多数決に異議あり」

白紙撤回要求が学生会で決議された。

争議は学生のみならず、マスコミでも取り上げられるようになった。「読売新聞」は、この争議で「井口先生におまかせしてあるから、かたわになれといえばなるんだ」という保護者の声さえ出たことを紹介している。桐朋音楽科の教育が音楽一辺倒で、教育の大切な目的である人間形成を省みず、人間的に成熟していない音楽家を育てているという批判を意識した保護者からの強烈な反論だった。

「音楽家としてかたわな方がよいと言われれば、子供は人としてかたわでもさしつかえない」

極端な意見だが、圧倒的な信奉者が基成を取り巻いていた。

教師と学生たちの対立による桐朋の激震は、全学教員会議に大きな影響を及ぼす。

七一年二月の会議では、「全学教員会議自体が法律的に違法だから、本来なら学長が制度審議会を作って運営規則の改正をすべきだ。それまでは旧人事が続くべきだ」

そんな弱気な対案が出された。学長の意向をくみとった決議である。改革派のムードは一転した。

学生を味方につけた基成は辞意を撤回した。部長主任会議もそのままであり、一触即発的な雰囲気が充満し始めた。やり方を間違えれば大量辞職もでかねない情勢である。

ピアノ科主任の人事については、基成は、妹愛子に譲るとした。愛子は四百人近い弟子を育て、戦後は日本を代表して国内外で活躍する多くのピアニストを送り出してきた。メカニックの習得は当然とし、音楽性、個性重視の、ある意味漠然とした基成のレッスンとは対照的に、愛子のレッスンは微に入り細に入ったものだった。愛子の具体的な指摘のもとにピアノを弾けば、コンクールに入賞しデビューできると考える学生は少なくなかったのである。

井口愛子

しかし、愛子を主任とするこの提案は、ピアノ科の教員たちから拒否反応が出た。基成の横暴には我慢できても、愛子はあくまでライバルだった。さらに自由に教師を選べるオープンシステムにも疑問が投げかけられた。

「愛子先生はいい生徒を全部取ってしまう」

「月給以外にレッスン料を取った」

従来、教員宅でのレッスンについては、そこで報酬を受け取っていたが、大学となった時に文部省は許可しなかった。教員の桐朋での義務時間は年間三十時限で、生徒数×三十回が報酬となった。

コンクール前には愛子のレッスンを一度受けたいという生徒たちがいる。先生を生徒が選べるのである。愛子に生徒が集中する。その時レッスン料を受け取ったのではないか。井口愛子はそんな誹謗中傷に我慢がならなかった。

「私は桐朋、辞める、辞める！」

怒って帰宅したある日の愛子を、娘である関根有子は記憶している。

さらに、教師の定年制で、また学園は大揺れとなった。日本では昭和初期に五十歳定年が始まった。一九五〇年に五十八歳だった男性の平均寿命は、七〇年になると六十九歳となった。この年、基成は六十二歳。

制度審議会で、基成は「五十歳定年！」と言い放った。

「それはあまりにも早すぎる！」

会議は凍りついた。基成は何を考えていたのか。別宮貞雄の推測である。

「ピアノ科は学生数が多いから教員も多く、整理すべきだと会議で提案があった。だったら、五十歳と基成先生が即答。もうちょっとやらせてもらっていいんじゃないか、と皆思ったようで、これでピアノ科は反井口となった。基成先生は、ちゃんと演奏活動ができるのは五十歳くらいまでと思って提案したのだろう」

基成はこのとき「先生の試験をやろう！」とも主張した。

この基成の言葉は、ふたたび改革派を刺激した。

基成は改革派に突き上げられ、怒りがおさまらないこともあった。そんな時には生江宅で机を叩いて怒りをぶつけた。なかなか思ったような後継者はあらわれず、基成は「生江くんが僕の地位を継いでくれ」と結ぶのだ。一方、改革派が頼るのもまた学園理事長となっていた生江義男だった。改革の雄である藝大作曲科出身の末吉保雄や三善晃は、改革の必要性を訴えつづけた。酒を飲み、三善が参る頃に、すでに寝入っていた末吉が起き出して、改革案について滔々と話すのだ。

そんな時期、基成の妻妙子の方は、以前からの夢だったブティックの開店を模索していた。二人が最初に住んだ原宿は、そのころからファッションの最先端をいく街に変貌しつつあった。明治通りと竹下通りの交差する角では、カルティエ、グッチ、ゲランなどの有名ブランドや宝飾、西洋家具など、海外旅行に行かなければ入手不可能なものばかりを扱うファッションビル「パレフランセ」の建築工事が進んでいた。これはＴＢＳ興発という会社が企画し、その後三井不動産に売却したもので、テナント募集が七一年から始まっていた。

一等地にできるこのビルに妙子は店をオープンしたいと考えていた。基成は妙子のために、杖をついた姿でみずから建築企画事務所に足を運んだ。ここにいたのが、ヤマハをやめてＴＢＳ興発に移っていた石井宏だった。

「あなたは井口先生ではないですか、と僕は言いましたよ。井口さんは、『君は誰かね』とね、僕のことは覚えてなかった。

僕がプロジェクトマネージャーで原宿パレフランセを作り、テナント募集をしていたんですよ。その建築現場の汚いところに、井口さんはもうヨレヨレで杖をついて現れて、ブティックを開きたいと頼む。僕は井口さんに怒鳴られる役目だったのに、そのときはもう、僕が知っていた井口さんではなくなっていた。

井口さんはカリスマでしょう。愛子さんは弟子がたくさん育っているが小さい城。基成とは弟子の数、規模において違う。全国に拠点があり支局がある。大都市だけでなく、金沢、富山……。天皇です。秋子も愛子も同じ、井口一族は天皇家なんですよ。でもこの頃から井口さんは見捨てられたのでしょう。

井口さんはマザコン。強い女に出会うと、ガイドラインを得たとなる。秋子さんも強かった。賀集さんも、その妙子という銀座にいた女性もそうだったと思う。女が何かをしようと思った時の執念というのは凄いですよ。生物として女の方が強いんだね。

稚気溢れる人で、もの凄いひたむきですよ。ただ、名声を築けば人は守ろうとするのに、それを捨ててもという、ある意味、純粋、慌てん坊。すぐに僕が責任をとる、となる。このあたりが、船が沈みそうになると鼠が逃げるというが、吉田秀和さんとは違う。井口さんは嗅覚がない。

ヤマハでは金原さんが一緒に風呂に入るような仲だったし、工藤さんは最期まで、葬式を取り仕切った。銀座出身の女性との最後は酷い話になって、とても聞いていられない」

基成と妙子はミットという会社を立ち上げた。その名称はモトナリ・イグチ・タエコのローマ字の頭文字をとったものである。ブティックの名前もミットアンとし、基成は「どうだ洒落ているだろう」と無邪気に喜んだ。アンはフランス語で1であり、一号店というつもりだろう。

パレフランセの権利金は桁外れの額だったが、翌年にブティックは開店する。基成は、「ついでがあったら奥さんのものでも買ってやってくれよ」と宣伝に余念がなかった。松岡貞子ら弟子筋も高級品を買った。

ミットは下北沢にもブティックを出した。二号店ということだろうが、こちらはすぐに閉店した。しばらくすると、若い男性店員が現金や預金を持って逃げてしまったという噂が流れるようになった。

さて、桐朋では旧体制の入野と別宮が役職をおりることになった。

作曲賞では審査員をつとめるようにもなっていた別宮は、七二年に自身が第二十回尾高賞を受賞し、マスコミへの登場も頻繁になる。このとき、桐朋での立場と心境を綴った「芸術の民主主義――風靡する『平等の原則』」（朝日新聞）や、「ひとつの終わり――私塾的良さ薄れる音楽科」と題した寄稿で自身の主張を訴えた。桐朋の斎藤秀雄と井口愛子が学校を去るとも書き、これは大きな反響を呼び起こした。

これに対抗して、改革派の雄・末吉保雄が「音楽教育と世界的水準の裏側――一将功なって万骨枯る」なる一文を寄稿し、二人の応酬が続いた。桐朋はコンクール入賞を目指す実技に偏っていて、大学の理念や研究の使命が論じられず草創期の少数精鋭はもはや揺らいでいると糾弾した。

紛争が始まって二年半となる七三年の春について、遠山一行は饒舌である。

「井口先生にも斎藤先生にも、若い人たちの考えをお話ししてわかってもらい、井口先生には最後まで桐朋に関わってもらうことになりました。僕も井口先生の具合でも悪かったときかな、学長代行を務めたこともあった」

新しい人事でも、学長は井口のままだった。日本ピアノ界の象徴である井口は桐朋の要であり、井口がいなければ桐朋は桐朋ではないと改革派も判断したわけである。

斎藤は参事に退く一方、国から文化功労者として顕彰された。斎藤秀雄夫人・秀子は、「晩年、秀雄は新しい学校を作ろうとしていたのです」と最後まで教育への情熱をたぎらせていたことを示し、指揮者・秋山和慶は「先生の頭の中には、大学じゃなくて、カーチスやジュリアードのような音楽院があった。桐朋も、文部省令に従わなくていい専門学校の方がよかったかもしれない」と呟く。

このときの心境と思われるものを、斎藤は広島でのマスタークラスで明かしている。

「あなたがた、先生になったらば、自分ひとりの考えでこれはいいと思わないで、方々の先生に回すんです。そのくらいの雅量を持たなければ。そうやって知識というものは、方々から集まって覚えてくるもので、一人の先生から全部は吸収するわけにはいかないんです」

斎藤は、「教育は一に教師、二に教師、三に親、四に子供。まず良き教師を選ぶこと。いくら才能があったとしても、教師がよくなければ成長しない。子供はいかようにでもなるもの。生徒には教師を選ぶ権利があるのに、それが得てして逆になってしまっている」といい、「山が高くなるためには、裾野を広げないといけない」とした。「一将功なって万骨枯る」などは戯言で、学校は基礎教育を教え込む場であって、トップを作るためではないとした。しかし、それは改革派の理解の外だった。

一方で、斎藤の授業は続けられ、桐朋オーケストラは一九七四年二度目のアメリカ演奏旅行を計画していて、国連で新日本フィルハーモニー交響楽団と合同で演奏を披露することになっていた。斎藤も指揮するつもりだった。しかし、新しい学校も渡米もかなうことはなかった。

9　井口愛子の「お土産つき」レッスン——野島稔の場合

斎藤が桐朋にとどまる一方、井口愛子の決心は変わらなかった。愛子にとって、根も葉もない中傷は屈辱である。耐えることは不可能だった。そもそも愛子の側に生徒を奪うという発想はなく、教師の嫉妬を理解する時間も感覚もなかっただろう。目の前の生徒だけに全力でのぞむ愛子だった。

桐朋は学生の三分の二近くがピアノ科で、実質、基成と愛子の門下生で固められていた。愛子門下からはソリストの逸材が巣立ち、四百人ほどの生徒を育てている。それは教師の勲章といっていい。

長女の元東京音楽大学教授・関根有子にとって、母の記憶とはつねに教育に没頭する姿である。「もともと演奏家の母は、本当は活動したかったでしょう。理屈でなく演奏して教えることができた。でも、母は私が物心ついてから寝たり起きたり。子供の頃に結核にかかり、肺門リンパ、内臓疾患。そして神経系の病気を患い、音を聞くと息苦しくなって入院も重ねたけれど、治療法もなくただ寝ているだけ。病名は何でしょうね。何カ月も起きられず食べることも大変、お風呂も入れない」

愛子の病気は、今日、コロナ後遺症として取り上げられる難病の神経免疫系疾患の筋痛性脳脊髄炎／慢性疲労症候群の可能性がある。国立精神・神経医療研究センターによると、日常生活が送れないほどの全身倦怠感、睡眠障害や頭痛などが半年以上続く疾患で、国内では十万人ほどの患者がいるという。

愛子のレッスンは時間で区切られているわけではない。最初の十分で「できていないから帰りなさい」と言われることもあれば、ずっと一人につきっきりで二時間、三時間と続くこともある。

群馬県出身の神谷郁代を、全日本学生音楽コンクール小学生部門の演奏を聴いて見出したのは愛子である。神谷が縁あって中学生になって愛子を訪ねた時には、そのままレッスンとなった。東京・豊島区の自宅で神谷の話を聴いた。

「モーツァルトの一つの音で二時間。力んで鍵盤を叩いちゃいけない、と音色が重要だと。愛子先生が演奏すると基本が違うのか、同じ音なのに違う音が出る。愛子先生の生徒は音が綺麗だといわれていて、音について本当に厳しかった。そういうことを教えてくれるのは愛子先生だけ。

暗譜でさらって行くのは当たり前で、いつも密度の濃いレッスンで、ハノンを全調で弾く。一人のレッスンが延びちゃって、他の人のを聴くのも勉強になりました。愛子先生は感受性が鋭く、すぐに才能を発揮できる子と、あとで伸びる子がわかった。普通の才能でも先生の努力で世に出る子もいた。私は手が小さくてちょっと違っていたので、私だけの奏法で、あなたは全体を伸ばして弾きなさい、と、それぞれの奏法を考えてくれました。注意されるときは、ガラガラ声で全身から声を出される」

それは時に神谷を緊張させたが、愛子への愛情と尊敬が基本にあった。

日本音楽コンクールを受ける時には、「兄のところに行ってきなさい」と言われた。音楽コンクールの入賞者は「井口派」、つまり基成、愛子、秋子門下が毎年のように独占してきたのである。とはいっても、愛子と秋子はライバルでもあった。

「基成先生はスケールが大きく、大らか。全体の流れをつかめ、大きく音楽をつかめと。ショパンのピアノコンチェルトは、河原の枯れススキにならないようにと。ショパンを日本人はセンチメンタルに弾きすぎる、線細くとらえすぎだ、と。ヨーロッパ人は戦争も繰り返してきたし、陸続きなんだ、と」

若き基成がパリ留学後、ショパンを演奏すると、「ワーグナーのようだ」と当時の批評家は書き立てたものだった。

さて、愛子のレッスン室では、いっぱいに生徒たちが溜まって、ずっと愛子宅で過ごすことになる。「外で遊んでらっしゃい」と愛子は子供たちを促し、幼い有子はよく一緒に苺畑にしてある自宅の庭で遊んだものだ。有子はそんな時代の家庭を振り返る。

「父は厳しく、私にピアノのためだと家事を免除することはなく、台所にお手伝いとともに立ちました。伯父がそれを見て『お前なんて家政婦になれ』などと言ったことも。毎晩十人以上の夕食を用意しました」

愛子は「食べていきなさい」と弟子を誘う。ところが、時を忘れてしまう。夫の佐藤智雄が現れて「夕食だ、もうやめろ」とドアを開ける。愛子が体を壊すのは、レッスンに心血を注ぎすぎるからと考えていた。愛子が精魂尽き果てて寝込む姿を見てきた。

その光景の繰り返しは、有子にとっても忘れられない。

「家庭が仕事場なので生活に生徒が入っている。いつも大鍋で料理を作り、誰が来てもいい状態。しょっちゅう泊まる子もいるし、家庭は家庭でなかった。父にしてみれば、可哀想なくらい落ち着かない家庭で、私も安らぎがないと子供時代感じていた。でも、母は情が深くて、できることはしてあげないと気が済まない性分。体力がなくて辛くてもやらずにはいられない。母は狂ったように、鬼のように働いていて、倒れると二年間も寝込む。本当は、演奏家になりたかったでしょう。でも体力がなかった」

東京藝術大学名誉教授の田村宏は、日本音楽コンクールの審査で愛子に会った時、弟子に対して非常に厳しいという印象がくつがえり、温和な暖かい人柄に触れ、自分が見当違いの認識を持っていたと回想している。

「母は、神経過敏で人前を嫌ったのに、いったん外に出ると明るく振る舞い、家庭での姿とは違う面を見せ、そのあとでまた寝込んだりした」

演奏家としての愛子の演奏を、指揮者の秋山和慶は少年時代、日比谷公会堂で聴いている。「透き通るような音色、ピアニッシモからフォルティッシモまでのダイナミックなトーンコントロール」のある演奏は強烈な印象をもたらした。桐朋に入ってレッスンを受ける機会を得、定評のある厳しさに覚悟してのぞむと、音楽の様式、演奏の構成方法、フレージングなどを教えられた。秋山は、愛子の音楽世界を指揮者になってからもふと思い出す。

また、東京音楽大学学長の野島稔にとって、愛子は「半ば親子以上」であり、実家が横須賀だったから、低学年の頃はよく泊まることにもなった。

「愛子先生に叩き込まれた僕は、愛子先生につかなければピアニストになれなかった。生徒個人個人違う思いがあるでしょうが、先生が本気になって教えてきた人たちは全員活躍しています。愛子先生は母性本能が強く、『今日は泊まっていきなさい、明日朝またやりましょう』と。ピアノの音にご主人が怒って入ってくると、それまで猛烈な指導をしていたのに、突然トーンダウンしてシュンとした」

少年だった野島に、「わたし離婚します」と震え声で言い出すような「純真さ」を愛子はもっていた。

レッスン料に決まったものはなく、野島は納めた記憶がない。むしろ「お土産つき」で、山と積まれたお中元やお歳暮を、中を見もしないで手渡された。

基成門下の藤村佑子は、桐朋で一つ下の有子と仲が良かった。有子と遊ぶために家に行くことがあった。

「すると、愛子先生は、『あーら、藤村さん、今度のコンクールの本選はなに弾くの？』と。それで私がラヴェルのトッカータと言うと、『じゃ、ちょっと弾いてごらん』とレッスンをしてくれる。愛子先生はざっくばらんで、私は基成先生の渡仏にともない秋子先生についていたのに、器量が大きい方だな、と思った。秋子先生はそういうことはなさらないし、トイレにも行かないんじゃないかと思われるような貴婦人。隙がないというか、全く違う」

しかし、こんな屈託のない愛子に対して、ピアノ科の教師は嫉妬の感情を堆積させていったわけである。

野島稔が続ける。

「音楽では子供扱いはされない、フレーズができるまで妥協はない。このへん、このくらいできればいいということはなく、『まだ駄目まだ駄目』と体に叩き込まれました。まるで能の世界です。モーツァルトのテーマ一小節でレッスンが終わることもあった。説明はなさらない。

藝大には銀狐といわれた先生がいて、厳しいことで有名で、『バカですよ、貴方は』と冷たく言い放っていたらしい。でも愛子先生はそういう厳しさではない。情熱で教えて、そのうちにキリキリとしてきて、それが子供にも伝わってくる。気絶せんばかりに怒っていたのに、急にへなへなと。ある時、体調不良で別室で横になっていらして、僕のピアノでなにか気になったのでしょう、廊下をパタパタと。その足音が近づくのは怖かったですよ。

でもレッスンが終わると友達のようになって、まるっきり変わっちゃう。庶民的に。そんな先生がピアノに向かってご自分でお弾きになると、その神経とは全然違った音楽でした。愛子先生は音楽に殉じた生活で、他の生活はなかった。留学もなさらず、身を粉にして全部自分で考えて僕らに教えてくれた」

井口愛子について生徒の共通の感覚はその怖さである。

愛子の七十歳の誕生日をホテルオークラで七、八人の弟子が祝うことになった時、「一人でレストランに向かうのではなく、ロビーで待ち合わせして一斉に行きましょう」と提案したのは、三歳から師事した中村紘子だった。

「誰かが褒めると愛子先生は喜ぶから、互いの演奏を褒めあいましょう」と神谷郁代が付け加えた。女生徒たちは特に怖がっていたかもしれないと、野島稔は笑う。「今だったらパワハラと言われるようなレッスン」と語気を強める弟子もいたが、愛子と精神的交流ができた弟子は、一様に愛子の暖かさも語る。

弘中孝が企画した「楽壇生活50周年をお祝いする会」はなかなかまとまらなかった。あの人が出演するなら私は出ないという門下生が出現したからだ。

宮沢明子は全日本学生音楽コンクールで一位を獲得してから、演奏会や放送に引っ張りだことなり、桐朋オーケストラのソリストにも抜擢された。「斎藤先生からの指名に涙が出るほど嬉しく思った」のは、他にもソリストとして的確と思える生徒は何人もいたからだった。

「殺してやりたい」

そう呟く同門のライバルがいた。ソリストは一人しか必要ではない。基成門下が全国を網羅する規模なのに対して、小規模ながら抜群の確率でソリストを生み出す愛子門下は、かえってまとまりづらかった。

桐朋改革派の末吉保雄は、桐朋の激烈な競争社会を「音楽を学ぶ人たちの、悲しむべき、あるいはみにくい側面を数知れず知らされ直面させられる立場」だったと、「読売新聞」の「音楽教育と世界的水準の裏側」で糾弾した形である。

それにしても、そのくらい感情が激し、没頭しないと芸術は成し得ないのでは、とも思う。

基成、愛子、秋子門下は、それぞれ厳格な括りはできないが、日本音楽コンクール入賞者リストを見ると、ピアノ部門では一九四二（昭和十七）年ごろから始まり、戦後一九六七（昭和四十二）年ごろまで、一位、二位、三位という上位を、ほとんど独占の形で占めている。また国際コンクールについても、すでに記した通りである。

「井口一門にあらざれば、ピアニストにあらず」

そんな言葉が人の口の端にのぼるようになったのも当然のことである。

ピアノ界のみならず、一般の人々も「井口一門」の繁栄を知っていた。ピアノを志すなら、井口一門に入ることが成功を約束された道と考えられていた時代だった。

世界水準の人材を輩出した基成、愛子、秋子の血脈は今も続いている。その血脈は日本ピアノ界の全国津々浦々にまで浸透し、今日に至っている。基成が列車に揺られ、乗り継いで回った先々で、また、愛子が身体を賭して捧げたレッスンの成果として、そして、秋子の優しさにあふれた目の届いたレッスンを受けた弟子たちの、そのまた弟子へと続く血脈である。

第十一章　次世代に託す

1　カルテの病歴――関晴子の涙、小森谷泉の心中

妙子の原宿のブティックが好調の一方で、基成の体のほうは反比例するかのように、いよいよ蝕まれていった。

一九七二（昭和四十七）年春、基成の弟博雅は、基成が特に親しくしていた従兄弟の葬儀に参列することになった。山梨の先なので一緒に行ってくれるように、妙子から頼まれたのだった。博雅の記憶もまた卓越している。

「一九七二年の四月十五日に電話があり、翌日の『あずさ』の指定席を二枚予約した。世田谷代田で兄を拾って新宿へ行き、特急のホームに着くと、兄が『おい、ウィスキー買ってこい。うちにいると妙子がうるさくて飲めない。ガムとウィスキーだ』と。ガムは匂いを消すために後で噛むらしい。その日、『あずさ』で往復したが、兄は身長が一七八センチ。階段で寄りかかられると大変重くてね。帰りは『タクシーに乗るからいいよ』というので新宿で別れた。そもそも兄の具合は昭和二十四年（一九四九）くらいから悪くなっていた」

四九年六月の日比谷公会堂でのリサイタルでのことだ。開演時刻になって放送が入ったという。

「演奏者の具合が悪いのでお待ちください、と。それで楽屋に行ったら、兄はめまいが起こったとかで、背中をさすったりした。その日は最後まで弾けたけど、このころから脳梗塞が出はじめていた。軍隊では脚気になったと言っていたし、昭和三十年（一九五五）にも一カ月くらい入院した。フランスから帰国して昭和三十二年に脳梗塞の発作が起こり、それ以降、兄の病気との闘いが始まっていた。そして最後にはインシュリンの注射を打っていました」

この頃、基成にはプライベートでも忘れられない出来事がおきた。秋子との間の次男晃成である。幼少からヴァイオリンで豊かな才能を示した晃成に、基成は「ヴァイオリンを捨てるんじゃない」と言ったが、晃成は聞き入れず桐朋学園大学では指揮科に入り斎藤秀雄に師事、ジュリアード音楽院に進んだ。

この晃成については安田謙一郎が詳しいが、藤村佑子も回想している。藤村は桐朋高校一年のときに、二歳年上の晃成が好きになったという。成城に下宿している藤村は、その茶目っ気で秋子宅によく出入りし、また秋子の方も特に可愛がっている弟子の一人だった。

「ある時、新館に晃成さんの写真があったから盗んだの。そのときは言えなくて、大人になってから秋子先生に、晃成さんが好きで写真を盗んだと告げると、写真とお花は盗んでも罪にならないのよ、とおっしゃった。

晃成さんは天才的な注意をしてくれた。コルトーが好きで、私の演奏に『言葉にも何にもなってないよ。何か伝える時には、わかるように弾きなさいよ。抽象的すぎる』とか、『弱く、強く！』とまるで基成先生のレッスンのように思えた」

また、愛子が病の床についたため小学六年から基成に師事した関晴子は、基成渡仏中には秋子に習い、三人の井口に師事した稀なピアニストである。

「基成先生はお嬢さんや息子さんが来ると、急に崩れて笑顔になって、末娘の庸子さんはレッスンの側で宿題をしたりする。子煩悩でした。

先生からは曲のことよりも、ファイトがないとか、言って欲しくない弱い性格などをズバリと指摘された。それが悔しくて泣いたりしたのだけれど、お子様たちがいるとそういうことで怒られなかった。そんなとき、よく晃成さんが慰めてくれました。涙を流すと紙を持って来てくれて『拭きなさい、お父さんは悪気があって怒ってるんじゃない。君をうまくしようと思って怒っているんだから』。また、演奏会を控えていたとき、『堂々と自分の好きなように弾けばいいんだ』と基成先生のように言ってくれた。晃成さんは非常にセンシティブでした」

晃成の内部は大学に入学してから徐々に崩れていた。高校時代に窓から落ち、前頭葉を損傷したのではないか、いや、指揮科に移って斎藤の教えを受けたせいだと口にするものもいた。留学したニューヨークの殺伐とした雰囲気に、晃成の繊細な心がついていけなかったのだとも推測された。視線は宙をさまようようになっていた。

それでも七三年九月に行われた民音音楽コンクール（現・東京国際音楽コンクール）の指揮者部門で、晃成は一位なしの第二位となっている。

愛子の長女関根有子は、彼を思い出すたびに胸が痛む。

「斎藤先生も非常にカリスマ性の高い先生だし、アキちゃんが先生にのめり込んじゃうのもわかる。アキちゃんは批評眼も素晴らしかったし、ヴァイオリンで鍛え上げれば一流になれたと思う」

しかし、ある時、有子と兄の佐藤方紀が世田谷に住む基成に呼び出された。佐藤は東芝EMIで音楽プロデューサーの道を歩みはじめようとしていた。

「晃成と一緒に遊んでやってくれ」と基成は言った。晃成は基成宅と秋子宅を行き来するようになっていた。

三人はトランプを始めた。その間に医師が偶然をよそおって来宅した。麻酔が打たれ晃成は連れて行かれた。八王子の病院へ連れて行かれるとのことだった。途中、朦朧としながら晃成が「二人が来ているから帰らなくちゃいけないんだ」と繰り返していたと聞き、有子は基成に対して憎悪に似た感情すら覚えたことを思い出す。

有子から見ると、基成も母の愛子も、そして自分を含めて、強そうに見えて実は精神的に弱いところがあると感じていた。晃成もまさにそうだった。繊細であるが故に、感性の尺度が尋常でなかった。

しかし、世田谷の幼い子供三人がいる妙子との新しい家族の中で晃成は異質だった。子煩悩と言われ、秋子と別居したのちも、子供たちとコンタクトをとり続けようとしていた基成の心中はどのようなものだったか。

長女康子は父との接点を持ちたいと、世田谷に電話をすることがあった。しかし、基成は「今ちょっと話せない」と声をひそめる。相槌ぐらい打ってくれてもいいと思う。妙子が電話に出た時は取り次いでもらっていた。やがて取り次ぎも厳しい雰囲気になってきた。

あるとき、康子が母の秋子と、幼い娘を乗せて車で世田谷通りを走っていたときのことである。バックミラーで父が後ろを走っている外車の助手席に乗っているのを認めた。秋子は華やいで孫をはやし立てた。

「おじいちゃんの車よ！　手を振りなさい！　ニコニコ笑いながら振るのよ！」

運転する康子の方は、世田谷の家に電話できないので、桐朋の学長室に孫の誕生を知らせる電話をしたときを思い出していた。

「パパ、孫に会いにきてよ」

「いや、行くと怒られるから」

それで康子は、学長室に娘を連れていった。孫を抱くと、基成は感慨深そうにしていた。

「お前がもっと早く子供を産んでくれたら、こんなことにはならなかった」

基成は可愛がる対象が欲しかったのか。

前の車に康子たちが乗っていることに、運転していた妙子が気づいたようだった。信号が青になると、その車は左に曲がってしまった。一方的な再会だった。孫が基成に会えたのは、秀の葬儀と学長室との二回だった。

賀集のことはいい。でも康子には妙子のやり方が許せなかった。中高生の頃、帝国劇場の下の稽古場でオーケストラと練習をするときには、学校の帰りにおいでと誘われ、よく訪ねたものだ。近場の映画館に係の人が案内してくれ名画鑑賞もした。妙子の力があまりに強すぎて、父は変わってしまった。

弟の晃成はこの離婚の犠牲者で、思春期のただ中で両親の不和を目の当たりにし、情緒不安定になったと、康子は考えている。

基成の姪の井口恭子は、晃成が秀の通夜の夜に、「パパ、ママ、喧嘩するのやめて！」と泣き叫んでいた姿を覚えている。博雅は、

「晃成は本当にかわいそうでした。開頭手術を受けましたが、その手術が失敗だったようです」

晃成は、病院と成城の家を行ったり来たりするようになった。やがて秋子が弱った晃成と腕を組んで成城の街を散歩する様子が目撃されるようになる。

さて、愛子は、桐朋を辞めた一年後の一九七四年四月から、東京音楽大学教授に就任することになった。弟子たち十人ほどが行動をともにした。

桐朋では定年制に決着を見た。基成の「五十歳定年」でなく、「六十歳定年」が定められた。佐藤晃一は「革命派は同志の生活を保証する形をとったのです」と回想している。

さらに、森安芳樹門下で基成の孫弟子に当たる小森谷泉は、現在では教授職にあるが、「森安先生からは、井口先生がいたらお前なんか馘《くび》だ、などと言われたこともある。心中複雑でしたが、

僕はありがとうございましたと言いましたよ。森安先生は本質的には学者肌の人でしたが」と笑う。小森谷は一九七五年日本音楽コンクール一位、ロン＝ティボー、マリア・カナルス両コンクール入賞、ジュネーブ音楽院を卒業した。小森谷の言葉である。

「印象に残っているのは、井口先生が少し病気になられたころ受けたショパンの『二番』のレッスン。〈葬送〉のところを、うなだれて行進の真似をして教えてくれた。馬の蹄のリズム一つにしても、口にするんです。留学した時ヒルトブランは身振り手振りで教えてくれたけれど、日本人では珍しかった。音符や譜面に忠実というのは同じで、いらないものを削るレッスンだった。井口先生は、感じない生徒には注射をしても同じ、という考え方を持っていたと思う。森安先生は井口先生のシンパで、改革派が何を考えていたか聞いて井口先生に報告したりしていましたが、改革後、しばらくすると七十歳まで、六十歳時の給料がもらえることとなった。井口先生はサラリーマン的な教師は駄目と考えていたようでした。また、森安先生からは、井口先生が学校のためにヤマハから二千万円を借りたことがあったと聞きました」

私学助成金制度が創設される以前、大学経営のために基成はそこまで動かねばならなかったのだ。基成の他に誰がそんなことをできるだろう。

さて、基成は、その定年には自分も当てはまるとして、一九七四年四月一日をもって学長を退いた。改革派は創立からの経緯もあるから基成を名誉学長として遇したい意向を示し、基成も受け入れた。

基成には国からの勲章授与の打診があった。吉田秀和はのちに文化勲章を授与されるが、基成は私立大学の学長を長くつとめたのだから、瑞宝章、紫綬褒章などの対象に成り得たはずだった。その資料作りをしたのは、基成が自分のプライベートまで漏らしていた桐朋学園大学事務局長の渡辺登美子である。

「国からの連絡を受けて、私は提出資料を作りはじめていました。ところが、井口先生は『いいよ、僕なんかは』とおっしゃって、非常に嫌がられた。それでそれ以上動けなくなりました。先生には何か諦観のようなものを感じました」

戦前に史上最年少で芸術院賞を受賞した基成が、戦後、戦犯扱いされるきっかけとなったのは芸術院賞という国からの褒賞である。もはや基成に賞は必要なかった。

その年の秋には桐朋オーケストラが渡米演奏旅行を控えていた。しかし率いるはずの斎藤秀雄は二月の新日本フィルの演奏会で指揮して以降、病床につき出発直前の九月十八日に死去する。桐朋の創立メンバーが一斉に入れ替わろうとしていた。

新学長の人事は、改革派の中心にいた遠山一行が最有力と思われ、また本人もそう思っていた。しかし、半年後に選ばれたのは、前年まで助教授だった四十一歳の三善晃だった。東大仏文科から作曲の道を進み、尾高賞をすでに三度受けた若手のホープである。

基成は三善の就任には納得し、初期の建学の意志と更に教育システムを強固に確立させることによって、国際的にも評価を得られる音楽専門教育の機関として未来へと継いでほしい、と注文をつけた。

学長職にかかわる雑事もなくなり楽になった途端、二カ月後の六月に、基成は腹痛を訴え、慶應病院に運ばれた。腸閉塞が疑われ、緊急手術となった。腸が尋常でない色で腐りかけていたと言われた。破れていたら腹膜炎で命を落としただろうというのだ。それは魚の寄生虫が原因だとされた。

さらにその一週間後、今度は大量吐血をし意識不明となった。再び開腹手術である。胃壁の数カ所から大出血している胃潰瘍で輸血が必須だった。基成の容態が学校関係者や弟子筋に瞬く間に伝わった。学生や弟子たち二十人余りの大量輸血によって、基成の生命はつなぎとめられた。

胃腸が強いという絶対の自信をもっていたが、思い返してみると少なくとも三回は吐血していた。痛みもなかったから、基成はやり過ごしてきたが、乱飲乱食の結果だった。ドジョウの丸呑み、スッポンの刺身、趣味の釣りでは、釣り場で餌の鰯を口に放り込むこともあった。漁師からは、自分たちでもそんな危ないことは決してしないと諭されたこともあった。基成には煙草への嗜好もある。

長い歳月にわたっての悪食のしっぺ返しだった。病気までも、恩師イーヴ・ナットにならう形になった。入院は長びき、その大手術のあとには、さらなる余病が出た。心臓、膀胱、腎臓……。カルテには病歴がつぎつぎと記されていった。

病院と家の往復が日常となった。膀胱炎の苦しみや、下痢と便秘が交互に長く基成を苦しめた。しかし、基成は達観した。病気との闘いというよりは病気との駆け引きである。ナットの「飲んで気持ちを解放しろ！」の教えのごとく、酒瓶を開けようとしたが、妙子からは酒も煙草も禁止された。

杖をつきながらハイヤーで乗りつけて、桐朋には週に一度出かけた。仕事をやめるとかえって体調が悪く感じられた。しかし、もはや基成にレッスンを頼む教師もわずかだった。

基成は請われれば全国どこにでも行くつもりであり、それは体が不自由になっても同じだった。名古屋音楽学校でもレッスンを続けた。その後の会食では、手が震えていて箸が使えず、基成は箸を投げてしまった。代わりにフォークが置かれたが、オニオンリングすら口に持っていけなかった。それでも基成の姿が途絶えることはなかった。吉田春樹・雅樹兄弟は、「おーい、吉田くん！　また元気で会おうな」と言った怖いイメージから変わった基成の優しい視線を思い出すのだ。

芸術現代社の中曽根からは自伝出版の企画が持ち込まれた。基成の立場にあれば、回想録の出版は当然のことだった。余計な気配りで言葉を控えることはないので、基成と楽壇の真実が語られようというものである。一カ月にわたって口述筆記が進められた。本は七七年に出版された。ところが、出版記念会は翌年の五月に先送りとなった。基成は入退院を繰り返すようになったのである。

出版記念会で基成は上機嫌となった。こんな時には妙子が側にいても、強引に酒を口にした。笑顔だった。一方で、音楽家としての基成を惜しむ声が出た。京都楽壇の重鎮となった上村けいは横井和子宛てに葉書を投函した。

１面に大きく掲載された基成の「顔」（「読売新聞」1979年5月29日夕刊）

〈基成先生のご本をお送りくださいまして、お心遣いありがとう御座いました。井口先生がフランスからお帰りになった直後、荻野綾子さんがこんな素晴らしいピアニストが、とおっしゃって京都に紹介して下さって以来、本当に先生のお世話になり、京都も関西も育ちました。そのご恩は忘れておりません。

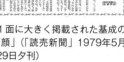

先生は何といっても偉大な方で御座います。今の奥さんのことさえなかったら、無理な生活なさらなくてお体もお心もあれ程痛まなくてよかったのにと、ほんとにほんとに残念で仕方ありません。この頃のご様子はどんなでいらっしゃるでしょうか。まだお歳はお若いですからシャンとして下さればいいと念じております。私もこんなに長く生きておりますと色々の事に出会って感無量でございます。どうぞお大事に。京都のためにもよろしく〉

一九七九年の「読売新聞」は、日本演奏連盟の理事長である基成を大きく取り上げている。七段抜きで大きな顔写真付である。特徴ある細く尖った顎は痩せてさらに目立ち、枯れた老人のように見えた。

九十キロあった巨軀は見る影もなく痩せ、五十五キロとなっていた。記者が、体調を気遣う言葉を漏らすと、基成は、

「八年ほど前、脳血センで倒れ、その後も胃を切り、腸を切り。おかげで病気の方も、さすがにくたびれてしまったのか、近ごろはちょっと落ち着いている」

とおどけた。眼光は鋭く、気迫の衰えはない。気骨の人は七十一歳となっていた。

2　ロン＝ティボーに負けられない

朝鮮戦争を転機として高度成長を続けた日本では、「アメリカに追いつけ追い越せ」とばかり猛烈社員がいたるところに出現し、一九六八年には、国民総生産がアメリカにつぐ世界二位となった。

基成は、国力の充実とは、財政ばかりでなく音楽や文化にもおよぶと考えてきた。昭和三十年代に入ると、日本はコンクールで多くの優勝・入賞者を出し、高度成長は音楽のジャンルでも成し遂げられ、その持論が証明された形である。

その恩恵を世界に還元し、国際的に権威あるコンクールを、日本も開催すべき時が来ている——。それは音楽界を鼓舞し、将来をになう才能にも刺激を与える——。

基成は数年前から自国での開催を考えはじめ、日本演奏連盟の会合でも、理事長としてしばしば話題としてきた。演奏連盟で理事であった安川加壽子には、豊かになった民間企業のメセナとして、コンクール開催の話もきていた。しかし、基成は、そのような形でコンクールを永続的に開催することは不可能だと考えた。

一度くらいコンクールを開いてもしようがない。国内でコンクールを乱立させても意味がない。それよりも、持続可能な形で、日本として国を挙げたコンクールを開くべきだと思った。安川は大局を見据えた基成の発想に翻意した。

基成もやっと学長の雑務から解放されたし、音楽人たちも基成に同調し、連盟主催のコンクール実現のために存分に動くことができるようになった。機は熟し、連盟はその準備が本格的に始められた。

目標を定めると基成は決してブレずに突き進む。「日本」の名称を冠するにふさわしい「国際コンクール」にしなければならない。フランスのロン＝ティボーにも負けられないとの意気込みである。基成は杖をつきながらの不自由な身だったが、関係各所に足を運ぶ日々だった。

運営委員会の会長は、気心の知れた財界人の江戸英雄である。名誉総裁に三笠宮憲仁親王を戴き、教育界をも巻き込んで、各音楽大学の学長たちを名誉委員とした。外務省や東京都の後援を得て公の色彩も強まり、楽壇が総力を挙げて取り組む国際コンクールに、ＮＨＫも名乗りを上げて教育テレビ、ＦＭラジオでの放送が決まった。

第一回は手はじめとして、演奏人口の多いピアノ部門にしぼるが、二回目以降は他部門を加え、三年ごとに開催する。審査員は海外からも招聘し、アニー・フィッシャーほか、国際音楽コンクール連盟元会長のマレスコッティなど、コンクール審査員の常連も揃えよう。自国からは基成をはじめ、親友で連盟会長の池内友次郎と安川加壽子、さらに次の世代を託す園田高弘にも加わってもらう。

賞金はヴァン・クライバーン国際コンクールには及ばないが、一位二百万円で、入賞六位までに与える。会場は「音楽の殿堂」東京文化会館として、課題曲は本選までに十一曲、二次では三善晃に委嘱した新曲を加え、三次を経て、本選では協奏曲である。オーケストラは東フィル、指揮は尾高忠明。

コンクール実現のほぼ一年前には記者会見を開き、広く国際コンクールの開催を表明した。


こうして一九八〇年十一月二十日から十一日間にわたって、第一回日本国際音楽コンクールが開催された。五月には桐朋出身のヴァイオリニスト堀米ゆず子が、ベルギーのエリザベート王妃国際コンクール優勝を勝ち取ったばかりで、日本勢の躍進と国際コンクール開催は、世界の音楽界の話題を独占した。

応募者は二十一カ国から百六十五名、そのうち国内からは十九名で、書類選考の結果五十三名が選ばれた。内訳はフランス五人がもっとも多く、西ドイツ四人とつづく。ウィーン、ミュンヘン各国際コンクールの一位、二位、日本からもロン＝ティボーやジュネーブの二位獲得の俊秀たちが残った。

結果は、第一位なしで最年少のジャン＝イヴ・ティボーデが二位。三位なしで四位に藤井一興、五位に渡邊健二となった。会場は連日、音楽学校の学生や教師、音楽マネージャー、オーケストラ関係者などで埋め尽くされた。自国開催は正当に機能していると思われた。

その盛況に笑みを浮かべたものの、第一回日本国際コンクールに参加した基成は、車椅子で審査員席に座らなければならなかった。糖尿病により腎臓や末梢神経が働かなくなり、手足には痺れがきていた。基成はさらに痩せ、喉に痰がからまっていた。

八三年の第二回日本国際コンクールの審査員席に基成の姿はない。しかし、今後の基盤づくりは全て成し遂げたつもりである。第二回では、ピアノ部門第一位に、すでにマリア・カナルス国際コンクール一位をとり、世界的に活躍することになる岡田博美が選ばれた。岡田は基成シンパの森安芳樹門下の俊秀である。ヴァイオリン部門一位は十七歳の漆原朝子ら日本勢となり、次の世代へのバトンが渡された形である。

しかし、このコンクールは六回で打ち切られた。演連は財源難のためとしている。地方でもコンクールが開催されるようになって、基成がめざしたような国を代表するコンクールに楽壇を挙げて取り組むこともなくなった。

第一回コンクール翌年には、基成は演連理事長の椅子を安川に譲り、名誉理事長に退く。基成の症状は寛解したが、いつ次の血栓ができて、どの血管を破るかわからず、まるで崖っぷちを歩いているようなものだった。子供のころ水際を歩いていて大川に落ちてのちも、それを止めることができなかった基成である。まさにそのときと同じ状況になっていた。

それでも基成は、作曲家カロル・シマノフスキの生誕百年を記念して日本シマノフスキ協会が設立されると会長となった。国際的にまだあまり知られていない作曲家を世に広めたいというポーランド政府は、シマノフスキの日本初演をした基成にその任を求め、事務局に関係する義兄西塚俊一が懇願したのである。基成は義兄の頼みを断ることはなかった。

八三年に、基成にはポーランド政府から文化功労章が授けられたが、これも西塚が関わっており「基成さんは戦後、国からの勲章がなかったから」と気遣ったようだが、まさか基成が国からの勲章を辞退していたとは知らなかった。

基成は、義兄が手はずを整えた叙勲を断らなかった。西塚の方は、秋子がすでに一九七六年に勲三等瑞宝章を受けていたことも意識したのかもしれない。


そんなある日のこと、基成は車椅子で出かけた。車椅子を押すのは森安芳樹だった。

基成は鈴木聡に会おうとしていた。基成は親友たちとは家族ぐるみの付き合いもして来た。樋口加六の鎌倉の家には、子供たちとともに夏休みによく行ったものである。鈴木も同様で、啓子や庸子は正月に着物姿を見せに行ったりしていた。

樋口はすでに他界し、基成の周辺は寂しくなってきていた。

チェリスト雨田光弘は、この鈴木聡門下である。桐朋卒業後は日本フィルハーモニー交響楽団に所属しながら、猫が音楽を奏でる絵で有名となった。光弘の父は彫刻家で、鈴木とはパリ留学時代の仲間という縁もあった。

「意外なのですが、鈴木先生は『井口は神経質だ』と言っていました。一方、鈴木先生の方は神経が図太くて男っぽい。井口先生は僕のことは知らないと思っていたのですが、東京文化会館でリサイタルをなさった時、井口先生がお呼びだというので楽屋を訪ねると、『雨田君、鈴木君のことよろしくね』とおっしゃった。あ、二人はお互いの弟子のことを知っているんだな、通じてるんだなと思ったのです」

妻が長くリウマチを患い、子供のなかった鈴木を、基成は気にかけていた。

さて、基成が車椅子に乗って出かけたのは、その妻の一周忌法要のためだった。雨田光弘は妻ののぶ子とともに、鈴木の最期を看ている。

「井口先生も鈴木先生も車椅子で、それがお二人の最後の対面となりました。いつもは饒舌な鈴木先生が、その時は何も話さなかった。お二人で車椅子を並べて煙草をぷかぷか吸うだけ。井口先生が持ってこられたどこかの洋モクなのでしょう。鈴木先生はあとで、『あの煙草、うまかった』とおっしゃっていた。吸うだけ吸うと、それで『じゃあな』と井口先生は帰っていかれました」

井口流の友情の確かめ方だった。

3　教えるってことは難しいよ——藤村佑子のビンタ

基成はできるだけ外出をし、桐朋にも出向いていた。家には犬がいるが、一人で家にいるとかえって体調が悪くなるように思えた。

基成の外出時には、戦後、基成の各地でのリサイタルを計画し、その後日本クラシック界をリ

ード し欧米の一流アーティストを招聘するようになった新芸術家協会の西岡芳和が、肩を貸して歩く姿も見られた。

基成は手巻き寿司を編み出し「握りの名人」と称されるようになった吉野末吉の「与志乃」の京橋の店にも通いつづけた。最初、中野で握っていた吉野とも五十年以上のつき合いである。基成が二階にある店に上がるときには、店員や客らが手を貸したものだ。基成は少しばかりの酒を口にして、美味しそうに鮨をつまんだ。

基成は杖をついていても、大阪や福岡まで足を延ばした。

関晴子は、ジュリアード音楽院を修了して帰国後結婚して関西に住み、弟子を持つようになった。

「基成先生が来阪なさると、生徒を連れて行きました。生徒を褒められると嬉しかったけれど、何となく気恥ずかしく肩身が狭い気がしたものです。一方で『ここ、何だね？　なに、教えているんだ！　骨惜しみしたな、わかるまでやらせなきゃ駄目だ』と生徒の前で怒られて、帰りには悔し涙が出たこともありますの」

誰のレッスンだったか関が忘れても、生徒の方は自分のレッスンで関が怒られたことを忘れなかった。「わたしのレッスンで先生が怒られていたので一生懸命やらなくちゃいけないと思いました」と生徒から伝えられて、記憶をたぐったものである。

それを聞くと、かえって肝に銘じてくれたと関は、基成の怒りの効果を感じる。子供時代から数えると何十年という基成との師弟関係は、関の成長とともに変化してきた。

関が妊娠し、安定期に入った時、基成のレッスンを受けたが、お腹がピアノにくっつくのを見ると、基成は「あんた、お腹大丈夫かね？　そのくらいにしておきなさい。もうわかったからフォルテ出すな。メゾフォルテくらいにしろ、お腹カラッポになってから弾けばいいんだ」と「全然厳しくして下さらないの」。基成は優しい側面を見せている。

最晩年の基成は「教えるってことは難しいよ。とことん骨惜しみしないことだよ。だけれども、わかる子にはわかるけれど、いくら一所懸命やってもわからない子にはわからない」と口にした。関の記憶はつぎつぎと蘇ってくる。

「それも基成先生の本音で、心底ではわかっていて下さったと感じました。ただもう少し基成先生に甘えればよかったと思うけれど、私は家族にも甘えられないタイプでした」

基成と秋子門下の藤村佑子は、「子供時代は叱られなかったのに、大きくなってから基成先生に一回ビンタされたことがあるの。一音間違って覚えていたから。基成先生にしてみれば、手の甲で私の顔を撫でたくらいの感じかしら」

それでも基成への尊敬に変化はなかった。

「基成先生ってユーモアもあり魅力的で、スケールが大きく可愛い」と評す。一方、「秋子先生があまりにも隙がなく、出来すぎていたから基成先生は煙たかったのでは」と推測する。

「貴婦人すぎて、おさんどんでエプロンをつけることも、ましてやトイレに行くことすら想像できないような方なの」

あるとき病気だというので、藤村は寝込みの秋子を襲おうと、玄関のお手伝いを突破し、寝室をのぞいたことがあった。しかし、そんな時でも秋子は、「あらなあに」と綺麗な姿でベッドにいた。藤村がベッドを見たのはこの時が初めてだった。

「私は、そんな秋子先生を壊すのが喜びだった時期があるの」

藤村は小悪魔となって、煙草を吸い、それを咎める秋子にも強引に吸うことを勧める。寂しいだろうと弟子たちが集まって酒宴を開き、秋子にビールを飲ませる。そんなとき秋子は、ふと「私は基成を愛している」と呟くのだった。

病を重ねている基成の体調はいつどうなるか、わからない。

藤村は、師である末永博子の夫直行が設立し福岡音楽学院が主催する「西日本出身新人紹介演奏会」（現・西日本国際音楽コンクール）のオーディション及び優秀者選考の審査員にもなっていた。基成は創立時から審査委員長であり、藤村が基成に付き添って、宿泊する西鉄グランドホテルまで送ったこともあった。

「あんたね、ちょっと部屋にきなさい、僕のお腹見せてあげるよ」

遠慮したかったが、基成のほうは平気で長く切った跡を「こう、こう、こう！　僕はこんなに手術したんだよ」と指し示した。

これ以上ないくらいに痩せた基成は、小柄な藤村にも支えられるくらいになっていた。

4 地方は五十年遅れている――福岡音楽学院・末永博子

基成と秋子はこのままなのだろうか。いまだに基成を愛していると公言する秋子に、基成を引きあわせることはできないのだろうか。

このとき九州のクラシック界の普及に一生を注いだ、基成の高弟・末永博子が動いた。

そもそも基成が生涯を通じて福岡に足を運ぶようになったのは、末永博子という弟子の存在があったからである。末永は夫・末永直行とともに九州のクラシック界の発展に欠かせない人物となった。

わたしが取材した時、八十歳の末永博子は福岡音楽学院の院長職にあり、さらにリサイタルの企画が進行中で非常に多忙な日々を過ごしていた。秘書を通して日程調整が行われ、数カ月後にやっと末永を学院に訪ねることとなった。

院長室には基成、秋子、斎藤秀雄の三葉の大きな写真が掲げられていた。末永博子は温和そうな雰囲気の、ちょっとつかみどころがない人物のように見えた。

戦前、福岡から東京音楽学校に合格し地元の大きなニュースとなった。九州大学精神科教授となる父は音楽を無視していたが、これ以降理解を示すようになった。基成の親友である声楽家・伊藤武雄は福岡出身でその繋がりで、上京後に福岡の音楽教諭から基成を紹介された。末永は緊張して成城の井口家を訪ねた。

「玄関で待っていると、背の高い男の人がドテラを着てドーンと出てきた。それが基成先生で、ご自宅ではドテラを引き摺って廊下を歩いていたの」

基成は帰宅すると和服に着替えドテラを羽織るのである。

「基成先生の前で弾いたのはベートーヴェンのソナタ。自分ではうまく弾けたと思ったけれど、先生は『だいぶ間違ったね』とおっしゃった。どこがというのは、自分ではわからなかった。あとでお聞きすると、本当は教えたくないと思ったらしい。ただわたしは手が大きかったから、弟子にとったと。十度開くの。その指を独立させるようにと助言された。ある年ひと夏、東京で先生についてから帰宅して弾くと、母が『とっても鮮やか』っていったわね。それほど音楽が変わりました」

太平洋戦争が始まる年、博子は繰り上げ卒業し福岡に戻った。基成は「生ある限り最期まで音楽を捨てるな！」を餞《はなむけ》の言葉とした。結婚して佐藤姓となった博子は空襲で家を焼かれ転々とする中、幼子を背にピアノの練習を続けた。

敗戦後の一九四六年に九州でいち早く演奏会を開いたのが佐藤博子である。母校の福岡女学院でピアノを教えはじめ、その後渡仏、イーヴ・ナットに一年半師事した。帰国するとＮＨＫ交響楽団とも共演し、そのときの基成の第一声はこうだった。

「僕を凌《しの》いだ！」

基成は、弟子が長じると民主的かつ平等な接し方をした。博子は恐れ多くて、「もうわたし、これ以上、弾きません！」と反射的に答えていた。

末永は基成の音楽を回顧する。

「先生の演奏は乱暴だと言われることがあったけれど、固い音、荒い音と上手に使われるんですね。日本人の感性とは違うのだけれど、外国の生活を知っていると、ああいう音になるの。デリケートさもまた格別に違う。

福岡にある電気ホールには、かつてラザール・レヴィが来たときに選んだピアノ、プレイエルがあったのだけれど、調律はしないほうがいいと言われ、その時のまま。でも上等すぎて鈍いんですよ。東京から名のある女流ピアニストが来て弾いてもビクともしない。トレモロは全然鳴らないしね。でも基成先生が弾いたら凄くいい音が出て、先生はとても幸せな気分になり、またピアノにとっても幸せな日になったのね。それにはコルトーのサインが入っていた。誰でも弾けるピアノではないので、結局別のものに替えることになって家で引き取りました」

この電気ホールについては、博多でバー「ゆかり」を経営する名物ママ、多田ゆかりからも聞いた。福岡にできた「西日本音楽愛協会」の第一回が基成の演奏会で、多田ゆかりはこの会の会員でもあった。

「昭和二十九年（一九五四）八月に第一回の催しがおこなわれ、井口先生が来福されました。二千名からの申し込みがあり、一回だけの公演予定が昼夜の二回となり、場所は電気ホール」

佐藤博子は福岡ピアノ界の第一人者で、指揮者石丸寛は「ピアニストとして鮮烈な印象で、テクニック・音楽性・意欲などすべての点で、ただ一人燦然と輝いていた」と記した。その佐藤博子は末永直行と再婚、石丸は「瞬時の明るいショックを受けた」とも回想する。

直行は駅弁などをあつかう博多鉄道構内営業有限会社社長で、学生時代にピアニストのラザール・レヴィの福岡公演に関与し、フランス音楽や文化に造詣があり、音楽評論をものしてもいた。

多田ゆかりの追想は続く。

「その第一回の催しの夜に、わたくしは井口先生に初めてお会いしました。この会の会長が末永直行さま。お食事を済ませてから、末永さまと西日本新聞の青木秀さまと一緒に『ゆかり』へいらしたのです。そのころ博多にはバーが少なかったですの。

井口先生はお背も高く横も大きくて、厳しい感じ。大酒豪で大きなお声、大らかな性格で周りの方を包んで笑い声が楽しい陽気なお酒でした。この時代は世間では水割りは飲まれていなくてハイボールかブランデー。青木さまもヴァイオリンを弾くような方で、ご造詣が深いですし、福岡はクラシックの幕開けを迎えたということで、日本の音楽をこれからどうするか。そういったことを始終お話しになっていらした。福岡のクラシックは末永さまご夫妻と青木秀さまによって始まったと思います」

末永博子に基成は「地方は五十年遅れている」と言った。

名古屋の音楽界をいち早くリードした名古屋音楽学校校長吉田雅樹にも「地方の音楽大学は上手くいかないんだ」とも呟いている。

その言葉に触発され、末永夫妻は三年後の一九五七年に「子供のための音楽教室」を設立、博子が院長、直行が理事長となった。この教室は「桐朋分校」と呼ばれた。基成は、名古屋音楽学校、大阪の相愛、そして福岡音楽学院とピアノ界の発展網を作ったと言える。基成、秋子、斎藤秀雄、フルートの林リリ子、基成と日本演奏連盟を立ち上げたフルート界の重鎮吉田雅夫らも定期的に訪れた。

末永直行は末永文化振興財団を設立して「末永文化センター」を建設、一九五三年に石丸寛らによって創られた九州交響楽団にこれを寄贈し、九響の専用練習場となった。初代常任指揮者の石丸は「我が国の交響楽団の中で、最も理想的な練習場を持っているのは九響だ」としている。

末永博子は「八千草薫似といわれる女神のような、楚々とした美人」なのに、いったんレッスンとなると熱狂的で妥協がなくなり「女傑」と化したと弟子たちはいう。「外巻きをした長い髪はまるでフランス人形のようで、柔らかく優しいお声」なのに、練習不足だとわかると語調は強まり、怒りをあらわにし、ついには手のみならず生徒の頭まで叩いてしまった。これは基成に生き写しである。ショックを受ける子供たちも多かったが、レッスン後の「見込みがあるから叱るのよ」の一言で救われた。

門下生たちは全九州から集まり、藝高や藝大、桐朋へ入学し、世界へと羽ばたいていった。弟子にはポピュラー作曲家となった中村八大、桐朋音楽大学一期生で福岡音楽学院の中心となる原田吉雄、井上直幸や藤村佑子、大学で教鞭をとる岡田敦子や岡原慎也、梅本実、古賀雅子、安井直子らを輩出した。

教育の一方で、基成のごとく末永博子は演奏活動も続け、基成のレッスンも受け続けた。基成は青木秀にこんな言葉を伝えている。

「東京音楽学校在学中、博子はけっして目立つような子ではなかった。しかし、卒業後三十数年、わたしの〝しごき〟に耐えつづけたたった一人の弟子だ。わたしの一番の愛弟子は博子なんだよ！」

末永の基成への尊敬は止まないが、日本音楽史上前人未踏の春秋社の校訂についても、昭和の東京オリンピック以降、簡単に留学が可能になると、悪し様に言う声もきこえてきた。海外でマスタークラスに参加すると原典版を使用するため、「原典版でなくてはいけない」と言われて愕然として帰国し、井口版を批判しはじめるのである。

ちょうど基成の離婚問題への非難が巻き起こるのと時期を同じくして、基成の音楽や仕事への集中批判が巻き起こったのだ。

末永はその批判について、

「基成先生の真価は日本の楽壇で十分に評価されないばかりか、時には浅薄な考えによる誤解も横行しているの。井口基成に対する正しい評価を再確認することが必要です。春秋社版は先生のライフワーク。輸入による外国版しかなかった戦後、初めて日本人の手による楽譜を出された功績は評価されるべき。もちろん芸術作品はそれぞれの時代、それぞれの人間によって解釈も違う。解釈は時代によって違うものの使いやすさは定着しました」

井口版に対して、同時代の権威ある音楽家だったタチアナ・ニコライエワは、「この春秋社版は素晴らしい。まずはこの本で学び、そして音楽を自分の物にした時に好きなものに替えればいい。この努力の見事さに頭が下がる」と語ったという。福岡音楽学院は世界各地から演奏家を迎え、公開レッスンを行っており、オーストリアのザイデルホーファーが来日した時には、ベートーヴェンについて、「音楽にとっては後進国と思われていた日本に、こんな素晴らしい版があったのか！　そんな短い留学期間にもかかわらず、ヨーロッパ音楽の真髄を理解し、把握し、それを日本の風土に移植し、立派に花を咲かせた」と、基成が多くの弟子を育てたことを讃えた。

「でも、基成先生は、ヨーロッパ留学から帰ってきて自分が一番偉いと思っている方やどんな方にもシャカポンおっしゃるから嫌われましたよ。上手にやるなんてあの先生はできないし。基成先生から可愛がられたのに先生を悪く言うようになった人も多かった。

先生の求めてらしたことは高かった。そう、あの兄妹は。愛子先生のレベルの高さ、目標の高さは、基成先生もかっていました。『自分の妹を褒める訳じゃないけど、日本人教師として、愛子を超える教師はもう出ないかもしれない』と。実際、そうじゃないでしょうか」

末永は次のような基成の言葉を座右の銘としている。

「作曲家が何を望んでいるか、より一層作曲家に近づく勉強をしなくちゃいけない」

「テクニックというのは、ピアノだけじゃダメ、オペラも聴いて、いろいろなものを聴くことがテクニックにつながる。そして、十年たっても十五年たっても師を選べば取り戻せる、先生を選ぶことが大切だ」

基成は博多に来ると、必ず博多のバー「ゆかり」に寄って酒を楽しんだ。多田ゆかりにとっても黄金時代を迎えていた。

「先生は酒のつまみに豆類がお好きで、うちのオリジナルの塩炒りして油で揚げたグリーンピースをよく召し上がった。それで女の子たちが井口センセ言って『豆がすいとんしゃーね』と。鳩の歌がありますでしょう、それで『ポッポ先生やね』、と言っていたのですが『やっぱり鷲よ、鳩じゃかわいそうだから』というので鷲。それで先生のことをコンドル先生とお呼びしたのですが、『ばってん、鷲は豆、食べんでしょう』などと」

多田は当時の会話まで再現し、「井口先生は鳩の暖かさで、コンドルの猛々しさをもって羽ばたき続けた」と詩的に繋ぐ。

「非常に強い面もあったけれど、内心は極めてナイーヴで、そうでないとああいう音楽、あんなふうに綺麗な音楽はできないですね。

うちの店はカウンターに彫刻があり、先生はいつもカウンターで、好きな酒瓶が並んでいるのを見て楽しんでいらした。褒めていただいておりました。わたくしは独身で、『ゆかちゃんは、ラヴ・イズ・ベストだね』と言われていて、先生も新しい奥さまについてご相談事があったようですが、男と女のことは周りがとやかく言うものではないと思っておりましたし、わたしは夜の酒場に恋をしていて華やかに自分の世界に生きておりました。酒場のママは生活臭はいらないという気持ちでしたから、先生もお話しになるには酒場が華やかすぎたのではないかと思っております」

基成は愛する酒を前にすれば、本音を口にした。

多田ゆかりの回想は続く。

「福岡音楽学院にいらしたとき、秋子先生が基成先生のお迎えにいらしたことはありますが、店に入られたことはございません。バーは男性だけの世界でした。

その後、基成先生は身一つで秋子先生のもとを去られて、物質的なこと、金銭的なことはきちっとなさったようですけれど、世間は冷たかった、と末永さまからチラとお聞きしました。

酒場の女にうつつを抜かして、家族をめちゃくちゃにしたダメな男と烙印を押され、秋子先生にばかり同情が行き、先生は非常に悪い男になられてしまった。

新しい奥様については、東京へいらっしゃる前、博多のどこかの店にいらしたとのことですが、どこかは存じません。当時、博多は全盛で何千軒という店があったのです。青木様でも知らないのではないでしょうか」

基成は「ゆかり」のカウンターで、気の弱い一面も晒《さら》している。

「ママも僕を、やはり悪い男だと思っているんだろう？」

ゆかりはそれをやり過ごして、いつも基成から言われていた言葉を返した。

「ラヴ・イズ・ベスト！」

それでも基成は独り言のように続けた。

「銀座の酒場で聞く博多弁は、最高だったんだ！」

「わたしはそれが全てだと思うのですね。もし彼女が博多の人でなく、博多弁でなかったら、先生がお酒を愛されてなかったら、ああいう風なスキャンダルは起こらず、先生がその女性にのめり込むことはなかったのではと思いました。

井口先生は博多の人々にとても大切にされていて、先生にとって博多は懐かしい、希望の地だったのではと感じていました。『きんしゃい』『あんた、何しよっと？』、好きを意味する『すいとっと』をよく福岡に単身赴任しているお客様が真似してらしたけれど、これらは女言葉。そんな言葉を銀座で聞いた時の、井口先生の反応は想像できるのです」

やがて、バーには女性も出入りするようになる。

「そういう時代になると、博子先生も基成先生とご一緒なさいました。でも博子先生たちは秋子先生サイドでしたので、奥様のことはお話しにはならなかった。

基成先生は、お顔色も悪くげっそり痩せてらしてからも、いらしていました。『酒は家では絶対ダメだ』となったらしい。奥様も店に勤めていればお酒を勧めても、やはり家庭に入られると、そうなりますよね。

うちでもお身体に障るから飲ませられないと思いましたけれど、基成先生は、『ママだけが頼りだ』とおっしゃる。結局根負けして、水割りを少しだけお出ししました。左手のグラスを持つ手が震えていましたが、グラスを手にして口に持って行くと満足そうに笑顔を見せられた。晩年にはお弟子の井上豊代美さまがよくご一緒なさいましたが、その後、極端に弱られてからはお見えになっておりません」

昭和三十年代生まれの井上は福岡音楽学院に学び、基成にも高校時代まで師事した。しかし、音楽の道には進まず、仕事のために頻繁に福岡と東京を行き来し福岡で顔の広い人物だった。

末永から井上を紹介されて福岡音楽学院で会った。その後、井上からは妙子の親類を紹介され、実家のあった場所にも連れて行ってくれた。

「基成先生が福岡にいらしてレッスンを受けると、私はいつも叱られてばかり。でもそんな先生から褒められた時にはそれが自信になります。十五歳でも十六歳でも先生が良ければどうにでもなる、演奏家にならないとダメだというお考えでした。それで私はやめたわけですが」

と明るく笑う。

「先生はお身体が悪くなり、私が二十二、三ぐらいになると、へんに素直で正直な感想を私にも漏らされるようになったの」

基成は生徒が長じると、同等に扱うようになることは、他の弟子たちも語っている。

「基成先生が演奏旅行中でも、妙子さんからは、飲んでない？　飲んでないわよね？　と、電話が入っていたらしい。バーに妙子夫人が怒鳴り込んできたこともあった。でも、ご本人にとってお酒は本望、体に良くないものに限ってお好きで、レッスンの間もタバコを吸っていました。

基成先生は子煩悩で、妙子さんとの間の一番上のモエさんを福岡に連れてきたこともありました。ピアノの脇で遊んでいましたよね。趣味でピアノを習わせているというけど、有名な先生についていた。趣味だったらヤマハくらいでもいいでしょう」

モエは、黛敏郎が司会をつとめていたテレビの「題名のない音楽会」にも幼いころ出演したことがあったという。

「基成先生は『秋子の子供たちは僕を怨んでいる』ともおっしゃっていた」

そんな苦悩を漏らす基成は、井上にとって忘れられない存在だ。春秋社の校訂についても基成は口にしている。

「先生はご自分の春秋社版について批判するのはわかると。『あれは勉強の一つの参考。子供には原典版などわからないだろう、自分のはワン・オヴ・ゼムと考えろ、日本は歴史がないから』と。校訂をなさる時には、秋子先生にもだいぶ聞いたり質問したりしたともおっしゃっていた」

来福の折には、基成のレッスンが終わると、末永が会食の場をもうけた。それは斎藤秀雄や秋子が来た時も同様である。ある時、斎藤を出迎える段取りが悪く、斎藤が怒りを露わにしたことがあった。このとき末永は博多一の料亭に斎藤を連れて行き、ご機嫌を直してもらった。

「斎藤先生は一流がお好きだった」と、末永が院長室の斎藤の写真を見上げる。この辺りの感性も基成と斎藤とは違った。

基成は小じんまりとした料理屋が好みだった。末永に誘われて、井上もよく同席したものだ。福岡は玄界灘の魚が豊富だが、基成は川魚など人とは違ったものを注文した。

「これは何の魚か」

「それに答えないと、基成先生は怒って。音楽以外のこともうるさかったですよ。でも、仲居さんやお手伝いなどそういう人には優しかった。一度、頼んだものと違うものが出てきてしまい、『これ違います、取り替えてください』と言った私の言い方について、『あんたね、文句いうときは下手に出て文句言ってもしようがないよ』と、そんなことまで教えられた。

基成先生はオシャレで、よく赤色が入ったチェックのシャツなどお召しでした。妙子さんと結婚してからオシャレになったのかもしれない。質の良いものを着てらした」

基成は、福岡に来ると必ず妙子の実家にも寄って、自分より年下の父親とも酒を酌み交わした。妙子の親類によると、

「基成さんとは、写譜をしていて知り合ったと聞いた気がするが、基成さんは男気に溢れた方でした。妙子は東京でステーキ屋に勤めていた時代、ある男性との間に子供もできた。基成さんはそれを知らずに妙子と結婚しようとしていて、知った時には最初は怒っていたようですが、許してくれた。男らしい人でした。

妙子がピアノを習っていた？　いいえ、そんな余裕はない家でした。近くにピアノを修理するところがあって、そこで時々弾かせてもらっていたくらい」

5　みんな僕の責任なんだから――田崎悦子の椅子

末永博子の心の中には、「基成が帰ってきたら今でも笑顔で迎えることができるわ」という秋子の言葉が響きつづけていた。夫の末永直行が創設したピアニスト発掘のための「西日本出身新人紹介演奏会」のオーディションは毎年行われ、一九七五年には委員長が基成から秋子に替わっ

ていた。

学院一期生のピアニスト藤村佑子によると、末永直行と再婚した博子の素顔は、「全然計算できず、世間がどう言おうと自分の世界に生きている。恥ずかしいも何もなく、ただ一生懸命でかわいくて面白い方」である。そんな末永ならではの発想で、基成と秋子を再会させようとしたのである。

基成は福岡に来ると素を取り戻す。「本当は飲んじゃいかん」といいながら、美味しそうにビールや日本酒など弱い酒をすすった。博多には行きつけのバー「ゆかり」もある。基成は福岡では肩肘を張らない。もともと率直で飾り気がない基成は、その物言いがかえって誤解の種になることが多かった。

体調が悪くなっても、そんな基成に変わりはなかったが、東京から遠く離れてもいる福岡でなら、秋子と再会させることは可能かもしれない。末永は、秘書を何度も二人のもとへ遣わし、その日に向けて二人の気持ちを確かめるのだった。

一九八一年四月二十九日の「西日本出身新人紹介演奏会」のための選考会初日の昼前である。

基成と秋子は、福岡音楽学院の院長室で顔を合わせた。基成はヤマハの工藤清につきそわれていた。

「若奥様は自分の仕事で外出していて、病気の先生と小さい子が在宅。『細々とつき合ってくれればいいんだ。たまに遊びにきてくれれば』というので、『じゃあ、一丁迎えに行ってやろう』となったのですよ」

「しばらく」

言葉を交わすのは何年ぶりになるのだろう。基成の表情は和やかで、子供たちのことを訊いた。秋子は饒舌だった。近況を伝え、さらに孫の可愛さまで口にした。基成はまだ孫には会ったことがなかったのだ。弁当が出されると、基成は箸を持つ手も不自由で人の手を借りたが、秋子は黙って箸を進めた。

オーディション会場では二人の間に、愛弟子の原田吉雄がいた。審査がはじまると、二人は原田に、曲のカットのことでいろいろ注意を与え、基成から「よし！」の一言が出るまで、原田は緊張の連続となった。

休憩となって、基成が用を足すというのでヤマハの工藤清が付き添おうと手を貸した。秋子は「お世話になります」と深く礼をした。本来なら面倒を見るべきなのは自分だと感じているかのようだった。

その日の晩は、料亭「嵯峨野」での会食が予定されていた。

この席に、「基成と秋子の弟子だから」と末永博子に言われ、同席したのが藤村佑子である。

「末永先生からは『とりもって』と言われていたのに、美味しいですね、とか、いかがですか、だけしか緊張して言えなかったの。だいたいは秋子先生から基成先生に話しかけられて、写真をお見せになりながらお子様、お孫さんのお話をなさった。基成先生は、家を出てからもお子さんたちとは会ったりしていたと耳にしていたけれど、この時は久しぶりにお聞きになられた感じだった。ちょうど庸子さんが、絵の勉強をしたパリから帰国されたばかりだった。

秋子先生は、基成先生が食べ物をこぼされても妻のように面倒をみたりはしなかったけれど、お二人ともとても穏やかだった」

四人の会食の席だから、基成はその日の審査での誤解や、日本の音楽界の動向についても話題にした。帰り際に秋子は基成に手を差し出し、二人は手を取り合った形となった。末永へは二人から感謝の意が伝えられた。

翌日の基成は、「秋子は昔とちっとも変わっていない。子供のことばかり言っている」と、「皮肉めいて」原田吉雄に語ったという。基成の気持ちはどうだったか。このころの妙子との結婚生活はどのようなものだったのか。妙子は秋に開くイベントの準備に忙しかった。


八一年十月、ミットアンによるファッションショーが開かれた。

基成の姪で女優の井口恭子は、このパレフランセのショーでモデルが着て登場した洋服を買っている。それはタンクトップ・キュロットで、同じプリント模様でオーガンジーのジャケットがついた洒落た輸入もののセットアップだった。

恭子は、ちょうど俳優座公演の曽野綾子作・田中千禾夫演出「神の汚れた手」の本番を迎えていた。

「うちは父がサラリーマンで、ミットアンの商品は裕福な基成伯父ちゃんのお弟子さん向けのようなお値段でしたが、この時は買ってもらったのです。これをその日、劇場に持って行って、楽屋で着てモデル気取りで歩いたりしました。

ファッションショーでは民放のワイドショーに出ていた村上充俊さんが司会を務めました。ギャラはかなり高額だったと聞いています。このとき基成伯父はかなり痩せてしまっていたけれど、杖をついて来ていました」

妙子は世田谷の家の改築計画にものりだした。百四十坪余りの土地に木造平屋だった家の大半を取り壊し、新しく地下一階、地上二階の木造・鉄筋コンクリート造り、総面積九十七坪あまりに増築する計画である。基成所有の不動産はないが、基成が購入したこの土地は、入籍前に妙子と三人の子供にすべて贈与していた。基成所有の不動産はないが、昭和五十年代ですら毎年一八〇〇万円の印税があり、この時にはすでに四十九巻が出版されていた。

基成の弟博雅は妙子に尋ねたことがある。

「子供は預けて、仕事をしていて兄の体調もよくない。それでわたしが行ったとき、妙子さんに、喰うに困らないんだから働かなくてもいいのに、と言うと、不安なんですね、貧しさに対する、かな。仕事をして稼いでないといつどうなるか、というのがあるんでしょう。自己表現もしたかったのでしょう。外には気前いいし、僕ら親戚にはよかったし、いい妻だったと思いますよ」

妙子や子供たちは工事のために一時的にマンションに移った。しかし、基成は一人、古い別棟の座敷部屋で寝起きするようになった。

基成の体調は一進一退を繰り返していた。傍目には回復しているように見えることもあった。秋子に師事した昔の弟子が内緒で訪ねてきたときである。

基成は昔から新聞数紙を購読し隅から隅まで読む習慣があったが、その習慣は変わらないようだった。新聞が広げられていた。

「何かできることがあったらどんな雑用でもお申し付けください」

「ありがとう」

基成は静かに返した。

「また来てください。桐朋に行くこともあるから、そっちに電話して」

桐朋には、まだ基成の居場所があった。


基成は翌八二年六月五日には、もう一度、福岡での審査会に出席している。秋子がいるのも前年同様である。

本選後のホテルニューオータニ博多で開かれたパーティーでは、音楽界の事情に疎い事務局長が、基成と秋子を示して「今日ははるばるご夫妻でおいでいただきありがとうございました」と挨拶してしまった。一同は驚いて二人の顔を見たものである。

席上、その日の最高賞に選ばれたピアニストの話になり、基成が「誰が先生か知らないけれど」と口にすると、すかさず秋子が「すみません、私です」と微笑みながら応じて、会場を和ませた。二人の雰囲気は、かつてを彷彿とさせるものだった。

パーティーが終わった。

秋子が基成の車椅子を押した。基成の定宿は西鉄グランドホテルで、秋子は下のロビーまで、基成の背を見て押した。二人は無言だった。

秋子は車寄せで、車椅子から迎えの車内に体を移動する基成に手を貸した。

「体に気をつけて、健康よ、健康よ」

身を屈めて何度も基成の耳元でさとすのだった。基成の方は応じる言葉もなかった。

基成が、さらに不自由な体になったときに、福岡でレッスンを受けたのが藤村佑子である。

福岡でのこの時が、藤村にとって基成を象徴するレッスンとなった。

「この年だったか、その次の年だったか忘れてしまったけれど。基成先生のレッスンは、ベートーヴェン中期の、あまり有名でもいい曲でもないものだった。基成先生は手が動かない。喋れないどころか口も満足に動かせない。それでも『うー、うー、うー』とうめき声で説明なさろうとする。ピアノを鳴らして音も出せない、説明もできないレッスンだったの。

でも、とても良くわかった。心が通じるのです。そこにいた生徒もわかったみたい。

昔から感じていたけれど、あの先生は電波を送れる。そういう能力がある。偉大な人ってオーラがあるというけれど、まさにそれで、和音ではじまるその曲の出だしたるや凄かった」

基成のこのレッスンは、藤村の音楽の根底を形作っている。

末永に対して、基成は「もう思い残すことはない。あんたには世話になった」との言葉を残して福岡を後にした。基成が、翌年の審査会に出席することはなかった。

東京では、工事の騒音が連日つづいていた。基成の体調は相変わらずで、入退院を繰り返していた。

一九八二年秋、新しい邸宅が完成する。その内装の仕上げのためにまだ職人が入っていた頃である。

ある日、松岡貞子と江戸弘子が基成を訪ねた。

玄関ブザーを押してもなかなか応答がない。

やっと「はい。おはいりください」という基成の声に導かれて、そのまま部屋に入っていった。

玄関の鍵はかかっていなかった。

基成はベッドで横になり、テレビの国会中継を見ていた。尿瓶がサイドテーブルの上に置かれたままだった。妙子は留守で、二階には長女モエがいるとのことだった。お手伝いは買い物に出ていた。

応接間にピアノはなく、一番奥の端の部屋にピアノが置かれていた。

基成の置かれた状況に、江戸弘子が思わず、「主人の方で、なんとかしますから」と呟いた。

松岡と江戸はなんともいえない気分で帰ってきた。

桐朋ピアノ科の主任となった一期生・林秀光も、この家を訪問している。林は、基成の持つ生徒たちの今後のレッスンについての意向を聞きたいと思ったのだ。

体力が落ちたと、基成はつぶやいた。

「体がいうことをきかないんだ。血管がぼろぼろですぐに破れる。トイレの時もうっかり力めないから大変だよ」

基成の気分を変えようと、林は外でゆったりと動いている犬の話題を持ち出した。すると、基

成は、

「あの犬も具合が悪いんだ」

真新しい家で、基成は具合の悪い犬とガラス越しに生活していた。

まもなく妙子には、若い恋人がいるのではないか、と囁かれるようになった。いなくなっていたブティックの男性店員が戻ってきて、井口邸で一緒に住んでいるというのだ。基成は寝たきりとなる一方、妙子は若い男と……。それは、パリにいた基成に日本から送られてきたという谷崎潤一郎の『鍵』を思い起こさせた。

ヤマハの金原が基成を訪ねて、妙子について訊いたことがある。

すると、基成は詳細を口にせず、「仕方がないんだよ」とだけ返すのだった。

「いいんだ。みんな僕の責任なんだから」


やがて基成を訪ねてくるものも、ほとんどいなくなった。

基成の方は、妙子の孤立を心配して、大阪の相愛大学音楽学部教授の伊奈和子に頼ったことがある。

「基成先生がいかにも言いにくそうに、『妙子の相談に乗ってやってくれないか』とおっしゃった時のことは忘れられない。妙子さんは、晩年の基成先生をよくいたわって優しくお世話なさってこられたことは本当によかったと思う」

基成は慶應病院に入退院を繰り返すようになり、容態の悪化が弟子の間に広まった。

一九八三年九月には、秋子が、聖徳大学音楽科教授だった松田敬子に誘われる形で、基成の病室を秘かに見舞ったのだった。

そこには福岡でよりもさらに痩せた基成が横たわっていた。

「こうして来てくれたのは、許してくれたということなんだね」

秋子は基成の手を握った。言葉も出ず、秋子は何度も頷くだけだった。病室を出てから、秋子は身を震わせ、涙が止まらなくなっていた。

「こんなことならば、あのときあんなにあっさりと引き下がるのではなかった」

二人が別れて住むようになってから二十年以上が過ぎていた。

井口秋子

その直後、秋子に会った弟子がいる。ニューヨークに留学中の田崎悦子である。田崎は小学六年から秋子に師事し、ブゾーニ・コンクール、リスト＝バルトーク国際コンクール入賞後、カーネギーホールにおいてデビューコンサートを開いた。スイス・ロマンド管弦楽団、七九年にはゲオルク・ショルティのオーディション六百人の中から選ばれシカゴ交響楽団と共演し、その後世界第一線の指揮者と共演し三十年にわたってニューヨークに在住する。この時は一時帰国していて、秋子が六本木の鮨屋で奢るというので待ち合わせをしていたのである。

「その日、秋子先生は特に綺麗だったの。どうして？　と思った。

　わたしは基成先生のレッスンで椅子をぶつけられたことがあったけど、こちらがマゾヒストなのか、それでも基成先生が好きだったの。怖気づかないはずはないんだけど、この先生はどこかに暖かいところがあると思っていた。怒られるから練習したというのでなくて、はっきりいうと、小学生なのに基成先生に男性を感じていた。特殊な人だったと思う。

　彼も凄く音楽が好きだったんだと思う。その人に上手くなって欲しいとか、女を感じたとか、子供ではあるけれど愛おしさとかあったと思う。今では考えられない魅力がある人。他は知らないけれど、音楽の世界にああいう方はいない。春秋社の校訂楽譜を出しながら毎週のように演奏会を開いて、それも日本初演をたくさん弾いた。外国のレコードがあったとは思えないし、暗譜。

　校訂って、その人の音楽性が現れちゃうものなのね。基成先生の校訂には指使いが変なものがあるという批判があるけれど、ペータース版やシュナーベル版やコルトー版だって、これ何？　と思うところがある。

　秋子先生は基成先生について、『うちの基成はねえ、トイレに入っていて、パンツはかないで出てきてピアノ弾きだすのよ』なんてノロケるの。

　晃成さんも、二人にそっくりだった、感性が。中学三年と高一の室内楽レッスンの帰り道をはっきり覚えている。『綺麗な夕焼けだけど、このショーソンの曲ってさあ、こんな夕焼けの色かなあ。フランスの夕焼けもこんなかな、ショーソンはこんな夕焼け見ながら書いたのかな』って言ったの。ニューヨークの留学も同じ時期で、ある日、夜中の十二時頃にベルがなった。井口です、っていうから、アキちゃん？　ドアを開けても、ただぼんやりと立っている。遅いんだから入って喋ろうよってコーヒー出しても、ずっと押し黙っている。カーネギーホールの音楽会に行ってきたところで、それがあまりにも凄くて、僕はよくわからないんだ！　というの。誰かとシェアしたかったんだと思う。アキちゃんは、ご両親を尊敬していた。アキちゃんのことでは、その後、秋子先生の涙を見たこともあった。

秋子先生ってあんな顔だし、冷たいとか理知的と言われるけど、本当は感覚的で子供っぽくて純粋。わたしが日本のしがらみの中にいないから、人に言えなかったことも言ってくれてよく話すようになった。基成先生も感性の人。だからあの二人では話ができないと思う。

秋子先生はいつも綺麗だったけど、その日は特に輝いていた。そうわたしが告げると、先生は恥ずかしそうに『わたし今、基成とさよならしてきたの』と嬉しそうに言った。わたしはなんて幸せな人なんでしょう、と言ったの。わたし自身はその頃生涯をかけて好きと言える人がいなかったから。すると先生はわたしの目を見て『えっちゃん、わたしって幸せなのかしら』と逆に女の子のように訊いてくる。『基成はもうすぐ天国に行くけど、わたしは幸せよね』って。わたしの人生の感動の一つのモメントだったんです」

基成の死の二週間前のことである。

この後、秋子の子供たちも父の元に駆けつけた。

十年ぶりだった。変わり果てた父の姿があった。

長男の井口家成は四歳になる息子を連れていった。一目、孫も見てもらおうと思ったのだ。

「死の十日前くらいでした。タカヒコいるよ、と孫の名前を伝えても、皆の近況を伝えても、ああ、そう、とすでに意識は朦朧としていた。それでも僕は話しかけた。晃成のことを伝えた時だけです。父に、晃成が目が見えなくなったんだよ、というと、その時だけ目をカッと丸く見開いた」

九月二十九日午後四時二十五分、天皇と呼ばれた男の心臓は停止した。井口基成、享年七十五。

秋子や子供たちは、夜七時のＮＨＫニュースで基成の逝去を知った。病院へ向かわずにいられなかった。しかし、父はすでに解剖に回され、その青ざめた顔を見たくても、すでに冷凍室に安置されていてかなわなかった。

二日後、世田谷の邸宅で通夜を兼ねた密葬が行われることになった。

妙子が喪主である。病院から遺体が運ばれ、祭壇が作られようとしている時、妙子が遺体に「パパ、ごめんなさい」と泣きついているのを基成の姉孝子が目にした。

秋子の長女康子と次女啓子が現れた。康子は四十七歳、啓子が四十六歳となっていた。康子より一つ上の妙子は四十八歳、長女モエは大学生に、晴貴が高校で、サエが中学生である。

井口家と秋子側とは、親戚づきあいはしておらず断絶していたから、随分久しぶりの対面だった。

モエは「今、誰か知らない人がやって来て、姉妹だからこれからは仲良くしましょうねと言われた」と従姉妹にあたる井口恭子に口にした。基成の過去について、妙子は子供たちに何も話していなかったのだと恭子は初めて知った。妙子はというと、奥の階段を降りて半地下になったような部屋に行って座ってしまった。その脇には井口家の親類も知らない若い男性がいた。

康子と啓子は、基成の遺体との対面だけは果たせた。ただ伯父の西塚俊一からは通夜の席に入ることを止められた。二人をよく知る弟子たちは外にたたずむ娘たちを複雑な思いでながめていた。

この日の弔問帳には、井口晴貴を筆頭に、モエ、サエ、妙子、そして姉弟妹がつづく。さらに江戸英雄、三善晃、伊藤武雄、伊藤花子、そして名古屋から、京都・神戸・宝塚・三重などの関西方面から、九州からなど、全国から集まった基成一門の主だった三百名ほどの名前が記されている。

翌日、親族によって密葬が行われ、出棺茶毘となった。

桐朋女子の生江と、男子校の校長として、桐朋を発展させた児玉実雄が、基成のレッスンを三十分ほど見学したことがある。その間中、見ている方がハラハラしどおし。天井が抜けんばかりの怒声、どうかすると熱情のあまりに相手を突き飛ばした。なぜそんな間違いをするのか、なぜ理解できないのか、と思う怒りの言葉。短気とかいった単純なものではないと、生江と児玉は話したものだ。

基成はレッスンが終わると人が変わったように、それまでの叱咤激励を忘れたかのごとく、人間的な温情あふれる言葉を弟子にかけたのだ。

その晩、三人は小料理屋で杯をかたむけた。

「そろそろお開きの時間だな」

児玉が立ち上がろうとした。すると基成が溜息をついた。

「僕の城は遠いなあ」

それは、巨体の甘えん坊といった体だった。児玉は、一瞬この豪快な男の中にひそむ少年のような無垢な心を見たと思った。

「じゃあ、僕の城へ行きましょう。あなたのほど大きな城でないが」と誘いをかけると、生江がすかさず、「俺の城が一番近いから一緒に来いよ」

基成と児玉は、ハタ迷惑も顧みず、ノコノコと生江宅に行く。生江夫人は酔っ払い客を扱い慣れていて快く接待してくれるので、ひとしきり三人は訳のわからないことを話し合う。やがて基成と児玉はそのまま生江宅の布団に潜り込む。頭の割れるような深酒の翌朝にさえ、基成はいつもの通り酒の王者の貫禄で、さっと風呂に入るとビールを実に美味そうに飲んだものである。

しかし、今、基成はたった一人で旅立たなくてはならない。一人では寂しすぎる。

6　葬儀

二週間後、基成の告別式は日本演奏連盟と桐朋学園の合同葬として、妙子を喪主、葬儀委員長を三善晃として青山葬儀所でとりおこなわれた。

一般席には秋子や子供たち、孫らの姿があった。康子や啓子が、親族席に座れないのか、と基成の弟博雅に詰め寄っていた。しかし、喪主は妙子である。

一般席で秋子は正面にかかげられた基成の写真を見つめていた。その目はかすかに潤んでいた。やがて基成が演奏したベートーヴェンの〈皇帝《エンペラー》〉が奏でられはじめると、それに合わせて目をつぶって右手をパラパラと動かした。秋子と基成はともに同じ曲を演奏しているかのようだった。

桐朋の生江義男と安川加壽子らの弔辞があった。

参列者の献花が始まる。妙子を喪主として祭壇に向かって右側に晴貴やモエ、サエ、横には親族の孝子や愛子、博雅、豊子、彼らの子供たちなど親類が並んだ。献花の後、参列者はつぎつぎと挨拶をして会場を後にする。その列は二時間も立ちつづけなくてはならないほど長く連なっていた。

さて、一般席から立ち上がった秋子やその子供たちが献花する順番となった。皆、祭壇の大きな基成の写真をじっと見てから花を供えた。会場の出口に向かって進んでいくと、誰かが「秋子先生！」と呼び止めた。すると、その声がまるで合図となったかのように、秋子の元へ人々が泣き崩れて近寄って行った。

会場の後ろ隅に家成、そして秋子、康子も啓子も庸子も立ち尽くした。

秋子の周りには人だかりができ、会場の雰囲気はにわかに悲しみをました。皆が、秋子の姿を見ると、泣いて手を取りに行くのだ。秋子は震えた手で弟子たちの頭を撫で、やがて自身も泣き崩れていった。

喪主の周りよりも、出口近くの隅に会葬者が溜まっていた。晴貴が自己主張なのか、盛んに咳払いのような音を出していた。

秋子と子供たちはそこに居つづけることになった。基成の家族として、三千人を超える会葬者の背中を見送ることになった。秋子と四人の子供たちは、基成の大きな遺影を前に最後の写真を撮っていた。

この時は、まだ誰も、基成が秋子と妹の愛子を、すぐに天上に呼び寄せるとは思わなかった。井口基成は、長く一人でいることができない寂しがり屋の巨人である。

エピローグ　墓参

二〇二一年十一月、眩しいほどの日がさす秋晴れの日、わたしは井口基成の墓参のために小田急線の電車に揺られていた。同伴してくれるのは、基成の姪井口恭子で、恭子の案内で井口家の墓参りをするのは二度目だった。

一度目は井口基成の評伝執筆のために取材を始めた頃で一九九九年の六月である。その墓は小田急線沿いでなく、山手線の駒込にある染井霊園にあった。

染井霊園は一八七四（明治七）年に開かれたという。樹木も多く、都内の貴重な緑を保全している。日本の春の訪れをつげるソメイヨシノは、この染井で吉野桜が品種改良され広まったものである。

六月の雨で洗われた樹木は枝を豊かに伸ばす時期で、鬱蒼とした緑に覆われたところもある。一匹の猫が木々の間をゆったりと歩き、のどかな時間を過ごしていた。

恭子に案内された一角に黒ずんだ遠くからも明らかな墓標があった。そこには大らかな筆致で「井口家之墓」と刻まれている。誰の手による文字だろうか、と思う。父基二か基成か。井口家の人々は皆、達筆である。踏み石を進むと、右手前には基成の弟英成や姉節子の墓石もある。周りには和花の咲く灌木が植えられていた。正面の墓標には、台座から下半分くらいまで苔が這い上がってきていた。年代ものの墓石である。

裏にまわってみると、基成の祖父母、早逝した姉弟、父、疎開先で亡くなった秋子との三男通成、母秀の名前と没年が刻まれていた。私がノートに書き写していると、恭子は意外な事実を口にした。

「そこには書いてあるけれど、ここには誰も入っていないの。今でもはっきり覚えている。残暑の厳しい日に、井口家の墓を別の墓苑に移すということになって、妙子さんの主導で、私の父母、定子伯母、豊子叔母、従兄弟の磐根たちと皆で墓じまいすることになったから」

秀が生きていたころ、恭子の父母はよくこの染井に墓参にきていたという。桜の季節には秀も誘った。しかし、父博雅は秀から「そんなにお参りしても、長男じゃないからお前はここに入れないんだよ」と言われ、小田急線の生田にできたばかりの春秋苑に新しく墓所を買ったという。

「一九六〇年くらいかしら。春秋苑も桜が綺麗で、その墓にはまだ誰も入っていなかったけれど、両親はそちらに秀と一緒に桜を見に行くようになった。墓苑内の深大寺蕎麦の店に寄るのも秀は楽しみにしていた。おばあちゃんにとっては、基成家に行くより母まさ子の方が嫁らしく思えたようで、うちには来やすかったみたい。

それからまもなく秀の具合が悪くなって、当然のことながら染井の墓地に埋葬された。雨の中、基成伯父と父が傘をさして骨壺を持ちにくそうにしていた姿が目に焼き付いている」

染井霊園の墓を継いだのは長男基成であり、さらに基成の死後は妙子が本家の嫁として管理することとなった。

「ところが伯父ちゃんが亡くなると、妙子さんも春秋苑に墓を購入して、そちらに井口家代々の墓を移すことになった。それは秋子さんとの三男の通成が、この染井に埋葬されていて許せなかったからだと思う」

基成が亡くなって二年目を迎えようという一九八五年八月二十六日のことである。

「私たちが墓に着いた時には三つある踏み石がはずされ、墓はすでに暴かれていた。ビニール袋の中に骨が入っていました。たか、節子は土葬だったそうで、かなり深く掘り下げていた」

妙子の方は「小さい骨壺よけてください」と、埋葬業者に盛んに促していたという。通成の遺骨は妙子を感情的にさせた。しかし、骨壺も遺骨も見つからなかった。蟬の鳴き声が激しさを増した。

「通成は三歳にならないうちに、それも疎開先で亡くなったから骨がないのか、小さい骨だから土に戻ってしまったのではないかと、見ていて思ったわ」

と恭子は繫ぐ。幼かった子供の遺骨への固執は親族たちには理解しがたかった。一方、妙子にしてみれば、秋子側にいだく感情は澱のように心底に淀んでいたのだろう。

「伯父の〈皇帝〉はわたしの愛聴盤で、それを聴くと豪快さに加えて本当に繊細な魂の持ち主だと思うけれど、彼の言動が秋子さんや妙子さんを夜叉にさせてしまったのだと思う」

悪と善の入り混じった劇的人生の数々を演じ続けてきた女優の言葉だった。

管理事務所に寄って訊いてみると、通成の遺骨に関しては過去帳に記載されており、基成の死の翌年十一月には長男家成によって鎌倉霊園に改葬されていた。それというのも基成の一周忌の命日に秋子は倒れ、その三日後に急逝してしまうのである。染井にあった通成の遺骨は、秋子の遺骨とともに鎌倉に埋葬されたわけである。そんな成り行きは、妙子も親族も知らなかったから、照りつける晩夏の日差しの中でより長く立ちつづけなければならなかったのである。

染井霊園を訪ねてから二十三年という長い歳月が経った。

小田急線生田駅から行く春秋苑は広大な墓苑で、さらなる造成も続いている。入り口に近い水場には、成城時代の基成の隣人だった武者小路実篤らの名言のプレートも嵌め込まれ、有名人が多く埋葬されていることを表していた。

少し高台になった墓所は明るく、空が遥かまで広がっていた。各家の墓所は同じ広さで区切られ、通路も幾何学的に設けられている。墓石がずらりと並ぶ現代風のものである。

春秋苑には、その後、基成の妹愛子の佐藤家、姉孝子、妹定子の長男斎藤磐根も墓所を購入して井口一族がまとまっていた。姉弟妹たちと一緒にということもあったのだろう、妙子は基成が死去するとすぐに、春秋苑の同じ区画内に墓所を購入したわけである。

恭子に導かれて行くと、基成の眠る墓所に着いた。

磨き込まれた墓石には「井口家」とあり、横には「井口家先祖代々之供養」と書かれた立派な五輪塔も建てられていた。横に刻まれた「昭和六十年九月　井口妙子建立」は、染井霊園から改葬した年と一致している。

「井口家」の墓石の裏には、通成を除いた先祖たちや基成らの名前などが刻まれているはずである。ところが、基成の次には、避けたはずの通成の名前が、いちばん新しく、くっきりと彫り込まれていた。

「中丸さんと染井霊園に行った後、二〇〇三年に西塚の伯父さんが亡くなった時、妙子さんは歩くのが大変と言っていた。二〇〇八年の父博雅のお葬式には来られなかった。そうそう、そのとき晴貴が斎場に置いた昔のアルバムで基成と秋子さんの結婚式の写真を見て、こういうものはDVDにして保存しておくといいんだよね、と言ったから、それが欲しいのかしらと思ったの。モエも、ママは何も話してくれなかったと言っていた」

妙子の子供たちは、基成の通夜の晩、初めて父に他に家族がいたことを知り、やがて全てを受容したようである。

妙子は博雅の納骨の時には参列できた。しかしモエが母を支えている状態だった。恭子が続ける。

「母が亡くなった時には、妙子さんは車椅子で来た。それからまもなく、そんなに体が悪くなるのは先祖代々の墓をいじったからだと言われたようで、通成のことが気になったらしい。それで、春秋苑の井口家の墓誌に通成の名前を新たに加えたのだと思う。

さらに二〇一三年に妙子さんから電話をもらった。二つ墓があるのは良くないと占い師に言われ、巣鴨の墓は綺麗にしたのでご報告します、と。わたしの母が戦時中に流産したまだ胎児の兄が入っていたので、父母もよくお参りしていたと言うと、ごめんなさい、ごめんなさいと繰り返していました。そんなことをしなくてもと思いますが、妙子さんがそんなことを気にかけるのも、体が悪くなったせいでしょう。だから、中丸さんと行ったあの染井の墓はもうない」

その後二、三年がたち、恭子の従兄弟にあたる西塚保遠が世田谷の妙子の家を訪ねたことがある。妙子の体調はあまり良くなく、側にいた男性のことを、保遠に「今はこの子に面倒を見てもらっているの」と言ったらしい。保遠が初めて見る男性だったが、一緒に住んでいるようだった。この話を聞いた恭子は、それが妙子の基成とは別の男性との子供だと感じた。

「その子を呼び寄せたんだと思ったの」

一方で恭子は、基成の姉孝子が「ブティックのお金を男の店員にあれされちゃって、妙子さんと関係があったのかもしれない」などとコソコソと話していたことを覚えている。さらに、ミットアンを訪ねたとき、一階のラウンジ風の椅子に妙子と若い男性がいて、恭子の姿を見るとパッと離れた光景も記憶していた。通夜の席で妙子が基成の遺体に抱きついて「パパ、ごめんなさい」と言っていたことも不審に思っていた。

恭子の中では、この時点では、外の子供とブティックの店員は別の男性なのだった。

わたしはヤマハの金原善徳から聞いた「店長みたいなことをやっていた男が、ぐっちゃんが寝込んでから、あの家に一緒に住んでいたんだ」との言葉を恭子に伝えた。金原は、妙子が恋人を住まわせていると信じていた。まさに谷崎潤一郎の『鍵』で、「ぐっちゃんはデカダンスにも憧れていた」と話したのだった。

「店員の男性と基成の晩年に世田谷の家で一緒に住んでいた男性は同じ人」と聞いて恭子は少し大きな声を上げた。

「え！　何ですって。同じ人なの！」

わたしは取材をしていく過程で、店員をしていた男性は妙子が外でもうけた子供だと確信するようになった。だから妙子が基成の最晩年に、その子を自宅に招き入れていたのも当然のことと思っていた。基成は、外に妙子の子供がいることは親類以外には話さなかったから、金原は勘違いをしたのである。恭子も納得する。

「妙子さんに子供がいたということと、通夜の晩の男性が結びつかなかったけれど、その人が息子だったのかもしれない。店番の男性にお金を持って行かれたというのもずっと疑問だったの。伯父ちゃんが亡くなってから、わたしたちは世田谷の家には行っていない。一緒に住んでいて『この子に面倒見てもらっているの』というなら、それが息子なのだと思う」

基成の体が弱り切っていて金原に詳しい説明をしなかったために、妙子に対する誹謗中傷が世間に流布していった。基成の死後には〈哀れ「ピアノ界の大御所」の晩年〉なる一文が出たこともある。

確執も解ける時期に入ったようだった。

体の弱った妙子は親類とは一線を画し、母からは何も伝えられていない子供たちの世代が従兄弟姉妹同士で親戚づきあいをしている。しかし、親類さえもが、外の子と妙子が連絡を取って一緒に住んでいるとは想像していなかった。弁明なき井口基成と妙子だった。

恭子は季節ごとにこの春秋苑に墓参に出かけ、基成や父の世代の人々を思い起こす。いくつかの花束を抱え、親類のそれぞれの墓を巡る。最近になって基成家の墓石の横に書かれている「井口妙子建立」の中の「妙子」という文字が、石か何かで擦られて消されようとしていることに気づいた。

妙子に対する複雑な感情を持った人々は多い。妙子は井口基成が選んだ女性である。しかし、一方で、音楽界の天皇といわれた基成の抱える多くの人々の人生に踏み込んだ咎を、自らが受けるようになったともいえる。

現代では出現することのない巨人井口基成に相応しい、終わることのない修羅は未だ続いている、とわたしは想像している。

取材協力（敬称略・順不同）

井口家成　渡辺康子　福本啓子　井口博雅　井口恭子　井口まさ子　関根有子　佐藤方紀　佐藤征宏　西塚孝子　西
塚俊一　新井豊子　西塚保遠　斎藤磐根　後藤竹

＊

横井和子　松岡貞子　徳末悦子　小林福子　江戸弘子　小林とし　末永博子　永井暉久子　園田泰子　寺西昭子　照
沢惟左子　寺島喜久子　有賀和子　高柳朗子　北村陽子　園田泰子　森山ゆり子

＊

江戸京子　本荘玲子　岡谷和子　後藤暢子　岩崎淑　雨田光弘　雨田のぶ子　神吉由紀子　関晴子　黒柳朱美　田崎
悦子　安田謙一郎　藤村佑子　野島稔　神谷郁代　田淵由美子　井上道義　喜多容子　岡藤由希子　小森谷泉　田中
義江　井上豊代美

＊

別宮貞雄　遠山一行　江戸英雄　千葉熒　佐藤晃一　渡辺登美子　石隈昭朗　生江精子　新家淳子　小森谷朋子　生
江隆之　宮沢縦一　吉田雅夫　吉田貴寿　高木東六　朝比奈隆　寺西春雄　向坂正久　野口幸助　石塚寛　堀田光子
甘利俊郎　中曽根松衛　小尾旭　草刈津三　百瀬力　佐藤寛　岡弘道　増井敬二　寺田豊次　伊達純　高梨公明　吉
田好子　吉田春樹　吉田雅樹　徳末省三　磻田耕治　志賀宗三郎　喜多賦　中原昭哉　竹内光男　竹内美知子　大畠
弘人　神吉静枝　佐藤道子　金藤万佐則　金藤吉子　野口眞一郎　樋口田鶴　金森幸男　吉野末吉　椎根和　多田ゆ
かり　田中文雄　原田真由美　Kyoko Imazu-Nanjo　埴谷雄高　木村初代　新庄哲夫　池田弘孝　深瀬俊彦　山下悳也
阿部真也　石井好子

＊

黒川乃武夫　金原善徳　工藤清　石井宏　大石雪治　鈴木達也　橋本博　高橋良樹

＊

室井嵩　利根川耕作　田中正一　野崎一郎　寺島重四郎　松尾健一　岩森栄助　山内英正

＊

ヤマハ　桐朋学園大学　名古屋音楽学校　福岡音楽学院　甘利音楽事務所　梶本音楽事務所　ミリオンコンサート協会　春秋社　三井不動産　昭和音楽大学　鮨与志乃　天城旅館　杉並区立中央図書館

＊

渋沢敦子　大熊次郎　夏目純一　菅宗次　斎藤秀子　二宮章子　水野郁子　河野俊達　菅野博文　尾高忠明

主要参考文献（本文中に明示したものは一部省略した）

『世界音楽全集／ショパン集1』井口基成編集・校訂　春秋社　一九四九年
『上達のためのピアノ奏法の段階』井口基成　音楽之友社　一九五五年
『わがピアノ、わが人生　音楽回想』井口基成　芸術現代社　一九七七年
『秋玲の記――井口秋子を偲ぶ』井口家成編　私家版　一九八六年
『母の手記　祖先へ墓参日記』井口秀・井口博雅編　私家版　一九九六年

＊

『新編日本の交響楽団定期演奏会記録　1927―1981』小川昂編　民主音楽協会音楽資料館　一九八三年
『NHK交響楽団50年史　1926―1977』NHK交響楽団編　日本放送出版協会　一九七七年
『日本楽器製造株式会社社史』一九七七年
『ヤマハ100年史』100年史編纂委員会編　一九八七年
『戦後音楽教育60年』音楽教育史学会編　開成出版　二〇〇六年
『桐朋学園音楽部門創立50周年　1952―2002』桐朋学園音楽部門同窓会　桐朋学園音楽部門　二〇〇二年
『桐　桐朋学園〈女子部〉創立五十周年記念誌』創立五十周年記念誌編集委員会編　桐朋学園女子部　一九九一年
『礎　桐朋学園創立五十周年に際し　その基礎を築かれた　み霊に捧ぐ』桐朋学園本部　一九九一年
『創立五十周年を記念して1941―1991　桐朋の教育』創立五十周年記念誌編集委員会編　桐朋女子中・高等

学校　一九九一年
『福岡音楽学院二十年誌』福岡音楽学院二十年誌編集委員会編　福岡音楽学院　一九七七年
『末永博子先生音楽活動50周年記念誌』末永博子古希の会　一九九一年

＊

『震災ヨリ復興へ』忠孝之日本社編輯部　一九三一年
『ベルリン1928―1933　破局と転換の時代』平井正　せりか書房　一九八二年
『読んで旅する世界の歴史と文化　ドイツ』池内紀監修　新潮社　一九九二年
『私のベルリン巡り　権力者どもの夢の跡』三宅悟　中公新書　一九九三年
『ユダヤ人音楽家　その受難と栄光』牛山剛　ミルトス　一九九一年
「SOUVENIR, SOUVENIR...」Yves Nat
「YVES NAT / COMPLETE PIANO SONATAS」レコード解説　中河原理　小石忠男　吉田耕一　坂清也　東芝ＥＭＩ
『日本の歴史24　ファシズムへの道』大内力　中公文庫　一九七四年
『日本の歴史25　太平洋戦争』林茂　中公文庫　一九七四年
『昭和の歴史別巻　昭和の世相』原田勝正編著　小学館　一九八三年
『徴兵制』大江志乃夫　岩波新書　一九八一年

＊

『音楽コンクール10年　1962～1971』音楽コンクール10年編纂事務局編　毎日新聞社・日本放送協会　一九七二年
『国際ピアノ・コンクール』ジョーゼフ・ホロウィッツ　奥田恵二訳　早稲田出版　一九九五年
『世界の音楽コンクール』成沢玲子編　音楽之友社　一九七一年
『日本音楽コンクール65年の歩み』岡弘道　私家版
『ピアニスト』野村光一　音楽之友社　一九七三年
『昭和楽壇の黎明　楽壇生活四十年の回想』掛下慶吉　音楽之友社　一九七三年
『おんぶまんだら　音楽・舞踏・楽器ジャーナリストの回想』村松道弥　芸術現代社　一九七九年

『音楽界戦後50年の歩み』中曽根松衛編著　芸術現代社　二〇〇一年
『日本の洋楽1・2』大森盛太郎　新門出版社　一九八六年　一九八七年
『日本の洋楽百年史』井上武士監修　秋山龍英編著　第一法規出版　一九六六年
『洋楽放送五十年』増井敬二・三善清達・後藤和彦　「音楽の友」連載　一九七四～七五年
『桐朋学園音楽科要覧』一九六〇年
「シンフォニー」（1）～（18）東宝音楽協会　一九四七年九月～一九四九年二月
「音楽芸術」第六巻第三号　一九四八年三月　音楽之友社
「音楽芸術」第六巻第十号　一九四八年十一月　音楽之友社
「音楽評論」一九四三年一月　音楽評論社
「音楽之友」第九巻第十号、十二号　一九五一年十月、十二月
「音楽之友」第十巻第十一号　一九五二年十一月
「音楽之友」第十三巻第八号、十号、十二号　一九五五年八月、十月、十二月
「音楽新聞」一九五六年一月第三週号、一九五八年六月第二週号、一九五八年八月第二週号、九月第一週号
「音楽公論」第一巻第一号、第二巻第一号、第四号　一九四二年　音楽評論社
「音楽現代」第三十巻九号（353）二〇〇〇年九月　芸術現代社
「音楽現代」第三十巻十一号（355）二〇〇〇年十一月　芸術現代社
「ショパン」一九八九年十月号、二〇〇三年十二月号　東京音楽社
「ショパン」一九九〇年四月号～十二月号　東京音楽社
「文藝春秋」一九六七年十二月号、一九七八年九月号　文藝春秋
「新評」第十六巻第七号　一九六九年六月号　新評社
「週刊朝日」一九五一年十月十四日号　朝日新聞社
「サンデー毎日」一九七三年一月十四日　毎日新聞社
「オール讀物」一九八八年一月号　文藝春秋
「新潮45」一九九一年六月号　新潮社

＊
『音楽青年の説』野村光一　レコード音楽社　一九四一年
『音楽批評・山根銀二の時代　山根銀二著作集』芸術現代社　一九八六年
『わが思い出の楽壇』小松耕輔　音楽之友社　一九六一年
『大ピアニストは語る』ヨーゼフ・ホフマン　原田光子編訳　東京創元社　一九六九年
『わが音楽　わが人生』柴田南雄　岩波書店　一九九五年
『私の音楽教育観』別宮貞雄　音楽之友社　一九八四年
『音楽有愁』遠山一行　音楽之友社　一九七六年
『私の受けた教育』生江義男　ＴＢＳブリタニカ　一九七八年
『恐るるものへの風刺』深井史郎　一九六五年
『楽器業界』檜山陸郎　教育社　一九七七年
『楽譜の正しい選び方』高橋淳　春秋社　一九八九年
『主題と変奏』吉田秀和　創元社　一九五三年
『私のなかの音楽・音楽のなかの私』吉田秀和　音楽之友社　一九七七年
『そなた・こなたへんろちょう――私の音楽マネジャー30年』野口幸助　音楽之友社　一九七一年
『猫にピアノは弾けない』野口幸助　音楽之友社　一九九四年
『ギタリストの余韻』小原安正　音楽之友社　一九八八年
『アンサンブルのよろこび』岩崎淑　春秋社　一九九九年
『わが師　井口基成　どてら姿のマエストロ』田中正史　ムジカノーヴァ　一九九七年
『嬉遊曲、鳴りやまず――斎藤秀雄の生涯』中丸美繪　新潮社　一九九六年
＊
『紅葉の絆――陸軍船舶情報聯隊（暁　第１９７７６聯隊）特別幹部候補生の記録』若潮甲陽会　一九九三年
『学校法人辰馬育英会　甲陽学院中、高等学校――学院史　資料篇　第一』甲陽学院創立七十周年記念事業委員会
『ハルマヘラ戦記』ハルマヘラ戦記編纂委員会編　一九七七年

『兵庫の歴史教育』第10号「暁部隊の駐屯と西宮空襲」山内英正　兵庫歴史教育者協議会　一九九三年
『追憶――西宮市民の戦争体験記』追憶編集委員会編　西宮市遺族会他六団体　一九九三年
『西宮市史』第三巻　編集者武藤誠・有坂隆道　発行西宮市長・辰馬龍雄　一九六七年
『阪神間モダニズム』「阪神間モダニズム」展実行委員会編著　淡交社　一九九七年
＊
『銀座・エスポワールの日々』金森幸男　日本経済新聞社　一九九三年
『夜の蝶』川口松太郎　大日本雄弁会講談社　一九五七年
『銀座』高見順編　英宝社　一九五六年
『銀座が好き』「銀座百点」エッセイ　一九八九年
『昭和家庭史年表』家庭総合研究会編　河出書房新社　一九九〇年
『マダム』織田昭子　三笠書房　一九五六年
『私は私』石井好子　岩波書店　一九九七年
『原智恵子の思い出』板倉加奈子　春秋社　二〇〇五年
『銀座 Hanako 物語――バブルを駆けた雑誌の2000日』椎根和　紀伊國屋書店　二〇一四年
＊
このほか、演奏会パンフレットの掲載文、「アサヒグラフ」「毎日新聞」「読売新聞」「朝日新聞」「産経新聞」など、先人たちの取材によりなされてきた新聞雑誌類も参考にさせていただきました。また、引用に際して、旧字・旧かな遣いは新字・新かな遣いに改めました。

あとがき

井口基成は、ある時期の日本音楽界そのものを具現化している一人の巨大な天才だと思う。日本初の本格的な演奏家として、音楽界の未来への壮大な展望という母胎を作った。彼がいなければ、世界に羽ばたく日本の現在の演奏水準は存在しなかったと、書き終えて思う。

基成は十六歳でピアノを始めるという晩学ながら、東京音楽学校といわれた現東京藝術大学を首席卒業後、パリに貧乏留学をした。帰国すると演奏家として、一方で母校の教授となり教育活動も始めた。しかし、戦中の対潜音感教育や外国人音楽家排斥を先導したとして、戦後、戦犯の名指しを受け教授職を辞した。その不遇時代に、作曲家を網羅する全四十九巻となる春秋社の楽譜校訂に着手し晩年まで作業を続け、その楽譜は現在でも発行される超ロングセラーである。敗戦後の焼け野原で「子供のための音楽教室」を設立し、それは桐朋学園大学へと発展した。貧困な設備で西洋音楽が日本人の血肉となっていない時代、演奏家としても西洋音楽に対峙し、自らの音楽に煩悶し、子供に相対した。未熟な自己主張をする学生には手が上がるほど強烈なレッスンは、現代では許されない様々な問題も提起している。しかし、子供たちは強靭な精神を培われ、世界の大舞台に羽ばたいて行った。

日本は経済的繁栄をものにし、日本の音楽界もまた欧米に引けを取らないものとなり、演奏家の技術も驚くほど進歩した。ところが、当時のように強烈な個性が存在しないのはなぜなのか。基成はベートーヴェン〈皇帝〉をよく弾き、そのためもあってか「天皇」と呼ばれるようになったが、本人は前人未到と言われる「古典より現代へ」と名付けた演奏会シリーズに重きを置いた。評判を取ったその演奏会についての取材で、次のような発言をしている。

——仕事を始めてみて、それをやって行くうちに欲が出て来た。また研究も段々ながら足りて来た。そうすると弾きたい曲も段々増えてくる。従ってこの計画が日数が延びてくるということにもなっているし、当初の計画ではせいぜい十五回迄ぐらいが、どうしても全部で二十回ぐらいはやりたいと思うようになっている。

泥沼の中にめり込んでゆくように、或いはそのまま埋まり、抜け切れないことになるかもしれないが、しかしなんとかして抜け切らなければならない。にっちもさっちも行かないところに来て初めて、本当の仕事というものが如何なるものであるかということが解るような気がするし、かつてこれ等のことは自分に課されたものとして、ただ黙々とやって行かねばならないと思っている。

これを読んだ時、わたしの心境を代弁してくれているように感じた。というのも、井口基成にのめり込み、取材開始から今日を迎えるまでに、二十年以上の極めて長い時間が経ってしまったからである。基成の取材を始め、秋子と愛子を含めた物語を描きたいと思うようになっていた。

そもそも基成に興味を覚えたのは、同志といえる斎藤秀雄を描く『嬉遊曲、鳴りやまず――斎藤秀雄の生涯』の取材過程である。斎藤についての取材なのに基成について熱を帯びて語る関係者が多く、彼がいなければ桐朋もなく、日本音楽界の発展もなかったと口をそろえた。

さらに、基成に惹かれたのはその人間性である。過剰ともいえる豊かで強靭な生命力を持つ一方、繊細かつ弱みすら隠さない人間基成。それは虚構をともなうべき小説の題材であると思えたが、わたしは、ありのままの、光も影もある存在を描きたいと強く願うようになった。

井口愛子の次男で元東芝ＥＭＩ勤務の佐藤方紀氏から親族への取材が始まった。井口一族ほど事実に忠実に、基成への批判も率直に語る人々を、わたしは知らない。一族の証言だけで一冊書ける分量をいただいた。

さらに首都圏を北へ南へ東へ西へ、伊豆、浜松、京都、大阪、神戸、広島、福岡と関係者を訪ねる私の旅はつづいていった。一人の関係者から複数の関係者を次々と紹介された。彼らは、基成なしに自己の人生を語れない人々ばかりだった。写真や個人的な書簡類も託された。基成の築いた巨大なコミュニティを実感した。資料と証言は蓄積され、膨大な量となって部屋を占拠していった。「政治家」と悪し様にいわれる基成の活動の広範さ、私生活での波乱が音楽界に及ぼした影響など、題材は尽きなかった。

壮大な評伝を描く下準備が進む中で、親族の西塚俊一氏から、基成さんの本は先延ばしに、と伝えられた。確かに基成の私生活はスキャンダラスで、家族内外でまだほとぼりが冷めない状態だからとの言葉に頷かざるを得なかった。わたしは他の企画に専念するようになり、時がたった。

月刊「モーストリー・クラシック」編集長江原和雄氏から連載の話をもらったのが二〇一五年である。その頃執筆を始めていたある世界的指揮者の物語を、時間つなぎとでもいうように八回連載し、年末に「鍵盤の血脈　井口基成」の連載第一回を迎えた。

膨大な資料や百本以上のインタビューテープは毎月少しずつ整理されていった。わたしは多くの協力者を裏切らないで済むと心底、安堵した。関係者の大きなエネルギーに、わたしの背中は押し続けられてきた。

基成の次女福本啓子氏、西塚孝子氏、横井和子氏、徳末悦子氏、寺島喜久子氏、黒川乃武夫氏からは貴重な書簡や写真を、甘利音楽事務所からは基成の演奏会パンフレット類を貰いうけ、多用させていただいた。

本に登場していただけなかった関係者も多い。名前をあげた方々の倍以上の方々がこの本の協力者である。当初、古い写真のコピー、資料探しに協力してくれた伊藤暁氏、またイーヴ・ナットの著作については国内に文献がなく、三十年来の友人原田真由美氏の尽力で、パリ国立図書館所蔵の著作をコピーしてもらうことができた。しかし、著作権法の厳格なフランスでは一冊の本のコピー限度があり、複数の方が足を運んでくれた。連載開始にともなって中央公論新社で単行本化の企画もいただいた。原田氏、関知良氏、郡司典夫氏に感謝する。担当となった藤平歩氏は、昨秋、連載一回分四千四百字の原稿六年分をまとめて読み、すべてをおさめる大部な本を提案してくれた。藤平氏が忍耐強く待ってくれたことに深謝する。

さらに、井口恭子氏がいなかったら、これほど完璧に基成の物語を紡ぐことはできなかっただろう。取材当初から最後まで常に見守ってくれ、事実関係など細かに確認いただいた。これまで六年余り、伴走してくれた月刊「モーストリー・クラシック」編集長の江原和雄氏にはまだ感謝の言葉を告げることはできない。基成、妻秋子、妹愛子を描く「鍵盤の血脈」の連載が現在も継続中だからである。同誌では今後基成の死から一年後の秋子と愛子の最期までを描く。この三人の死去とともに日本ピアノ界の一時代は終焉した。

この本に関係してくださった全ての方々に、御礼を申し上げる。それと同時に、深い陳謝の気持ちを伝えたい。大仕事とは自覚していたが、気の遠くなるような時間が経過し、この原稿を目にすることもなく多くの方々が逝去されてしまった。基成の評伝を待ち望んでくださった、基成と共に日本音楽界を築いてきた全国に広がる関係者、また身近に接してきた井口一族の方々にお届けすることができなかったことが悔やまれる。取材時の笑顔や声が浮かんでくる。心からの感謝の意を捧げたいと思う。合掌。

二〇二二年四月二日

本書は、月刊「モーストリー・クラシック」（産経新聞社・神戸クルーザー発行）二〇一六年二月号－二〇二二年七月号連載の「鍵盤の血脈　井口基成」を大幅に改稿のうえ、まとめたものです。

引用文中に、今日の人権意識に照らして不適切な語句や表現が見られますが、発表時の社会的・時代的背景に鑑みて、そのままとしました。

写真提供　福本啓子／関根有子／西塚孝子／横井和子／徳末悦子／寺島喜久子／黒川乃武夫／金森幸男／甘利音楽事務所

装幀　永井亜矢子
カバー写真　アフロ

中丸美繪

茨城県生まれ。慶應義塾大学文学部卒業。日本航空に5年ほど勤務し、東宝演劇部戯曲研究科を経て、1997年『嬉遊曲、鳴りやまず――斎藤秀雄の生涯』で第45回日本エッセイスト・クラブ賞、2009年『オーケストラ、それは我なり――朝比奈隆 四つの試練』で第26回織田作之助賞大賞受賞。他の著書に『杉村春子――女優として女として』、『君に書かずにはいられない――ひとりの女性に届いた四〇〇通の恋文』、『日本航空一期生』（テレビ朝日「エアガール」原案、中公文庫）など。

鍵盤《けんばん》の天皇《てんのう》
――井口基成《いぐちもとなり》とその血族《けつぞく》

2022年5月25日　初版発行

著　者　中丸《なかまる》 美繪《よしえ》

発行者　松田 陽三

発行所　中央公論新社
〒100-8152　東京都千代田区大手町1-7-1
電話　販売 03-5299-1730　編集 03-5299-1740
URL https://www.chuko.co.jp/

DTP　ハンズ・ミケ
印　刷　図書印刷
製　本　大口製本印刷

Published by CHUOKORON-SHINSHA, INC.
Printed in Japan　ISBN978-4-12-005505-8 C0095

中央公論新社　好評既刊

日本航空一期生

中丸美繪

失われた「空」を、再び日本人の手に取り戻すために――

GHQによる「航空禁止令」のもと、占領下の日本では、航空機保有はおろか、教育や研究も禁止されていた。民間航空再開の日を夢みて奮闘し、「日本航空」創立後は、現場主義・安全運行を何より徹底した先達たち。その気概に満ちた歳月を、当時を知る関係者の貴重な証言をもとに描いたノンフィクション。

令和三年度芸術祭参加作品　テレビ朝日「エアガール」原案

中公文庫